I0876633

Kohlhammer

## Die Autorin

Dr. Barbara Ortland ist Professorin für Heilpädagogische Methodik und Intervention an der Katholischen Hochschule NRW in Münster

Barbara Ortland

# Behinderung und Sexualität

## Grundlagen einer behinderungsspezifischen Sexualpädagogik

2., überarbeitete und erweiterte Auflage

Verlag W. Kohlhammer

2., überarbeitete und erweiterte Auflage 2020


Gesamtherstellung: W. Kohlhammer GmbH, Stuttgart

Print:
ISBN 978-3-17-031991-2

E-Book-Formate:
pdf: ISBN 978-3-17-031992-9
epub: ISBN 978-3-17-031993-6
mobi: ISBN 978-3-17-031994-3

# Inhaltsverzeichnis

# Vorwort zur zweiten Auflage

Auf der Grundlage meiner mittlerweile über zwei Jahrzehnte andauernden wissenschaftlichen Beschäftigung mit sexueller Entwicklung bei Menschen mit und ohne Behinderungen sowie den daraus resultierenden sexualpädagogischen und -andragogischen Konsequenzen ist diese Überarbeitung des Buches »Behinderung und Sexualität« entstanden.

Die Basis der Relationalität von Behinderungen und Sexualität ist mittlerweile unbestritten. Wie ich schon im Vorwort der ersten Auflage geschrieben habe, kann dies recht ›einfach‹ formuliert bedeuten: Müssten viele Menschen mit Behinderungen nicht mit der Negierung ihrer Sexualität, der Tabuisierung sexueller Themen, mangelnder Sexualerziehung, segregierenden gesellschaftlichen Tendenzen sowie Stigmatisierungen im alltäglichen Lebenskontext und noch vielen weiteren Erschwernissen von Aktivität und Teilhabe leben, so bräuchten wir keine ›behinderungsspezifische‹ Sexualpädagogik. Eine Sexualpädagogik der Vielfalt, wie z. B. Sielert (2015) sie fordert, die die Subjekte und deren individuelle Themen nicht nur in den Blick nimmt, sondern in den Mittelpunkt der Überlegungen stellt, würde ausreichen.

Es hat sich Vieles weiterentwickelt und demgemäß ist diese Neuauflage auch inhaltlich anders gestaltet worden.

Der Blick auf Sexualität und sexuelle Entwicklung wurde wissenschaftlich insgesamt breiter angelegt und dementsprechend fundierter erläutert und deutlicher in die Gesamtentwicklung des Menschen (nicht nur mit Behinderung) eingebettet. Grundlegend ist dafür der Blick auf das Spannungsfeld zwischen wissenchaftlichen Erkenntnissen und individuellen Erfahrungen (▶ Kap. 1). Dieses Spannungsfeld ist nicht auflösbar, aber dem sexualpädagogischen Handeln inhärent und deshalb bedeutsam für die Analyse des Themas. Die Erkenntnisse des ersten Kapitels können wie eine Brille genutzt werden, durch die das weitere Buch gelesen wird.

Weiterhin war es ein besonderes Anliegen zu verdeutlichen, dass der eingenommene (wissenschaftliche) Blickwinkel auf Sexualität die möglichen (oder nicht möglichen) Erkenntnisse bestimmt. So stellt z. B. die Sexualmedizin andere Fragen und bekommt demgemäß andere Antworten als bspw. die Soziologie. Man kann es sich vorstellen wie verschiedene Taschenlampen, mit denen man einen Gegenstand aus verschiedenen Blickwinkeln anleuchtet: Nie ist alles komplett sichtbar. Nur Ausschnitte oder eine bestimmte Seite des Gegenstandes sind beleuchtet und deshalb mit Konturen erkennbar. Jede Disziplin stellt ihre fachspezifischen Fragen und bekommt demgemäß ihre fachspezifischen Antworten. Deshalb braucht es den interdisziplinären Blick. In Kapitel 2 (▶ Kap. 2) werden verschiedene Erkenntniswege ausgewählter Disziplinen benannt und in Kapitel 3 (▶ Kap. 3) in der Struktur der verschiedenen Sinnaspekte von Sexualität inhaltlich breiter ausgeführt. Auf dieser inhaltlichen Grundlage werden dann nachfolgend sexuelle Entwicklung mit verschiedenen Einflussfaktoren (▶ Kap. 4, 5, 6) und sexualpädagogische Konsequenzen (▶ Kap. 7, 8, 9) entfaltet.

In Bezug auf die sexuelle Entwicklung von Kindern und Jugendlichen mit verschiedenen Behinderungen ist der Blick (im Gegensatz zur ersten Auflage) vielfältiger auf verschiedene mögliche Einflüsse motorischer, kognitiver, sozialer und emotionaler Entwicklungsprozesse geworden. Diese fließen in die Beschreibungen des Kindesalters in die, nach Lebensjahren differenzierten, Ausführungen jeweils ein (▶ Kap. 4). Für das Jugendalter (▶ Kap. 5) werden die allgemeinen Ausführungen zu sexueller Entwicklung unter verschiedenen Perspektiven von Beeinträchtigungen differenzierter erläutert. Es werden jeweils auf der Grundlage allgemeiner sexueller Entwicklung *mögliche* Veränderungen bei Kindern bzw. Jugendlichen mit verschiedenen Formen von Behinderungen dargestellt.

Alle Ausführungen sind Einladungen, die eigene Sensibilität in Blick auf vielfältige Begleitungsbedarfe der Kinder und Jugendlichen und Ideen für ›passende sexualpädagogische Antworten‹ zu erweitern.

Besonders am Herzen lag mir für diese Neuauflage die Erweiterung um traumaspezifisches Wissen (▶ Kap. 6), denn es müssen für viele Menschen mit Behinderungen – oft unerkannte – traumatische Erfahrungen z. B. durch Gewalt in ihrem Leben angenommen werden. Der Blick für diese Erschwernisse muss bei allen begleitenden Erwachsenen geschärft werden. Das Thema ›Trauma‹ wird deshalb sowohl sehr grundlegend ausgeführt, um bei den Kindern und Jugendlichen mögliche Traumafolgesymptome im Verhalten zu erkennen, als auch spezifisch auf sexuelle Entwicklung und sexualpädagogische Konsequenzen ausdifferenziert. Hier gilt mein großer Dank Frau Ann-Kathrin Scholten, die mich durch die Anfertigung dieser Kapitel sehr fachkompetent unterstützt hat.

Wird die psychische Not der betroffenen Kinder und Jugendlichen nicht erkannt und diese nicht traumasensibel begleitet, haben sie keine Chance, den Folgen des erlebten Traumas zu entkommen.

Das Aufdecken des Ausmaßes sexueller Gewalt, das Kinder und Jugendliche mit und ohne Behinderungen erleben, muss uns als Erwachsene höchst aufmerksam sein lassen, um diese Gefahr zu minimieren, aber vor allem die betroffenen Kinder professionell und gut zu begleiten. Die Prävention sexueller Gewalt in pädagogischen Institutionen ist ein eigenes, sehr komplexes Thema, zu dem mittlerweile viele hilfreiche und differenzierte Publikationen vorliegen. Mitarbeitende in Organisationen sind aufgefordert, anzuerkennen, dass (sexuelle) Gewalt auch bei ihnen vorkommt und sie deswegen zum Schutz der Kinder und Jugendlichen aktiv werden müssen.

Sexualerziehung ist ein kleiner, wenngleich bedeutsamer Baustein der Präventionsarbeit. Prävention gegen (sexuelle) Gewalt muss allerdings viel umfassender und breiter angelegt sein.

Eine gelingende Sexualerziehung beginnt beim erziehenden Erwachsenen und der Fähigkeit, eigene Vorurteile abzubauen, eigenes behinderndes Verhalten zu erkennen und Sexualität zu einem ›alltäglichen‹ Thema zu machen, ohne sie ihrer Individualität, ihrer Intimität oder ihres Zaubers zu berauben.

In den Kapiteln 7 bis 9 (▶ Kap. 7–9) wird es um verschiedene Aspeke einer behinderungsspezifischen Sexualpädagogik gehen. In Kapitel 7 (▶ Kap. 7) werden zusammenfassend zu den Kapiteln 4 und 5 die möglichen Veränderungen sexueller Entwicklung benannt und schulische Bedingungen beschrieben. In Kapitel 8 (▶ Kap. 8) wird das Konzept der behinderungsspezifischen Sexualpädagogik entfaltet (KiS – kompetente, integrierende Sexualpädagogik), um es dann in Kapitel 9 (▶ Kap. 9) auf ausgewählte Aspekte wie z. B. eine traumasensible Sexualpädagogik zu fokussieren.

In diesem Buch, das sich vorrangig an (auch angehende) Lehrkräfte, weitere pädagogische Fachkräfte, aber ebenso an Eltern von Menschen mit Behinderungen richtet, soll auf der Grundlage des genannten relationalen Verständnisses von Behinderung ein möglichst breites Wissen um *potentielle* andere Erfahrungen in der sexuellen Entwicklung von Kindern und Jugendlichen mit verschiedenen Behinderungen vermittelt werden.

Gleichzeitig geben die praxisorientierten sexualpädagogischen Überlegungen einen Eindruck von der Komplexität sexualerzieherischen Handelns und fordern eine eigene Positionierung heraus.

Ein sehr herzlicher Dank gilt schließlich noch meinen Kollegen Prof. Dr. Heinrich Greving (KatHO Münster) und Simon Baumann (TU Dortmund), die durch ihren kritisch-konstruktiven Blick dem Buch ›den letzten Schliff‹ gegeben haben, sowie Ann-Kathrin Scholten, die mich bei der Erstellung der vielen Abbildungen sehr kompetent und zuverlässig unterstützt hat.

Münster 2019 *Barbara Ortland*

# 1 Hinführung zu komplexen Zusammenhängen

## 1.1 Eine Annäherung an Sexualität

Der Begriff der Sexualität weckt bei jedem Menschen sehr unterschiedliche Assoziationen. Je nach Alter, Geschlecht, sexueller Orientierung, subjektiv empfundener Attraktivität, verschiedenen biografischen Erfahrungen und vielen anderen möglichen individuell bedeutsamen Einfluss- und Kontextfaktoren ist Sexualität als Wort und Lebensbereich unterschiedlich konnotiert und mit verschiedensten Bewertungen unterlegt. Bei vielen Menschen handelt es sich bei Sexualität um ein komplexes Lebensthema, das von unterschiedlichster Präsenz und Gewichtung in verschiedenen Lebensphasen ist.

Menschliches Leben scheint untrennbar mit einer (höchst unterschiedlichen) Auseinandersetzung mit Sexualität verbunden und trotzdem ist es nicht leicht, über das Thema der Sexualität in einen Austausch zu kommen. Schon gar nicht scheint es leicht, in einen sprachlichen Austausch zu kommen, den beide/alle Beteiligten als angenehm und förderlich erleben.

Vielleicht kommen hier dem Leser oder der Leserin Assoziationen zu sogenannten Aufklärungsgesprächen in den Kopf, die man entweder selbst als Kind oder Jugendlicher mit Vater oder Mutter erlebt oder mit dem eigenen Sohn oder der eigenen Tochter geführt hat. Wie anders werden in der Regel Gespräche mit den sogenannten Gleichgesinnten (Peers), vor allem im Jugendalter, erlebt.

Unterschiedlichste Kommunikationserfahrungen gibt es sicherlich auch im Bereich der (Un-) Zufriedenheitsäußerungen in einer sexuellen Partnerschaft. Nicht immer ist es leicht, über eigene sexuelle Wünsche und Bedürfnisse Auskunft zu geben und sich verstanden und/oder angenommen zu fühlen.

Vorsorgeuntersuchungen im Bereich der Sexualorgane gehören in der Regel zu eher unbeliebten Arztbesuchen. Schambesetzt scheint auch im ärztlichen Kontext das Gespräch z. B. über Störungen der Sexualfunktion.

Deshalb kann in einem ersten Schritt für den Privatbereich zusammengefasst werden: Der Lebensbereich der Sexualität

- ist schwer zu fassen, da dieser hochindividuell und von biografisch großer Variabilität ist;
- ist schwer in Gesprächen zu beschreiben, da diese oft schambesetzt und eher ›ungeübt‹ sind;
- ist schwer konsensuell in Worte zu kleiden, da Angemessenheit und Eindeutigkeit von Sprache unterschiedlich beurteilt werden;
- und ist somit insgesamt für den Privatbereich als komplex zu bezeichnen.

Während sich die bisherigen Ausführungen auf ein Verständnis von Sexualität in einem (beschränkten) privaten Setting bezogen, in dem es vorrangig darum geht, einen inhaltlichen Konsens oder eine gleichberechtigte Passung mit wenigen (vertrauten) Personen herzustellen, so steht die wissenschaftliche Auseinandersetzung vor ganz anderen Herausforderungen. Zu einem wissenschaftlichen und hier vor allem empirischen Auftrag gehört, Sexualität forschend zu erfassen und dafür zu operationalisieren. Forschungsvorhaben in diesem Bereich bringen die Forscherin schnell an sprachliche Grenzen der Erfassung und Konkretisierung von Erfahrungen und der Eindeutigkeit von Mitteilungen.

Der Anspruch von Wissenschaft an Klarheit in der Benennung und Abgrenzbarkeit des Untersuchungsgegenstandes ist für den Bereich der Sexualität nicht oder nur mit inhaltlich hohen Verlusten einlösbar, wie das Beispiel von Kinsey (1954/1955) noch zeigen wird. Zu individuell ist sexuelles Erleben und zu uneindeutig sind unsere sprachlichen Möglichkeiten, als dass eine differenzierte Erfassung dieses Lebensbereiches möglich wäre. Etliche Autoren/innen, Wissenschaftler/innen verschiedenster Disziplinen haben sich daran versucht, diesen Lebensbereich für die Forschung klar und eindeutig zu erfassen, und bislang liegt kein zufriedenstellendes Ergebnis vor (vgl. Aigner 2013, 24f).

So ist eher kritisch zu hinterfragen, ob nicht Kinsey (1955) mit seiner Engführung von Sexualität auf Verhalten, das im Orgasmus mündet, der weiteren Diskussion um Sexualität die (nur schwer im Diskurs aufzulösende oder abzuschwächende) genitale Fixierung brachte. Lautmann (2002) erläutert dies als für den forschenden Kinsey durchaus nachvollziehbar:

> »Für den Biologen war das ein ordentliches Kriterium und für seine quantitativen Erhebungen allemal praktisch, weil sehr eindeutig. (...) Kontakte, die nicht zum Orgasmus führen, vernachlässigt Kinsey: ›Diese emotionalen Situationen sind aber von solch unterschiedlicher und veränderter Intensität, dass es schwer ist, sie abzuschätzen und zu vergleichen.‹ Dahinter steht offensichtlich ein viel weiterer Sexualbegriff, der aber nicht expliziert wird und aus forschungsökonomischen Gründen unbeachtet bleibt« (ebd. 23).

Verstärkt wurde diese große Beachtung genitaler Orgasmen sicherlich auch durch die dann nachfolgenden umfangreichen Forschungsvorhaben von Master und Johnson (1967): »Am bekanntesten dürfte wohl die Erforschung des sexuellen Reaktionszyklus sein, den sie in ein Vier-Stufen-Modell von Erregungs-, Plateau-, Orgasmus- und Rückbildungsphase unterteilten« (Aigner, 2013, 22).

So kann an dieser Stelle ergänzend zusammengefasst werden:

- Es wird im weiteren Fortlauf der wissenschaftlichen Auseinandersetzung noch eine differenzierte Begriffsdiskussion bzw. eine Explikation des (in diesem Buch leitenden) Verständnisses von Sexualität benötigt.
- Dies muss unweigerlich in interdisziplinärer Form geschehen, da *nur eine* wissenschaftliche Disziplin allein nicht genügend Erkenntnisgewinn für das Phänomen der Sexualität bereithält.
- Sexualität ist ein komplexes multidisziplinäres Spannungsfeld, in dem jeder Versuch, dieses Spannungsfeld allgemein und übergreifend zu fassen, zu konkretisieren oder zu beschreiben mit dem Verlust an Vielfältigkeit und Komplexität einhergeht.

Aigner (2013) formuliert diesen Versuch, die Komplexität von Sexualität in seinem Buch im Blick zu behalten, folgendermaßen:

> »Es (das Buch, Anm. B.O.) soll deutlich machen, dass Sexualität so vielfältig in unser Leben verstrickt ist, dass wir bei ihrer Erforschung immer ein breites Spektrum von Äußerungsformen im Auge haben müssen, um nicht der Gefahr zu erliegen, Sexualität tatsächlich in entfremdeter Form aus den bekannten Lebenszusammenhängen herauszureißen und zu isolieren« (ebd. 11).

Ein Bild soll helfen, das Beschriebene noch einmal mit anderen Worten zu verdeutlichen, um daran zu explizieren, wie mit der Mehrdeutigkeit und Vielfältigkeit von Sexualität in den weiteren Ausführungen umgegangen wird.

Man stelle sich vor: zwei Berge, dazwischen ein Tal mit einem Weg. Die Berge sind jeweils scheinbar sichere/eindeutige Erkenntnisorte. Durch das Tal führt ein Weg mit jeweils der Möglichkeit nach rechts oder links auf die jeweiligen Berge zu gehen.

Der eine Berg symbolisiert die fassbar gemachte Sexualität – beschreibbar, forschungsmethodisch klar benenn- und zählbar. So wie es Kinsey vorgenommen hat: Sexualität ist für ihn genitale Sexualität gewesen, die in einem Orgasmus mündet. So war Sexualität quantitativ fassbar. Der Preis auf diesem Berg: Nur ein kleiner Teil der Vielfältigkeit von Sexualität kann betrachtet werden. Über diesen sind aber verallgemeinerbare, forschungsbasiert legitimierte Aussagen möglich.

Der andere Berg symbolisiert etwas anderes: Steht man hier, sieht man die enorme Vielfältigkeit sexuellen Erlebens, dessen hohe Individualität und Variabilität, die biographische Veränderbarkeit sowie kulturelle Einflüsse. Man ist überwältigt und weiß, dass all diese hier deutlich werdenden vielfältigen Aspekte nicht erfassbar und dennoch alle wichtig sind und im Blick behalten werden sollen. Der Preis ist die Unmöglichkeit verallgemeinerbarer Aussagen. Der Blick bleibt eng und nah beim individuellen Erleben.

Das Besteigen jeweils nur eines Berges ist mit Einseitigkeit verbunden. Beide Wegentscheidungen haben ihre Schwächen.

Also befindet man sich bzw. befinde ich mich als Autorin dieses Buches bei der wissenschaftlichen Betrachtung von Sexualität in einem unauflösbaren Spannungsfeld. Ich werde dieses Spannungsfeld zu halten versuchen, indem ich den Weg im Tal zwischen den Bergen wähle und mal den einen und mal den anderen Berg ein Stück besteige, um so Erkenntnisse zu generieren. So wird beispielsweise durch den Blick auf Sexualität aus verschiedenen Disziplinen (Medizin, Soziologie, Psychologie, Pädagogik) versucht, den notwendigen Anspruch der Interdisziplinarität teilweise einzulösen. Der Einbezug verschiedenster autobiografischer Texte bringt wiederum individuelles Erleben in den Fokus. Die Verbindung allgemeiner Aussagen zur sexuellen Entwicklung reduziert die Komplexität individueller Entwicklungsverläufe, um dem Leser und der Leserin aber trotzdem eine Idee von möglichen Entwicklungsschritten und Zonen der jeweils nächsten Entwicklung zu geben. Forschungsergebnisse ergänzen das zu zeichnende Bild und müssen natürlich immer in der Begrenztheit ihrer Aussagekraft gesehen werden.

An keiner Stelle soll es im Folgenden um Normierungen von Entwicklungsverläufen gehen oder um Aussagen über richtige oder falsche Sexualität. Dies wird an späterer Stelle noch einmal differenzierter erläutert.

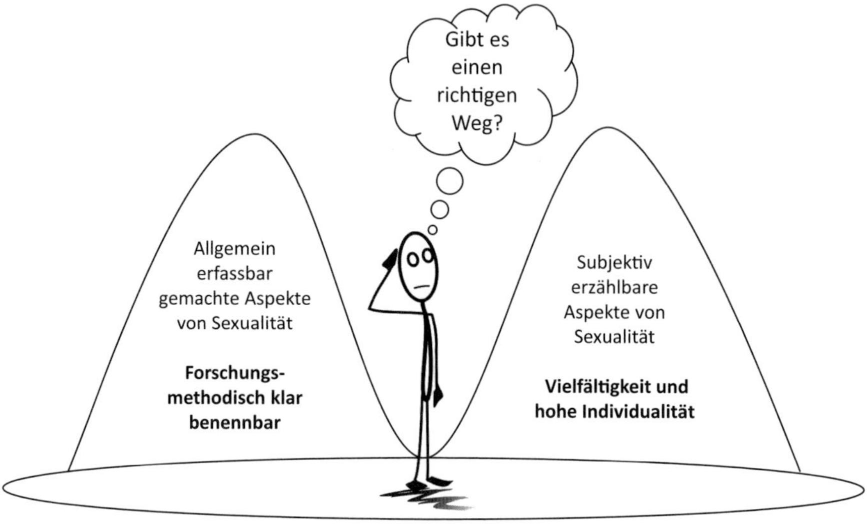


**Abb. 1:** Spannungsfeld zwischen wissenschaftlich erfassbarer und subjektiv erzählbarer Sexualität

## 1.2 Eine relationale Sichtweise von Behinderung

Ein vergleichbares Spannungsfeld und komplexes Themenfeld findet sich bei der Betrachtung von Behinderungen. Auch hier gibt es auf der einen Seite die rein subjektiven Behinderungserfahrungen in einer gelebten einmaligen und unverwechselbaren Biografie. Gleichzeitig gibt es auf der anderen Seite die wissenschaftlichen Versuche der Operationalisierung und Erhebung vergleichbar erscheinender Erfahrungen und Situationen, um daraus abgeleitet erklärende Theorien zu generieren und (pädagogisches) Handeln zu begründen. Auch hier hat jede Seite in ihrer alleinigen Perspektive Verluste und es gilt, sich im Folgenden in diesem Spannungsfeld zu bewegen. Den Ausführungen in diesem Buch liegt ein bestimmtes Verständnis von Behinderungen zugrunde, das nun erläutert werden soll.

Behinderung wird aus systemisch-konstruktivistischer Perspektive als eine *Relation* verstanden, und zwar als eine Relation zwischen der als behindert bezeichneten Person und ihrer Umwelt (vgl. Walthes 2003, Leyendecker 2005, Ortland 2005a, 2006a, 2007a). Diese relationale Auffassung von Behinderung hat Walthes in folgender Definition zum Ausdruck gebracht: »Behinderung ist der nicht gelungene Umgang mit Verschiedenheit« (Walthes 2003, 49).

Beeinträchtigungen der Körperfunktionen oder -strukturen durch Gesundheitsprobleme z. B. in Form von Infantiler Cerebralparese, Spina bifida, Muskeldystrophie o. Ä., sind demnach Bedingungen, die ein Mensch in eine Situation einbringt. Ob der Umgang mit diesen Bedingungen (z. B. veränderter Muskeltonus, sensible Ausfälle) positiv verläuft, ist abhängig von den an der Situation Beteiligten und den Kontextfaktoren. Alle Akteure und Akteurinnen sind für das Gelingen oder Misslingen der Kommunikations- und Interaktionsprozesse verantwortlich.

Beispielsweise ist das Merkmal stark eingeschränkter und schwer/kaum verständlicher Lautsprache (hier: Dsyarthrie), das häufig in Verbindung mit einer Infantilen Cerebralparese auftritt und eine zentral bedingte Störung der Koordination des Sprechvollzugs bedeutet, an sich noch keine Behinderung. Diese Beeinträchtigung der Verbalsprache wird dann zu einer Behinderung, wenn sich die beteiligten Gesprächspartner – trotz eines gut auf den Nutzer und seine Bedarfe abgestimmten multimodalen Kommunikationssystems im Bereich der Unterstützten Kommunikation – auf diese Form der Kommunikation nicht einlassen (Anpassungsleistungen) und nur Lautsprache als ›richtig‹ bewerten (Bewertungsprozesse). Das ›Problem‹ der nicht gelingenden Kommunikation haben in diesem Fall alle Beteiligten (es kann kein gemeinsames Gespräch stattfinden), wenngleich es sicherlich für den Menschen mit Dysarthrie wesentlich gravierendere Auswirkungen hat (da er immer auf die Anpassungsleistungen der Gesprächspartnerinnen und deren Offenheit für Unterstützte Kommunikation angewiesen ist). Eine Änderung des ›Problems‹ und damit die Eröffnung von Teilhabemöglichkeiten kann allerdings im Fall von Menschen ohne verständliche Lautsprache vorrangig von den Menschen ohne Behinderung, aufgrund deren variableren Kommunikationsmöglichkeiten, vorgenommen werden.

Vergleichbar für den Bereich der Sexualität ergibt sich aus einer Schädigung der Körperfunktionen und -strukturen (Ebene 1 der ICF; vgl. Grampp 2018), z. B. in Form einer Querschnittlähmung, nicht automatisch eine ›behinderte Sexualität‹. Sicherlich haben ein Mann oder eine Frau durch eine Querschnittlähmung – je nach Höhe der Läsion – durch die motorischen oder sensiblen Ausfallerscheinungen im Genitalbereich andere Voraussetzungen, um Genitalsexualität zu leben. Sie können aber mit diesen körperlichen Voraussetzungen zu einer individuellen und subjektiv höchst befriedigenden und für eine Partnerschaft erfüllenden Sexualität finden (Ebenen der Aktivität und Teilhabe der ICF). Das Gelingen oder Misslingen von (genitaler) Sexualität bestimmen die Beteiligten. Es ist in erster Linie ihre Fähigkeit, mit Verschiedenheit in den Aktivitätsmöglichkeiten umzugehen und diese für alle gelingend in die eigene gelebte Sexualität zu integrieren.

Gerade in Bezug auf die oft angenommene hohe Relevanz der Intaktheit der Sexualorgane für eine befriedigende und gelingende Sexualität und damit eine glückliche Partnerschaft lohnt sich in Bezug auf das oben genannte Beispiel ein umgekehrter und überspitzt formulierter Blick: Nähme man an, dass das Unvermögen in Bezug auf genitale Sexualität (hier durch eine Querschnittlähmung) ein Hindernis für befriedigende Sexualität und damit glückliche Partnerschaft sei, so müssten doch im Umkehrschluss alle Paare, die intakte Sexualorgane haben, genital befriedigende Sexualität und damit eine glückliche Partnerschaft leben können…!

Nicht zu unterschätzen in deren (oft negativer) Wirkung sind die Bewertungsprozesse, die Menschen mit Behinderung durch andere Menschen erleben (Ebene der Umweltfaktoren der ICF). So können auch unbekannte Menschen – eine anonyme Öffentlichkeit – für Beziehungen, z. B. zwischen Menschen mit und ohne Behinderung, eine starke Herausforderung darstellen. Aguayo-Krauthausen (2014), ein Mann mit Glasknochen, beschreibt dies für seine Beziehung zu einer Frau ohne Behinderung und deutlich größerer Körperlänge als die seine:

> »Wir nahmen einen dritten Anlauf (für die Beziehung, Anm. B.O.). Vergeblich. Fünf Wochen später war es wieder so weit. Yvonne machte abermals Schluss. So schwer es mir fiel, doch ich bat darum, diesmal bei dieser Entscheidung zu bleiben, Ich sah keine Lösung für uns beide. Weder die bewusste Provokation (in der Öffentlichkeit, Anm. B. O.) noch uns als ›Freunde‹ auszugeben hatte uns weitergebracht. Gut angefühlt hatte es sich für mich nur, wenn wir uns auch in der Öffentlichkeit als Paar zeigten. Dann aber waren wir am verwundbarsten, und genau das hatte vor allem Yvonne überfordert. So wenig sie das Angestarrtwerden aushalten konnte, so wenig konnte ich mich verbiegen. Ich hatte es versucht, doch sehr darunter gelitten, uns zu verleugnen. Das war nicht mehr ich, und am Ende hatte mich das emotionale Auf und Ab wahnsinnig viel Kraft gekostet. (...)
>
> Ich hatte Yvonne geliebt, liebte sie immer noch – doch es gab da auch diese Fragen: Wie weit kann ich auf den Partner zugehen, wo verläuft die Grenze zur Selbstaufgabe? Wann ist der Moment da, die Reißleine zu ziehen? Aus heutiger Perspektive würde ich sagen: Jeder muss dies für sich beantworten. Ich glaube nicht, dass es falsch war, Yvonne gehen zu lassen. Bedauert habe ich, dass wir nicht mehr Zeit hatten, wobei ich ihr auch nicht hätte sagen können, ob sie sich an die Blicke gewöhnt hätte. Mich auf sie einzulassen, habe ich keine Sekunde bereut und möchte die gut fünf Monate, die wir zusammen waren, nicht missen. Sie hatten mir gezeigt, dass meine Behinderung nicht, wie damals bei Pia befürchtet, eine Beziehung unmöglich macht. Durch Yvonne habe ich erfahren, dass ich geliebt werden kann« (ebd. 236).

Ob also ein Merkmal einer Person als Behinderung erfahren wird oder nicht, hängt von den Bewertungsprozessen und Anpassungsleistungen aller sozialen Partnerinnen und Partner in der Situation sowie den entsprechenden Kontextfaktoren ab. Dabei kann davon ausgegangen werden, dass je ungewohnter ein solches Merkmal ist, wie z. B. bei einer schwersten, mehrfachen Schädigung, die Anpassungsleistungen umso größer sein müssen. Damit ist auch die Gefahr potenziert, dass die ›veränderten‹ Körperfunktionen und -strukturen in der Interaktion als Behinderung erlebt wird.

Diese relationale Auffassung von Behinderung findet sich ebenso in der Internationalen Klassifikation der Funktionsfähigkeit, Behinderung und Gesundheit (ICF, Grampp 2018), in der drei Ebenen unterschieden werden. Entsprechende Hinweise sind bereits in den Text aufgenommen worden.

Mittlerweile liegt die ICF in einer Version für Kinder und Jugendliche vor: die ICF-CY (Hollenweger/Kraus de Camargo 2013). Sie ist von der Internationalen Klassifikation der Funktionsfähigkeit, Behinderung und Gesundheit abgeleitet und »wurde entworfen, um die Besonderheiten des sich entwickelnden Kindes und den Einfluss seiner Umwelt aufzuzeichnen« (Hollenweger/Kraus de Camargo 2013, 9). Hier finden die Kontextfaktoren für die Entwicklung von Kindern und Jugendlichen eine besondere Berücksichtigung. Für diese Zielgruppe ist ein gelingender Umgang mit Verschiedenheit als positive Entwicklungsbedingung zentral.

## 1.3 Eine relationale Perspektive auf Sexualität, Behinderung und sexuelle Entwicklung

Sexualität und Behinderung sind zwei Themen, denen – wie aufgezeigt wurde – Spannungsfelder inhärent sind. Für beide Themen gilt, dass Mythen eine offene Diskussion und fachliche Auseinandersetzung erschweren. Unrealistische Mythen in Bezug auf Sexualität beeinflussen nach Kossat (2018, 9) »Lust und Erregung vieler Menschen negativ«. Die nachfolgende Abbildung gibt einen Überblick über die Vielfältigkeit dieser Mythen, die sich auch zum Teil mit den Mythen in Verbindung bringen lassen, die den Bereich der Sexualität von Menschen mit (vorrangig kognitiver) Beeinträchtigung immer noch beeinflussen. Dies trifft auf die unterstellte Triebhaftigkeit und die enge Verbindung von Körperkontakt und nachfolgendem Sex zu.

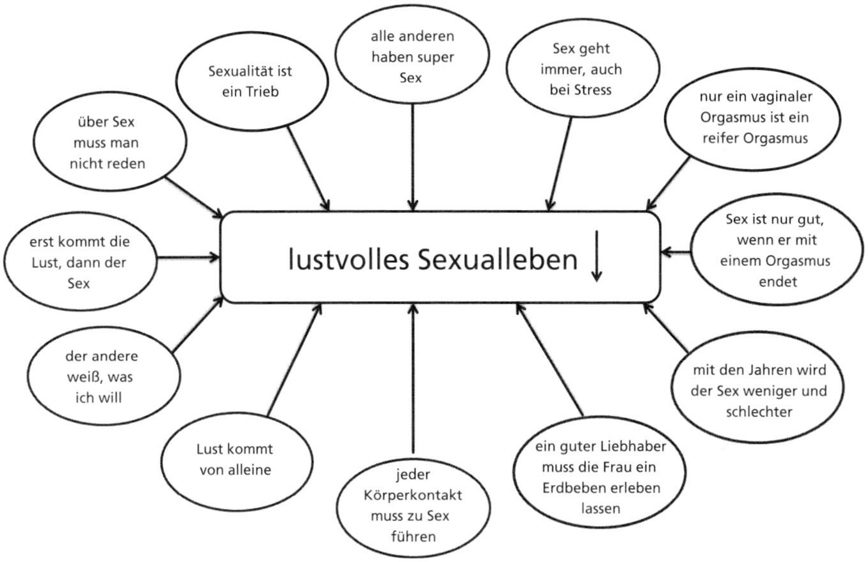


**Abb. 2:** Sexualmythen (Kossat 2018, 9)

Ebenso lassen sich für Menschen mit Behinderung – und hier vor allem kognitiver Beeinträchtigung – etliche hinderliche Mythen benennen. Zunächst von Walter (2002) benannt, dann von Mattke (2004) erneut in ihrer Wirkmächtigkeit dargelegt, wurden zentrale (überdauernde) Mythen gegenüber Menschen mit kognitiven Beeinträchtigungen als immer noch wirkmächtig in Strafverfahren zu sexueller Gewalt durch eine qualitative Analyse der Strafprozessakten identifiziert (vgl. Krüger et al. 2014). In den analysierten 57 Akten aus zwei Schweizer Kantonen ließen sich alle überprüften Mythen finden: sowohl die Annahme, dass Unattraktivität vor sexueller Gewalt schütze, Menschen mit geistiger Behinderung triebhaft seien und ihr sexuelles Verhalten triebgesteuert. Ebenso galt auch der Mythos der Asexualität und dass die betroffenen Menschen den Missbrauch aufgrund der Behinderung gar nicht wahrnähmen. Schließlich wurde unterstellt, dass Menschen mit kognitiver Beeinträchtigung durch ihr distanzloses Verhalten die sexuelle Gewalt praktisch produziert hätten.

Die Autorinnen stellen weiterhin in der Analyse fest:

> »Wichtig erscheint zudem der Befund, dass nicht allein Personen diese Mythen bedienen, die keine oder wenig Erfahrung im Umgang mit intellektuell beeinträchtigten Menschen haben, sondern auch solche, die privat oder beruflich häufig mit ihnen Kontakt haben. Auch dies spricht für die Stärke und Hartnäckigkeit jener falschen Überzeugungen« (ebd. 134).

In den Ausführungen dieses Buches soll (ohne Reproduktion der hinderlichen Mythen) versucht werden, die gegenseitigen Einflüsse der Themenfelder Behinderung und Sexualität aufeinander in den Blick zu nehmen. Dies wird nur in Teilen möglich sein, da an vielen Stellen Begrenzungen liegen bzw. Begrenzungen vorgenommen werden müssen. Begrenzungen liegen vorrangig in der sprachlich genauen Fassbarkeit der beiden Themenfelder. Begrenzungen mussten für einen akzeptablen Buchumfang in der Entscheidung für bzw. gegen bestimmte fachliche Diskussionen und Ergebnisse vorgenommen werden.

Doch es stellt sich zunächst folgende Frage: Gibt es etwas Verbindendes zwischen den Themenfeldern der Behinderungen und der Sexualitäten, das dieses Buch rechtfertigt? Und wenn ja: Worin liegt das Verbindende der beiden Themenfelder? Oder anders formuliert: Muss bei Menschen mit Behinderungen zwangsläufig die Frage nach deren (als durch die Behinderung besonders bzw. behindert angenommenen) Sexualität gestellt werden? Wer stellt diese Frage aus welcher Perspektive? Fragen Menschen mit Behinderungen nach Wissenswertem zu ihrer Sexualität? Oder fragen Menschen ohne Behinderungen zur Sexualität dieser so anders scheinenden ›Gruppe‹? Sind Menschen mit Behinderungen überhaupt eine Gruppe? Gibt es hier einen Kausalzusammenhang, der eine zwingende Auswirkung von Behinderungen (ab welchem ›Schweregrad‹?) auf den Lebensbereich der Sexualität postuliert? Oder ist dies ein konstruierter Zusammenhang, der eher an den mangelnden Vorstellungsfähigkeiten sogenannter Menschen ohne Behinderungen liegt (wenn sie die Fragenden sind) oder sogar an deren voyeuristischen Tendenzen, sich mit Fragen von Sexualität bei Behinderungen (wie geht das denn?) zu beschäftigen?

Hinderlich scheint die negative Bewertung von Behinderungen als Abweichung von der Norm zu sein. Trescher und Börner (2014) sehen das »Diktat eines medizinisch-naturwissenschaftlichen dominierten Begriffs von Behinderung« (ebd., o. S.) als den entscheidenden Faktor für diese negative Bewertung von Behinderungen, die den Ausschluss der Menschen legitimiert. Sie problematisieren weiterhin:

> »Praxiskonzepte, die eine explizite oder implizite Aufrechterhaltung der Differenzkategorie ›geistige Behinderung‹ und damit eine Unterscheidung zwischen ›Sexualität‹ einerseits und ›Sexualität bei geistiger Behinderung‹ andererseits beinhalten, tragen insofern dazu bei, dass ›geistige Behinderung‹ und die damit einhergehende ›Behinderung der Sexualität‹ reproduziert wird« (ebd., o. S.).

Oder sollte man der Argumentation von Zinsmeister und Vogel (2018, 18) folgen, die schreiben:

> »Bestätigung findet der Vorwurf der Individualisierung und Pathologisierung (der Sexualität von Menschen mit Behinderung, Anm. B.O.) auch im Diskurs zur sexuellen Selbstbestimmung in Hinblick auf die verflochtenen Kategorien Behinderung und Sexualität. Das Narrativ einer abweichenden psychosexuellen Entwicklung wird genutzt, um die Sexualität von Menschen mit Behinderung als besonders und andersartig zu markieren und zu reglementieren. Die medizinisch feststellbare intellektuelle Beeinträchtigung bietet hier den Begründungszusammenhang« (ebd.).

Zinsmeister und Vogel argumentieren weiterhin, dass auf Grundlage der als sexuell besonders angenommenen Entwicklung dann sexualpädagogische Konsequenzen formuliert werden. Diese bezeichnen sie als »gesonderte Behandlung in Form einer konzeptionell auf geistig behinderte Menschen ausgerichteten Sexualpädagogik« und postulieren, dass damit die »Anormalität von Behinderung fortgeschrieben« würde (ebd. 18).

Um noch einmal das Bild der Berge aufzugreifen: Sind die Fragen nach Zusammenhängen von Behinderung und Sexualität und Ausmaßen bzw. Formen der gegenseitigen Beeinflussungen Fragen, die nur auf den ›Berg‹ mit den individuellen Perspektiven gehören bzw. nur dort angemessen sind (da sie höchst subjektiv sind)? Und aus wissenschaftlicher Perspektive ist es unangemessen, da es vielleicht gar nicht nachvollziehbar und allgemein begründbar ist, diesen Zusammenhang zu postulieren und aus der wissenschaftlichen Außenperspektive zu prüfen?

Und muss nicht weiterhin genau überlegt werden, wer berechtigt erscheint, Fragen nach Zusammenhängen von Sexualität und Behinderung zu stellen? Sind es die Forscherinnen und Forscher mit Behinderung, die als Vertreter und Vertreterinnen der Disability Studies hier eine notwendige und besondere Expertise haben (vgl. Waldschmidt/Schneider 2007)? Oder sollte eine andere Differenzkategorie leitend sein? Nach Jennessen (2016a) gehören sowohl Behinderung und Alter als auch Gender zu den Diversity-Dimensionen der Diversity Studies. Welche Differenzkategorie ist bei dem Spannungsverhältnis Behinderung und Sexualität leitend oder vorrangig in den Blick zu nehmen? Oder sollten es mehrere sein?

Der in diesem Buch vorgenommene Versuch, die Komplexität des gewählten Themenbereiches möglichst wissenschaftlich differenziert zu erfassen, ist ein zum Scheitern verurteiltes Unterfangen. Zu sehr ist Sexualität in individuelle Biografien vor dem Hintergrund kultureller Gegebenheiten und gesellschaftlicher Konstruktionen verflochten. Es begegnen sich gesellschaftliche Konstruktionen von Behinderung, Geschlecht, Sexualitäten und der Versuch, Grundlagen für sexualpädagogische Begleitung von Kindern und Jugendlichen zu schaffen. Es widersprechen sich die notwendigerweise, aus wissenschaftlicher Perspektive vorzunehmende, Dekonstruktion von Behinderung, Geschlecht und Sexualitäten bzw. die anzustrebende differenzierte Analyse von Konstruktionsprozessen und der Versuch, handlungsleitende Hinweise zur Sexualerziehung zu geben. Alle Engführungen und Fokussierungen vernachlässigen dann wiederum andere Aspekte und werden den Menschen, um die es geht, in ihren je spezifischen Situationen nicht gerecht.

Vielleicht liegt hier eine Antwort: Hartmann (2017) formuliert in ihren Ausführungen zu sexueller Diversität: »Der Umgang mit Differenz erweist sich als Aporie« (ebd. 71) – also als eine Unmöglichkeit, in Bezug auf das aufgezeigte Spannungsfeld Sexualität und Behinderungen eine ›richtige Entscheidung‹ zu treffen oder auch die passenden Begriffe, Ausführungen etc. zu finden. Sie formuliert weiter:

> »Es gilt ebenso, Differenzen in ihrer für Individuen wie Gesellschaft relevanter Funktion wahrzunehmen und sich für deren Anerkennung einzusetzen, wie zu versuchen, sie als sozio-kulturelle Effekte zu dekonstruieren« (ebd. 71).

Nimmt man den Gedanken von Hartmann auf, so hat dieses aufgemachte Spannungsfeld zunächst eine relvante Funktion. Für dieses Buch könnte es die Funktion haben, eindeutige Antworten auf den Zusammenhang von Sexualität und Behinderung zu verhindern. Denn: Eindeutige oder klare Antworten zur gegenseitigen Beeinflussung von Sexualität und Behinderungen würden möglicherweise zu ›klaren Handlungsideen‹ in Bezug auf Sexualerziehung führen. Sie würden wahrscheinlich zu eher ›negativen Zuschreibungen‹ einer ›besonderen Sexualität‹ führen. Damit wäre die Gefahr vorhanden, dass Kinder und Jugendliche nicht mehr in ihren sehr individuellen sexualpädagogischen Bedarfen gesehen werden und Zuschreibungsprozessen, gegen die sie sich nicht ›wehren‹ können, ausgesetzt sind.

So konnte z. B. Langner (2009) in Bezug auf das Leben mit Behinderungen in ihren Fallrekonstruktionen bei Jugendlichen mit geistiger Behinderung herausarbeiten, »dass das Behindertwerden ein Ergebnis des Vergleichs mit anderen, durch andere und von Differenzierungspraktiken durch andere – Nicht-Behinderte – ist« (ebd. 244). Daraus ergibt sich die kritische Anfrage, ob die hier im Buch vorgelegten Ausführungen zu Sexualität und Behinderungen nicht als eine ebensolche Differenzierungspraktik verstanden werden, die zu mehr »Behindert-Werden« führt. Dies wäre vor allem vor dem Hintergrund der weiteren Ausführungen von Langner der Intention dieses Buches nicht entsprechend:

> »Diese erschwerte Situation (durch einen einseitigen Zuschreibungsprozess Anm. B.O.) besteht u. a. darin, dass dem Individuum über die leibliche Erfahrung eine Naturhaftigkeit seiner ›Behinderung‹ vermittelt wird. Die Strukturen des Behindertwerdens werden verleiblicht und am Leib erfahren« (ebd. 244).

Die nachfolgenden Ausführungen zu Sexualität und Behinderungen sollen, wenn man der Argumentation von Hartmann (2017) folgt, die Funktion haben, Menschen in der sexualerzieherischen Begleitung von Kindern und Jugendlichen mit Behinderung zu einem individuell möglichst passgenauen Angebot zu befähigen. Es gibt nicht den *einen* richtigen Weg der Sexualerziehung, sondern jeweils für alle Beteiligten (Erwachsene und Kinder/Jugendliche) die fortwährende und reflektierte Suche nach gelingender sexualerzieherischer Begegnung. Für diesen Weg bringen sowohl die Erwachsenen als auch die Kinder/Jugendlichen unterschiedliche, individuell biografisch geprägte Kompetenzen und Erfahrungen ein. Die Vielfalt möglicher Erfahrungen von Kindern und Jugendlichen mit verschiedenen Formen von Behinderungen soll durch die nachfolgenden Textausschnitte angedeutet werden.

Ausschnitte aus (Auto-)Biografien sollen als Blick von dem Berg der Individualität ermöglichen, von Erfahrungen von Menschen mit verschiedenen Behinderungen zu lernen und für die Vielfältigkeit des Erlebens sensibilisiert zu werden. Vor diesem Hintergrund der durchgehend notwendigen Beachtung der Subjektivität des Einzelnen und der Reflexion eigener und gesellschaftlicher Zuschreibungsprozesse sollen alle Ausführungen gelesen und verstanden werden.

## 1.4 Verstehensansätze aus (Auto-)Biografien von Menschen mit Behinderung

Im Folgenden sollen Textausschnitte von Menschen mit verschiedenen Behinderungserfahrungen die Vielfalt von sexuellen Erfahrungen und deren verschiedene Bewertungsmöglichkeiten aufzeigen. Dass es sich dabei um eine eingeschränkte, nur heterosexuelle Vielfalt handelt, ist dem vorliegenden, der Autorin bekannten und somit subjektiv ausgewählten Textmaterial geschuldet. Leitend für die Auswahl waren vor allem differenzierte Auseinandersetzungsprozesse mit eigenen Behinderungserfahrungen, um diese in ihrer Bedeutung für die sexuelle Biografie darzustellen (vgl. hierzu die Zusammenstellung von Autobiografien von Mürner 2018).

In den wenigen, der Autorin bekannten Texten von homosexuellen Menschen mit Behinderungserfahrungen stehen andere Erfahrungen im Vordergrund der Texte.

Ebenso fehlen in der nachfolgenden, vom Umfang zu beschränkenden, Auswahl Texte von Menschen mit kognitiven Beeinträchtigungen (vgl. hierzu Ortland 2013 mit einer Auswahl von Texten von Menschen mit kognitiven Beeinträchtigungen). Deshalb sei hier exemplarisch auf das Themenheft »Frau und Mann« bei der Zeitschrift »ohrenkuss – da rein, da raus« aus dem Jahr 2002 verwiesen sowie auf die Ausgabe der Zeitschrift »Fritz und Frida« des Bundesverbandes für körper- und mehrfachbehinderte Menschen zum gleichen Thema aus dem Jahr 2012. In beiden Zeitschriften schreiben Menschen mit kognitiven Beeinträchtigungen die Beiträge.

Die Lektüre aller Texte bietet die Möglichkeit, Offenheit für die Vielfältigkeit sexuellen Lernens und Erlebens zu erkennen und zu sehen, dass die individuellen Lebensvoraussetzungen durch Behinderungen nur *ein* beeinflussender Aspekt unter vielen für diesen Lernprozess sind. Die Bewertungs- und Anpassungsprozesse der Umwelt (▶ Kap. 1.2) sind allerdings zwei entscheidende und vor allem in pädagogischen Zusammenhängen grundsätzlich reflektierbare und damit veränderbare Einflussfaktoren.

Bewusst werden in diesem Kapitel vorrangig die Menschen mit Behinderungen durch ihre (auch längeren) Texte selbst zu Wort kommen. Kurze Überleitungen helfen den inhaltlichen Faden aufrecht zu erhalten.

Die autobiografischen Texte vieler Menschen mit Körperbehinderung zeigen auf, dass sie die körperlichen Voraussetzungen ihres Lebens selbst durchaus nicht als Behinderung bewerten (z. B. Saal 1994, Schlüter/Faßbender 2006, Lapper 2005). So schreibt Saal:

> »Da ich ›so geboren‹ (mit einer körperlichen Schädigung, Anm. B.O.) wurde, wie andere vielleicht mit roten Haaren oder mit blauen Augen geboren wurden, habe ich mich niemals anders gefühlt als andere Leute; als ganz und gar ›normal‹« (1994, 28).

Allerdings zeigen seine weiteren Ausführungen, dass diese Selbstbewertung von anderen Menschen nicht geteilt wurde und die Fremdbewertungen erst den Prozess der negativen Bewertung seiner eigenen Lebenssituation auslösten.

> »Doch diese anderen Leute erzählten mir immer wieder, ich sei ›behindert‹, darum nicht normal – und das sei schlimm! und als sie es mir lange genug erzählt hatten, glaubte ich es ihnen. Schließlich waren sie in der Mehrzahl« (1994, 28f).

Martina Schlüter, die eine frühkindliche Hirnschädigung in Form einer Ataxie mit Spastik hat, beschreibt in ihren autobiografischen Reflexionen über ihre Schulzeit:

> »Ich habe mich zum Zeitpunkt meiner Schulzeit nie als behindert gefühlt. Es gab zwar Dinge, die ich gar nicht oder langsamer konnte, aber für die in meinem System bedeutsamen Fakten wurden immer Lösungen gefunden, die mich und mein Umfeld zufrieden stellten« (2005, 69).

Aus der Retrospektive betont sie:

> »Mir war und ist dabei wichtig zu betonen, dass mein Leben nicht von Leid geprägt ist, sondern bei allen Kämpfen, die es durchzustehen gilt, bin ich grundlegend sehr zufrieden und glücklich« (ebd. 70).

Aus diesen Beschreibungen wird zum einen wiederum die Relationalität von Behinderungserfahrungen sehr deutlich, aber zum anderen auch die große Abhängigkeit der Menschen mit Körperbehinderungen von den Unterstützungsleistungen ihrer Umwelt und von gelingenden Sozialkontakten – also von Aktivitäts- und Teilhabemöglichkeiten sowie Umweltfaktoren.

Bezogen auf den Bereich der Sexualität bei Menschen mit Behinderungen können diese Einflüsse durch gesellschaftliche Tabuisierungs- und Negierungsprozesse weitere negative Konsequenzen haben.

> »Die Umwelt, die körperlich Geschädigten vermittelt, dass die Körperbehinderung sexuelle Verwirklichung unmöglich macht oder sexuelle positive Erfahrungen in negative ummünzt (…), bewirkt eine Übernahme solcher unangemessener Wahrnehmungstätigkeiten in der Psyche des Betroffenen, die sich in dauerhaften negativen Emotionen bei diesem verfestigen können« (Weinwurm-Krause 1990, 28).

Eine grundlegende Problematik ist damit benannt: Fremdbewertungen werden häufig erlebt und können sich negativ auf die Entwicklung auswirken. Die Ursachen der Fremdbewertungen liegen z. B. in gesellschaftlichen Abwertungen, die von Eltern, anderen Bezugspersonen oder professionellem Personal unbewusst internalisiert werden.

Sie werden an den nachfolgenden Ausschnitten aus verschiedenen Biografien nochmals klarer.

Allison Lapper (2005), eine englische Künstlerin, die mit Phokomelie (Gliedmaßenfehlbildung) geboren wurde und in einem Heim (wie sie es benennt) aufwuchs, beschreibt als einen Teil ihrer (negativ beeinflussenden) Erfahrungen die regelmäßige Untersuchungssituation durch Ärzte, die sie in entkleidetem Zustand musterten:

»Sie sprachen mich nur selten direkt an, und ich spürte, dass ich für sie ein Objekt war, an dem sie ihre Wissbegier befriedigten, nichts weiter. Und selbst mit meinen vier Jahren empfand ich diese Situation als unangenehm und fühlte mich vollkommen ausgeliefert. Zweifellos betrachteten sie mich mit einem distanzierten, rein wissenschaftlichen Interesse, aber etwas Merkwürdiges hatte es doch. Selbstverständlich fragte uns nie jemand um Erlaubnis. Wir waren einfach nicht menschlich genug, um gefragt zu werden, ob es uns vielleicht etwas ausmachte, vor einer Gruppe älterer Männer nackt auf einem Tisch zu liegen« (ebd. 33ff).

In ihrer Jugendzeit sind es Erfahrungen mit anderen nicht behinderten Jugendlichen, die sie als einschneidend und vor allem ausgrenzend und diskriminierend erlebt:

»Erst als ich zwölf Jahre alt war und anfing, mir mehr Gedanken über mich selbst zu machen, begann ich, auf die Reaktionen anderer Leute zu achten. Ich meine damit die Reaktionen nichtbehinderter Leute außerhalb der Einrichtung. Erst da begriff ich, in welcher Situation ich mich befand. Ich war ein Teenager und wollte zu der Welt da draußen gehören, aber nach und nach wurde mir klar, dass es nie so weit kommen würde, weil mich die Welt da draußen nicht wollte. Ich würde nie so sein wie die gleichaltrigen nichtbehinderten Kinder, weil zwischen uns eine hohe Barriere stand. Sie schafften es nicht, sie zu überwinden und mich in ihren Kreis aufzunehmen. Und ich kam ebenfalls nicht durch, so viel Mühe ich mir auch gab und sosehr ich mich auch anpasste. Ich tat alles, wovon ich glaubte, dass andere Mädchen es auch taten. Ich zog die gleichen Sachen an, die ich sie tragen sah, und benutzte das gleiche Make-up, aber all das änderte nicht das Geringste. Das hielt mich allerdings nicht davon ab, es weiterhin zu versuchen – ich nehme an, das ist gemeint, wenn es heißt, jemand unternimmt verzweifelte Anstrengungen« (ebd. 112).

Als Erwachsene und in England anerkannte Künstlerin muss sie sich Grenzüberschreitungen verbaler Art gefallen lassen: »Manchmal fragen mich die Leute, wie ich Sex mache« (ebd. 229). Eine Frage an die Leserin und den Leser: Wann sind Sie das letzte Mal von ihnen unbekannten Personen nach Ihrem Sexualleben gefragt worden?

Man überlege an dieser Stelle, warum Menschen (ohne Behinderungen) meinen, dass andere Menschen (mit Behinderungen) dieses gefragt werden dürften? Ist es legitim, dass in der Begegnung zwischen Menschen mit und ohne Behinderungen allgemein gesellschaftlich anerkannte Konventionen der Wahrung von Intim- und Privatsphäre anscheinend nicht gelten? Hier findet sich wieder das (inhaltlich und wissenschaftlich in keinster Weise haltbare) Konstrukt der Besonderheit der Sexualität von Menschen mit Behinderungen, die als (dadurch legitimierte Folge) entsprechend andere, von Menschen ohne Behinderung gelebte, Regeln wirkmächtig sein lässt und anscheinend gesellschaftliche Konventionen außer Kraft setzt.

Lapper schreibt weiter:

»Dann erkläre ich ihnen, dass sie sich gefälligst um ihren eigenen Kram kümmern sollen, weil das nun wirklich meine Privatsache ist, außerdem empfinde ich diese Frage oft als leicht beleidigend. Dahinter verbirgt sich nämlich die Annahme, ich sei so grundlegend verschieden von allen anderen Frauen, dass mein Sexualleben äußerst merkwürdig und bizarr sein muss. Aber abgesehen von dem Fehlen meiner Hände und Arme und meinen verkümmerten Beinen, bin ich anatomisch vollkommen normal gebaut. Ich habe also Sex wie jede andere Frau, die mit einem Mann schläft« (ebd. 229).

Auch Ursula Eggli (2002) beschreibt vor allem die gesellschaftlichen Reaktionen, aber auch die Erziehungsbemühungen ihrer Mutter, die eine erfüllte Sexualität und Partnerschaft für sie als Frau ausschloss, als häufig erfahrene Diskriminierung.

»Unsere Gesellschaftsformen und Wertvorstellungen sind darauf angelegt, behinderte Frauen, mehr noch als Männer, von der Sexualität auszuschließen. Behinderte Mädchen werden zu behinderten Frauen erzogen. Meine Mutter erklärte mir früh, dass ich nie einen Mann finden werde. Das innere Gefühl des ›Nichtgenügens‹ ist programmiert. Viele Behinderte werden spät oder gar nie aufgeklärt: ›Du hast es doch gar nicht nötig.‹ Weit mehr als Männer sind Frauen äußeren Schönheitszwängen unterworfen. Wenn man weiß, wie schon nichtbehinderte Frauen darunter leiden, kann man sich ungefähr vorstellen, wie schwierig es für behinderte Frauen wird, zu einem einigermaßen vernünftigen Körperbewußtsein (sic!) zu gelangen. Oft wird auch Sexualität mit ›Kinderkriegen‹ gleich gesetzt. Wieder eine Erwartung, die behinderte Frauen nicht erfüllen können oder nicht erfüllen wollen. Wenn aber eine behinderte Frau schwanger wird, wird ihr nahe gelegt, die Schwangerschaft zu unterbrechen oder das Kind wegzugeben: ›Das arme Kind, mit einer behinderten Mutter…‹« (ebd. 101).

Ähnliche Erfahrungen berichtet die Fernsehmoderatorin Zuhal Soyhan (2012), die mit Glasknochen lebt und auf einen Rollstuhl angewiesen ist:

»Ich war klug genug zu wissen, dass Männer ganz sicher nicht von Frauen wie mir träumten. Mir war klar, dass es schwierig – vielleicht sogar unmöglich – sein würde, je einen Mann zu finden, der in mir noch etwas anderes sehen würde als nur eine Rollstuhlfahrerin. Doch mit dem Wissen um diese Schwierigkeit verging nicht automatisch die Sehnsucht nach einer Liebesbeziehung. Dass mir das aber jemand einmal so in aller Deutlichkeit sagen würde, nahm mir fast den Atem. (…) Ich fühlte mich wie ein angeschossenes Tier, das sich am liebsten zum Sterben in die Büsche zurückgezogen hätte. (…) Doch jetzt fühlte ich mich auch zusätzlich noch als Frau in Frage gestellt. Als behinderter Mensch wird man ohnehin als Neutrum wahrgenommen, das wird am Angebot der öffentlichen Toiletten schnell klar. Da wird nicht zwischen Männlein und Weiblein unterschieden, ein Rollizeichen muss reichen, und die Sache ist klar. Anders bei den Toiletten für Nichtbehinderte – da muss strikt getrennt werden. Weiblichkeit? Was war das für mich? Mich als Frau zu begreifen oder zu fühlen, hatte mir niemand beigebracht, und niemand hatte mich aufgeklärt. In meiner ›Erziehung‹ wurde dieser Bereich komplett ausgeblendet und mir wurde vermittelt, dass man als Behinderter ein Bedürfnis nach Nähe einfach nicht zu haben hat. Noch heute wird Behinderten ihr Anrecht auf Sexualität abgesprochen – und oft genug gestehen wir es und ja nicht einmal selbst ein, weil dieses Thema in unserer Kindheit und Jugend absolut tabu war und weder im Heim noch in der Schule je darüber gesprochen wurde« (Soyhan 2012, 102/103).

Kathrin Lemler, Erziehungswissenschaftlerin und Autorin, bringt ihre Erfahrungen und vor allem Wünsche als junge Frau mit schwerster Körperbehinderung und ohne verständliche Lautsprache in dem Text »Über die Liebe in meinem Kopf« (2010) zum Ausdruck:

»Manchmal liege ich in meinem Bett und starre vor mich hin. Ich spüre meine Hände, wie sie zu Fäusten geballt auf der Matratze unruhig hin und her rutschen. Ab und zu stoße ich mit dem linken Arm gegen die Bettkante. Auch meine Beine und Füße nehme ich wahr, genauer gesagt nehme ich die Spannung meiner Beine und Füße wahr. Die Zehen am rechten Fuß wackeln vor sich hin. Der linke Fuß ist total verkrampft.

Oft denke ich dann über ein ganz bestimmtes Thema nach: die Liebe. Ich habe so viele Freunde, darüber bin ich sehr glücklich. Dennoch gibt es Momente, in denen mir etwas fehlt. Ich bin nicht anders als andere Frauen, und welche junge Frau wünscht sich keinen Partner? Ja, ich sehne mich nach Nähe und Geborgenheit. Ich sehne mich nach Liebe, ich sehne mich nach jemandem, der mich so liebt, wie ich bin. Ich sehne mich nach einem Mann, für den ich die einzige Frau auf der Welt bin« (ebd. 148).

Sie stellt im weiteren Fortlauf des Textes eine deutliche Verbindung zur Auseinandersetzung mit der eigenen Behinderung her, die Weinwurm-Krause (1990) auch schon vor circa 30 Jahren in einer quantitativen Erhebung bei jungen Erwachsenen mit Körperbehinderung aus ihren erhobenen Daten generierte. Weinwurm-Krause kam zu dem Ergebnis, dass sich neben dem Mikrosystem Familie, und hier vor allem der Erziehungshaltung der Eltern und deren Einstellung zur Sexualität bei Menschen mit Körperbehinderung, die folgenden Bereiche wesentlich auf die sexuelle Entwicklung und das Erleben von Sexualität als junger Erwachsener auswirken: »die institutionellen Erfahrungen, die gesellschaftlichen Bewertungsmuster, die Bildungsmöglichkeit und die Auseinandersetzung mit der Behinderung« (ebd. 207). Art und Schwere der körperlichen Schädigung spielten nur eine untergeordnete Rolle.

Die autobiografischen Texte zeigen, dass dieses Ergebnis der Befragung von 158 jungen Frauen und Männern mit Körperbehinderung durch Weinwurm-Krause (1990) auch noch heute Hinweise auf relevante Einflussfaktoren für die sexuelle Entwicklung und eine subjektiv befriedigende Sexualität von Menschen mit Behinderungen aufzeigen.

Kathrin Lemler schreibt weiter:

»Schon ganz früh erkannte ich, dass es für alle Beteiligten besser ist, wenn ich über mein Verliebtsein schweige. Ich habe also noch nie einem Mann meine Zuneigung gestanden. Ich habe es für mich behalten. Es ist manchmal verdammt schwer. Aber ich halte es für das Beste. Ich habe Angst, dass es, wenn er davon erführe, Auswirkungen auf unsere Freundschaft hätte. Das will ich auf keinen Fall! Ich bin lieber mit jemandem befreundet, den ich liebe, als keine Beziehung zu ihm zu haben.

Außerdem gibt es noch einen anderen Grund, warum ich meine Liebe geheim halte: meine Behinderung. Ich möchte, dass ein Mann von sich aus Gefühle für mich empfindet. Das klingt jetzt vielleicht arrogant, ist es aber keineswegs! Ich kenne mich. Ich weiß, wie ich aussehe: ein kleines, zappelndes Etwas, dem der Speichel aus dem Mund läuft. Auf Grund meiner Behinderung wirke ich nicht gerade attraktiv! Ganz im Gegenteil: Meine Behinderung hat eine abschreckende Wirkung. Eine Beziehung zu mir wird völlig anders sein als zu Frauen ohne Behinderung. Es wird keine oberflächliche Beziehung sein. Es ist kein Leichtes, sich in jemanden wie mich zu verlieben. Liebe auf den ersten Blick wird es also wahrscheinlich nicht geben. Ein Mann muss mich schon kennen lernen. Damit er sich nicht von mir überrumpelt fühlt, muss ich ihm Zeit geben. Ich muss ihm die Chance geben, mich attraktiv zu finden.

Deshalb werde ich niemals bei einem Mann den ersten Schritt wagen. Ich werde ihm allein diese schwierige Entscheidung überlassen, ich möchte ihn darin nicht beeinflussen. Er allein muss sich darüber klar werden, ob er mich – mit einem solchen Körper – lieben kann, ob er den Mut hat, Neuland zu betreten, und ob er die Kraft dazu hat. Er muss sich quasi fragen, ob er mich und auch meine Behinderung liebt. Als ich mir darüber im Klaren war, wusste ich plötzlich, warum ich noch keinen Freund gehabt hatte. Selbst ich habe lange gebraucht, um meine Behinderung als Teil von mir zu sehen. Wie sollen das dann andere so einfach können?« (Lemler 2010, 150f)

Vergleichbar den Erkenntnissen, die Kathrin Lemler über die Auseinandersetzung mit ihrer Körperbehinderung benennt, beschreibt Gaudard (2013) in seinen Texten seine Beziehungserfahrungen als Mann mit Asperger-Syndrom zu den ›Muggel‹, wie er die Menschen ohne Asperger-Syndrom bezeichnet (Text im Original übernommen):

> »Asperger haben aber einen entscheidenden Nachteil. Sie geben sehr wenig oder gar nichts. Das ist es, was die Beziehungen mit der Zeit zerstört. Das Andere will auch was kriegen. Nicht immer nur geben. Asperger geben schon, aber die Muggel wollen nicht, dass man z. B. den Haushalt macht oder einkauft. Das ist nett, aber hat mit Liebe nichts zutun. So die Muggel. Sie wissen meist nicht, dass das unsere Art ist, die Liebe zu zeigen. Muggel wollen Komplimente, wollen berührt werden. Sie wollen geliebt werden.
>
> Ich selber mag Berührungen überhaupt nicht. Das ist etwas sehr komisches, da ich die Umgebung nicht wahrnehmen kann. Die Ausnahme ist meine Frau. Sie darf und soll auch. Was sie auch macht. Sie nimmt keine Rücksicht. Wieso auch? Sie ist meine Frau. Ich sehe nur mit viel Mühe Gesichter, sehe keine Augen. Doch bei ihr sehe ich die Augen und auch ihr Gesicht. Wieso? Keine Ahnung. Vielleicht weil ich sie wirklich liebe.
>
> Muggel wollen, dass man ihnen in die Augen schaut. Wieso weiss ich nicht. Aber es ist scheinbar so. Als ich meine Frau das erste Mal getroffen habe (damals war sie einfach ein Date), habe ich mir vorgenommen, dass ich ihr immer mal wieder in die Augen schaue. Nun, es hat funktioniert. Gut, es war sicher nicht nur der Augenkontakt. Aber für mich war das DIE Herausforderung. Heute ist es für mich normal, wenn ich mit ihr zusammen bin.
>
> Asperger können mit der Liebe leben. sie können genau so Beziehungen haben, wie die Muggel. Jedoch mussen sie dem Partner klarmachen, wie sie funktionieren. Das ist nicht immer einfach. Doch durch viele Gespräche wird es klappen. Auch sollte man sich nicht vom Gedanken leiten lassen, was die Gesellschaft für Richtig hält. Wichtig ist, was man selber für Richtig hält. Was für die Beziehung wichtig ist« (ebd, o. S., Zitat im Original)

Die Forderungen von Gaudard sind eindeutig – sich unabhängig von Fremdbewertungen machen – und geben Hinweise auf später zu diskutierende sexualpädagogische Konsequenzen.

Schon in den Zitaten von Allison Lapper und Zuhal Soyhan wurde deutlich, dass die Jugendzeit, und hier der Vergleich mit Peers und deren Erfahrungen, eine besondere Herausforderung darstellt. Kathrin Lemler formulierte in ihrem Text, den sie mit 16 Jahren schrieb, dass sie, wie alle anderen Mädchen bzw. jungen Frauen auch, den Wunsch nach einer Liebesbeziehung hatte.

Männer mit Körperbehinderung beschreiben dies in ihren Autobiografien vergleichbar. Raúl Auguayo-Krauthausen (2014), Autor und Mann mit Glasknochen, beschreibt seine jugendlichen Erfahrungen so:

> »Etwa gegen Ende der siebten Klasse bildeten sich die ersten Pärchen. Jungs und Mädels, die meist nur für kurze Zeit miteinander ›gingen‹. Sie saßen dann bei diesen Anlässen kuschelnd auf Matratzen und Sofas, Kopf an Schulter, oder sie hielten Händchen. Das Tanzen hatte ich für mich abgehakt. Selber ein Mädchen im Arm zu halten, ihre Nähe, ihre Wärme spüren – das hätte ich gern gehabt. Ich stellte es mir aber nie konkret vor, weil es niemanden gab. Der Wunsch, mit den anderen diese Erfahrung zu teilen, wurde hingegen immer größer. Wegen meiner Behinderung entsprach ich jedoch nicht dem Beuteschema. Der Gedanke, dass kein Mädchen mit mir kuscheln wollte, machte mich traurig, und ich fühlte mich von Feier zu Feier einsamer. (…) Hinterher schlief ich mit der Frage ein, ob sich das jemals ändern würde« (ebd. 87).

An späterer Stelle schreibt er, nach der schmerzhaften Erfahrung einer Zurückweisung durch eine Frau, in seiner Autobiografie: »Ich ging davon aus, dass meine Behinderung immer zwischen einer Frau und mir stehen würde« (ebd. 123).

Hans-Joachim Stelzer, Autor und Mann mit Muskeldystrophie, erlebt in seiner Jugend Ähnliches. Auch hier geht es in der Jugendzeit um die divergierenden Erfahrungen der Jungen in seiner Clique und seinen eigenen. Der Vergleich steht im Vordergrund:

> »Zu unserer Clique zählten natürlich auch Mädchen. Das war recht aufregend, besonders bei Partys und unbekannt-kribbelig im Bauch – die Hormone halt. Mir ging es da nicht anders als meinen Freunden. Wir wollten etwas ›baggern‹, ein wenig fummeln und heimlich knutschen. Mit wachsendem Neid schaute ich auf den Erfolg meiner Freunde. Sie schafften mit Leichtigkeit wovon ich nur träumte« (Stelzer 2011, 118).

Auch für Stelzer steht, ebenso wie bei Aguayo-Krauthausen und Lemler, die angenommene und befürchtete Ablehnung aufgrund seiner/ihrer Behinderung im Vordergrund der retrospektiven Reflexion:

> »Es war nicht die Furcht vor der ganz normalen Ablehnung, mit der man immer rechnen musste, wenn man einen Beziehungsversuch startet. Diese Art von abgelehnt werden kalkulierte ich ein, sie hätte mich nicht umgeworfen. Ich fürchtete mich aber vor einer Ablehnung wegen meiner Behinderung. Mein Selbstbewusstsein war damals noch nicht so stark gefestigt, als dass ich souverän mit einer behinderungsbedingten Ablehnung umzugehen gewusst hätte. In dieser frühen Phase der Anpassung an das Rollstuhlleben fehlte mir noch jegliches Feedback darauf, wie ich als Mann bei den Mädchen und Frauen ankam. Dieses Nichtwissen über meine Attraktivität und Wirkung war für mich als Kopfmensch eine schwer zu tragende Last« (ebd. 119).

Zusammenfassend können folgende Verstehensansätze aus den autobiografischen Texten gezogen werde (vgl. weiterführend die Ambivalenzanalyse von Autobiografien bei Mürner 2018, 187ff): Fremdbewertungsprozesse und Vergleiche mit persönlich relevanten Gruppen (Cliquen) spielen vor allem in der Jugendzeit für die sexuelle Entwicklung eine große Rolle für die Autorinnen und Autoren. Diese Vergleiche können allerdings ihre Wirkung in alle Richtungen entfalten, wie z. B. Stelzer (2011) an anderer Stelle über seine Clique schreibt:

> »Unbewusst legte damit unsere Clique den entscheidenden Grundstein für meinen positiven Umgang mit der Behinderung. Ich musste nie deprimierende Erfahrungen sammeln, wegen der Behinderung ausgegrenzt zu sein« (ebd. 82).

Für Aguayo-Krauthausen (2014) ist ebenso ein sehr enger Freund in diesem Prozess von hoher Relevanz:

> »Meine Enttäuschung musste ich allein verarbeiten, doch mir war klar, dass ich jederzeit auf Ben zählen konnte« (ebd. 123) »Dass Ben für mich zu dem Freund wurde, wie ich ihn mir immer gewünscht habe, führe ich vor allem darauf zurück, dass er meine Behinderung nie thematisiert hat und da war, als ich erstmals in meinem Leben das Bedürfnis hatte, über sie zu reden. Auch wenn ich bis heute meinen Zweifel von damals nie wirklich habe ablegen können und immer mal wieder denke, dass meine Behinderung eine Beziehung verunmöglicht, hat das Sprechen darüber unglaublich gut getan. Und es war ein Anfang« (ebd. 125).

Neben diesen Bewertungen durch andere – aber auch deren positive Unterstützung – sind es die Selbstbewertungen, die entscheidenden Einfluss haben und zu starken Verunsicherungen in Bezug auf eine eigene sexuelle Attraktivität führen können. Dies entspricht der Schlussfolgerung von Weinwurm-Krause (1990), dass die Auseinandersetzung mit der eigenen Behinderung einen zentralen Prozess in der sexuellen Entwicklung darstellt.

Die später noch zu entfaltenden sexualpädagogischen Überlegungen sollten demgemäß das Spannungsfeld von veränderten Erfahrungen durch die Lebenssituation mit einer Behinderung, aber vor allem die erschwerenden Bedingungen durch Tabuisierung, Stigmatisierung und diskriminierende Reaktionen und Verhaltensweisen der Umwelt in ihr Konzept aufnehmen, um der Lebenssituation der Kinder und Jugendlichen gerecht zu werden.

An dieser Stelle kann also zusammengefasst werden,

- dass es einen Zusammenhang zwischen dem Leben mit Behinderungserfahrungen und der individuellen sexuellen Entwicklung hin zu einer subjektiv befriedigenden Sexualität geben kann;
- dass in den erlebten Fremdbewertungsprozessen der vorgestellten Menschen eine große Wirkmächtigkeit liegt und diese erlebten Bewertungen Potential in viele Entwicklungsrichtungen haben;
- und dass diese (*möglicherweise*) erlebten Erfahrungen bei Kindern und Jugendlichen in einen sexualpädagogischen Prozess aufgenommen werden sollten.

Zum Abschluss des Kapitels soll noch einmal das Bild der Berge aufgegriffen werden: Die autobiografischen Texte, d. h. der Blick vom Berg der Individualität, zeigen auf, dass es durchaus für Frauen und Männer mit Behinderungserfahrungen ähnliche Erlebnisse z. B. im Bereich der Beziehungen geben kann. Ablehnungserfahrungen, aber vor allem die Angst vor diesen negativen Erfahrungen verbindet die ausgewählten Autoren/innen. Aus dem Blick vom Berg der Wissenschaft wür-

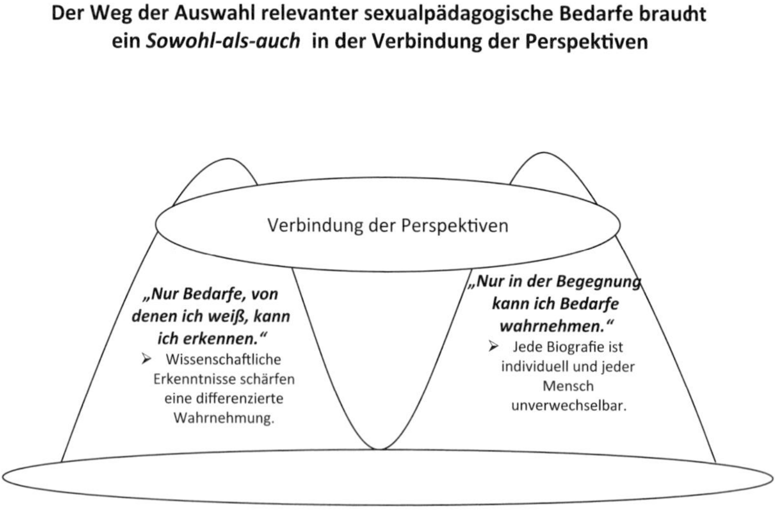


**Abb. 3:** Auswahl sexualpädagogischer Inhalte über eine Verbindung der Perspektiven

den solche oder vergleichbare Erfahrungen bspw. soziologisch als Diskriminierungs- oder Stigmatisierungserfahrungen analysiert und als dem Leben mit Behinderungen inhärent empirisch fundiert werden können.

Warum sollten nun Erkenntnisse beider Bergperspektiven für die begleitenden Erwachsenen von Kindern/Jugendlichen mit Behinderungen im Blick sein? Was ist der Gewinn?

Wissenschaftliche, empirische Erkenntnisse können die Sensibilität der begleitenden Erwachsenen für *mögliche* Besonderheiten, Erschwernisse oder Unterstützungsbedarfe ausweiten und einen differenzierten Blick schärfen.

Das individuelle Erleben der Situationen, deren Bewertung als positiv, negativ oder neutral, ist höchst unterschiedlich und erfordert eine Offenheit für sehr verschiedene Begleitungsformen. Deshalb sollten für eine förderliche Sexualerziehung Erkenntnisse beider Berge berücksichtigt werden. Die Inhalte des Buches bieten vorrangig den wissenschaftlichen Blick, der in der gelebten Praxis um die Erfahrungen der Akteure/innen erweitert werden muss.

# 2 Verstehenszugänge zu Sexualität

Den Ausführungen in diesem Buch liegt ein weites Verständnis von Sexualität zugrunde, welches im Folgenden erläutert werden soll. In dieses Sexualitätsverständnis fließen theoretische Grundannahmen sowie Erkenntnisse ausgewählter wissenschaftlicher Disziplinen ein. Sie bestimmen sowohl das Verständnis von sexueller Entwicklung als auch die daraus resultierenden Konsequenzen für die Sexualpädagogik.

Für Menschen mit Behinderung können für die Gestaltung ihrer sexuellen Biografie analog zu den drei Ebenen der Internationalen Klassifikation der Funktionsfähigkeit, Behinderung und Gesundheit (ICF) der Weltgesundheitsorganisation (vgl. Grampp 2018) folgende Aspekte relevant sein:

a) Es kann von Bedeutung sein, inwiefern eine Schädigung der Körperfunktionen und -strukturen auch die Funktionsfähigkeit der Sexualorgane betrifft. Diese Betroffenheit der ›Genital- und reproduktiven Funktionen‹, wie sie in der ICF genannt werden, kann ursächlich durch manche Schädigungsbilder bzw. Syndrome gegeben sein (z. B. Hypogonadismus beim Klinefelter-Syndrom). Dies ist aber eher selten der Fall. Störungen der sexuellen Funktionen können allerdings auch durch psychische Belastung, ungelöste innere Konflikte oder ungünstige biografische Erfahrungen ausgelöst werden bzw. bedingt sein (vgl. Aigner 2013, Beier/Loewit 2011). Damit soll nicht angenommen werden, dass sich monokausal belastende Behinderungserfahrungen in sexuellen Funktionsstörungen zeigen. Diese Möglichkeit sollte aber neben anderen Erklärungsmöglichkeiten im Blick behalten werden. Traumafolgestörungen (▸ Kap. 7) können sich bspw. im sexuellen Bereich manifestieren. Gemäß der drei Ebenen der ICF ist noch zu betrachten, wie sich eine Behinderung
b) auf sexuelle Handlungsmöglichkeiten (Ebene der Aktivität) und damit auch sexuelle Erfahrungen, die für die Lernprozesse hochbedeutsam sind, auswirkt. Schließlich ist
c) zu beschreiben, inwiefern und durch welche gesellschaftlichen Faktoren die sexuelle Selbstverwirklichung (Ebene der Teilhabe) beeinträchtigt sein könnte.

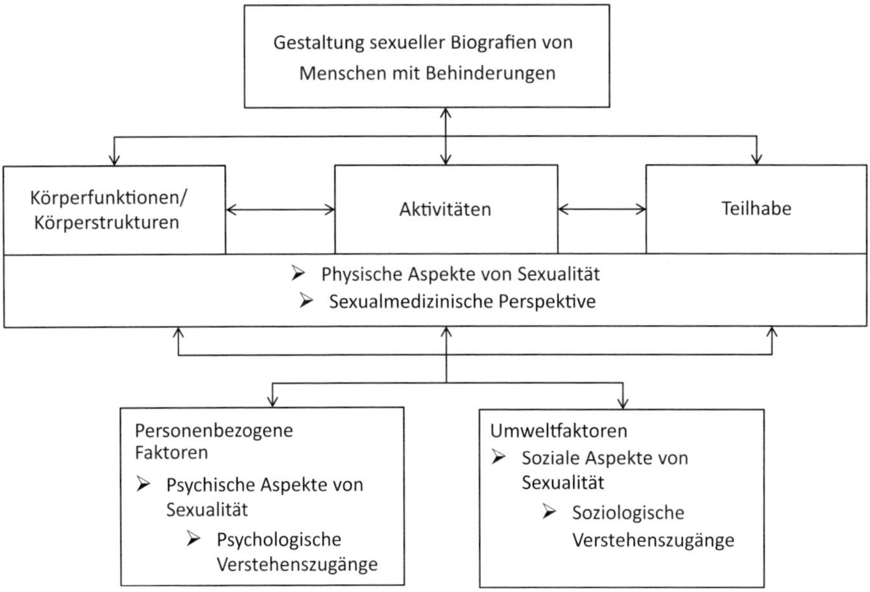


**Abb. 4:** Verstehenszugänge zu sexuellen Biografien vor dem Hintergrund der ICF

## 2.1 Definition von Sexualität

Der Begriff der Sexualität wurde erstmals 1820 von dem Botaniker August Henschel in seinem Buch »Von der Sexualität der Pflanzen« verwendet und bezeichnete die Aufteilung der Pflanzen in solche mit männlicher und solche mit weiblicher Ausprägung (Behörde für Schule, Jugend und Berufsbildung Hamburg 2000). Aufgrund dieses Ursprungs ist es nicht verwunderlich, dass eine biologisch-medizinische Betonung der Sexualität zunächst vorherrschend war.

Freud hat dann dem damals vorherrschenden Triebmodell der Sexualität eine sehr differenzierte Beschreibung und Ausformung des Modells gegeben: Er »beschrieb damit vermutlich recht präzise das Erleben und Empfinden der Menschen, vor allem der Männer, um 1900« (Matthiesen/Schmidt 2013, 13). Aus der damaligen gesellschaftlichen Situation heraus schien dieses Modell für den Alltag und die Wissenschaft passend und das Erleben der Menschen erklärend. In dieser vorliberalen Zeit war Sexualität geprägt von Verzicht und Mangel und auch gefährlich in Bezug auf sexuell übertragbare Krankheiten und ungewollte Schwangerschaften. Im Zuge der sexuellen Liberalisierung konnte ein neues Konzept von Sexualität entstehen und auch akzeptiert werden:

> »Heute verstehen und erleben wir Sexualität nicht mehr als Trieb, der wie ein Kessel auf dem Feuer funktioniert, sondern als Ressource, als eine (biologisch vorgegebene) Möglichkeit für Erregungs-, Lust-, Erlebnis- und Beziehungssuche« (ebd. 13).

In der sexualwissenschaftlichen und -pädagogischen Literatur finden sich durch die Jahrzehnte hinweg zahlreiche Versuche, Sexualität zu definieren. Die Autoren sind sich jedoch weitestgehend einig, dass sich die Vielfältigkeit menschlicher Sexualität kaum in einer Definition erfassen lässt (vgl. Aigner 2013, Lautmann 2002, Sielert 1993/2015). Aigner (2013, 11) umschreibt diese Herausforderung im Vorwort seines Buches folgendermaßen:

> »Es (das Buch, Anm. B.O.) soll deutlich machen, dass *Sexualität so vielfältig in unser Leben verstrickt ist*, dass wir bei ihrer Erforschung immer ein breites Spektrum von Äußerungsformen im Auge haben müssen, um nicht der Gefahr zu erliegen, Sexualität tatsächlich in entfremdeter Form aus den großen Lebenszusammenhängen herauszureißen und zu isolieren« (ebd., Hervorhebung im Original).

Die gelebte Individualität und Intimität der verschiedenen subjektiven »Sexualitäten« (Sigusch 2007) sind einer starken (versuchten) gesellschaftlichen Beeinflussung dieses Lebensbereichs durch entsprechende Normen und Werte oder Gesetze ausgesetzt. Diese gesellschaftlichen Tendenzen sind aber ebenso wenig eindeutig oder klar beschreibbar bzw. wissenschaftlich fassbar und befinden sich in einem ständigen Wandel. Gesellschaftliche Veränderungsprozesse lassen sich am Beispiel der Gesetze zur Homosexualität in Deutschland kurz verdeutlichen: Waren homosexuelle Handlungen bis 1969 noch eine Straftat, ab 1994 erst durch die Abschaffung des §175 des Strafgesetzbuchs komplett straffrei, so ist seit Oktober 2017 das Gesetz der Öffnung der Ehe für gleichgeschlechtliche Paare in Kraft. Innerhalb von knapp 50 Jahren ist aus einer als strafbar bewertete sexuellen Handlung eine (mehr oder weniger) gesellschaftlich anerkannte Lebensform geworden (mit sicherlich regionalen Unterschieden).

Die eigene Sexualität im Rahmen gesellschaftlicher Veränderungsprozesse weiterzuentwickeln, ist somit als lebenslange Entwicklungsaufgabe eines jeden Menschen zu verstehen, in der er/sie in der Auseinandersetzung mit diesen gesellschaftlichen Anforderungen und den eigenen Wünschen, die sich durch sexuelle Erfahrungen ausdifferenzieren, zu einer eigenen, entwicklungsoffenen, sexuellen Identität finden sollte.

Trotz der deutlich gewordenen Komplexität von Sexualität soll nun der Schritt zu einer Arbeitsdefinition erfolgen. Dazu wird auf die Definitionen der Weltgesundheitsorganisation (WHO) zurückgegriffen. Die WHO hat zwei Definitionen publiziert – sowohl eine kurze als auch eine umfangreichere Definition –, auf die (bzw. deren Übersetzung durch die Bundeszentrale für gesundheitliche Aufklärung BZgA 2011) an dieser Stelle als Arbeitsdefinitionen für die Ausführungen in diesem Buch zurückgegriffen wird:

Die kurze Definition lautet:

> »Die menschliche Sexualität ist ein natürlicher Teil der menschlichen Entwicklung in jeder Lebensphase und umfasst physische, psychische und soziale Komponenten« (BZgA 2011, 18).

Diese drei Aspekte (physisch, psychisch, sozial) werden in den nächsten Teilen dieses Kapitels durch Ausführungen zur sexualmedizinischen, zur psychologischen als auch zur soziologischen Perspektive aufgegriffen, um die in dieser Definition deutlich werdende interdisziplinäre Betrachtung von Sexualität (ansatzweise) zu realisieren.

Die differenziertere Definition von Sexualität lautet:

> »Sexualität bezieht sich auf einen zentralen Aspekt des Menschseins über die gesamte Lebensspanne hinweg, der das biologische Geschlecht, die Geschlechtsidentität, die Geschlechterrolle, sexuelle Orientierung, Lust, Erotik, Intimität und Fortpflanzung einschließt. Sie wird erfahren und drückt sich aus in Gedanken, Fantasien, Wünschen, Überzeugungen, Einstellungen, Werten, Verhaltensmustern, Praktiken, Rollen und Beziehungen. Während Sexualität all diese Aspekte beinhaltet, werden nicht alle ihre Dimensionen jederzeit erfahren oder ausgedrückt. Sexualität wird beeinflusst durch das Zusammenwirken biologischer, sozialer, wirtschaftlicher, politischer, ethischer, rechtlicher, religiöser und spiritueller Faktoren« (ebd. 18).

Die 2008 von der Autorin publizierte Definition kann nun auf der Grundlage von Sielert (2015,40) als weiterhin gültig benannt werden: Sexualität kann begriffen werden als allgemeine auf Lust bezogene, *jeden Menschen und die gesamte menschliche Biografie einschließende* Lebensenergie, die *den gesamten Menschen umfasst* und aus vielfältigen Quellen – *soziogenen und biogenen Ursprungs* – gespeist wird. Sie beinhaltet eine *geschlechtsspezifische Ausprägung*, kennt ganz unterschiedliche – *positiv oder negativ erfahrbare* – Ausdrucksformen und ist in verschiedenster Weise sinnvoll.

Alle Aspekte, die 2008 formuliert wurden, sind nach wie vor bedeutsam, aber übergreifender und differenzierter in der ausführlicheren Definition der WHO enthalten, so dass beide Definitionen der WHO als leitend für das Buch gelten werden.

Die Weltgesundheitsorganisation fordert für alle Menschen die Realisierung sexueller Gesundheit sowie die Verwirklichung der sexuellen Rechte (vgl. hierzu die Aufnahme der Forderungen für den Bereich der Sexualmedizin Briken/Berner 2013, 86ff). Diese beiden Aspekte bilden den normativen Rahmen der Ausführungen:

> »Sexuelle Gesundheit ist der Zustand körperlichen, emotionalen, geistigen und sozialen Wohlbefindens bezogen auf die Sexualität und bedeutet nicht nur die Abwesenheit von Krankheit, Funktionsstörungen oder Schwäche. Sexuelle Gesundheit erfordert sowohl eine positive, respektvolle Herangehensweise an Sexualität und sexuelle Beziehungen als auch die Möglichkeit für lustvolle und sichere sexuelle Erfahrungen, frei von Unterdrückung, Diskriminierung und Gewalt. Wenn sexuelle Gesundheit erreicht und bewahrt werden soll, müssen die sexuellen Rechte aller Menschen anerkannt, geschützt und eingehalten werden« (WHO, 2006, 10 zit. nach BZgA, 2011, 19).

Es gilt abschließend als zentral, die Definitionen ergänzend und aus den bisherigen Ausführungen abgeleitet, zu betonen:

- Alle Menschen haben Sexualität. Keiner ist von diesem Prozess zu irgendeinem Zeitpunkt seines Lebens ausgeschlossen.
- Sexuelle Entwicklung ist Persönlichkeitsentwicklung.
- Behinderungen ändern möglicherweise sexuelle Erfahrungen – Behinderung wird dabei analog zu anderen Einflussgrößen gesehen (z. B. Geschlecht, sexuelle Orientierung, Alter, Kultur, Migrationshintergrund).
- Eine Behinderung verändert möglicherweise Selbst- und Fremdbewertungsprozesse, die dann wiederum die sexuelle Entwicklung beeinflussen können.

- Es können aus wissenschaftlicher Perspektive immer nur Teilaspekte von Sexualität näher beleuchtet werden.
- ›Das Ganze‹ der Sexualität ist selbst aus interdisziplinärer Betrachtung nicht erfassbar.
- Es gibt keine Norm ›gelingender Sexualität‹.
- Leben in sexueller Gesundheit ist als Zielperspektive benennbar.

## 2.2 Sexualität als interdisziplinärer Forschungsgegenstand

Sexualität ist ein Forschungsgegenstand, der erst seit gut 100 Jahren im Blick der Wissenschaften ist. Zunächst dominierte der somatisch-biologische Blickwinkel der Medizin, der Anfang des 20. Jahrhunderts durch psychoanalytische Beobachtungen und anthropologisch-hermeneutische Gesichtspunkte ergänzt wurde. Gegen Ende des letzten Jahrhunderts bestimmten empirisch-sozialwissenschaftliche sowie klinisch-psychotherapeutische Fragen den Forschungsgegenstand (vgl. Aigner 2013, 19ff, Bräutigam/Clement, 1989).

> »Sexualforschung wird, will sie ihrem Gegenstand, der immer mehr ist als nackte Sexualität, gerecht werden, Perspektiven und Methoden verschiedener wissenschaftlichen Disziplinen in sich vereinigen« (Bräutigam/Clement, 1989, 12)

Oder wie Aigner (2013) es formuliert:

> »Auch für Expertinnen und Experten ist es offenbar mehr als schwer, *sich sprachlich und fachlich sinnvoll über Sexualität zu äußern*! Diese mehr als unbefriedigend wirkenden Erläuterungen zum Begriff Sexualität, die viel Ratlosigkeit hinterlassen, zeigen auch, wie ›quer‹ dieser Lebensbereich offenbar zum herkömmlichen Wissenschaftsbetrieb liegt. Nicht nur, dass gesellschaftliche Konvention und ein immer noch existierender Hauch von Peinlichkeit den Umgang mit diesem Gebiet erschweren, sondern auch, weil es vielschichtig, multifaktoriell zusammenhängend – und deshalb notwendig interdisziplinär – zu betrachten ist« (ebd. 25, Hervorhebung im Original).

Um dieser Forderung nach Interdisziplinarität in Ansätzen zu entsprechen, sollen im Folgenden die relevanten Ansatzpunkte und theoretischen Zugänge für ein Verstehen von Sexualität (bei Menschen mit Behinderungen) aus verschiedenen wissenschaftlichen Blickwinkeln benannt werden. Dazu wurden analog zu den Ebenen des bio-psycho-sozialen Modells der WHO die für das Thema bedeutsamen sexualmedizinischen, psychologischen und soziologischen Sichtweisen ausgewählt, um einen knappen Überblick über deren Verstehenszugänge zu geben. Ausgewählte inhaltliche Vertiefungen erfolgen in Kapitel drei. Die speziell sonder-/heilpädagogische Sichtweise wird im Rahmen der Betrachtung der Sexualerziehung (Kap. 7 und 8) thematisiert.

Ein Beispiel zum Thema Geschlechtlichkeit soll die Notwendigkeit der Interdisziplinarität noch einmal verdeutlichen:

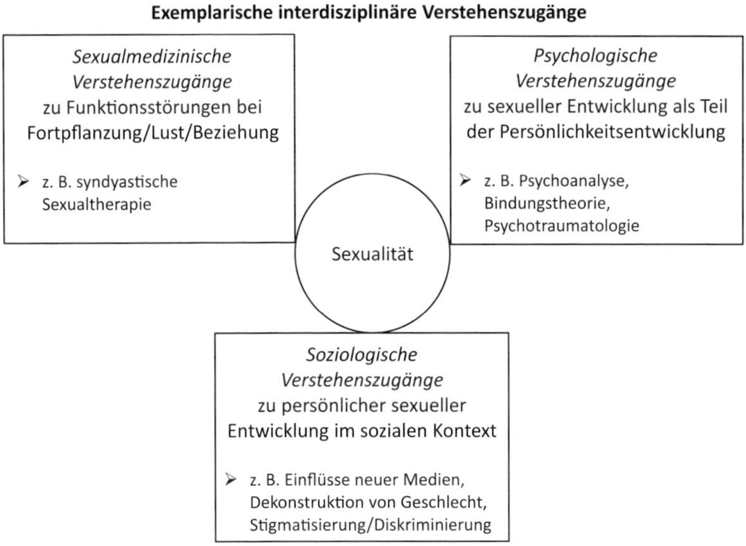


**Abb. 5:** Exemplarische interdisziplinäre Verstehenszugänge zu Sexualität

Die Medizin prüft z. B. in Bezug auf das Geschlecht eines Menschen zunächst, inwiefern die Strukturen geschlechtsspezifischer Unterschiede vorhanden sind. Dabei sind verschiedene Ebenen zu unterscheiden: die chromosomale (die Erbanalagen betreffende) Ebene, die gonadale (die Keimdrüsen betreffende) Ebene, die gonoduktale (die inneren Genitale betreffende) Ebene und die genitale (die äußeren Genitale betreffende) Ebene (Beier et al. 2005, 63). Neurobiologisch könnte die Funktionsfähigkeit der Hypophyse bedeutsam sein, da Hormone in besonders ausgeprägter Weise das Sexualverhalten beeinflussen (Goebel 2014, 21). Preuss (2019, 55) verweist weiterführend auf ein zerebrales Geschlecht, da durch neue Untersuchungsmethoden »immer mehr geschlechtsdifferente Hirnstrukturen gefunden« werden. Psychoanalytisch würde z. B. nach der Phase der psychosexuellen Entwicklung geschaut und ggf. (je nach Alter) nach dem Konzept der Geschlechtsidentität gefragt. Bezüglich des psychischen Geschlechts unterscheidet Preuss (2019, 56) das Geschlechtszugehörigkeitsempfinden, das Geschlechtsidentitätsempfinden sowie das Geschlechtsidentitätsgefühl. Aus soziologischer Perspektive könnte die gesellschaftliche Konstruktion von Geschlecht in die Diskussion eingebracht werden und ein grundsätzlich sehr kritischer Blick auf die Dichotomie von Männern und Frauen geworfen werden. Pädagogisch muss entschieden werden, welche Inhalte in welchem Lebensjahr vermittelt werden sollten bzw. Ziele leitend sind und dann entsprechend kritisch diskutiert werden können.

Dieses Beispiel könnte noch um viele weitere Perspektiven ergänzt werden (juristisch, ethisch, politisch usw.). Auch wenn es verkürzt dargestellt ist, macht es die Notwendigkeit interdisziplinärer Betrachtung der sexuellen Entwicklung deutlich. Die nachfolgenden Ausführungen sind ein kleiner Ausschnitt vielfältiger Erkenntnismöglichkeiten.

## 2.3 Verstehenszugänge der Sexualmedizin

Die sexualmedizinische Perspektive basiert auf einem »biopsychosozialen Konzept menschlicher Geschlechtlichkeit« (Beier et al. 2005, 1), dessen Ziel es ist, durch eine interdisziplinäre Betrachtungsweise als Grundlage für Diagnose und Behandlung den Patienten und Patientinnen gerecht zu werden. Anlass für eine sexualmedizinische Betrachtung von Sexualität ist eine Störung der sexuellen Funktionsfähigkeit. In einem Schaubild verdeutlichen Beier/Loewit (2011, 9) die interdisziplinären Bezüge der Sexualmedizin.

Sie schreiben dazu: »Diese Fächervielfalt entspricht der großen Vielfalt an Patienten« (ebd. 8) und dem Anspruch, Sexualität als interpersonales Geschehen umfassend in den Blick zu nehmen. »Daraus folgt einerseits die Notwendigkeit, Grundkenntnisse über Kommunikation, Partnerschaft, soziale Beziehungen etc. zu berücksichtigen, aber ebenso die Konsequenz, den Partner/die Partnerin in Anamnese, Diagnostik und Therapie mit einzubeziehen« (ebd. 9). Aktuelle sexualmedizinische Ansätze gehen davon aus, dass sexuelle Störungen nie ohne den »Paaraspekt« betrachtet werden können, da gelebte Sexualität in der Regel in eine Beziehung eingebunden ist und nur in und aus dieser heraus verstanden und gelingend behandelt werden kann.

Sexualität wird von Beier/Loewit (2011) vorrangig unter den drei Dimensionen Fortpflanzung, Lust und Beziehung gesehen (vgl. hierzu auch Kossat 2018, 1).

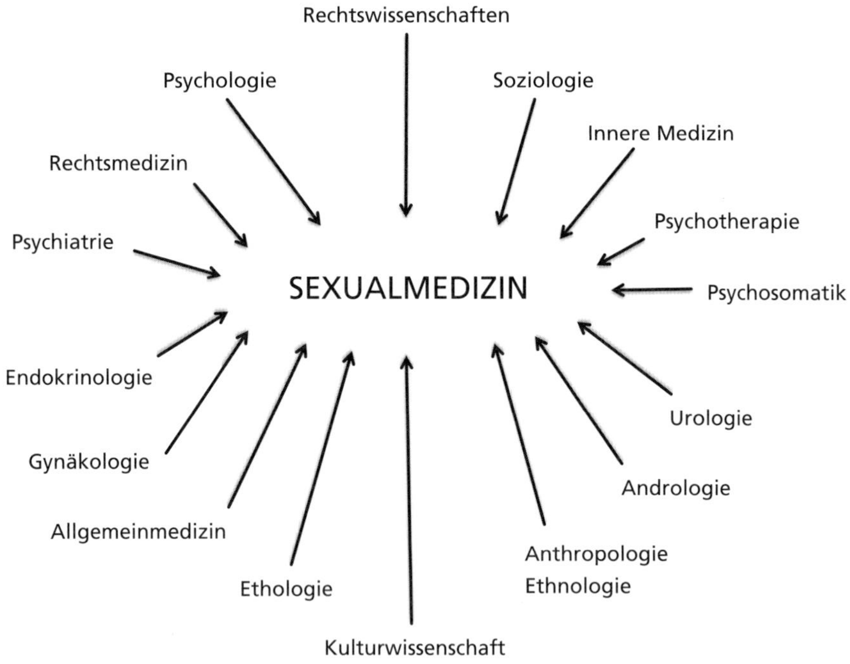


**Abb. 6:** Interdisziplinäre Bezüge der Sexualmedizin (Beier/Loewit, 2011, 9)

Diesen ordnen sie schwerpunktmäßig eine biologische, psychologische bzw. soziologische Perspektive zu. Gefordert wird allerdings durchgehend die Verbindung der verschiedenen Dimensionen, indem sie von einer syndyastischen Dimension der Sexualität schreiben. Mit dieser syndyastischen Dimension oder auch Beziehungsdimension wird »deren Bedeutung für die Befriedigung grundlegender biopsychosozialer Bedürfnisse nach Akzeptanz, Nähe, Sicherheit und Geborgenheit durch sexuelle Kommunikation in Beziehungen zum Ausdruck« (ebd. 14) gebracht. In Beziehungen kann demgemäß ein »syndyastisches Funktionsniveau« (ebd.) erfasst werden (vgl. Kossat 2018, 23).

Neurobiologische Befunde, wie sie z. B. durch die Entdeckung der Spiegelneurone oder der Bedeutung des Botenstoffes Oxytocin für den Bereich der Beziehungen durch Forschungsergebnisse offenbar wurden, spielen in der Erforschung von Verhalten und Sexualität eine immer größere Rolle, wenngleich auch hier durch die Neurobiologie nur Teilerkenntnisse erworben werden können.

> »Ein möglichst weitreichendes Verständnis von Körper und Sexualität bedarf daher einer integrativen biopsychologischen Perspektive, die sowohl neurobiologische als auch psychologische Aspekte umfasst« (Goebel 2014, 31).

Zusammenhänge von psychischem Erleben, der psychischen Gesamtsituation eines Menschen, seinen biografisch bedeutsamen Erfahrungen und dessen körperlicher Verfasstheit sind mittlerweile durchgängig als wirkmächtig anerkannt. Eine (sexual-)medizinische Versorgung, die nur körperliche Aspekte betrachtet, greift zu kurz.

Beier/Loewit (2011, 23) verdeutlichen dies in dem eingefügten Schaubild.

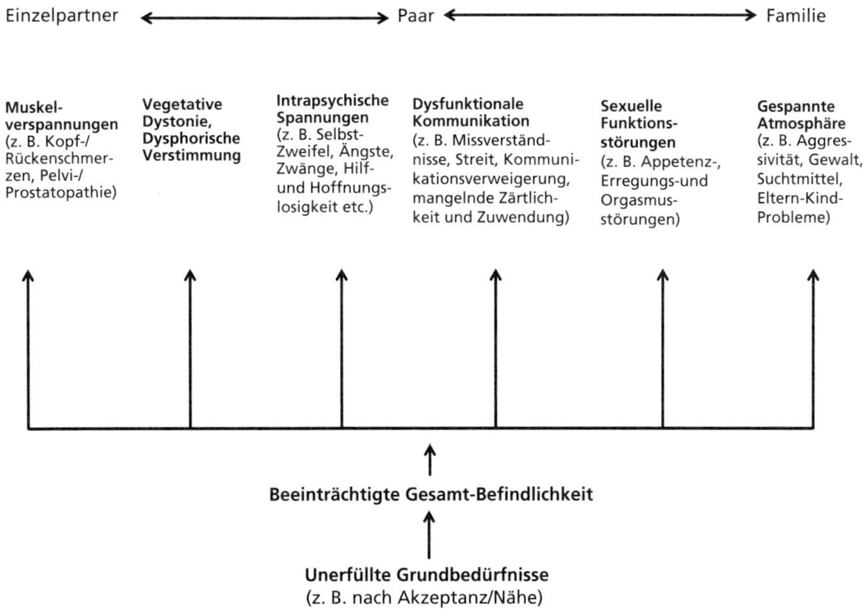


**Abb. 7:** Ausgewählte Teile aus der Abbildung »Zusammenhang zwischen psychosozialen Grundbedürfnissen und verschiedenen Symptomen« (nach Beier/Loewit, 2011, 23)

Unerfüllte Grundbedürfnisse nach Akzeptanz und Nähe können die Gesamt-Befindlichkeit eines Menschen so beeinträchtigen, dass dieser verschiedenste Symptome auf unterschiedlichen Erlebensebenen zeigen kann. Ein Ansatzpunkt der Veränderung läge nach den Autoren in einem syndyastischen sexualtherapeutischen Angebot für das Paar, so dass sich die Lebenssituation so verändern kann, dass das unerfüllte Grundbedürfnis in der nun neu gelingenden Paar-Situation erfüllt werden kann.

> »Sexualmedizinische Behandlung bedeutet daher auch, Sexualität in ihren heilenden und gesunderhaltenden Funktionen zu sehen und zu vermitteln. Eine befriedigende Sexualität kann Selbstheilungskräfte mobilisieren, neue Motivation stiften und andere Lebensbereiche positiv beeinflussen« (Beier et al. 2005, 8).

Die Idee syndyastischer Sexualtherapie verdeutlicht die nachfolgende Ergänzung des Schaubildes:

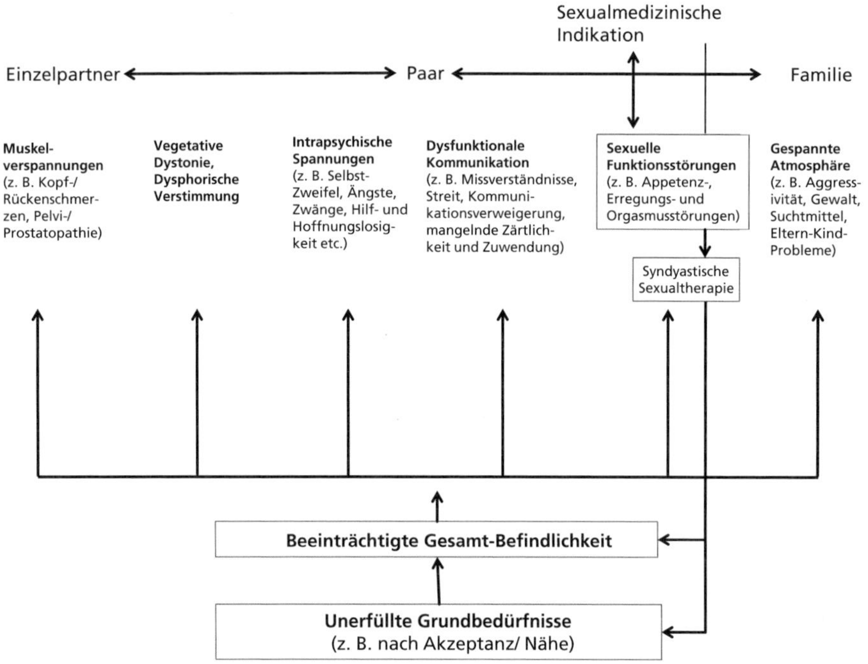


**Abb. 8:** Zusammenhang zwischen psychosozialen Grundbedürfnissen und verschiedenen Symptomen (Beier/Loewit, 2011, 23)

Störungsbilder, mit denen Patientinnen oder Patienten sich an Sexualmediziner wenden können, sind exemplarisch die Folgenden (nach Beier/Loewit 2011, 21, vgl. auch Briken/Berner 2013):

- Störungen der sexuellen Funktion (z. B. Störungen des sexuellen Verlangens, der sexuellen Erregung, des Orgasmus),

- Störungen der sexuellen Entwicklung (Störungen der sexuellen Reifung, der sexuellen Orientierung, der sexuellen Identität, der sexuellen Beziehung),
- Störungen der geschlechtlichen Identität,
- Störungen der sexuellen Präferenz,
- Störungen des sexuellen Verhaltens,
- Störungen der sexuellen Reproduktion.

Aus der (an dieser Stelle unvollständigen) Aufzählung der sexualmedizinisch relevanten Störungsbilder wird deutlich, dass eine (heil-)pädagogische bzw. sexualpädagogische Perspektive eine bedeutsame Erweiterung der interdisziplinären Ausrichtung der Sexualmedizin wäre. So wird es in den späteren Ausführungen sehr differenziert um die sexuelle Entwicklung von Kindern und Jugendlichen gehen. Kinder und Jugendliche mit oder ohne Behinderung in ihrer sexuellen Entwicklung zu begleiten wird als eine genuine Aufgabe schulischer Sexualerziehung verstanden. So ist es verwunderlich, dass in den Ausführungen zur Sexualmedizin die Pädagogik nicht als eine Bezugswissenschaft im Rahmen interdisziplinärer Vernetzung herangezogen wird (► Abb. 2).

Irritierend ist bei aller dargestellten positiven interdisziplinären Ausrichtung sexualmedizinischer Tätigkeit zu einer syndyastischen Haltung und Vorgehensweise, dass Menschen mit kognitiven Beeinträchtigungen von Beier et al. (2005) noch sehr defizitorientiert gesehen werden:

> »Darüber hinaus sind diejenigen Patient/inn/en zu berücksichtigen, die aufgrund unabänderlicher Besonderheiten mit hoher Wahrscheinlichkeit keine psychosozial stabilisierenden (Intim-)Bindungen eingehen können (etwa bei geistiger Behinderung oder Abweichungen der Sexualstruktur wie z. B. Pädophilie)« (ebd.10).

2011 beschreiben Beier und Loewit Sexualstörungen kausal resultierend aus einer geistigen Behinderung (ebd. 28). Dieser Blick auf Behinderung als verursachendes Moment von Sexualstörungen ist fachlich aus heil-/behinderten-/sonderpädagogischer Perspektive so nicht haltbar. Das ›Problem‹ der Sexualstörung wird von Beier/Loewit als ursächlich in der Behinderung liegend gesehen. Ihr entworfener syndyastischer Blick, der genauso für Menschen mit kognitiver Beeinträchtigung für eine angemessene Anamnese, Diagnose und Therapie dringend notwendig wäre und viel Potenzial für Veränderung bereithalten würde, wird (unverständlicherweise) zugunsten des Blicks auf Behinderung als zentrale Ursache für sexuelle Störungen aufgegeben. Lebensbedingungen von erwachsenen Menschen mit Behinderung in Wohneinrichtungen sind in der Regel durch einen Mangel an angemessener, wertschätzender Nähe und Anerkennung geprägt, so dass unzählige sexuelle Verhaltensweisen kausal als Ausdruck dieser Mangelsituation gesehen werden könnten (vgl. Ortland 2016).

Es lässt sich in der aktuellen sexualmedizinischen Literatur allerdings auch ein Beispiel mit einem fachlich angemessenen Blick auf Menschen mit kognitiven Beeinträchtigungen finden. Kossat (2018), die eine sexualmedizinische Zusammenfassung relevanten Wissens für »Ärzte aller Fachrichtungen« publiziert, schreibt in dem Kapitel »Kognitive Beeinträchtigung« Folgendes:

»Menschen mit geistiger Behinderung haben eine normale Sexualität. Sie können jedoch zu ihrer Entfaltung auf Hilfe angewiesen sein. Normal sollte sein, dass ihre Sexualität nicht behindert wird« (ebd. 91).

Aufgrund dieser divergierenden Aussagen wird eine hohe Heterogenität im medizinischen Feld bei der Begleitung von Menschen mit kognitiven Beeinträchtigungen angenommen.

## 2.4 Verstehenszugänge der Psychologie

Die Psychologie ist eine Wissenschaftsdisziplin, die viele verschiedene theoretische Zugänge zu Sexualität eröffnet. Der älteste und sicherlich auch prägendste Zugang, der versucht, sexuelle Entwicklung und sexuelles Erleben, aber auch dessen Störungen zu erklären, ist die psychoanalytische Betrachtungsweise nach Sigmund Freud. Sein Verdienst ist die erste psychosexuelle Entwicklungstheorie (Degé et al. 2014, 38). Weiterhin legt Freud, und dies ist als positiv zu bewerten, seinen Ausführungen einen weiten Begriff von Sexualität zugrunde.

»Freud fasst den Begriff der Sexualität sehr weit, indem er sich dabei nicht nur auf eine ausgereifte Erwachsenen-Sexualität (im Sinne genitaler Sexualität) bezieht, sondern alle libidinösen auf Lustgewinn ausgerichteten Handlungen und Aktivitäten mit einbezieht« (ebd. 39).

Weiterhin ist es Freuds Ausführungen zu verdanken, dass sie die Sexualität von Kindern bzw. die frühe sexuelle Entwicklung sehr deutlich in den wissenschaftlichen Blick gebracht hatten. So wird heute die Notwendigkeit sexualpädagogischer Begleitung von Kleinkindern nicht mehr angezweifelt.

Auch wenn die Theorie Sigmund Freuds nach wie vor nicht empirisch abgesichert werden konnte, sind heute aus dem Wissen um die verschiedenen Phasen sexueller Entwicklung (orale Phase, anale Phase, phallische Phase, Latenzzeit, genitale Phase) Erkenntnisse ableitbar (ebd. 39f, vgl. Aigner 2013, 33ff), die aber durchaus kontrovers diskutiert werden.

Wie bereits dargelegt, ist sexuelle Entwicklung ein zentraler Teil der Persönlichkeitsentwicklung eines jeden Menschen. Erik Erikson, ein Schüler Sigmund Freuds, hat dessen Theorie weiterentwickelt und ein Modell psychosozialer Entwicklung in acht Stufen vorgelegt. Diese acht Krisen der Persönlichkeitsentwicklung eines jeden Menschen sind ein notwendiger Rahmen, um sexuelle Entwicklung mit ihren Anforderungen vor dem Hintergrund der Gesamtentwicklung eines Menschen besser verstehen zu können (vgl. Conzen 1996). Deshalb wird das Modell in Kapitel drei näher erläutert.

Die Sexualität Heranwachsender und Erwachsener ist in der Regel auf Partner bzw. Partnerinnen ausgerichtet. Die notwendigen Kompetenzen, um Beziehung zu lernen und entsprechende innere Repräsentanzen zu entwickeln, werden schon in der frühen Kindheit grundgelegt. Diesbezüglich ist die Bindungstheorie nach Bowlby und in der Weiterentwicklung nach Ainsworth ein wichtiges Erklärungsmodell, um verschiedene Kompetenzen und Verhaltensweisen von Menschen im Bereich Beziehung zu verstehen. Hier liegt auch der inhaltliche Bezug zu der, schon im Bereich der Sexualmedizin beschriebenen, notwendigen partnerschaftlichen Nähe und erlebten Akzeptanz für eine subjektiv gelingende Sexualität und sexuelle Gesundheit (vgl. Lengning/Lüpschen 2012).

Für die Zielgruppe der Menschen mit Behinderungen sollen noch zwei weitere Theorien benannt werden, die als hilfreiche Erklärungsmodelle für den Verstehensprozess von sexuellen Verhaltensweisen dienen.

Zum einen ist das multidimensionale Modell der emotionalen und der Persönlichkeitsentwicklung nach Došen (2010) hilfreich und mit einem, in der Praxis gut handhabbaren, Diagnoseinstrument (SEO) konkretisiert. Došen zieht verschiedene Entwicklungstheorien heran, um sein Modell der Persönlichkeitsentwicklung zu entwerfen. Nicht nur die psychosoziale Entwicklung nach Eriksson und die Bindungsentwicklung nach Bowlby werden genutzt, sondern zum Beispiel auch die kognitive Entwicklung nach Piaget, die neuropsychologische Entwicklung nach Luria sowie die psychodynamische Entwicklung nach Maler und die Entwicklung des Selbst nach Stern (Došen 2010, 44 f). Die Weiterführung und empirische Ausdifferenzierung der emotionalen Entwicklung nach Sappok/Zepperitz (2019) wird in Kapitel 5 (▶ Kap. 5) erneut aufgegriffen werden.

Zum anderen sollen traumatheoretische Erkenntnisse (Weiß et al. 2016) herangezogen werden. Traumatische Erlebnisse sind in vielen Biografien von Menschen mit Behinderung zu finden (Mattke 2015). So sind es zum Beispiel lebensbedrohliche Geburtserlebnisse, der (plötzliche) Verlust von relevanten und nahen Bezugspersonen oder kognitiv nicht verstehbare, stark verunsichernde Wechsel des Lebensortes, die traumatisch wirken können. Weiterhin sind Menschen mit Behinderungen deutlich häufiger betroffen von verschiedenen Formen von Gewalt. Die benannten verschiedenen Lebensereignisse führen nicht bei jedem Menschen in gleicher Weise zu einer traumaspezifischen Symptomatik. Menschen mit Behinderungen sind allerdings in Bezug auf die Ausbildung von Traumafolgestörungen eine vulnerable Gruppe, so dass mögliche Traumatisierungen als ein Verstehenszugang stets bedacht werden sollten. Manche sexuellen Verhaltensweisen von Menschen mit Behinderung lassen sich vor dem Hintergrund traumatheoretischer Erkenntnisse anders und neu verstehen. Aufgrund der hohen Bedeutung wird diesem Thema das komplette Kapitel 6 (▶ Kap. 6) gewidmet.

Die benannten psychologischen Theorien sind eine Auswahl von vielfältigen Erklärungsmöglichkeiten für innerpsychische Prozesse des menschlichen Erlebens und Fühlens. In Kapitel 3 (▶ Kap. 3) werden die Theorien vertieft erläutert.

## 2.5 Verstehenszugänge der Soziologie

Sexualität ist sowohl ein individuelles als auch zugleich ein gesellschaftliches Interesse. Lautmann benennt die Bedeutung der soziologischen Verstehenszugänge wie folgt: »Alles Geschlechtliche und Sexuelle wird nur dann richtig verstanden, wenn es als eine gesellschaftliche Veranstaltung begriffen wird« (Lautmann 2002, 9). Als gesellschaftliche Sexualität existiert sie nicht nur als Summe der handelnden Individuen, sondern als gesellschaftliches Ganzes, das sich in Form von verschiedenen Strömungen erfassen lässt (vgl. Stange 1989). »Sexualität war und ist gebunden an gesellschaftliche Norm- und Moralvorstellungen« (ebd. 160). Neuere gesellschaftliche Entwicklungen müssen bei der differenzierten Betrachtung von Sexualitäten berücksichtigt werden. So hat das Internet bspw. zu neuen Formen der Kommunikation geführt und die Suche nach Partner/innen durch Datingportale verändert. Sexualität scheint sich in der virtuellen Welt zu einer neuen, vorrangig sprachlichen Form zu verändern, da die »Körper der Sozialakteure bei diesem virtuellen Austausch« (Benkel/Akalin 2010, 27) nicht mehr zwangsläufig stark eingebunden sein müssen. Dies kann z. B. eine Chance für Menschen mit Behinderung sein, da körperlich anderes Aussehen zunächst verborgen bleibt und eine Begegnung ohne Stigmatisierungen ermöglicht. Informationen können gesteuert werden – so ist Stigmamanagement realisierbar.

Soziologische Theorien versuchen, menschliches Verhalten und gesellschaftliche Aspekte auf diesen verschiedenen, sich ständig wandelnden Ebenen und in der Verwobenheit dieser Aspekte zu verstehen, zu erklären und beeinflussbar zu machen. Lautmann (2002) unterscheidet dafür bspw. in seinem Überblicksbuch eine mikrosoziologische und eine makrosoziologische Ebene. Auf der mikrosoziologischen Ebene erörtert er die Themen des soziosexuellen Körpers, der erotischen Sensationen sowie der Strukturen sexuellen Handelns. Makrosoziologisch steht die Sexualkultur im Fokus.

In Bezug auf den soziosexuellen Körper wird aus soziologischer Perspektive das (nicht immer willentlich steuerbare) Handeln des Körpers in den Blick genommen:

> »Der *Körper* handelt beispielsweise, wenn er Geschlechtsmerkmale vorweist, wenn er seine erotischen Vorzüge präsentiert, wenn er Zustände des Erregtseins markiert (eine Vagina wird feucht, ein Penis erigiert usw.). Es würde nicht gelingen, so etwas ausschließlich auf geistige-seeliche Zustände zurückzuführen« (ebd. 27, Hervorhebung im Original).

Daraus ableitbar sind die Diskussionen und Erkenntnisse um die »erotischen Sensationen«. Soziologische Erkenntnisinteressen liegen diesbezüglich bspw. bei Bewertungsprozessen der Attraktivität von Körpern – was macht männliche oder weibliche Attraktivität in einer Gesellschaft aus? Ebenso wird aus dieser Perspektive versucht, sexuelle Handlungen zu entschlüsseln bzw. wissenschaftlich fassbar zu machen. Über das (durchaus kritisch diskutierte) Modell der sexuellen Skripte werden bspw. sexuelle Interaktionen beschrieben und Abläufe sexuellen Handelns erfasst. Den übergreifenden, makrosoziologischen Rahmen bilden theoretische Ausführungen zu Einflussfaktoren auf Sozialstruktur und Sexualkultur: bspw. Weltanschauungen, Familismus, Beziehungsformen, Geschlechterdualismus und Privatheit (vgl. ausführlich in Lautmann 2002).

In Bezug auf die Gruppe der Menschen mit (Körper-)Behinderungen sind Ausführungen zur soziologischen Bedeutung des Körpers und dessen Inszenierung, Attraktivität und Gestaltbarkeit, gerade im Jugendalter, von Bedeutung. Die Konstruktion der Geschlechter und Geschlechternormen, eine Diskussion um die Dichotomie von Zweigeschlechtlichkeit und die Notwendigkeit von queeren Perspektiven sind ebenfalls zu berücksichtigen (vgl. Butler 1991, Lenz/Adler 2011). Hier ist es in Bezug auf die Lebenssituation von Menschen mit Behinderungen von Interesse darzustellen und zu diskutieren, wie sich diese verschiedenen Diversitätsmerkmale gegenseitig beeinflussen.

Soziale Anerkennungs- bzw. Abwertungsprozesse, Stigmatisierungen und Diskriminierungen sind, wie die autobiografischen Beispiele sehr klar gezeigt haben (► Kap. 1.4), bei den Ausführungen zur sexuellen Entwicklung von Menschen mit Behinderungen ebenso in den Blick zu nehmen.

# 3 Sexuelle Entwicklung als Teil der Persönlichkeitsentwicklung

Im zweiten Kapitel wurde bereits über die Definitionen der WHO mit den entsprechenden Ausführungen zu den Bereichen Sexualmedizin, Psychologie als auch Soziologie deutlich, dass der Lebensbereich der Sexualität hochkomplex in unsere gesamte Persönlichkeitsentwicklung eingewoben ist. Dementsprechend komplex und vielfältig sind Einflüsse auf sexuelle Entwicklung und sexuelles Lernen von Menschen.

Biologische, psychologische als auch soziale Aspekte (analog zum bio-psychosozialen Modell der WHO) können als die zentralen Perspektiven benannt werden, die zum Verstehen sexuellen Lernens und Entwickelns notwendig sind und (pädagogische) Ansatzpunkte und Unterstützungsmöglichkeiten deutlich machen. In Kapitel 2 (▶ Kap. 2) wurde skizziert, welche Verstehenszugänge die drei genannten wissenschaftlichen Perspektiven bieten. Nun sollen in diesem Kapitel die vier Hauptaspekte der Sexualität als strukturierendes Element genutzt werden, um sie durch relevante Theorien und Erkenntnisse zu erläutern.

Sexualität werden verschiedene Sinnkomponenten und damit auch Ausdrucksformen zugeschrieben, die im Laufe der biografischen Entwicklung in der Regel verschieden gewichtet sind bzw. einzelne Aspekte im Vordergrund stehen lassen. Nach Sielert (2015, 47ff) lassen sich folgende Aspekte beschreiben:

- Der *Identitätsaspekt* umfasst das Erleben des eigenen Ichs sowie das Geben und Nehmen von Selbstbestätigung.
- Der *Beziehungsaspekt* erfasst die (intime) Begegnung mit dem anderen, das Erleben von Wärme, Geborgenheit, Vertrauen.
- Der *Lustaspekt* beschreibt die kraftspendende Erfahrung von Lust und Leidenschaft bis hin zur Ekstase.
- Der *Fruchtbarkeitsaspekt* bezeichnet sowohl die lebensspendende Kraft von Sexualität sowie die Möglichkeit, ein Kind zu zeugen.

Bedeutsam ist an den genannten Aspekten, dass sie als gleichwertig zu betrachten sind und nicht alle im Sinne einer ›vollwertigen‹ Sexualität in einem menschlichen Leben verwirklicht werden müssen.

Zu den vier Aspekten der Sexualität werden nun jeweils einige relevante Theoriemodelle kurz mit deren Bezug zur sexuellen Entwicklung erläutert. Diese sollten, im Sinne einer Minimalanforderung, für den Verstehensprozess von Menschen verschiedener Altersstufen, unterschiedlicher Voraussetzungen und verschiedener Sexualitäten herangezogen werden.

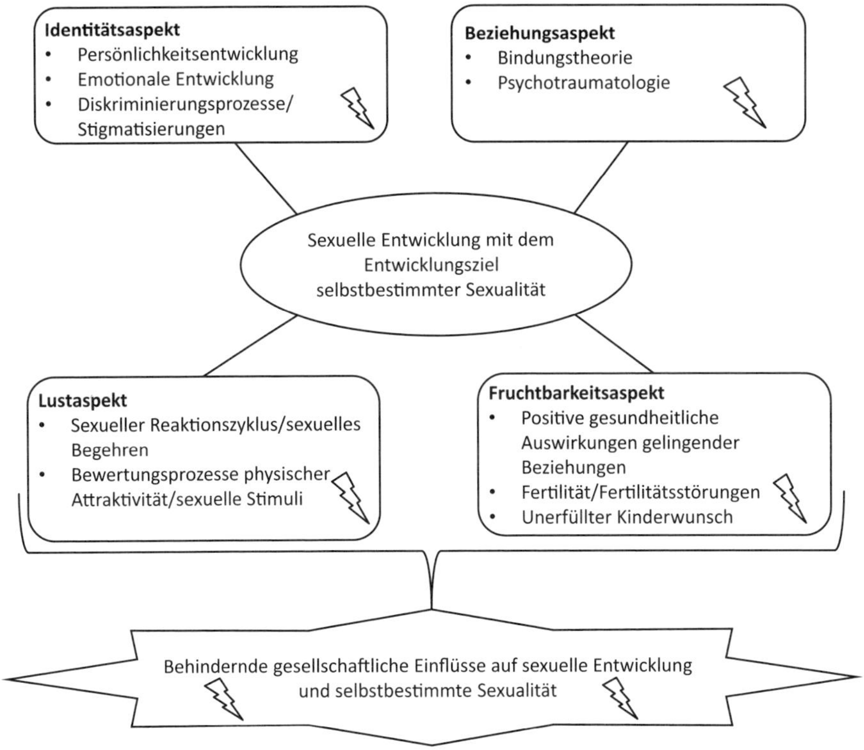


**Abb. 9:** Sexuelle Entwicklung im Fokus verschiedener Aspekte von Sexualität

## 3.1 Sexuelle Entwicklung unter dem Identitätsaspekt

Eine zentrale Theorie zur Erklärung der Identitätsentwicklung ist die Theorie der psychosozialen Entwicklung nach Erikson. Erikson war ein Schüler von Sigmund und Anna Freud, ohne deren psychoanalytische Grundlage auch sein Entwicklungsmodell nicht möglich gewesen wäre:

> »Erikson verwandelte das karge Schema der oralen, analen, phallischen und ödipalen Phase der Libidoorganisation, wie es die frühe Psychoanalyse formuliert hatte, in ein tiefgründiges Konzept der menschlichen Reifungsschritte, die von der Kindheit zum Erwachsensein führen sollten« (Rattner 1990, 565).

Eriksons tiefenpsychologische Sicht auf die menschliche Entwicklung bezieht die körperlichen Reifungsvorgänge ein, die jeweils als Auslöser nächster Entwicklungsschritte dienen und die menschliche Entwicklung somit determinieren. Es handelt sich um ein so genanntes epigenetisches Modell der Entwicklung: »Epigenese besagt das schrittweise Wachstum von etwas Einfacherem zu etwas Komplizierterem nach einem biologischen Reifungsplan« (Conzen 1996, 114). Das Wachstum der Persönlichkeit des Menschen realisiert sich dabei in einem spannungsvollen Zusammenspiel von Individuum und Gesellschaft (repräsentiert durch Eltern und entsprechende Institutionen wie z. B. Schule). Über das gesamte Leben ist der Mensch immer wieder mit neuen Lebensaufgaben, neuen sozialen Umfeldern und gesellschaftlichen Erwartungen konfrontiert, die ihm zu Beginn jeweils fremd und überfordernd vorkommen und die es zu bewältigen gilt. Diese Lebensthemen lassen sich durch die im Weiteren vorzustellenden acht normativen psychosozialen Krisen beschreiben, welche Perioden »vermehrter Verletzlichkeit und eines erhöhten Potentials« (Erikson 1981, 96 zit. nach Conzen 1996, 116) darstellen. Erikson hat sie für die gesamte Lebenszeit formuliert und beschreibt sie als ein Gerüst, das aber, laut Conzen, »Erikson (...) nur dann empfehlen (kann), ›wenn der Leser auch wieder davon abzusehen vermag‹« (1981b, S.148). Nicht selten nahm man Eriksons Vorstellungen in sehr vereinfachender Weise auf« (Conzen 1996, 117).

Die folgenden Themen der acht psychosozialen Krisen stehen das gesamte Leben lang in einem interdependenten inhaltlichen Zusammenhang.

- Säuglingsalter: Urvertrauen vs. Urmisstrauen
- Frühe Kindheit: Autonomie vs. Scham und Zweifel
- Spielalter: Initiative vs. Schuldgefühl
- Schulalter: Werksinn (Leistung) vs. Minderwertigkeitsgefühl
- Adoleszenz: Identität vs. Identitätsdiffusion (Rollendiffusion)
- Frühes Erwachsenenalter: Intimität vs. Isolierung
- Mittleres Erwachsenenalter: Generativität (Zeugende Fähigkeit) vs. Stagnation
- Hohes Alter: Ich-Integrität vs. Verzweiflung und Ekel.

Keine Krise gilt als für immer bearbeitet und damit erledigt, d. h. scheinbar vergangene bzw. bearbeitete Themen beeinflussen immer noch das aktuelle Spannungsfeld, das in der Entwicklung einer Person ansteht. So berührt z. B. die Krise im frühen Erwachsenenalter (Intimität vs. Isolierung) bei der Frage, ob ein Mensch eine feste Partnerschaft eingehen kann (Intimität zulassen) wieder das Thema des Vertrauens aus der ersten Krise (Habe ich genug Vertrauen in den anderen, um mich auf die Beziehung einzulassen?) oder z. B. auch das Thema der zweiten Krise (Habe ich genug Autonomie, um mich in der Partnerschaft gut abzugrenzen?).

In der Zukunft stehende Krisen haben ebenfalls bereits Einfluss auf die aktuelle Entwicklung. Zu betrachten ist immer das Spannungsfeld, unter dem die einzelnen Krisen stehen (z. B. Urvertrauen vs. Urmisstrauen), da beide Pole ihre Berechtigung und Wichtigkeit für die menschliche Entwicklung haben. So wäre es ungünstig für einen Menschen, wenn er oder sie nur Urvertrauen ausbilden würde, da ein ›gesundes Misstrauen‹ in vielen Lebenssituationen hilfreich und nötig ist und vor Gefahren schützen kann.

> »Es gibt nie eine völlig gelungene Krisenlösung; gerade die Zusammengehörigkeit von Stärken und Ängsten ist in Eriksons Modell entscheidend und trägt zur Entfaltung einer

realistischen Persönlichkeit bei. (...) Das heißt: in den einzelnen Phasen wird ein Mehr oder Weniger an positiven und negativen Komponenten angelegt, ein Fließgleichgewicht, das sich in der kommenden Entwicklung immer wieder in die eine oder andere Richtung verschiebt. In allen Neuentscheidungen und Krisen werden früheste Lebenskonflikte wieder angerührt« (Conzen 1996, 118).

Bei der scheinbaren Einfachheit des Modells und der Eingängigkeit der Gedankenführung ist zu beachten, dass das gesamte Modell von Erikson viel komplexer ausgearbeitet wurde als es in dieser Kurzvorstellung aufzuzeigen möglich ist. Darüber hinaus ergänzen viele Einzelergebnisse anderer entwicklungspsychologischer Studien und Ansätze die aktuellen Kenntnisse menschlicher Entwicklung (vgl. Ahnert 2014) und sind deswegen für ein differenziertes Bild menschlicher Entwicklung unbedingt zu berücksichtigen.

In Bezug auf das Modell von Erikson weisen Datler und Winiger (2014, 371f) darauf hin, dass für die menschliche Psyche – nach heutigem Wissenstand – von einer (individuell sehr unterschiedlichen) durchaus begrenzten Plastizität auszugehen ist. Das heißt, dass in der Entwicklung frühe negative Erfahrungen zwar im weiteren Verlauf des Lebens korrigierbar sind – dies aber wahrscheinlich nicht unbegrenzt erfolgen kann. Sie beschreiben als positive Konsequenzen von gelingenden Beziehungserfahrungen Folgendes:

»Können Kinder in den allerersten Lebensjahren Beziehungserfahrungen sammeln, die sich durch Konstanz, Stabilität, Empathie und liebevolle Fürsorge auszeichnen, so scheinen viele dieser Kinder später emotionale Belastungen besser verkraften zu können als andere [Göppel 1999]« (ebd. 371).

Trotz dieses positiven Zusammenhangs kann kein allgemeiner Kausalzusammenhang zwischen bestimmten Erfahrungen von Kindern in frühen Lebensabschnitten und bestimmten Persönlichkeitsmerkmalen im Erwachsenenalter postuliert werden (ebd. 372). Weitere Einflussfaktoren (z. B. in Form von Traumatisiserungen) sollten immer angenommen und berücksichtigt werden (▶ Kap. 6). Die Bindungstheorie (▶ Kap. 3.2) ist diesbezüglich ein weiteres bedeutsames Erklärungsmodell.

Wie bereits in Kapitel 2 kurz erwähnt, hat Došen (2010) ein Modell der Persönlichkeitsentwicklung mit dem Schwerpunkt der emotionalen Entwicklung auf der Grundlage und in der Zusammenschau mehrerer diesbezüglich relevanter Theorien entwickelt (ebd. 44f). Die emotionale Entwicklung wird von ihm als Phasenmodell beschrieben, das in der nachfolgenden Tabelle als Übersicht dargestellt und in seinem Buch differenziert erläutert wird. Er schreibt dazu:

»Betrachtet man alle aufgeführten Konzepte, fallen bestimmte definierte Zeiträume der Persönlichkeitsentwicklung auf, in denen sowohl physiologische als auch psychosoziale Prozesse stattfinden. Die emotionale Entwicklung bestimmt über sehr weite Strecken wesentliche Eigenschaften der Persönlichkeit. Unser Modell der emotionalen Entwicklung geht von einem phasischen Verlauf der emotionalen Entwicklung aus« (ebd. 45).

Weiterhin erläutert Došen, dass er trotz aller berechtigten Kritik an Phasenmodellen daran festhält, da der inhaltliche Gewinn in der Übersichtlichkeit der Darstellung dieser äußerst komplexen Materie liegt.

»Unser Modell der emotionalen Entwicklung wurde für praktische Erfordernisse wie die Untersuchung und die Diagnostik bei Menschen mit einer intellektuellen Behinderung entwickelt und berücksichtigt die Altersbereiche bis zum 12. Lebensjahr« (ebd. 46).

Menschen mit kognitiver Beeinträchtigung durchlaufen grundlegend die gleichen Stadien psychosozialer Entwicklung wie alle anderen Menschen auch. Diese Entwicklung basiert, wie bereits mehrfach erläutert, auf biologischen, psychischen und sozialen Einflussfaktoren und, je nach individueller Lebensgeschichte und Entwicklungsbedingungen, ist der Stand der Entwicklung auch bei vergleichbaren intellektuellen Fähigkeiten unterschiedlich (▶ Kap. 5.3).

Da die emotionale Entwicklung für die verschiedenen Aspekte der Sexualität und damit die Zuwendung zu einer anderen Person von hoher Bedeutung ist, soll der knappe Überblick über das Modell von Došen mit seinen Hinweisen auf Verhaltensweisen enden, deren Ursache in Störungen der Entwicklungsanforderungen der verschiedenen Phasen liegen. In der nachfolgenden Tabelle hat Došen (2010, 60f) Auffälligkeiten im Verhalten zusammengefasst, die Hinweise auf Entwicklungs- und Unterstützungsbedarfe in verschiedenen Phasen der Persönlichkeitsentwicklung geben.

**Tab. 1:** Typische Auffälligkeiten (maladaptive Symptome) psychosozialer Entwicklungsstörungen nach Persönlichkeitsentwicklungsniveaus (Došen 2010, 60f)

| | |
|---|---|
| **Störung der Homöostase** | • Probleme der physiologischen Regulation (z. B. Schlafen, Essen, Verdauung)<br>• Probleme der sensorischen Integration<br>• Selbststimulation durch isolierte Reize<br>• Veränderung in der Umgebung<br>• Wutausbrüche<br>• selbstverletzendes Verhalten<br>• Stereotypien<br>• Zurückgezogenheit<br>• Passivität |
| **Bindungsstörungen** | • Suche nach Körperkontakt<br>• Apathie in bedrohlichen Situationen<br>• Angst vor Fremden<br>• schnelle Stimmungswechsel<br>• impulsive Reaktion bei Frustration<br>• Aggressivität gegenüber der Bindungsperson<br>• selbstverletzendes Verhalten bei hoher Frustration<br>• zwanghaftes Beschäftigen mit Material<br>• entwickelte Rituale |
| **Störung der Selbst-Fremd-Differenzierung** | • Suche nach ständiger Aufmerksamkeit wichtiger Personen<br>• nicht allein sein können<br>• kein oder wenig Interesse an Material<br>• unruhig, hyperaktiv, chaotisch<br>• kein Interesse an Altersgenossen<br>• stur den eigenen Willen durchsetzen wollen<br>• negativistisch<br>• oppositionell<br>• destruktiv<br>• gereizt<br>• überwiegend dysphorisch verstimmt |

**Tab. 1:** Typische Auffälligkeiten (maladaptive Symptome) psychosozialer Entwicklungsstörungen nach Persönlichkeitsentwicklungsniveaus (Došen 2010, 60f) – Fortsetzung

| | |
|---|---|
| **Störung der Ich-Strukturierung** | • Abhängigkeit von der Beaufsichtigung durch wichtige Personen<br>• Egozentrisch<br>• Autoritätskonflikt<br>• Versagensangst<br>• Wenig Interaktion mit Gleichaltrigen<br>• Geringe Selbstregulation<br>• Impulsivität<br>• Kein Selbstvertrauen<br>• Flucht in die Fantasiewelt<br>• Somatische Beschwerden bei psychischen Spannungen |

Došen verbindet dieses Modell der emotionalen Entwicklung mit einem integrativen diagnostischen Ansatz, in dem der Mensch ganzheitlich in seiner aktuellen Situation und in seinem Geworden-Sein erfasst werden soll: »Das bedeutet, dass alle Lebensumstände einschließlich der inneren Welt der Person betrachtet werden. Wichtig ist dabei, alle Prozesse zu erkennen, die zum aktuellen Zustand geführt haben« (ebd. 65). In Kapitel 5.3 (▶ Kap. 5.3) wird das Modell der emotionalen Entwicklung bei Menschen mit kognitiver Beeinträchtigung erneut aufgegriffen werden.

Weitere hilfreiche Theorien zu Einflüssen auf die Identitätsentwicklung von Menschen finden sich in der soziologischen Forschung zu Diskriminierungs- und Stigmatisierungsprozessen. Scherr et al. (2017) beschreiben die (interdisziplinäre) Diskriminierungsforschung als ein noch sehr junges Forschungsgebiet. In ihrem »Handbuch Diskriminierung«, in dem sie diesen interdisziplinären Anspruch einzulösen versuchen, legen sie einen weiten Diskriminierungsbegriff zugrunde:

> »Diskriminierung (wird) hier nicht *allein* als eine Folge von benachteiligenden Handlungen verstanden, denen Stereotype zugrunde liegen, sondern als ein komplexes soziales Phänomen, das auch auf historisch gewordene soziale Verhältnisse, auf institutionell verfestigte Erwartungen und Routinen, organisatorische Strukturen und Praktiken sowie auf Diskurse und Ideologien verweist« (ebd. VI).

In Bezug auf die Themen Sexualität und Behinderung lassen sich verschiedene Diskriminierungsprozesse benennen: Zum einen sind Diskriminierungsprozesse aufgrund des Geschlechts und/oder der sexuellen Orientierung zu beschreiben (Bereswill/Ehlert 2017), zum anderen können ebensolche aufgrund von psychischer Beeinträchtigung (von Kardoff 2017) bzw. körperlichen und/oder geistigen Beeinträchtigungen (Zinsmeister 2017) benannt werden.

Bereswill und Ehlert (2017, 504) beschreiben vor allem die »Normierungsprozesse von Zweigeschlechtlichkeit und Heterosexualität« und die damit verbundene Unterstellung des Erwerbs »einer eindeutigen Geschlechtsidentität durch das Subjekt« als problematisch und anhand vorliegender Studien und Expertisen mit starken Diskriminierungseffekten verbunden (▶ Kap. 5.1.3). Sie wollen stattdessen betont wissen, »dass die Aneignung und Ausgestaltung einer Geschlechtsidentität ein lebenslanger durch unbewusste wie bewusste Konflikte geprägter

Verarbeitungsprozess ist, der keineswegs notwendig zu einer eindeutig weiblichen oder männlichen Identität führt« (ebd. 504).

Ebenso fasst von Kardoff (2017) zusammen, dass die Einstellungen der Bevölkerung gegenüber Menschen mit psychischen Beeinträchtigungen (von Kardoff schreibt von seelisch Beeinträchtigten) stark von Vorurteilen geprägt ist (ebd. 571) sowie die Erfahrungen von Stigmatisierung und Diskriminierung zum Alltag der Menschen gehören. Zu der Gruppe der Menschen mit psychischen Beeinträchtigungen zu gehören, hat in der Regel Auswirkungen auf das »Selbstbild, ihre sozialen Kontakte, ihre Stellung in der Arbeitswelt und ihre materielle Lage – Entwicklungen, die ihrerseits zur Verschlechterung und Chronifizierung psychischer Beeinträchtigung beitragen« (ebd. 572). Dazu kommen weiterhin Verletzungen des eigenen Selbstwertes, Gefühle von Scham und Versagen sowie die Angst vor negativen Reaktionen des Umfeldes.

In vergleichbarer Form beschreibt dies Fries (2005) auf der Grundlage von 75 Interviews mit Erwachsenen mit Körperbehinderung zu deren diskriminierenden Erfahrungen. Nach deren Aussagen werden belastende diskriminierende Erlebnisse nicht dauerhaft, sondern punktuell erlebt. Fries konnte weiterhin feststellen:

> »Schon allein das Wissen um die Tatsache der Zugehörigkeit zu einer Gruppe von Menschen (die auch heute noch im Alltag aufgrund ihrer Behinderung mehr oder minder subtil diskriminiert werden) ist im Bewusstsein behinderter Menschen emotional und kognitiv verankert und führt zu einer Belastung« (ebd. 347).

Diese Aspekte finden sich auch bei Goffman (1967 nach Cloerkes 2007) in seinen Ausführungen zu Stigma und den Prozessen der Stigmatisierung. Bei Stigmatisierungsprozessen wird ein Merkmal einer Person negativ definiert und hat als »Sonderfall eines sozialen Vorurteils« Auswirkungen auf die Wahrnehmung der gesamten Person. Dabei kann unterschieden werden zwischen Personen, die aufgrund eines noch nicht bekannten Merkmals (wie z. B. dem einer psychischen Beeinträchtigung) potentiell diskreditierbar sind bzw. durch ein sichtbares Merkmal zu den Diskreditierten gehören (Clorkes 2007, 168ff). Sowohl Cloerkes als auch nachfolgende Wissenschaftler, die an der empirischen Überprüfung und wissenschaftlichen Ausdifferenzierung der Stigmatheorie gearbeitet haben, nehmen durchgehend (unterschiedlich starke) Auswirkungen dieser Prozesse auf die Identität der stigmatisierten Person an. Auf der Grundlage des Modells von Frey (1983 nach Cloerkes 2007, 181ff), das an dieser Stelle nur benannt und inhaltlich nicht weiter ausgeführt werden kann, können Stigmatisierungsprozesse differenziert nachvollzogen werden. Ansatzpunkte einer förderlichen Unterstützung von stigmatisierten Menschen werden dabei deutlich. An dieser Stelle soll nur noch der Hinweis gegeben werden, dass »Stigmatisierungsfolgen (…) weder zwangsläufig noch einheitlich (sind), wie die klassische Stigma-Identitäts-These behauptet. Sie müssen darum im konkreten Fall empirisch ermittelt werden« (Cloerkes 2007, 189).

In Bezug zur sexuellen Entwicklung bedeutet der Identitätsaspekt, wie oben beschrieben, das Geben und Nehmen von Selbstbestätigung. Die herangezogenen Theorien machen ebenso wie die autobiografischen Texte (▶ Kap. 1.4) deutlich, dass für Menschen mit Behinderungserfahrungen das Spannungsfeld zwischen Fremdbewertungen und Selbstbewertungen zu sehr unterschiedlichen Graden von Selbstbestätigung führen kann.

Stelzer (2011) beschreibt in der Retrospektive den Gewinn für seine Identität aus seinen Beziehungen wie folgt:

»Sind 3 intime Beziehungen in einem Leben zu wenig? Ich weiß es nicht! Ich weiß aber, dass ich sehr glücklich und froh darüber bin, sie gelebt zu haben. Sie bereicherten mein Leben unendlich. Sie schenkten mir Selbstvertrauen und Zukunft. Sie befreiten mich von Versagensängsten und wiesen mir Wege aus meiner unterdrückten Sexualität« (ebd. 122).

## 3.2 Sexuelle Entwicklung unter dem Beziehungsaspekt

In dem Modell der psychosozialen Entwicklung finden sich schon Aspekte des Zutrauens und Vertrauens in die Welt und die Menschen, die ein Individuum begleiten. Für die erste zu bewältigende Krise, Urvertrauen versus Urmisstrauen, sind die frühen Erfahrungen leitend und sie haben lebenslange Auswirkungen auf Beziehungen (► Kap. 3.1).

Die Bindungstheorie nach Bowlby und im Weiteren Ainsworth (im Folgenden vorrangig dargestellt nach Lengning und Lüpschen 2012) ermöglicht zahlreiche Erkenntnisse und Hinweise zur Entwicklung von verschiedenen Fähigkeiten von Menschen, auch später als Jugendliche oder Erwachsene dauerhafte Beziehungen einzugehen. Grundlage der Bindungstheorie ist die Erkenntnis, dass Kinder zu Beginn ihres Lebens darauf angelegt sind, eine enge emotionale, länger andauernde Beziehung zu einer primären Bezugsperson zu suchen und aufzubauen. Diese muss dazu möglichst viel Zeit mit dem Kind verbringen. »Die (Primäre) Bezugsperson dient dem Kind als sichere Basis (secure base), von der aus es seine Umwelt spielerisch erkunden und bei Bedarf, d. h. etwa bei Unsicherheit oder Gefahr, zu ihr zurückkehren kann« (Lengning/Lüpschen 2012, 12). Die Feinfühligkeit der Reaktionen der Bezugsperson und die Zuverlässigkeit, mit der diese auf das Kind reagiert, sind neben dem Temperament des Kindes wichtige Einflussfaktoren für die Qualität der sich entwickelnden Bindung. »Mit hoher Feinfühligkeit (…) werden verlässlich reagierende Personen zu sicheren Bindungspersonen« (Grossmann 2010, 6).

Zentraler Zeitraum für die Entwicklung der Bindung sind die ersten Lebensjahre eines Menschen. »Die sozial-emotionale Bindung entwickelt sich (…) in vier Phasen:

- Der Vorphase (0–3 Monate)
- Der Phase der personenunterscheidenden Ansprechbarkeit (3–7 Monate)
- Der Phase der eigentlichen Bindung (7–8 Monate)
- Der Phase der zielkorrigierten Partnerschaft (ab 3 Jahren)« (Jungmann/Reichenbach 2013, 20).

Die Qualität der Bindung ist individuell sehr unterschiedlich, wobei sichere Bindungen als positive Basis für die weitere Entwicklung benannt werden können: »Sichere Bindungserfahrungen schränken das Leben weniger ein und machen es innerlich auch durch vielfältige Beziehungen reicher« (Grossmann 2010, 11). Orientierung in Bezug auf Bindungsqualitäten bietet eine mögliche Zuordnung zu vier verschiedenen Bindungstypen. Diese Typen werden auch in Studien genutzt, in denen die Zusammenhänge zwischen Qualität der entwickelten Bindung und sexuellen Verhaltensweisen in Paarbeziehungen geprüft werden. Da die frühen Bindungserfahrungen zu den relevanten Bindungspersonen Grundlage für internale Arbeitsmodelle sind, liegt der Zusammenhang zwischen Bindungsstil und partnerschaftlicher Beziehung nah. Dieser konnte auch in verschiedenen Studien nachgewiesen werden. Exemplarisch benennt Brenk-Franz (2010, 14) als ein zentrales Ergebnis der Studie »Bindung und Sexualität«, dass sich »signifikante Unterschiede in den Bereichen der Sexualgeschichte und des Sexualverhaltens in Abhängigkeit von den Bindungsstilen« (ebd.) bei den 261 männlichen und weiblichen Probanden zwischen 16–68 Jahren zeigten. Preuss (2019) bestätigt die hohe Bedeutung einer sicheren Bindung für die Entwicklung der eigenen Geschlechtsidentität:

> »Für die Entwicklung hetero-, homo-, bisexueller, transsexueller und geschlechtsvarianter Mädchen und Jungen gilt gleichermaßen, dass sicher gebundene Kinder die besten Voraussetzungen dafür haben, dass ihre individuelle Geschlechtsidentitätsentwicklung gelingt, und dass sie im Erwachsenalter feste Beziehungen mit einem befriedigenden Sexualleben eingehen können« (Preuss 2019, 94).

Für die Betrachtung der sexuellen Entwicklung ist vor allem bedeutsam, dass diese Bindungserfahrungen der ersten Lebensjahre zu internalen Arbeitsmodellen führen, die Geschlechtsidentität sowie spätere Beziehungserfahrungen beeinflussen können. Hier nennt Beier (2010, 25) exemplarisch, dass durch die elterliche Zuwendung und die damit günstigerweise verbundene Erfahrung der körperlichen Nähe der Säugling schon lernt und dies auch neuronal gebahnt wird, dass über den Hautkontakt psychosoziale Grundbedürfnisse erfüllt werden können.

> »Die durch Interaktion und Körpersprache vermittelten Gefühle bestimmen von Geburt an die menschliche Entwicklung und bleiben ein Kernmerkmal der Beziehungsgestaltung. Sie sind zunächst nicht auf die Genitalien angewiesen, ermöglichen aber trotzdem eine tiefe Zufriedenheit, die durch Haut- und Blickkontakt, überhaupt durch Sinneseindrücke realisiert wird. Sie sind darum die erste ›sexuelle‹ Erlebnisdimension, die später um Möglichkeiten der genitalsexuellen Kommunikation lediglich erweitert wird« (Beier, 2010, 25).

Wie weitreichend diese ersten Bindungserfahrungen sind, wird in der Beschreibung ihrer Wirkmächtigkeit deutlich:

> »Internale Arbeitsmodelle beinhalten internalisierte, mentale Repräsentationen vom eigenen Selbst, der Umwelt und den Bezugspersonen. Sie dienen der Simulation der Realität, der Bewertung von Situationen und daraus folgend der Verhaltenssteuerung in bindungsrelevanten Situationen« (Lengning/Lüpschen 2012, 30).

Es sind Erfahrungen und Repräsentationen, die sich in der weiteren Entwicklung als verschiedene Entwicklungsthematiken zeigen und verändern können.

Es gibt »für jede Altersstufe bestimmte Entwicklungsthematiken, die immer wieder neue Auseinandersetzungen mit den Themen Nähe und Distanz, Bindung und Autonomie sowie eigene Identität und Identität von Interaktionspartnern einfordern« (Jungmann/Reichenbach 2013, 20).

Jungmann/Reichenbach benennen folgende Entwicklungsthematiken:

- »0–6 Monate: grundlegende Regulierung
- 6–12 Monate: Bindung
- 1–3 Jahre: Exploration/Autonomie
- 3–6 Jahre: Impulskontrolle/Beziehung zu Peers
- 6–10 Jahre: körperliche, Leistungs- und Sozialkompetenz
- Jugendalter: Identität, enge emotionale Bindungen«

(Jungmann/Reichenbach 2013, 20, in Anlehnung an Spangler/Zimmermann 1999, 179).

Aus der sehr knappen Darstellung der Bindungstheorie und der vorstehenden Auflistung wird deutlich, dass zentrale Themen der sexuellen Entwicklung in Bezug auf den Beziehungsaspekt durch die Bindungstheorie nachvollzogen und verstanden werden können.

Das Bild von sich selbst, aber auch die Erwartungen an Zuschreibungen und Bewertungen durch die Umwelt und die Bezugspersonen können als internale Arbeitsmodelle in diesen frühen Erfahrungen ihren Ursprung haben. Allerdings weisen Jungmann und Reichenbach (2013, 35ff) darauf hin, dass unter bestimmten Bedingungen ungünstige Bindungserfahrungen durch pädagogische Fachkräfte korrigiert werden können. Gleichzeitig können auch Kinder, die positive, sichere Bindungserfahrungen gemacht haben, diese durch negative Erfahrungen im späteren Leben verlieren.

Solche negativen Erlebnisse können bspw. Geschehnisse mit traumatischer Qualität sein. Sie haben sehr häufig Auswirkungen auf die (nicht nur sexuelle) Entwicklung eines Menschen (vgl. van der Kolk 2018, 129ff). Nach Gahleitner et al. (2016, 115) sind Kinder und Jugendliche, die traumatische Erfahrungen machen mussten, auch häufig schon in ihren Bindungsbeziehungen durch Misshandlungen, Vernachlässigung und/oder sexuelle Gewalt geprägt. Strauß (2014) weist darauf hin, dass »Personen mit sexuellen Störungen eher unsichere Bindungsrepräsentationen besitzen und häufig auch bindungsbezogene Traumatisierungen/Verluste erlebt haben« (ebd. 54).

Menschen mit Behinderungen gehören zu einer in Bezug auf das Erleben traumatischer Situationen oder langanhaltender traumatisch wirkender Lebensbedingungen besonders gefährdeten und vulnerablen Gruppe.

So wies Schröttle (2012, 2015) mit ihrer Forscherinnengruppe in einer repräsentativen Erhebung die besondere Gewaltbetroffenheit von Frauen mit Behinderung und Beeinträchtigung im Lebenslauf nach. Amor (2015) beschreibt in seinen Ausführungen eine hohe Betroffenheit in Bezug auf sexuelle Gewalt bei Männern mit Behinderung. Allerdings ist nicht jede Erfahrung von Gewalt gleichzeitig eine traumatische Erfahrung. Als besonders problematisch ist zu bezeichnen, dass mögliche Folgen (z. B. Verhaltensänderungen), die das Erleben von Gewalt als

Opfer oder Zeuge nach sich ziehen kann, bei Menschen mit Behinderung nicht immer als eine solche Folge erkannt und bewertet werden.

Gründer und Stemmer-Lück (2013) beschreiben sehr eindrücklich mögliche Folgen sexueller Gewalt auf somatischer, psychosomatischer, emotionaler, sozialer und sexueller Ebene. Bei Menschen mit Behinderungen, die zum Beispiel nicht über ausreichende Kommunikationskompetenzen aufgrund eingeschränkter Verbalsprache oder fehlendem sexuellem Wortschatz verfügen oder denen aufgrund ihrer kognitiven Beeinträchtigung nicht geglaubt wird (vgl. Werner 2015), werden manche Folgen erlebter (sexueller) Gewalt als behinderungsbedingte Verhaltensänderungen bewertet, so dass die Betroffenen keine angemessene Unterstützung erhalten.

Kessler (2016) macht in ihren Ausführungen noch darauf aufmerksam, dass schon die Lebensbedingungen von Menschen mit Behinderung traumatisierend wirken können. Häufiger Wechsel von Bezugspersonen, vielfältige medizinische Eingriffe, Vernachlässigungen, ein durchgehendes Gefühl des Nicht-verstanden-Werdens etc. kann z .B. in der Kumulation verschiedenster Aspekte als sequentielles Trauma wirken (ebd. 233ff). Auch der Aspekt der transgenerationalen Wirkung von extremen Traumatisierungen, wie sie in der Zeit des Nationalsozialismus durch die Euthanasie-Programme als extreme, tödliche Gewalt gegen Menschen mit Behinderung realisiert wurden, kann heute noch eine erhöhte Vulnerabilität der Menschen mit bedingen.

Kessler stellt manche Verhaltensbesonderheiten von Menschen mit Behinderungen in einen Zusammenhang entwicklungslogischer Reaktionen auf isolierende Lebensbedingungen:

> »Menschen, die Belastendes erleben mussten, kommen als Folge der Belastung häufig in Zustände der Übererregung, Dissoziation oder Erstarrung. Diese Zustände führen zu Verhaltensweisen wie Selbst- und Fremdverletzung, Orientierungslosigkeit, Schreien, Klammern an Bezugspersonen usw. Im Moment der Hilflosigkeit und im Moment der traumatischen Situation sichern diese Zustände das Überleben einer subjektiv wahrgenommenen Bedrohungssituation. Geht man davon aus, dass Menschen auf schwere äußere Belastungen im Allgemeinen mit entsprechend schützenden Verhaltensweisen reagieren, dann können auch für Menschen mit der Diagnose ›geistiger Behinderung‹ die Dynamiken des traumatischen Erlebens angenommen werden« (Kessler 2016, 235).

Die Folgen traumatischer Ereignisse können zum einen dazu führen, dass Kinder oder Jugendliche in Bezug auf sexualpädagogische Angebote oder für altersangemessene sexuelle Erfahrungen nicht erreichbar/ansprechbar/offen sind. Zum anderen können traumatische Erlebnisse (hier vor allem erlebte sexuelle Gewalt) der Grund für »stark sexualisiertes Verhalten und Sexualisierung von Beziehungen« (Gründer/Stemmer-Lück 2013, 46) sein. In beiden Fällen gibt es deutliche (individuell unterschiedliche) Beeinflussungen der sexuellen Entwicklung, die jedoch aufgrund der traumatischen Erfahrung als Ursache eine dementsprechend traumapädagogisch fundierte Begleitung brauchen. Aufgrund der hohen Bedeutung und Notwendigkeit differenzierten Fachwissens zur pädagogischen Begleitung der sexuellen Entwicklung von traumatisierten Kindern und Jugendlichen, wird diesem Thema ein eigenes Kapitel (▶ Kap. 6) gewidmet.

## 3.3 Sexuelle Entwicklung unter dem Lustaspekt

In Bezug auf sexuelles bzw. erotisches Begehren werden wiederum die drei leitenden Perspektiven (biologisch, psychologisch, sozial) besonders deutlich.

> »Die Lustdimension gibt der Sexualität durch das einzigartige sinnliche Erleben von sexueller Erregung und Orgasmus eine Qualität, die sie von anderen menschlichen Erfahrungsmöglichkeiten abhebt. Die sexuelle Lust begründet die motivationale Eigenschaft der Sexualität und stellt gleichsam den Antrieb und die Belohnung sexuellen Verhaltens dar. Die Lustdimension kann im subjektiven Erleben, in der Autoerotik und in der Erfahrung von erotischer Anziehung, Leidenschaft und Ekstase ganz im Vordergrund stehen. Sie lässt sich dennoch schwer isoliert betrachten, weil sie mit den anderen Funktionen eng verbunden ist« (Beier 2010, 25).

Körperliche Grundlagen der sexuellen Lust, des Begehrens und der Erregung sind nach Kossat (2018) sehr komplex und wiederum Ergebnis einer individuellen Lerngeschichte. Ein (veraltetes) einfaches Reiz-Reaktionsschema reiche maximal aus, um einige Anteile männlicher Sexualität als lineares Reiz-Erregung-Modell zu erklären. Schon der weiblichen Sexualität würde es jedoch nicht gerecht (vgl. Wehrum-Osinsky/Kagerer 2014). Kossat erläutert weiterhin:

> »Die Lust auf Sex kann ganz spontan und primär durch das Bedürfnis nach körperlicher sexueller Erregung und Befriedigung entstehen. Sie entsteht aber auch durch das Bedürfnis nach Intimität und Nähe, also durch das Bedürfnis nach Beziehung. Spontanes sexuelles Interesse, emotionale Nähe, sexuelle Reize und Bedürfnis nach emotionaler und körperlicher Intimität beeinflussen sich gegenseitig. Manchmal entsteht die Lust erst während der sexuellen Handlung« (Kossat 2018, 5).

Testosteron, Oxytocin, Dopamin und ein verringertes Serotonin sind nach Fisher (2002 nach Kossat 2018, 5) die neuronalen Korrelate für die Emotions-Motivations-Systeme von Lust/Trieb, Bindung und Attraktion.

Verschiedene, eher männliche bzw. eher weibliche Modelle der sexuellen Reaktion mit vier Phasen von Erregung, Plateauphase, Orgasmus und Refraktärphase sind vor über 50 Jahren von Masters und Johnson (1967) beschrieben worden und heute noch gültig. Ein allgemeineres Modell für einen sexuellen Reaktionszyklus hat Basson (2002 nach Kossat 2018, 6) entworfen. Ein Sexualtrieb kann zu einer Empfänglichkeit für sexuelle Stimuli führen, so dass es bei deren Auftreten zu körperlicher subjektiver Erregung kommt. Diese wird als sexuelle Lust gesteigert, bis zu deren Befriedigung, um schließlich als allgemeines Interesse an Intimität wieder in individuell unterschiedlichen Zeitabständen zu erneuter Empfänglichkeit für sexuelle Stimuli zu führen. (Kossat 2018, 6)

Wehrum-Osinsky/Kagerer (2014) merken an, dass die sexuelle Reaktionsfähigkeit im Sinne positiver Gefühle, die durch sexuelle Stimuli ausgelöst werden, entscheidend von entsprechenden Belohnungserfahrungen in der individuellen sexuellen Biografie abhänge. Sie kritisieren weiterhin an bisher vorliegenden Modellen, dass »die Vielzahl der berichteten Motive für sexuelle Aktivität (z. B. Selbstwertsteigerung, Entspannung, Macht, Wettbewerb), die weit über augenscheinliche Gründe wie körperliches Vergnügen oder Liebe« (ebd. 77) hinausgehen, bisher deutlich zu wenig Berücksichtigung fanden.

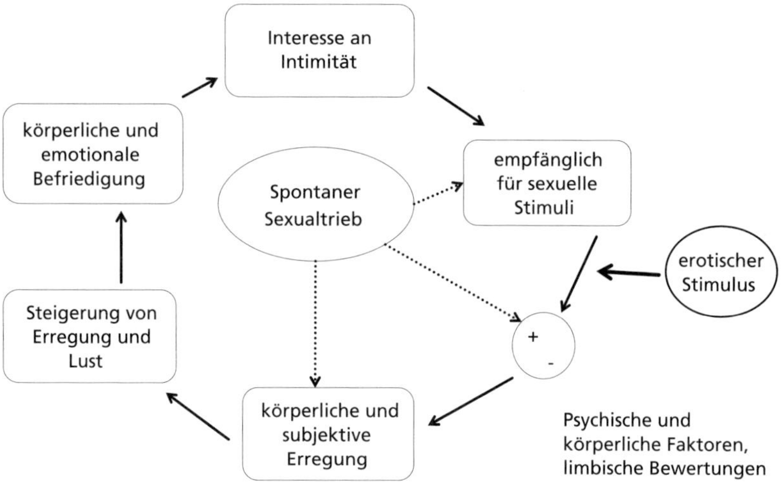


**Abb. 10:** Sexueller Reaktionszyklus in Anlehnung an Rosemary Basson, 2002 (Kossat 2018, 6)

Soziale Aspekte beeinflussen die Bewertung sexueller Stimuli und sexuelle Reaktionen ebenso. Eyssel (2014) beschreibt als entscheidende Determinanten zwischenmenschlicher Anziehung »physische Attraktivität, Nähe und Ähnlichkeit« (ebd. 79). Sie führt weiter aus, dass nach einem ersten Kennenlernen vor allem die subjektiv empfundene Ähnlichkeit des anderen Menschen mit den eigenen Einstellungen, Werten, Interessen und Charakter entscheidend für das Interesse an einer längerfristigen sozialen Beziehung ist (ebd. 80).

Die Bewertung physischer Attraktivität ist kulturell und zeitgeschichtlich beeinflusst. Es ist gesellschaftlich definiert, welche Körperperformanz, welches Aussehen und Styling, aber auch welche Persönlichkeitsmerkmale eine sexuelle Attraktion darstellen (vgl. Lautmann 2002, 121ff). Niekrenz und Witte (2011) beschreiben und problematisieren die gesellschaftlich hohe Attraktivität des jugendlichen Körpers: »Der jugendliche Körper gilt als Ideal, das in einem Kult um Jugendlichkeit erstrebt, verehrt und mit vielerlei Mitteln zu erreichen versucht wird« (ebd. 9). Gerade im Jugendalter ist die Inszenierung der eigenen Identität über die Gestaltung des Körpers von hoher Bedeutung. Sie wird bei der späteren Darstellung der Entwicklungsaufgabe »Den Körper bewohnen lernen« (Fend 2005) noch differenzierter betrachtet werden (▸ Kap. 5).

Aufgrund der hohen, idealisierten Bedeutung von Jugendlichkeit kann dann der z. B. (subjektiv) nicht perfekte, der alternde, der adipöse, der anorektische, der verletzte, vernarbte Körper usw. für die betreffende Person eine psychische Belastung darstellen. Aigner (2013, 75) schreibt diesbezüglich von »ästhetisierenden Körperzwängen und Normierungen«, denen vor allem Frauen »nachhecheln«, aber diese oft nicht erreichen und das fast als zwangsläufige Konsequenz zu Problemen in sexuellen Interaktionen führt. Für Männer wird die Zunahme des Drucks der Normierungszwänge als ein seit ca. 20 Jahren zunehmendes Phänomen benannt: »Bestimmte Frisuren, Körperstyling, trainiertes Muskelprofil, Körperteil- oder Ganzrasur usw. gehören zu den langsam auch Männer dominierenden Äußerlichkeitsregeln« (ebd.). Kossat (2018, 13) weist darauf hin, dass die Überladung der Anforderungen an die Partnerschaft (»Harmonieideale«) mit der der Sexualität auch innewohnenden Aggressivität oft nicht zusammenpassen. »Auch die heute übliche Rasur nicht nur im Genitalbereich, sondern rundum, der ›Metromann‹, kann das ›Animalische‹ der Sexualität auslöschen« (ebd. 13).

Aigner (2013, 76f) macht auf den Zusammenhang von auf der einen Seite übermäßigen (Leistungs-)Anforderungen vor allem im Beruf, den immer komplexer werdenden gesellschaftlichen Anforderungen sowie auf der anderen Seite den Sehnsüchten nach Sicherheit und Aufgehobensein in einer Partnerschaft aufmerksam. Die Befriedigung der Bedürfnisse, vor allem nach Sicherheit durch den Partner oder die Partnerin, steht nach Aigner im Widerspruch zu sexueller Lust, so dass Spannung, Begehren und Erotik oft in Beziehungen verloren gehen.

Eine weitere ›Gefahr‹, die nach Kossat (2018, 7) eine Folge des gesellschaftlichen Drucks nach Selbstoptimierung sein kann, sind zu hohe Erwartungen an sich selbst und partnerschaftliche Sexualität. Gerade für Männer steht die ›sexuelle Leistung‹ im Sinne einer stabilen Erektion sehr im Mittelpunkt sexueller Intimität, nach Kossat genährt durch sexuelle Mythen eines Mannes, der ›immer kann‹ und ›immer zum Orgasmus kommt‹. So kann die Erfahrung einer einmalig nicht stabilen Erektion, eines einmaligen ›Versagens‹, zu Versagensängsten führen, die eine verstärkte Selbstbeobachtung sowie Leistungsdruck nach sich ziehen können. Im ungünstigsten Fall kann es zu Chronifizierungen der sexuellen Schwierigkeiten kommen. So kann kaum noch sexuelle Lust und Begehren entstehen, da Selbstbeobachtung, Schuldgefühle oder Stress im Vordergrund stehen.

> »Gelingendes sexuelles Begehren setzt voraus, sowohl Wünsche nach Eroberung und Verschmelzung spüren und sich körperlicher Erregung hingeben, als auch die Lust als passagere Erfahrung gestalten zu können, damit Hinweggetragen zu werden (…) ebenso möglich ist, wie die Eigenständigkeit des Selbst und des Anderen zu wahren« (Brückner 2013, 231).

Erotisches Begehren, sexuelle Lust, Ekstase haben eine körperliche Basis im Sinne einer Ansprechbarkeit und Reaktionsfähigkeit und werden auf dieser Grundlage im weiteren Verlauf der individuellen sexuellen Lerngeschichte entwickelt und kulturell geformt (ebd. 220).

> »Aufgrund der je eigenen Erfahrungen und damit einher gehenden Erinnerungsspuren bilden sich spezifische Erregbarkeiten heraus, die sich zu einer Art Körpergedächtnis verdichten und je nach Entwicklungsstufe umgearbeitet und umgestaltet werden« (Brückner 2013, 220).

Für Menschen mit Behinderungen kann die Erfahrung körperlicher Lust verändert sein, wenn Schädigungen der Körperfunktionen und -strukturen zu Veränderungen der Wahrnehmungsmöglichkeiten führen. Eine Querschnittlähmung kann bspw. zu einer Veränderung der Sensibilität in den betroffenen Körperregionen führen. Gravierender in den Folgen für Menschen mit Behinderung erscheinen jedoch eingeschränkte Erfahrungsmöglichkeiten, die in vielen verschiedenen personenbezogenen, sozialen, strukturellen Gründen ihre Ursache haben können. Denn nach Brückner (2013, 221) braucht es die körperlich lustvollen Erfahrungen, die im Sinne von Konditionierungsprozessen als angenehme körperliche Berührungen und Sensationen als Sexualität im Gedächtnis bleiben.

Schabert (2008) lässt in Bezug auf die Begrenzung von Erfahrungsmöglichkeiten eine junge Frau zu Wort kommen, die aufgrund der Schwere ihrer körperlichen Beeinträchtigung in allen Bereichen ihres Lebens auf umfassende Assistenz angewiesen ist. Sie lebt in einer festen Partnerschaft und beschreibt ihren Wunsch nach Intimrasur:

> »Meinen Sie (…), ich hab das einmal hingekriegt, das zu jemand zu sagen? Das ist ein Ding, das ist ein Ding der Unmöglichkeit (…), weil ich schon so oft mitgekriegt hab, dass die sagen: ›Nein, das mach ich nicht! Des ist ja schmutzig, richtig schmutzig.‹ Und dann möchte ich Ihnen mal was sagen. Dann haben wir eine Sportlehrerin und die duscht mit uns, und nach dem Duschen nimmt sie sich die Rasierklinge und rasiert sich die Haare weg. Und bei uns ist das, wä – das mach ich nicht, das tu ich nicht. Pfui Teufel, was verlangst du da von mir!« (ebd. 127).

## 3.4 Sexuelle Entwicklung unter dem Fruchtbarkeitsaspekt

Sexualität in dem hier bevorzugten weiten Verständnis kann in mehrerer Hinsicht fruchtbar sein: bspw. in Bezug auf die eigene sexuelle Gesundheit, in Bezug auf eine Liebesbeziehung und auch in Bezug auf neu entstehendes Leben.

Wie es bereits in Kapitel 2 bei der Definition sexueller Gesundheit nach der WHO zu lesen war, wird sexuelle Gesundheit als ein Zustand des körperlichen, emotionalen, geistigen und sozialen Wohlbefindens bezogen auf die Sexualität verstanden.

Dass subjektiv befriedigende Sexualität positive Auswirkungen auf die Gesundheit hat, belegt Kossat (2018, 3) durch die knappe Nennung einiger Studienergebnisse:

- »Amerikanische Caerphilly Cohort Study 1997: Menschen in einer langjährigen Beziehung mit regelmäßigem befriedigendem Sex leben rund 10 Jahre länger als Menschen, die immer ohne Partner leben.
- Rick Miller, 2013: Glücklich Verheiratete bleiben gesünder. ›Want to take care of your body? Take care of your marriage first.‹
- Dr. David Weeks, 2013: Zwischen 40. und 50. Lebensjahr hatten die jünger aussehenden Menschen doppelt so viel Sex. ›My message is, that lovemaking is good‹« (ebd. 3).

Ebenso macht sie deutlich, dass gelingende Beziehungen psychosoziale Grundbedürfnisse erfüllen. »Neurophysiologisch entfaltet die erfüllend gelebte Sexualität eine salutogene und beziehungsstärkende Wirkung« (ebd. 2).

Partnerschaft kann nicht nur gesund sein, sondern auch als fruchtbar erlebt werden. Zwei Menschen können sich gegenseitig in einer Beziehung die Möglichkeit geben, sich neu zu entdecken, bisher verborgene oder geschützte Seiten der eigenen Persönlichkeit sichtbar werden zu lassen und damit füreinander fruchtbar zu werden. Das Leben einer Beziehung bietet die Chance, sich aufeinander einzulassen, sich füreinander zu öffnen und sich von einer verletzbaren Seite zu zeigen. Gegenseitig bedingungsloses Vertrauen ermöglicht, sich in dieser schonungslosen Offenheit und Nacktheit zu zeigen, sich zuzumuten und dem Anderen die eigene Annahme zuzutrauen. So kann Neues aneinander entdeckt und erlebt werden.

Und schließlich besteht die Möglichkeit durch Geschlechtsverkehr oder unterstützende Verfahren der Reproduktionsmedizin neues Leben zu zeugen. Von allen sexuellen Funktionen ist dies die einzige, die zeitlich im Leben eines Menschen nur in einem bestimmten Zeitraum – von der Pubertät bis zur Menopause der Frauen – realisierbar ist. Dies ist jedem 10. Paar aufgrund von Infertilität nicht möglich und jede 3. bis 4. Frau wartet über ein Jahr auf eine Schwangerschaft (Kossat 2018, 34). Unerfüllter Kinderwunsch kann für Paare belastend sein. Fertilitätsstörungen können sowohl somatisch als auch psychisch bedingt sein. Auch hier kann der gesellschaftliche Druck für Paare im reproduktionsfähigen Alter hoch sein.

Für Menschen mit Behinderungen wird der fruchtbare Aspekt der Sexualität (in den verschiedenen Facetten) selten dezidiert als positive Entwicklungsressource in den Bick genommen. So weist auch Schröttle (2012, 48f) in den Ergebnissen ihrer repräsentativen Befragung von Frauen mit Behinderung und Beeinträchtigung darauf hin, dass viele der befragten Frauen »enge und Geborgenheit vermittelnde Beziehungen vermissen« (ebd. 49). Mit diesem Ergebnis müssen nicht zwangsläufig genitalsexuelle Beziehungen gemeint sein. Der allgemeine Bedarf an Beziehungen, die auch Grundbedürfnisse nach Nähe und Angenommensein erfüllen, wird aber deutlich. Schröttle benennt bezüglich der wahrgenommenen Defizite an sozialer Einbindung daraus möglicherweise resultierende gesundheitlichen Konsequenzen: »Diese wirken sich auf die Lebenssituation, das psychische Wohlbefinden und die Gesundheit der Frauen aus und können mit eine Ursache für gesundheitliche Beschwerden und psychische Probleme sein« (ebd. 2012, 48).

Pixa-Kettner (2008) zeigt in Bezug auf den Aspekt der Zeugung von Kindern auf, dass Frauen mit kognitiven Beeinträchtigungen eher von Kindern abgeraten wird. »Während sich nicht behinderte Frauen tendenziell dafür rechtfertigen müssen, wenn sie sich kein Kind wünschen, müssen sich geistige behinderte Frauen rechtfertigen, wenn sie sich ein Kind wünschen« (ebd. 75). Dass Frauen mit Behinderung möglicherweise einen unerfüllten Kinderwunsch haben und diesen ggf. reproduktionsmedizinisch behandeln lassen wollen, wird nach Kenntnis der Autorin bisher gar nicht diskutiert.

## 3.5 Sexuelle Selbstbestimmung als Entwicklungsziel

Das hier vertretene Verständnis von Sexualität setzt bei der für alle Menschen angenommenen Möglichkeit der individuellen Realisierung von Sexualität an. Jedem Menschen wird die Ausbildung einer subjektiv befriedigenden Sexualität zugetraut und demgemäß auch zugemutet. Sexuelle Selbstbestimmung ist somit eine Entwicklungsoption und -ressource, die jeder Mensch hat, egal wie seine Lebensvoraussetzungen sind.

Sexuelle Selbstbestimmung hat in ihrer Realisierung als subjektiv befriedigende Sexualität keine äußere Norm, an der sie erkennbar wäre. So kann sich sexuelle Selbstbestimmung in vielen Facetten durch das Individuum herstellen lassen. Sexuell selbstbestimmt zu leben kann eine (zeitweise) Entscheidung gegen oder für Genitalsexualität bedeuten, eine Entscheidung gegen oder für partnerschaftliche Sexualität, eine Entscheidung gegen oder für vermehrte Masturbation und vieles andere mehr.

Sexuelle Selbstbestimmung beinhaltet, dass individuelle Entscheidungen für oder gegen verschiedenste Formen sexuellen Lebens durch das Individuum in der jeweils aktuellen Lebenssituation selbst getroffen werden. Dies geschieht auf der Grundlage unterschiedlicher emotionaler, körperlicher und kognitiver Lebensvoraussetzungen und kann bei Menschen mit schwerer und mehrfacher Behinderung in der Ausdrucksform sehr basal sein. Diese Entscheidungen verändern sich im Laufe des Lebens, z. B. durch die eigenen körperlichen, psychischen, sozialen, kommunikativen, perzeptiven etc. Veränderungen und die sexuelle Biografie bzw. Lerngeschichte.

Die Annahme der Realisierung sexueller Selbstbestimmung für jeden Menschen schließt aufgrund deren hoher Individualität die Benennung eines definierbaren ›richtigen‹ oder ›erwachsenen‹ Sexualverhaltens aus. Subjektiv befriedigendes Sexualverhalten ist in allen individuellen Variationen denk- und lebbar und findet seine klare Grenze immer in der Persönlichkeit und den Rechten des anderen.

Sexualität braucht also Lernerfahrungen und diese wiederum Lernmöglichkeiten mit sich selbst und anderen.

Individuelle sexuelle Entwicklung braucht demzufolge ein Umfeld, das aufgrund des Anerkennens der Sexualität eines jeden Menschen, egal wie schwer dessen Beeinträchtigungen sind, passende Lernmöglichkeiten in der Lebenswelt bereit hält. Sexualität als Lebensenergie und Entwicklungsressource kann vielfältig von jedem Menschen erfahren werden. Sie kann idealerweise von leichten, spielerischen Aspekten und Momenten getragen sein, die z. B. in der Erkundung des eigenen Körpers und dessen lustvollen Möglichkeiten liegen können. Eine vergleichbare spielerische Leichtigkeit können die Erfahrungen mit anderen haben, die sich in der Erprobung des Flirtens, des sich Annäherns, des sich gegenseitig Kennenlernens in allen Facetten und auch Grenzen ereignet. Gleichzeitig gibt es Erfahrungen von eigenen Unmöglichkeiten, eigenen (körperlichen) Grenzen oder auch Ablehnungserfahrungen durch erwünschte Partner/innen. Offenheit für und Bereitschaft zu neuen, immer auch leichten und spielerischen Lernerfahrungen, denen Grenzerfahrungen immanent sind, sind tragend für die lebenslange Weiterentwicklung der individuellen Sexualität. Auf diesem Weg können auch die körperlichen Veränderungen, die sich z. B. in der pubertären Entwicklung als auch im Klimakterium sehr offensichtlich zeigen, in das eigene sexuelle Leben integriert werden.

Die Offenheit für die Notwendigkeit und Möglichkeit sexuellen Lernens sowie deren individuelle Nutzung zu subjektivem Lernen gehen in dem Spannungsfeld von Bedürftigkeit und Fähigkeit, das Gröschke (2008, 248) beschreibt, auf. In diesem Spannungsfeld leben alle Menschen. »Jeder Mensch ist immer zugleich *bedürftig* und *fähig*« (ebd., Hervorhebung im Original). Für Menschen mit Behinderung beschreibt Gröschke, dass hier »diese anthropologische Bedürftigkeit allenfalls existentiell zugespitzt und mehr auf äußere Ressourcen und Unterstützung der Bedürfnisbefriedigung angewiesen« (ebd.) ist.

In Bezug auf die Fähigkeiten eines jeden Menschen benennt er im Rahmen seiner heilpädagogischen Anthropologie drei »allgemeingültige menschliche Grundbefähigungen«: Entwicklungsfähigkeit, Lernfähigkeit und Handlungsfähigkeit. Entwicklungsfähigkeit beschreibt Gröschke (2008, 236) folgendermaßen:

> »Jeder Mensch, unabhängig vom Ausmaß eventuell vorliegender psychophysischer Beeinträchtigungen oder Schädigungen, ist und bleibt entwicklungsfähig zu einer individuell einzigartigen Persönlichkeit«. Die Grundbefähigung der Lernfähigkeit benennt Folgendes: »Die individuelle psychosoziale Entwicklung vollzieht sich, neben Wachstums- und Reifungsprozessen, über Lernprozesse, die man von einfachen bis komplexen Lernformen stufen kann, und über die das Individuum Informationen aus seiner Umwelt aufnimmt, verarbeitet, speichert und als Wissen, Können sowie Selbst-, Welt- und Lebenserfahrung sich aneignet und nutzt« (ebd. 237). Die Handlungsfähigkeit bildet dann nach Gröschke »das Integral aus Entwicklungs- und Lernfähigkeit. Der Mensch als praktisches Wesen lernt und lebt, um zu handeln, und handelt um zu leben und im Lernprozess sich selbst hervorzubringen, zu verwirklichen und seine sozio-kulturelle Umwelt zusammen mit anderen zur gemeinsamen Lebenswelt zu machen« (ebd. 237).

Die mit diesem Menschenbild verbundene Haltung trägt und gestaltet (im günstigen Fall) die individuellen Begegnungen mit den Mitmenschen sowie die strukturellen Lebensbedingungen. Über diese Begegnungen der Beteiligten hinaus bestimmen die Rahmenbedingungen der Organisation sowie deren Kultur weitere Handlungsmöglichkeiten aller Beteiligten (vgl. zu diesen komplexen Rahmenbedingungen für Konzepte auch Emmelmann/Greving 2018, Gestaltung von Ablöse-/Freiraumprozessen zwischen Erwachsenen mit geistiger Behinderung und ihren Eltern, sowie Ortland 2016, Realisierung sexueller Selbstbestimmung in Wohneinrichtungen). Diese wiederum bewegen sich in einer Gesellschaft und deren Kultur, die Normen und Werte im Bereich der Sexualität gestalten.

## 3.6 Behindernde gesellschaftliche Einflüsse

Die bereits in der Erstauflage des Buches enthaltenen Hinweise auf behindernde Lebensbedingungen von Menschen sind (leider) auch 10 Jahre später nach wie vor gültig. Nur langsam und in sehr unterschiedlichen Geschwindigkeiten verändert sich die Situation in Institutionen, in denen Menschen mit Körper- und/oder geistiger Behinderung unterrichtet werden, arbeiten oder leben.

Weiterhin haben die Erkenntnisse über gehäuften institutionellen sexuellen Missbrauch an Kindern und Jugendlichen ohne Behinderung (vgl. exemplarisch Gründer/Stemmer-Lück 2013) sowie an Menschen mit Behinderung (vgl. Schröttle 2012, Mattke 2015, Tschan 2012) in den letzten Jahren eher zu einer Entwicklung geführt, die den Schutz vor sexueller Gewalt in den Fokus der sexualpädagogischen bzw. sexualandragogischen Begleitung gestellt hat. Positive Seiten von Sexualität, deren Potential als Entwicklungsressource, die Notwendigkeit von Freiräumen für sexuelle Erfahrungen sind dabei oft in den Hintergrund institutioneller Entwicklung und Aufgaben gerückt. Die Massivität der Gewaltbetroffenheit von Menschen mit Behinderung hat zu einer deutlichen Verunsicherung der Akteure/innen in den verschiedenen pädagogischen Arbeitsfeldern geführt, die sich erst langsam wieder aufzulösen beginnt.

Die nachfolgend aufgeführten behindernden Bedingungen, die Menschen mit Beeinträchtigungen in vielen Fällen noch aktuell erleben und die ihre Lebensgeschichte und damit sexuelle Biografie prägen, sind nach wie vor aktuell. Es sind Hinweise auf möglicherweise erschwerende und verändernde Bedingungen. Zu deren angemessener Gewichtung schließe ich mich Clausen und Herrath (2013, 21) an:

> »Bei aller Klärungsanstrengung: Was die sexuellen Interaktionen, die sexuellen Verhaltensweisen und Ansichten bedingt und prägt, bleibt uns häufig verschlossen, bleibt unentdeckt – bei Menschen mit oder ohne sichtbare Behinderung. (…) Es gibt nicht *die* Behinderung, nicht die Sexualität, nur immer konkrete Menschengeschichten. Die Behinderungsarten unterscheiden sich voneinander, in ihrer Schwere und von Individualgeschichte zu Individualgeschichte, wie sie auch innerhalb der Individualgeschichten der Betroffenen variieren. Sexualität ist eine Lebensenergie, die allen Menschen innewohnt. Sie hat individuelle Gestalt und wird gelernt. Wie und mit welchem Ergebnis, das ist bei Menschen mit oder ohne sichtbare Beeinträchtigung sehr unterschiedlich. Deshalb sollten wir endlich aufhören, von ›Behindertensexualität‹ zu reden. Wenn es denn schon Konzeptionen der Sexualitätsbegleitung braucht, dann sollte sie helfen, Verschiedenartigkeit zu berechtigen« (ebd., Hervorhebung im Original).

In gesellschaftlicher Sicht sind Menschen mit Behinderung vor allem und in erster Linie ›Behinderte‹ und werden eher selten zuerst über ihr Geschlecht als Mann oder Frau definiert (vgl. Kuhne/Mayer 1993). Aus diesen Stigmatisierungsprozessen ergibt sich neben den bereits erwähnten problematischen gesamtgesellschaftlichen Entwicklungen sexueller Normen eine besondere Problematik für sie.

Sexualität wird Menschen mit Behinderung in der Regel abgesprochen, sie werden als asexuelle Wesen betrachtet (vgl. Plangger/Scharbert 1996; Wilhelm 1996, Diehl 2001), oder es wird ihnen als zwangsläufig aus der Behinderung resultierend eine solche Behinderung auch für den Bereich der Sexualität unterstellt (vgl. Glöckner 1998). »Die gesellschaftliche Stellungnahme gegenüber der Sexualität insbesondere geistig und körperlich behinderter Menschen ist durch Tabuisierung und restriktives Verhalten gekennzeichnet« (Bergeest 2002b, 255). Diese Einstellung verschärft sich – als Widerspruch der damit angeführten geschlechtsspezifischen Betrachtung in sich – noch bei Frauen mit Behinderung und deren Sicht als »geschlechtslose Neutren« (vgl. Arnade 1992, vom Hofe 2001, Geifrig 2003). »Die Sexualität behinderter Frauen ist nach wie vor ein Tabu« (Geifrig 2003, 12). So führt vom Hofe (2001) an, dass der Anteil verheirateter Männer mit Behinderung mit ca. 75% wesentlich höher ist als der der Frauen mit Behinderung (ca. 38%). Weinwurm-Krause (1990) ist zudem der Auffassung, dass Menschen mit Körperbehinderung die Fähigkeit abgesprochen wird, Geschlechtsrollen zu übernehmen und sie damit keine Möglichkeit haben, »die Geschlechtsrolle für sich spezifisch umzuformen« (ebd. 69).

Diese Ablehnung der Geschlechtlichkeit von Menschen mit Behinderungen und ihrer sexuellen Bedürfnisse, Wünsche oder Vorlieben scheinen in der fehlenden Vorstellungskraft von Menschen ohne Behinderung zu liegen. Menschen mit Behinderung sind als attraktive Sexualpartner nur schwer denkbar (vgl. Weinwurm-Krause 1995; Glöckner 1998; Wacker 1999; Geifrig 2003). »Wenn von Behinderung die Rede ist, dann werden damit in der Regel Hilflosigkeit, Defizite, Schwächen und Schädigungen verbunden« (Geifrig 2003, 12). Diese Vorstellungen decken sich in keiner Weise mit den gesellschaftlich propagierten Schönheitsidealen und dem Leistungsdenken im Bereich der Sexualität. So ist häufig Sprachlosigkeit die Konsequenz, wenn es um Sexualität bei Menschen mit Körperbehinderung oder chronischen Erkrankungen geht (vgl. Achilles 2003).

Diese gesellschaftlich vermittelte, restriktive Einstellung zur Sexualität von Menschen mit Behinderung ist die Grundlage für weitere, die Sexualität verhindernde Bedingungen. Diese führen häufig zu einer verstärkten sozialen Isolation (vgl. Wellach 1999), die dann wiederum das Finden eines Sexualpartners erschweren, womit sich der Kreislauf schließt.

Weinwurm-Krause (1990) konstatiert auf der Grundlage ihrer Befragung von 158 jungen Erwachsenen mit Körperbehinderung im Alter von 20 bis 35 Jahren, dass bei mehreren institutionellen Erfahrungen von einen »Abhängigkeitssyndrom« ausgegangen werden kann, das »autonome und selbstverantwortliche Lebensgestaltungsmöglichkeiten« (ebd. 208) eingrenzt und sich negativ auf die sexuelle Entwicklung und auf die gesamte Sexualität auswirkt.

Wacker (1999) erkennt eine grundsätzliche Benachteiligung beim Anbahnen von Beziehungen durch den Behindertenstatus bei Menschen mit kognitiven Beeinträchtigungen. Vor allem bei der Unterbringung in Wohneinrichtungen für Menschen mit Behinderung stehen restriktive Heimordnungen, baulich ungünstige Voraussetzungen (keine Einzelzimmer und damit keine Intimsphäre) und eine eher ablehnende Haltung der Mitarbeitenden der individuellen Gestaltung der Sexualität entgegen (vgl. Wacker 1999, Fegert et al. 2006).

> »Diese Barrieren aus Vorurteilen und sexualfeindlichen Rahmenbedingungen in Elternhaus, Schule und Heim machen aus der Sexualität behinderter Menschen eine behinderte oder oft auch verhinderte Sexualität« (Walter 2004, 16).

Aktuelle Forschungsergebnisse fokussieren und erläutern noch eindrücklicher anhand von Rekonstruktionsprozessen die Zuschreibungsprozesse, die Menschen in Institutionen erfahren. So zeigt z. B. Kremsner (2017) in der Analyse von Interviews mit Menschen mit sogenannten Lernschwierigkeiten differenziert diese Zuschreibungsprozesse und die negativen Effekte der Institutionalisierung auf:

> »Wie und bedingt durch welche Mechanismen wird Behinderung in den erhobenen Biographien konstruiert? Dabei wurde festgestellt, dass die Zuschreibung ›Mensch mit Lernschwierigkeiten‹ zu sein auf der Grundlage unterschiedlicher und ineinander übergreifender bzw. sich gegenseitig bedingender und bestärkender Mechanismen (re-)produziert wird und auf den Unterdrückungskategorien Klasse, Geschlecht, ethnische Zugehörigkeit sowie Leistung basiert« (ebd. 271).

## 3.7 Behindernde Faktoren der sexuellen Entwicklung

158 junge Frauen und Männer mit Körperbehinderung haben sich in der breit angelegten Untersuchung von Weinwurm-Krause (1990) ausführlich zu sexuellem Erleben, der Zufriedenheit mit ihrer Sexualität sowie ihrer sexuellen Entwicklung geäußert. Diese sehr differenzierten Ergebnisse bilden die inhaltliche Grundlage der folgenden Kapitel zur sexuellen Entwicklung, da sie sehr grundlegend behindernde Faktoren fokussieren, die die Situation der Kinder und Jugendlichen mit Behinderung auf ihrem Weg zu einer subjektiv befriedigenden Sexualität deutlich beeinflussen.

Weinwurm-Krause (1990) konnte feststellen, dass sich neben dem Mikrosystem Familie, und hier vor allem der Erziehungshaltung der Eltern und deren Einstellung zur Sexualität bei Menschen mit Körperbehinderung, die folgenden Bereiche wesentlich auf die sexuelle Entwicklung und das Erleben von Sexualität als junger Erwachsener auswirken: »die institutionellen Erfahrungen, die gesellschaftlichen Bewertungsmuster, die Bildungsmöglichkeit und die Auseinandersetzung mit der Behinderung« (ebd. 207). Art und Schwere der körperlichen Schädigung spielten nur eine untergeordnete Rolle.

Weinwurm-Krause konnte in fast allen Bereichen ihrer Untersuchung einen Einfluss des elterlichen Erziehungsverhaltens auf die sexuelle Entwicklung, auf das aktuelle sexuelle Verhalten und die Zufriedenheit der jungen Erwachsenen feststellen, wenngleich das Elternhaus ihres Erachtens nicht die wichtigste Einflussgröße insgesamt ist. Sie beschreibt, dass mit zunehmender Hilfebedürftigkeit des Menschen mit Körperbehinderung »durchgehend die Erziehungshaltung der Eltern verstärkt (wird), ihre Kinder könnten aufgrund der Körperbehinderung kein sexuell erfülltes Leben führen« (ebd. 179). Diese eher rigide Erziehungshaltung führt zu einer Vermeidung sexueller Aneignungsmöglichkeiten und vermittelt Heranwachsenden eine negative Bewertung ihrer Sexualität. Weinwurm-Krause postuliert, dass diese negativen Bewertungsmuster vom Kind bzw. Jugendlichen internalisiert werden und somit Selbstablehnung oder Selbstverunsicherung zur Folge haben, was sich dann wiederum erschwerend auf die sexuelle Entwicklung auswirkt. Dies ist besonders bei Mädchen zu beobachten, deren sexuelle Entwicklung zudem noch durch die hohe Bewertung der gesellschaftlichen Schönheitsideale erschwert ist. Das häufig ersatzweise durch die Eltern vermittelte Leistungskonzept führte bei den Probanden eher zu einer Erschwerung bei der Verwirklichung einer befriedigenden Sexualität. Die beschriebene gesellschaftliche Tendenz der zunehmenden sexuellen Liberalisierung wirkt sich auf die Erziehungshaltung der Eltern aus. So konnte in der Untersuchung festgestellt werden, dass die jüngeren Probanden über insgesamt mehr sexuelle Erfahrungen verfügten.

Trotz dieser positiven Tendenz eines sich verändernden Erziehungsverhaltens der Eltern muss konstatiert werden, dass sich mangelnde sexuelle Aufklärung negativ auf die Auseinandersetzung mit Folgen der körperlichen Schädigung im sexuellen Bereich auswirkt. Diesbezüglich konnten keine behinderungsbedingten Einflüsse festgestellt werden. Allerdings hat eine negative Sexualerziehung durch die Eltern deutliche Einflüsse: Sie »korreliert mit geringen sexuellen Erfahrungen, mit geringen emotionalen Ansprüchen an eine Partnerschaft und mit der Wahrnehmung, die Behinderung stelle eine größere Belastung dar« (ebd. 185). Wiederum vermutet Weinwurm-Krause, dass die durch die Eltern vermittelten Bewertungen von den Kindern bzw. Jugendlichen als objektive Gegebenheiten verinnerlicht werden und somit eine Überprüfung der Realität verhindert wird. Sie nimmt an, dass die Sexualerziehung »in erster Linie für eine positive Auseinandersetzung mit der Behinderung« (ebd. 186) von Bedeutung zu sein scheint.

Die Auseinandersetzung mit der eigenen Behinderung wird von ihr als sehr bedeutsamer Aspekt der sexuellen Entwicklung und der aktuellen subjektiven sexuellen Zufriedenheit der Probanden angesehen. Sie wird förderlich beeinflusst durch »eine positive Sexualerziehung, eine wenig normativ bestimmte Einstellung zur Sexualität, ein hohes Bildungsniveau, Besuch einer Nichtbehindertenschule« (ebd. 211).

Weinwurm-Krause beschreibt den Besuch der Förderschule als einen Lebensbereich, in dem sich selbstentfremdetes Leben sowohl in der Bildung als auch den sozialen Kontakten zeigt. Bei den Probanden ihrer Untersuchung war der Förderschulbesuch umso wahrscheinlicher, je früher die Behinderung aufgetreten war. Die Förderschulabsolventen hatten einen Freundeskreis, der sich eher aus Menschen mit Behinderungen bildete und in dem weniger Optionen erlebt wurden, offen über Probleme zu reden. Sie verfügten über weniger sexuelle Erfahrungen und hatten diese auch erst später erlebt als die Probanden, die keine Förderschule besucht hatten. Ebenso lagen weniger Erfahrungen mit Selbstbefriedigung vor. Weinwurm-Krause erklärt dieses Ergebnis mit der Ganztagsbeschulung und den oft langen Anfahrtswegen der Förderschüler. Kontakte zu den Freunden aus der Schule sind aufgrund der größeren Entfernungen oft schwierig zu realisieren. »Stadtteilbezogene peer-group-Einbindungen werden zusätzlich – z. B. durch Vorurteile, körperliche Einschränkungen, die etwa bestimmte Gruppenaktivitäten nicht erlauben – ebenfalls erschwert« (ebd. 188). Durch die geringeren sozialen Kontakte und die mangelnden bzw. späteren sexuellen Erfahrungen »scheinen die Sonderschulabsolventen eher ein negatives sexuelles Selbstbild zu entwickeln« (ebd.189). Dabei lässt sich weiterhin noch ein Zusammenhang zwischen dem Ausbildungsniveau und sexuellen Erfahrungen feststellen. Probanden mit einer besseren Ausbildung haben früher sexuelle Erfahrungen gesammelt. Auch hier wirkt sich der Förderschulbesuch wieder negativ aus, da er mit einem eher niedrigen Bildungsniveau einhergeht.

Weinwurm-Krause weist auf eine weitere Problematik hin, die sich durch den Förderschulbesuch ergibt: der mangelnde Kontakt zu Jugendlichen ohne Behinderung. Dadurch kann es zu einem Defizit an interaktiven Aneignungsmöglichkeiten im Umgang mit Menschen ohne Behinderung kommen, die sich ungünstig auf weitere spätere soziale oder auch sexuelle Kontakte auswirken können. Es konnte weiterhin festgestellt werden, dass ein insgesamt reduzierter Bezug zur realen Umwelt, »besonders in der Auseinandersetzung mit Nichtbehinderten, (…) offensichtlich zu reduzierten Fähigkeiten bei der Bewältigung von Konflikten« (ebd. 200) führt.

Ein zentrales Problem für die sexuelle Entwicklung und das sexuelle Erleben bei den befragten jungen Menschen mit Körperbehinderung scheint in der Auseinandersetzung mit den gesellschaftlichen Bewertungsmustern zu liegen. Diese ist durch die Einstellungen der Eltern, den Bildungsgrad und das Ausmaß des selbstentfremdeten Lebens beeinflusst. Dabei nimmt Weinwurm-Krause an, dass die gesellschaftlich rigiden, die Sexualität unterdrückenden Bedeutungsmuster in die eigenen subjektiven Bewertungsmuster übernommen werden. »Je stärker sich die Probanden an normativen gesellschaftlichen Verhaltensregeln im Bereich von Sexualität ausrichten, desto unbefriedigender scheint ihr Sexualleben zu sein« (ebd. 202). Dies kann mit den mangelnden Möglichkeiten der Ausbildung individueller Bedeutungsmuster erklärt werden.

Diese hier skizzierten Ergebnisse von Weinwurm-Krause machen deutlich, dass vor allem die an den Menschen mit Körperbehinderung »herangetragenen Wertmaßstäbe und die Lebensumstände eine entscheidende Einflußgröße (sic!) für ihre (sexuellen) Entwicklungs- und Lebensmöglichkeiten darstellen« (ebd. 207).

Diese werden durch die Bezugspersonen in den jeweiligen Systemen vermittelt und gelten als grundsätzliches beeinträchtigendes Moment, das bei den folgenden Ausführungen mit zu bedenken ist. Diese Ergebnisse machen weiterhin deutlich, dass sexualerzieherische Überlegungen nicht alleine auf mögliche schädigungsbedingte veränderte oder eingeschränkte sexuelle Erfahrungen fokussiert werden dürfen. Das soziale Umfeld der Kinder und Jugendlichen mit Behinderung sollte im Sinne einer relationalen Auffassung von Behinderung durch die Reflexion der eigenen Einstellung zur Sexualität allgemein, aber vor allem zur Sexualität bei Menschen mit Behinderung, einen ersten Schritt vollziehen, um die Weitergabe einengender Denk- und Verhaltensmuster zu erkennen und zu minimieren. Die Erweiterung der eigenen kommunikativen Kompetenzen im Bereich der Sexualität sowie die Wahrnehmung sexualerzieherischer Aufgaben sowohl in Elternhaus als auch Schule, inklusive der Unterstützung einer förderlichen Freizeitgestaltung, scheinen mir hier die vordringlichen Aufgaben, auf die in den weiteren Kapiteln noch eingegangen werden wird.

# 4 Sexuelle Entwicklung bei Kindern mit und ohne Behinderungen bis zur Pubertät

Wie bereits in den bisherigen Ausführungen deutlich wurde, ist sexuelle Entwicklung ist ein Teil der Gesamtentwicklung eines jeden Menschen und unterliegt dementsprechend den gleichen Gesetzmäßigkeiten von fortschreitender Entwicklung sowie vergleichbaren physischen, psychischen und sozialen Einflussfaktoren wie dies in anderen Entwicklungsbereichen der Fall ist.

So ist nach Krettenauer (2014, 9) Entwicklung »stets das Produkt des Zusammenwirkens von Anlage, Umwelt und aktivem Individuum. Losgelöst von einem der drei Faktoren kann keine Entwicklung stattfinden.« Die im dritten Kapitel herangezogenen sexualmedizinischen, soziologischen und psychologischen Theorien sind hilfreiche Erklärungsmodelle aus jeweils unterschiedlichen wissenschaftlichen Perspektiven, die Teilaspekte sexueller Entwicklung erklären. Notwendig ist die interdisziplinäre Betrachtung sexueller Entwicklung unter Einbezug der jeweiligen Erfahrungsmöglichkeiten der Kinder und Jugendlichen mit Behinderungen. Diesbezüglich sind mögliche Veränderungen auf relevanten Ebenen analog zur ICF in den Blick zu nehmen: Veränderungen im Bereich der Körperfunktionen und -strukturen, der Aktivitäten und Teilhabemöglichkeiten.

In diesem Kapitel werden nun konkrete Erfahrungsnotwendigkeiten bzw. Erfahrungsräume beschrieben, die für Kinder im Rahmen sexueller Entwicklung relevant sind bzw. sein können und sich durch die Lebensbedingungen von Behinderungen verändern *können*. Die Beschreibungen sollen sensibilisieren für die Eröffnung und Begleitung von Erfahrungsmöglichkeiten der Kinder, da sowohl die notwendige Qualität als auch Quantität von Erfahrungen für Entwicklung individuell höchst unterschiedlich sind. Deshalb kann die Darstellung nur allgemein bleiben. Erlebte Umweltbedingungen, die eigenen genetischen Anlagen sowie das Aktivitätsniveau des Individuums sind so vielfältig, dass der Leser bzw. die Leserin die Konkretisierung auf die zu begleitenden Menschen in den jeweiligen Situationen vornehmen muss.

Verändern nun Behinderungen sexuelle Entwicklung? Verändern Behinderungen die nachfolgend beschriebenen Erfahrungsmöglichkeiten?

Folgt man der Argumentation von Dorothee Kienle – einer jungen Wissenschaftlerin mit Körperbehinderung – (Singer/Kienle 2016, 78f), so gibt es immer einen Einfluss von Behinderungen auf die Person und alle ihre Erfahrungen:

> »Ich bin als ganzer Mensch behindert, ja selbst mein Denken ist behindert: Ich meine damit, dass ich nicht anders als eine Behinderte denken kann. Ich kann mir, selbst mit noch so großem Bemühen, nicht vorstellen, wie es ist, nichtbehindert zu sein, genauso wenig wie ich mir anmaßen kann, mir vorzustellen, wie es ist, geistig behindert oder blind zu sein. Daher kann ich auch keinen Teil nichtbehindert betrachten, weder mein

Aussehen, meine Außenwirkung noch mein Denken und damit auch weder mich noch mein Leben« (ebd.).

Kienle bringt auf den Punkt, was auch schon durch die in Kapitel 1 (▶ Kap. 1) ausgewählten biografischen Texte deutlich wurde: Behinderungen haben Einfluss auf die Erfahrungen des Menschen. Welchen Einfluss eigene Lebensbedingungen mit Behinderung haben und wie sich diese auf die sexuelle Entwicklung auswirken, ist nur subjektiv erfahrbar und, aufgrund der Begrenztheit unserer sprachlichen Ausdrucksmöglichkeiten, nur in Ansätzen verbal mitteilbar und nur in Ansätzen durch andere verstehbar, da jeder Mensch nur vor seinem eigenen Erfahrungshintergrund verstehen kann.

Entwicklung ist ein aktiver Prozess der Auseinandersetzung des Individuums mit seinen/ihren spezifischen Anlagen in den speziellen Umweltbedingungen. Dieser Auseinandersetzungsprozess verändert alle am Prozess Beteiligten. Behinderung bzw. Nicht-Behinderung ist dabei nur *ein* beeinflussender Aspekt bzw. eine Differenzkategorie neben vielen anderen beeinflussenden Aspekten (Alter, Geschlecht, Nationalität, Erleben kritischer Lebensereignisse, traumatische Erfahrungen etc.).

Das Kindes- und Jugendalter werden bei der folgenden Darstellung getrennt voneinander betrachtet. Für das Kindesalter bietet sich aufgrund der zeitlichen Abfolge und Dichte der vielfältigen Entwicklungsschritte eine Einteilung nach Lebensjahren an, die aber trotzdem nur als grobe zeitliche Orientierung verstanden wird. Der Übergang zur Pubertät, die Latenzperiode, wird in einem gesonderten Kapitel betrachtet. Die puberale Entwicklung wird als ein Insgesamt von Entwicklungsaufgaben verstanden, die der/die Jugendliche zu bewältigen hat. Da der Pubertätsbeginn bis zu sechs Jahren divergieren kann (vgl. Fend 2005), ist hier eine Darstellung anhand ausgewählter Entwicklungsaufgaben sinnvoll.

Die folgenden Aspekte der sexuellen Entwicklung in den einzelnen Lebensjahren des Kindes richten sich vorrangig nach den Ausführungen von Philipps (2000, 2000a), Aigner (2013), Quindeau/Brumlik (2012), Rohrmann/Wanzeck-Sielert (2014) und Sielert (2005, 2015). In der Literatur finden sich z. T. divergierende Altersangaben, wobei die Abweichungen nie mehr als ein Jahr betragen. Grundsätzlich dienen die Altersangaben allenfalls als Orientierung, die individuelle Abweichungen von bis zu mehreren Jahren einrechnen sollten. Bei kognitiven Einschränkungen ist grundsätzlich mit einer zeitlichen Verzögerung von Entwicklungsschritten und entsprechender Erfahrungen der Kinder zu rechnen (▶ Kap. 5.3).

Leitend für die Darstellung sind vor allem die körperlichen/sinnlichen Erfahrungen, die Kinder im Bereich der Sexualität machen. Sielert beschreibt deren hohe Bedeutung wie folgt:

»Das Begreifen des eigenen und anderen Körpers und das Suchen nach Begriffen für das Erfasste dienen dem Aufbau des bio-psycho-sozialen Selbst, dessen Identität durch die Selbstwahrnehmung in Handlungssituationen gefestigt wird. Auch die Qualität der Lustfunktion ist eine Frage der Anregung« (Sielert 2015, 97).

Sexuelle Entwicklung ist in der frühen Kindheit nicht getrennt von der gesamten Entwicklung des Kindes zu betrachten. Dementsprechend werden weitere Entwicklungsbereiche in der Darstellung ebenso berücksichtigt. Die beschriebenen Erfahrungen der Kinder dienen jeweils als Ausgangspunkt, um *mögliche* Veränderungen bei Kindern mit Behinderungen darzulegen. Es geht nicht um Kausalzusammenhänge, sondern immer nur um *mögliche Erfahrungsveränderungen*, die nicht bewertet werden. Diese sind (aus der hier nur einnehmbaren Außenperspektive) nicht besser oder schlechter, sondern zunächst nur anders.

Der folgende Gedanke von Sielert (2010) ist für die Erfahrungsnotwendigkeiten sexueller Entwicklung eine hilfreiche Perspektive:

> »Was nicht genährt wird, verkümmert. Deshalb sollte ein Kind von Anfang an das Gefühl vermittelt werden, dass es gut ist, wie es fühlt, denkt, handelt – auch mit seinen Quellen der Beziehungs- und Lebenslust, auch der puren Lust an sich selbst« (ebd. o. S.).

## 4.1 Erstes Lebensjahr

### Sexuelle Entwicklung bei Kindern ohne Behinderungen

Von Geburt an spielt die Haut als größtes Tast-Fühl-Organ von Kindern für umfassende taktile Erfahrungen eine sehr große Rolle. Intensiv nehmen Kinder jeden Körperkontakt wahr. Liebevolle Berührungen und Liebkosungen helfen ihnen bei der sinnlichen Wahrnehmung ihres Körpers und beim Aufbau eines positiven Körperbildes.

> »Der Körper mit seinen Bewegungen und Empfindungen ist der erste Bezugspunkt des Säuglings. Die vielfältigen Erlebnisse des Säuglings gehen nicht verloren, sondern nisten sich im Körpergedächtnis ein, existieren nebeneinander und manchmal zeitgleich das ganze Leben lang« (Wanzeck-Sielert 2013, 356).

Feinfühliges, responsives und promptes Reagieren der Bindungsperson führen zum Erleben einer sicheren Basis, die eine bedeutsame Grundlage für die weitere Entwicklung ist. »Das Gehaltenwerden, das im Arm oder in Anwesenheit der Bezugsperson Einschlafenkönnen, vermittelt die Anfänge von Beziehungssicherheit. (…) Das Wiedererkennen anderer, später die Zuneigung und Abneigung im Kontakt mit anderen Kindern ist der Anfang der Beziehungsbiografie eines Menschen« (Sielert 2015, 98). Basale vestibuläre und vibratorische Erfahrungen durch die Berührungen, das Getragen- und Gehaltenwerden sowie das gemeinsame (sinnliche) Spiel verstärken diese Erfahrungen. Im Kontakt mit ihren engsten Bezugspersonen erleben sie über den ganzen Körper, wie sinnlich und anregend sie auf andere Menschen wirken, und entwickeln dabei die Fähigkeit, Lust zu erleben. Aigner (2013, 35) benennt sie als kutane, also auf die Haut bezogene, Phase: »Sie ist mit einem Potenzial erregender, beruhigender Erfahrungen ausgestattet und ein lebensnotwendiges Kontaktorgan gegenüber den bestätigenden, haltenden, beruhigenden Bezugspersonen« (ebd.).

Mit Zunahme der körperlichen Beweglichkeit erkunden die kleinen Kinder intensiv ihren eigenen Körper durch Betasten und Berühren. Dabei spielt der

Mund eine herausragende Rolle zur oralen Erkundung der eigenen Person und der Umwelt. Löbner (1998) bezeichnet ihn als zentrales Lust- und Erkundungsorgan. »Die Säuglinge spielen mit der Brustwarze oder dem Schnuller, lassen diese auf den Lippen hin- und hergleiten – oft weit über die Sättigung hinaus mit teilweise neckischem oder lustvoll-erschöpftem Gesichtsausdruck« (Aigner 2013, 36).

In der verlässlichen, sicheren Bindung zu mindestens einer Bezugsperson erfahren sich die Kinder angenommen und geliebt. Es wächst daraus die Fähigkeit, körperliche und seelische Nähe genießen zu können.

> »Im Falle eines glücklichen Dialogs führt dies zu der Erfahrung von Urvertrauen und bei Erwachsenen zu einem Harmonieren der Körper, einer großen sinnlichen Freude in allen Arten des gegenseitigen Streichelns, Schaukelns und Wiegens und im psychischen Sinn zu einem Sich-aufgehoben-Fühlens in der Beziehung« (Mertens 1997, 57).

Gegen Ende des ersten Lebensjahres sind Kinder durch Zunahme ihrer motorischen Kompetenzen (rollen, krabbeln, laufen) in der Lage, sich aktiv auf andere Menschen zuzubewegen bzw. sich auch von diesen zu entfernen. Sie können die Wahl ihrer Interaktionspartner aktiv mitbestimmen. Die Kinder können damit das Grundthema ihrer Entwicklung zwischen »Nähe und Getrenntsein, zwischen Loslassen und Festhalten und zwischen sich selbst und den anderen beherrschen« (Löbner 1998, 36).

### Mögliche Erschwernisse bei Kindern mit Behinderungen

In vielen Biografien von Menschen mit Behinderungserfahrungen sind schon die Anfänge des Lebens erschwert. Dies kann verschiedene Ursachen haben. Pränataldiagnostische Möglichkeiten führen möglicherweise bei werdenden Eltern zu der irrigen Idee, dass Behinderungen bei ihrem Kind vermeidbar seien. So kann es, wie Schlüter (2016) beschreibt, dazu führen, dass Pränataldiagnostik (PND) »den Leistungsdruck« fördert, »als die Frau sich dafür verantwortlich fühlt, der Gesellschaft ein leistungsfähiges Kind zu gebären. PND mit Konsequenz des Schwangerschaftsabbruchs bei diagnostizierter Schädigung wird als Beitrag zur Leidvermeidung gewertet« (Schlüter 2016, 113).

Nach Cloerkes (2007) ist davon auszugehen, dass die Geburt eines Kindes mit Behinderungen zu einer doppelten Enttäuschung der Eltern führt: die Enttäuschung eigener, in das Kind gesetzter Zukunftserwartungen und die »Enttäuschung über die reduzierten Lebensmöglichkeiten des Kindes« (ebd. 283). Inwiefern sich der Zeitpunkt der Erkenntnis der Behinderung auf die Einstellung zum Kind auswirkt, wird insgesamt kontrovers diskutiert – ebenso die möglichen Folgen für die Beziehung zwischen den Eltern und dem Kind. »Typisch ist ein ambivalentes Grundgefühl zwischen Zuneigung und Ablehnung« (Cloerkes 2007, 284). Bergeest und Boenisch (2019, 377) beschreiben einen ›Orientierungsmarathon‹ als für die Eltern nun anstehende Aufgabe, da ihnen für die oft unerwarteten Anforderungen als Eltern von einem Kind mit Behinderung kein Handlungsmodell verfügbar ist.

Diese deshalb insgesamt oft von Unruhe und Unsicherheit geprägte Lebenssituation kann für alle Beteiligten eine schwierigere Entwicklungsbedingung darstellen. Denn für die Entwicklung einer sicheren Bindung und den Aufbau von Urvertrauen sind eine emotional stabile Zuwendung und zuverlässige feinfühlige Reaktion der Bezugsperson von hoher Relevanz.

Für die sexuelle Entwicklung von Kindern ist von Interesse, inwieweit es den Bezugspersonen trotz einer insgesamt verunsichernden und herausfordernden Lebenssituation möglich ist, zum Sohn oder zur Tochter eine liebevolle, ihren Körper annehmende Beziehung aufzubauen. Krankenhausaufenthalte, z. B. bei Frühgeborenen oder Kindern mit Spina bifida, erschweren dies durch die räumliche Trennung von den Eltern. Geburtsverläufe, die z. B. durch Sauerstoffmangel oder sich verschlechternde Vitalwerte des Säuglings zum Notkaiserschnitt führen, können sowohl für Mutter als auch Kind zu traumatisierenden Erfahrungen werden, die dann eine erste gemeinsame Zeit deutlich erschweren können.

Ebenso kann sich der durch die Behinderung veränderte Körper des Kindes auf die Beziehung zwischen Eltern und Kind auswirken, wie dies Kallenbach (2006) für Kinder mit Infantiler Cerebralparese (ICP) beschreibt. So kann es zunächst bei den Eltern zu großen Irritationen kommen, weil der betroffene Säugling nicht die kommunikationsstiftenden Möglichkeiten eines Babys ohne Behinderungen hat.

> »Mangelnde Sicherheit der Eltern in ihrer Beziehung zu ihrem Kind und unzureichende emotionale Intensität lösen bei dem betroffenen Kind die gleiche Unsicherheit aus und beeinträchtigen es später in seiner eigenen Bindungsfähigkeit. Aus den Schuldgefühlen vieler Mütter nach der Geburt eines behinderten Kindes entsteht oft eine übermäßige Bindung an das Kind mit ängstlich umsorgenden, verwöhnenden und verschonenden Erziehungshaltungen« (ebd. 76).

Durch orofaziale Funktionsstörungen beim Saugen, Schlucken und Trinken kann es bei Kindern mit ICP zu oralen Befriedigungsängsten kommen.

Löbner (1998) geht davon aus, dass bei misslingender Erfahrung von liebevoller Nähe und Geborgenheit Nähe auch im weiteren Leben nicht genossen werden kann sowie eigene Bedürfnisse nicht geäußert werden können. Folgt man den Ausführungen von Sielert (2015, 98), so können bereits in dieser Lebensphase fehlende oder veränderte sinnliche Beziehungserfahrungen zu weitreichenden Folgen führen:

> »Aus allen diesen biografischen Konkretisierungen der Sinnfunktionen von Sexualität entwickeln sich bei Kindern sehr früh intrasexuelle Skripte, welche die kumulierten Erfahrungen zunächst in autoerotischer Weise enthalten. Erst später (…) werden sie zu intersexuellen Skripten, also objekterotisch« (ebd.).

Frühförderung in Form von Physiotherapie kann für die Kinder in Bezug auf ihren Körper eher negative körperliche Erfahrungen beinhalten, da ihr motorischer Bewegungsablauf durch die therapeutischen Maßnahmen korrigiert werden soll. Wellach (1999) vermutet als Folge von pflegerischen und therapeutischen Maßnahmen eine »Entfremdung vom eigenen Körper«. »Beim Kind wird dieses negative Objektgefühl noch dadurch intensiviert, dass es den Sinn der – oft auch schmerzhaften Maßnahmen – nicht auf seine langfristig ›positive‹ Wirkung beurteilen kann« (ebd. 273). Auch Weinwurm-Krause (1995) vermutet durch den therapeutischen Bereich negative Auswirkungen auf die Entwicklung eines positiven Körperbildes. Erkenntnisse im Bereich der Frühförderung zeigen, dass für den nachhaltigen Erfolg der Förderangebote vor allem die Qualität der Interaktion zwischen Kind und Bezugsperson von Bedeutung ist (vgl. Schlack 2007) – inwiefern eine gelungene Beziehung jedoch die körperlich korrigierenden Erfahrungen ausgleicht, ist unklar. Bergeest und Boenisch (2019, 270ff) weisen auf die durchaus ambivalenten Erfahrungen der Kinder durch die korrigierenden Erfahrungen früher Förderung hin.

Eine Auswahl der Kontaktpersonen und das spielerische Erproben von Nähe und Distanz durch fortschreitende motorische Möglichkeiten in Form des Krabbelns und später des Laufens sind Kindern mit Behinderungen je nach Ausmaß und Art der Beeinträchtigungen wesentlich erschwert bzw. oft noch nicht am Ende des ersten Lebensjahres möglich, da diese motorischen Fähigkeiten erst später erlernt werden. Eine frühe Versorgung mit mobilitätserleichternden Hilfsmitteln, vor allem bei dauerhaft mobilitätseingeschränkten Kindern, ist hier wesentlich von Vorteil und ermöglicht mehr eigenaktive Beziehungserfahrungen.

Eingeschränkte oder veränderte kommunikative Möglichkeiten erschweren schon jetzt und auch später eine Kompensation der eingeschränkten motorischen Möglichkeiten durch ein Herbeirufen oder Wegschicken der Interaktionspartner. Gerade bei schwerer motorischer Beeinträchtigung sind Mimik und Gestik oft uneindeutig und eine differenzierte Bildung kommunikativ intendierter Laute ist verändert, so dass Mitteilen und Verstehen erschwert sind. Die Kinder sind damit vorrangig auf die Initiative und eine hohe Sensibilität der Interaktionspartner angewiesen, damit Bedürfnisse erkannt und befriedigt werden. Auch hier ist eine frühe Förderung durch Maßnahmen der Unterstützten Kommunikation von hoher Bedeutung für die eigenen Interaktions- und Kommunikationserfahrungen. Diese therapeutischen Maßnahmen unterstützen ebenso die kommunikative, lautsprachliche Entwicklung der Kinder grundsätzlich sehr positiv (vgl. Weid-Goldschmidt 2015, Bergeest/Boenisch 2019, 122f).

## 4.2 Zweites Lebensjahr

### Sexuelle Entwicklung bei Kindern ohne Behinderungen

Im zweiten Lebensjahr entdecken Kinder zunehmend durch Berühren, Anfassen und Anschauen ihre eigenen Genitalien. Dabei können sie sich selbst lustvolle Gefühle durch Selbststimulation verschaffen. Schuhrke (1997) spricht in diesem Zusammenhang von »Körperentdecken« und ist der Ansicht, dass »die kindlichen Erfahrungen als besonders grundlegend angesehen werden (müssen), schon deshalb, weil hier notwenige Informationen über den Körper erstmals aufgenommen und organisiert werden« (ebd. 107). Körperliche Reaktionen im Rahmen des Entdeckens der eigenen Genitalien sind als Erektion, Orgasmus und Vaginallubrikation schon ab der Geburt möglich. In ihrer Untersuchung, an der 26 Kinder aus 25 Familien teilnahmen und in der Eltern das Genitalentdecken ihrer

Kinder systematisch dokumentierten (Schuhrke 1997), konnte folgendes Explorationsverhalten in individuell unterschiedlicher Ausprägung beobachtet werden: Visuelles Beschäftigen, Manipulationen, Versuche der Kinder, die Genitalien bloß zu legen, Körperpflege, Benennung der Geschlechtsorgane, Kommentare zur Genitalregion und Aufforderung an andere Personen zur Manipulation der Genitalregion. Schuhrke kommt in ihrer Untersuchung zu dem Schluss, dass »das Körperentdecken durch Berührungen besonders wichtig für den Aufbau einer Repräsentation der Genitalien« (ebd. 121) ist. Studien mit insgesamt hohen Fallzahlen (vgl. Schuhrke 2005) zeigen auf, »dass sexuelles Verhalten von auch sehr kleinen Kindern in viel größerem Ausmaße als generell angenommen vorkommt und demnach als statistisch ›normal‹ einzustufen sei« (König 2012, 92; vgl. Sielert 2015, 99).

Analog zu dem Interesse an den eigenen Genitalien wächst auch das an den Genitalien der Eltern, die die Kinder anschauen und berühren wollen. »Das passiert manchmal auch handlungsorientiert, die elterlichen intimen Körperregionen werden dann zum Ziel intensiver Entdeckungsfreude« (Sielert 2015, 100). Dies geschieht in der Regel beim Toilettengang der Eltern oder beim Baden bzw. Duschen (vgl. Schuhrke 1994). Allmählich (noch bevor sie sprechen können) lernen die Kinder, dass es zwei Geschlechter mit je unterschiedlichem Aussehen gibt und beginnen, sich selbst einem Geschlecht zuzuordnen und dies zu benennen. Ebenso lernen die Kinder, dass Geschlechtsteile Namen haben und diese benannt werden können. Voller Stolz werden die eigenen Genitalien durch entsprechende Posen gezeigt (»Zeigelust«).

> »Für die Entwicklung der eigenen Geschlechtsidentität ist die Erkenntnis des anatomischen Geschlechtsunterschieds, vor allem durch die Anerkennung der eigenen Monosexualität, das heißt, die Erkenntnis nur einem Geschlecht anzugehören, von grundlegender Bedeutung. Auch wenn das Wissen um die Geschlechterkonstanz erst mit dem sechsten bis siebten Lebensjahr abgeschlossen ist, sind gerade diese Aspekte für die Anfänge der Entwicklung von Geschlechtsidentität wesentlich« (Schweizer/Richter-Appelt 2010, o. S.).

Bereits im zweiten Lebensjahr wächst auch das Interesse an dem Analbereich und den Ausscheidungen, wenngleich die Beherrschung des Schließmuskels willentlich erst im dritten Lebensjahr möglich ist (vgl. Mertens 1997, Löbner 1998). Die möglichen Auseinandersetzungen des Kindes mit den Bezugspersonen um die Darmentleerung (wann und wo und wie?) dienen nach Aigner (2013) mit dem Ziel der Selbstbestimmung und Autonomie der Kinder als wichtige »Regulation der Beziehung zu den nächststehenden Menschen« (ebd. 38). Er sieht hier auch den Bezug zum Sexualverhalten als Erwachsener: »Vielmehr geht es um Spannungsregulation des (Sich-)Hergebens, Hingebens und des (Sich-)Zurückhaltens, um damit gegebenenfalls noch die (erotische) Spannung zu steigern« (ebd. 38, Ausführungen zu den Entwicklungskrisen und deren lebenslange Wirksmächtigkeit ▶ Kap. 3).

### Mögliche Erschwernisse bei Kindern mit Behinderungen

Das körperliche Entdecken setzt vielseitige motorische Fähigkeiten voraus, die je nach körperlicher Beeinträchtigung nur eingeschränkt vorhanden sind. So ist das Erkunden der eigenen Genitalien, inklusive Selbststimulation, z. B. bei Kindern mit einer spastischen Tetraplegie unmöglich. Für Kinder mit einer Querschnittlähmung kann je nach Höhe der Läsion der Genitalbereich eher uninteressant sein, da ein Berühren und Betrachten zwar möglich ist, aber keinerlei lustvolle Gefühle erreicht werden können. Je nachdem wie schnell und funktional das Wechseln der Windeln geschieht, reicht auch für leichter beeinträchtigte Kinder die Zeit nicht aus, um sich ihrem Genitalbereich in Ruhe zuzuwenden. Hier können die Kinder durch ausreichend Zeit und Ruhe zur Selbstbetrachtung und -erkundung ermuntert werden. Unter Handführung in Reflex hemmender Ausgangsposition kann ggf. der gesamte Körper unter Einbezug der Genitalregion befühlt werden. Eine parallele Benennung der Körperteile, die z. B. auch Vulva oder Penis als äußere Geschlechtsmerkmale einschließt (und hier sollte jede Familie die für sie üblichen Begriffe verwenden), kann schon frühzeitig die Grundlage für die Entwicklung eines ganzheitlichen Körperschemas sowie einer individuellen Geschlechtsidentität legen.

Sollte sich insgesamt die familiäre Situation nach der Geburt des Kindes und der Neuorientierung der Familie etwas beruhigt haben, so können z. B. Situationen des Badens oder Eincremens zum gemeinsamen Genießen körperlicher Nähe und sinnlicher Zärtlichkeit genutzt werden. So können fehlende oder mangelnde Erfahrungen auch nachgeholt werden.

Bei mangelnder Mobilität des betroffenen Kindes können die Situationen beim Waschen, Duschen oder beim Toilettengang, in denen Kinder ohne Behinderung den Genitalbereich ihrer Eltern betrachten und ggf. berühren wollen, nicht alleine aufgesucht werden. Damit reduzieren sich diese Möglichkeiten erheblich oder müssen künstlich geschaffen werden.

Die Belastung der Familien insgesamt spielt für die Entwicklungsbedingungen der Kinder ebenso eine Rolle. Viele Kinder erhalten spätestens im zweiten Lebensjahr Frühförderung, die neben möglichen Entwicklungsfortschritten bei den Kindern auch eine Belastung für das Verhältnis zwischen Eltern und Kind und die Familie insgesamt bedeuten kann. Lang et al. (2012) beschreiben als Ergebnisse einer Elternbefragung von Kindern mit verschiedenen Behinderungen, die zur Frühförderung gehen, Folgendes:

> »Die erlebte Belastung in der Eltern-Kind-Interaktion und die erlebte Familienbelastung variieren mit dem Entwicklungsniveau der Kinder und dem Vorliegen von Verhaltensauffälligkeiten, aber auch mit den persönlichen Bewältigungskräften der Eltern, die hier als allgemeine Selbstwirksamkeitserwartung (Zutrauen in die eigene Kompetenz, die Herausforderungen zu meistern) gemessen wurden. Für den Grad der Familienbelastung – nicht aber für die Belastung in der unmittelbaren Eltern-Kind-Interaktion – spielt zusätzlich die Zufriedenheit mit der sozialen Unterstützung eine Rolle, die die Mutter (oder der Vater) erhält« (Lang et al. 2012, 120).

# 4.3 Drittes Lebensjahr

## Sexuelle Entwicklung bei Kindern ohne Behinderungen

Ein großes Thema des dritten Lebensjahres ist die Sauberkeitserziehung der Kinder, da sie in der Regel nun ihren Schließmuskel aktiv regulieren können und sich sprachlich soweit verständigen können, dass sie in der Lage sind, ihr Bedürfnis zur Toilette zu gehen, mitzuteilen. Zentrale Kompetenzen sind (siehe zweites Lebensjahr) Kontrolle und Kontrollverlust, Spannung aufbauen und Entspannung zulassen (Löbner 1998).

> »In Zuge der Sauberkeitserziehung entwickeln die Kinder ein Gefühl der Eigenständigkeit und Selbstbehauptung. Die Beherrschung des Körpers mit dem eigenen Willen macht sie außerordentlich stolz und das Gefühl übertragen sie – oft trotzig – auf verschiedene andere Bereiche und zeigen deutlichen Eigensinn« (Sielert 2015, 101).

Die Kinder entwickeln also immer mehr Eigenständigkeit. Sie fangen an, »Ich« zu sagen und wollen sich in Abgrenzung von den Erwachsenen erproben (Trotzalter). Die Kinder möchten, dass ihr »Nein« akzeptiert wird und sie sich mit ihren Wünschen und Vorstellungen als ernst genommen erleben.

Rollenspezifisches Verhalten wird bei den nahestehenden Bezugspersonen durch deren Vorbild erlernt und Varianten werden erprobt. Dies geschieht im Rollenspiel – alleine, mit anderen Kindern oder Erwachsenen. Über entsprechende zeitliche Verläufe besteht in den Publikationen Uneinigkeit. Milhofer (1998) beschreibt, dass Kinder sich bereits mit drei Jahren ihre soziale Geschlechtsrolle irreversibel angeeignet haben. Rohrmann/Wanzeck-Sielert (2014, 38) gehen von Selbstkategorisierungsprozessen schon gegen Ende des ersten Lebensjahres aus und beschreiben das Erkennen der eigenen Geschlechtskonstanz zwischen dem 2. und 7. Lebensjahr – die zeitlichen Unterschiede ergeben sich aus den entsprechenden, nicht immer vergleichbaren Studien und natürlich den unterschiedlichen Lebensbedingungen der Kinder. Oerter (1998) führt an, dass die Kinder im zweiten und dritten Lebensjahr die Geschlechter unterscheiden können und ihnen bereits geschlechtsspezifisches Verhalten bzw. entsprechende Gegenstände zuordnen. »Nach der ›Entdeckung‹ des Geschlechtsunterschieds entwickeln Kinder ein zunehmend weiter differenziertes Verständnis von Männlichkeit und Weiblichkeit« (Rohrmann/Wanzeck-Sielert 2014, 38). Preuss (2019, 94) verweist in seinen Ausführungen auf einen Zusammenhang zwischen Bindungssicherheit und der Variabilität in der Erprobung geschlechtstypischen Verhaltens:

> »Aus diesen Befunden lässt sich schließen, dass mit abnehmender Bindungssicherheit mehr geschlechtsstereotypes Verhalten in den Vordergrund tritt, während sicher gebundene Mädchen und Jungen sich in den genannten Verhaltensweisen am wenigsten voneinander unterscheiden« (ebd.).

Ungefähr im dritten Lebensjahr beginnt bei den Kindern eine Bevorzugung gleichgeschlechtlicher Kinder für das gemeinsame Spiel, die noch bis lang in die Grundschulzeit anhält. Kinder erwerben Wissen darüber, wie in ihrer Kultur die Geschlechtszugehörigkeit gelebt wird. Die ersten Vorstellungen geschlechtstypischen Verhaltens sind eher stereotyp und differenzieren sich erst mit zunehmenden Wissen in der Grundschule aus.

> »Es lässt sich zusammenfassen, dass vor allem das dritte Lebensjahr für die Prozesse der Geschlechterdifferenzierung und Entwicklung der Geschlechtsidentität eine besonders wichtige Phase ist. Diese wird oft wenig wahrgenommen, weil geschlechtstypische Unterschiede im *Verhalten* von Mädchen und Jungen in diesem Alter noch eher gering sind. (...) Gespräche mit Kindern ergeben oft ein überraschend breites Spektrum von Erfahrungen und Einstellungen zu Geschlechterfragen« (Rohrmann/Wanzeck-Sielert 2014, 39, Hervorhebung im Original).

Im Rahmen ihrer sprachlichen und kognitiven Entwicklung und durch das große Interesse an ihrer gesamten Umwelt stellen die Kinder in diesem Alter Fragen zu den Bereichen von Zeugung, Schwangerschaft und Geburt. Volbert und Knüppel (1993) ordnen diese Fragen erst dem vierten Lebensjahr zu. Volbert (1999) konnte in ihrer Untersuchung zum Sexualwissen bei 2- bis 6-jährigen Kindern feststellen, dass bei den Kindern das meiste Wissen in den Bereichen vorhanden war, »wo sie an eigene unmittelbare Erfahrungen anknüpfen konnten« (ebd. 163). Solche Erfahrungen können z. B. bei einer erneuten Schwangerschaft der Mutter und der Geburt eines Geschwisterkindes gemacht werden.

### Mögliche Erschwernisse bei Kindern mit Behinderungen

Kindern mit Querschnittlähmung und Kindern mit anderen schweren Formen von Körperbehinderungen ist die Beherrschung des Schließmuskels z. T. nie möglich und d. h., dass sie den Stolz in diesem Lebensbereich, die Kontrollmöglichkeit und das spielerische Erleben von Festhalten und Loslassen nicht erfahren können. »Bei Kindern, die inkontinent bleiben, fehlen hier wichtige Möglichkeiten, Selbstbestimmung einzuüben und eine stabile Ich-Funktion zu erlangen« (Wellach 1999, 276).

Bei Kindern mit Einschränkungen der Verbalsprache ist das Trotzalter deutlich erschwert, wenn sie in ihren kommunikativen Möglichkeiten wesentlich eingeschränkt sind und/oder die körperlichen Ausdrucksmöglichkeiten trotzigen oder abgrenzenden Verhaltens durch die motorische Beeinträchtigung begrenzt sind. Selbst bei einer guten Versorgung mit sprachersetzenden oder sprachunterstützenden Hilfsmitteln ist z. B. ein durch ein Symbol gezeigtes »Nein« nie so kraftvoll oder wütend wie ein geschrienes »Nein«. Die Abgrenzungsversuche benötigen aufmerksame Erwachsene, die dieses Interesse und Bedürfnis des Kindes nach Abgrenzung in der Bedeutsamkeit erkennen und bereit sind, es zu unterstützen. So wäre es aus der Perspektive der Eltern zwar nachvollziehbar, sich über ein ›braves, angepasstes und ruhiges‹ Kind zu freuen, statt dieses zu Protest und Eigensinn zu animieren. Trotzdem ist gerade die Phase des Trotzes und der Auflehnung gegen die nahen Bezugspersonen wichtig für die Entwicklung der eigenen Identität.

Durch den in der Regel bei fast allen täglichen Verrichtungen höheren Unterstützungsbedarf bei Kindern mit einer Beeinträchtigung bahnt sich in diesem Alter bereits ein Grundkonflikt an, den die Kinder oder später die Jugendlichen mit ihren Bezugspersonen zur beiderseitigen Zufriedenheit lösen müssen: die deutliche Abgrenzung von den nächsten Bezugspersonen bei häufigem oder ständigem Angewiesensein auf diese, z. B. im Bereich der Pflege (z. B. Toilettengang/Nahrungsaufnahme). Neben dem Erkennen der vielleicht nur undeutlichen oder schwachen Abgrenzungsversuche und deren Unterstützung auf der einen Seite haben die Bezugspersonen auf der anderen Seite die Aufgabe, auf diese ›Proteste‹ angemessen erzieherisch zu reagieren. Dies ist ein erzieherisches Spannungsfeld, das kaum auflösbar ist.

Ebenso ist es den Kindern mit kommunikativen Einschränkungen erschwert, neugierige Fragen in Bezug auf Zeugung, Schwangerschaft und Geburt zu stellen. Da das Sexualwissen in der Regel an eigene Erfahrungen anknüpft (Volbert 1999), hätten Kinder mit Behinderungen auch hier erschwerte Ausgangsbedingungen aufgrund ihrer geringeren Möglichkeiten, aktiv Erfahrungen zu sammeln.

Die Erprobung rollenspezifischen Verhaltens kann bei geringeren körperlichen, kommunikativen oder kognitiven Möglichkeiten sowie weniger sozialen Kontakten z. B. durch eingeschränkte Mobilität bzw. Kommunikationsmöglichkeiten ebenfalls erschwert sein. Verzögerungen in der Spielentwicklung sowie die benannten eingeschränkten Spielmöglichkeiten erschweren oder verhindern die Einübung geschlechtsspezifischen Rollenverhaltens. Da Kinder in diesem Alter andere körperliche Voraussetzungen noch nicht reflektieren bzw. als besonders wahrnehmen (vgl. Leyendecker 2006), spielt das Fehlen von erwachsenen Rollenvorbildern mit Behinderung hier (wahrscheinlich) noch keine Rolle. Dies kann allerdings im Jugendalter problematisch werden, wenn die eigene Lebenssituation deutlich Gegenstand der Selbstreflexion wird.

## 4.4 Viertes Lebensjahr

### Sexuelle Entwicklung bei Kindern ohne Behinderungen

Für das vierte Lebensjahr sind die sozialen Kontakte zu anderen Kindern, das Erlernen sozialer Regeln, die Anfänge der Entwicklung von Körperscham sowie die Verliebtheit in das gegengeschlechtliche Elternteil leitend (vgl. Sielert 2015, 102f). Durch die immer größer werdende Selbständigkeit der Kinder wächst ihr Bedürfnis nach eigenen sozialen Kontakten, die sie nun in der Regel durch den Besuch einer Einrichtung im Elementarbereich knüpfen können.

> »Die hier erworbenen sozialen Verhaltensweisen sind – neben dem, was das Kind an Zärtlichkeit, Fürsorge, Annahme, Verantwortung und Respekt in seiner Familie erfahren hat – die Grundlage für seinen Umgang in gleich- und gegengeschlechtlichen Beziehungen. Sie bilden die Basis seiner Liebes- und Freundschaftsfähigkeit« (Philipps 2000a, 15).

Im gemeinsamen Spiel können die Kinder Freundschaften aufbauen und lernen, soziale Regeln zu beachten (vgl. hierzu ausführlich Wittmer/Clauson 2018). Dazu ist der Besuch einer regelmäßigen Spielgruppe oder z. B. des Kindergartens förderlich.

In Rollenspielen – vor allem Eltern-Kind-Spielen – werden Rollenmuster erprobt, und die Kinder phantasieren sich als »erwachsene Frau/erwachsener Mann«. Die gesellschaftlich häufiger anzutreffende heterosexuelle Paarbildung mit klassischer Verteilung der Geschlechtsrollen führt nach Milhofer (1998) schon im Kindergarten zu einem Anpassungsdruck unter den Kindern, der aus deren emotionaler Bedürftigkeit nach Normierung erwächst. Die eigene »erotische Potenz« wird durch den Heiratsantrag an das gegengeschlechtliche Elternteil, den »Flirt mit Erwachsenen des anderen Geschlechts« erfahren (Löbner 1998, 38). Erwachsene Bezugspersonen transportieren Normen und Werte und beeinflussen bewusst und unbewusst durch ihr Verhalten die Geschlechtsidentitätsentwicklung der Kinder. Oerter (1998) verweist auf die Untersuchungen von Langlois und Downs (1980) bei 3–5-jährigen Kindern, in denen »deutliches Verstärkungsverhalten der sozialisierenden Partner« (Oerter 1998, 269) beobachtet werden konnte. Rohrmann/Wanzeck-Sielert bestätigen diesen Einfluss auch. »Detaillierte Studien zu Eltern-Kind-Interaktionen belegen jedoch die zentrale Bedeutung der Eltern für die geschlechtsbezogene Sozialisation« (Löbner 1998, 46).

Kommunikations- und Interaktionsstile sowie Erziehungsverhalten sind bei Vätern und Müttern gegenüber den Söhnen und Töchtern unterschiedlich. Die Mütter belohnten z. B. vor allem ›geschlechtstypisches‹ Verhalten der Mädchen, die Väter belohnten ›geschlechtstypisches‹ Verhalten und bestraften gegengeschlechtliches Verhalten bei Jungen und Mädchen, die Gleichaltrigen bestraften gegengeschlechtliches Verhalten. Diese Verstärkungsprozesse wirken in ihrer ökologischen Einbindung, da »Eltern und andere Erwachsene nach wie vor geschlechtstypisches Spielzeug für kleine Kinder auswählen, geschlechtstypische Kleidung bevorzugen und insgesamt eine geschlechtstypisierende Umweltstrukturierung vornehmen« (Oerter 1998, 272). Kinder untereinander beeinflussen sich ebenfalls in ihren geschlechtsbezogenen Verhaltensweisen (Rohrmann/Wanzeck-Sielert 2014, 39).

In der Spielgruppe entwickeln die Kinder auch großes Interesse an der Körperlichkeit der anderen. Rohrmann/Wanzeck-Sielert (2014) berichten unter Rückgriff auf die Studie von Bach (1993, 14), dass schon in der Zeit bei ca. einem Drittel der 3–6-jährigen und fast der Hälfte der 6–9jährigen Kinder Doktorspiele beobachtet werden konnten. So kann z. B. bei gemeinsamen Toilettengängen die Verschiedenheit oder Gleichheit des Genitalbereichs überprüft werden. Kinder, die von z. B. verunsicherten Erwachsenen an den Doktorspielen gehindert werden, »verlagern ihre Entdeckungsreise dann schnell ins Heimliche, da sie mit Bestrafung oder bösen Worten rechen« (Pampel 2019, 39.)

Erfahrungen mit Masturbation spielen bei den Kindern auch seit Lebensbeginn eine Rolle, besonders aber im Alter von 3–6 Jahren:

> »Über die Bedeutung kindlicher Masturbation existieren vielfältige Deutungen. Sie reichen vom Wiederherstellen des angenehmen Gefühls, die im Rahmen der Pflegehandlungen durch Mutter oder Vater hervorgerufen wurden; über den Wunsch nach Autonomie und damit die Loslösung von der Mutter, die Verarbeitung von Verlust, indem der eigene Körper als Ersatzbefriedigung fungiert. Masturbation als autoerotische Handlung ermöglicht, unabhängig zu werden von der Mutter und lustvolle Befriedigung ohne äußere Hilfe sich selbst zu schaffen« (Rohrmann/Wanzeck-Sielert 2014, 79).

Trotz aller neugierigen gegenseitigen Betrachtung entwickeln die Kinder schwerpunktmäßig in der Zeit vom dritten bis fünften Lebensjahr eine Form von Körperscham, bei der es darum geht, »Körperregionen, Ausscheidungen, körperliche Reaktionen und Prozesse sowie körperbezogene Handlungen vor anderen zu verbergen, insbesondere wenn sie auf die Geschlechtsteile bezogen sind und mit Sexualität assoziiert werden« (Schuhrke 1999, 108). Schuhrke (1999) stellte in ihrer Untersuchung fest, dass 80 % der Kinder bis zum Alter von sieben Jahren Schamgefühl entwickelt haben. Das schamhafte Verhalten zeigte sich vor allem durch den Versuch der Kinder, einen Sichtschutz herzustellen, bekleidet zu bleiben und Körperpflege oder Anziehen selbständig auszuführen. Ausscheidungsprozesse scheinen dabei insgesamt schambesetzter zu sein als der nackte Körper (vgl. Schuhrke 2005a, 33). Sielert (2015, 102) beschreibt, dass Kinder in dem Alter bereits differenzierte Schamgefühle für ihr eigenes und das Verhalten anderer haben können: »Es kann also zwischen Selbst- und Fremdscham unterschieden werden. Bei Selbstscham geht es um die Wahrung der eigenen, persönlichen Privatsphäre, bei Fremdscham um die Wahrung der Intimität der anderen Personen« (ebd.).

### Mögliche Erschwernisse bei Kindern mit Behinderungen

Für das Jahr 1998 benennt Markowetz (2001) schon eine Integrationsquote im Elementarbereich von 43 %. Knapp 20 Jahre später sind aber laut Jennessen (2016c, 203) Kinder mit Behinderung »immer noch häufig in segregierenden Einrichtungen anzutreffen«. Der gemeinsame Besuch einer integrativen oder inklusiven Kindertagesstätte scheint für Kinder mit und ohne Behinderungen noch nicht der Regelfall und die Angaben zu ihrer Situation unklar. Je nach besuchter Einrichtung im Elementarbereich treffen also Kinder mit Behinderungen auf unterschiedlichste Kinder mit und ohne Behinderungen oder anderen Diversitätsmerkmalen (vgl. Jennessen 2016c, 203). Die Kinder mit Behinderungen bringen wiederum selbst unterschiedlichste Kompetenzen und Erfahrungen mit, da es sich um eine höchst heterogene Gruppe handelt. Zentral für die gemeinsame Zeit mit anderen Kindern und die sexuelle Entwicklung ist u. a. die Stufe der Spielentwicklung, hier vor allem die Fähigkeit zum Rollenspiel. Geschlechtsrollentypisches Verhalten wird im Rollenspiel erprobt – die individuelle Spielentwicklung kann sich bei Kindern mit kognitiven Beeinträchtigungen verzögern, so dass die Fähigkeit zum Rollenspiel erst später erworben wird.

Es könnte weiterhin sein, dass Kinder mit schwereren körperlichen und sprachlichen Einschränkungen aufgrund des höheren Maßes an Unterstützungsbedarf bei Eltern-Kind-Spielen vermehrt die Rolle des Kindes übernehmen müssen und damit die Erwachsenenrolle (Mutter/Vater) nur bedingt erproben können. Hier könnten die Kinder durch vorsichtiges Lenken der Erwachsenen ermuntert werden, auch andere Konstellationen im Spiel zu erproben, wenn entsprechende Fähigkeiten vorhanden sind. Ohne die ausreichende Spielfähigkeit ist dieses allerdings für Kinder mit Behinderungen nicht realisierbar und damit in dem Alter noch nicht erprobbar (vgl. zur Spielentwicklung bei Kindern mit Behinderungen von Oy/Sagi 2011).

Mögliche Probleme für das Erlernen sozialer Regeln können sich für Kinder mit Behinderungen beim Spiel ergeben, wenn sie z. B. aufgrund ihrer körperlichen Einschränkungen nur zu wenigen Spielen in der Lage sind (damit als Spielpartner/innen auch uninteressanter) oder sich sprachlich/gestisch/mimisch nicht eindeutig für ihre Spielpartner/innen mitteilen können. Divergierende Entwicklungen von Spielkompetenzen machen das altersgleiche Spiel zwischen Kindern mit und ohne Behinderungen eher schwierig.

Bergeest und Boenisch (2019, 273) machen für Kinder mit Körperbehinderung bzw. chronischer Krankheit darauf aufmerksam, dass das »Spiel (…) u. U. eine besondere Färbung durch die Notwendigkeit von Hilfestellung und Bewegungserleichterung, durch Erfahrungsmangel, Spannungslosigkeit, Mangel an Geschlossenheit aufgrund häufiger äußerer Störungen [es ist nicht so leicht, ein unterbrochenes Spiel bei nächster Gelegenheit wieder aufzunehmen] und Mangel an Polarisation der Aufmerksamkeit« erhält.

Soziale Reaktionen auf Menschen mit Behinderungen werden nach Cloerkes (2007, 119) bis zum Alter von etwa drei Jahren noch unbefangen als so genannte »originäre Reaktionen« gezeigt. Anstarren, ansprechen oder auch mal anfassen können solche neugierigen Verhaltensweisen kleiner Kinder sein, die durch das abweichende Aussehen oder Verhalten der anderen Menschen ausgelöst werden können. »Dieses ›explorative Verhalten‹ von Kindern führt nicht zu einer unmittelbaren Ablehnung« (ebd.). So beschreibt Jennessen (2016c) unter Rückgriff auf Ytterhus (2011), dass die Kinder eher nach anderen Kategorien (als Behinderung/Nicht-Behinderung) differenzieren (nette Kinder, komische Kinder etc.) und dementsprechend »die kindliche Unvoreingenommenheit in Bezug auf Beeinträchtigung genutzt« werden sollte (Jennessen 2016c, 204).

Wellach (1999) vermutet Probleme im Bereich der Identifikation mit dem gleichgeschlechtlichen Elternteil, da dieser in der Regel nicht behindert ist und damit ein unerreichbares Ideal darstelle. Die Verinnerlichung dieses Ideals könne zu einem Defizitgefühl führen, das sich negativ auf die Sexualentwicklung auswirken könne. Allerdings sind diese Auswirkungen, nach den Ausführungen von Leyendecker (2006) zur Entwicklung des Selbstkonzeptes, in dem frühen Alter noch nicht zu vermuten.

Sehr bedeutsam ist m. E. die Frage, inwiefern Kinder, die auf permanente Hilfe und Versorgung im urogenitalen Bereich angewiesen sind, in der Lage sind, Schamgefühl zu entwickeln. Untersuchungsergebnisse liegen zu dem Bereich nicht vor. So bleibt anzunehmen, dass dies erschwert ist oder zu anderen Grenzen von Körperscham führt als bei Kindern ohne Behinderung. Die im Rahmen einer kleinen qualitativen Studie durchgeführte Befragung von erwachsenen Menschen mit Körperbehinderung, die dauerhaft auf Pflege angewiesen sind, zeigt ein verändertes Erleben von Scham auf (Ortland 2007).

# 4.5 Fünftes Lebensjahr

## Sexuelle Entwicklung bei Kindern ohne Behinderungen

Nach wie vor sind in dieser Zeit die Rollenspiele, in denen geschlechtsrollentypisches Verhalten erprobt wird, sehr bedeutsam. Das Interesse an dem Aussehen der Genitalien des gleichen und anderen Geschlechts führt zwischen den Kindern häufig zu sogenannten »Doktorspielen«, bei denen der »Arzt« überprüfen muss, ob beim »Patienten« alles in Ordnung ist (vgl. Löbner 1998). Ebenso haben die Kinder Interesse, andere beim Toilettengang zu begleiten und zuzuschauen. »Wenn sich die Kinder gegenseitig ausreichend untersucht und angefasst haben, flaut das Interesse meist wieder ab. (...) Ein Verbot diesbezüglich kann sich negativ auf den entspannten Umgang mit dem eigenen Körper im Erwachsenenalter auswirken« (Kossat 2018, 26).

Das Interesse an den Genitalien der Eltern nimmt in dieser Zeit eher ab (vgl. Schuhrke 1994). Bei den sexuellen Spielen unter den Kindern, bei denen zunächst das Spiel mit Kindern des gleichen Geschlechts dominiert, »geht es in erster Linie um das Zeigen und Betrachten der Genitalien, aber auch um Manipulationen bzw. gegenseitige Stimulation« (Schuhrke 1994, 107).

Durch den Kontakt mit anderen Kindern in den entsprechenden Spielgruppen entstehen nun auch erste innige Freundschaften, die sowohl gleich- als auch gegengeschlechtlich sein können. Die Kinder entwickeln starke Liebesgefühle zu dem anderen Kind und suchen dessen körperliche Nähe, Wärme und Geborgenheit.

> »Kinder brauchen andere Kinder als Herausforderung, als Vorbild, als Anschauungsobjekt, zum Lieben, zum Hassen, zum Sichverbinden und Sichstreiten, zum Abgucken und Sichabgrenzen. Das gilt vor allem auch für das sexuelle Lernen mit all seinen Facetten« (Sielert 2015, 103).

## Mögliche Erschwernisse bei Kindern mit Behinderungen

Für das gemeinsame Spiel mit den anderen Kindern ist die Stufe der Spielentwicklung aller Beteiligten von großer Bedeutung. Kinder, die sich z. B. auf früheren Stufen der Spielentwicklung (z. B. des Funktionsspiels) befinden, können noch nicht aktiv-gestaltend an den Rollenspielen (wie z. B. den Doktorspielen) teilnehmen. Bei den Doktorspielen können sich weiterhin Einschränkungen als erschwerend erweisen, wenn z. B. motorisch das intentionale Berühren des anderen Kindes nicht/kaum/nicht zielgerichtet oder nur mit schlecht dosierbarem Kraftaufwand (z. B. bei einer Athetose) möglich ist. Kinder mit Behinderungen (und Angewiesensein auf Pflege) können ggf. aufgrund eines nur mangelhaft ausgebildeten Körperschemas nicht eindeutig für sich erspüren, welche Berührungen angenehm/unangenehm oder gewollt/nicht gewollt sind. Möglicherweise können sie dann aufgrund kommunikativer Einschränkungen nicht mitteilen, wenn sie die Teilnahme an den Doktorspielen nicht mögen oder im Spiel aufhören wollen. Es ist ebenso möglich, dass Kinder mit Behinderungen gar nicht in diese Spiele integriert werden, da aufgrund des Tragens einer Windel der Genitalbereich nicht problemlos entblößt werden kann – oder vielleicht macht sie das in der Rolle des Babys auch besonders interessant für die anderen Kinder.

Für das Entstehen inniger Freundschaften sind das Ausmaß der sozialen Kontaktmöglichkeiten sowie bereits erfolgte Stigmatisierungsprozesse entscheidend. Originäre Reaktionen von Kindern sind nach Cloerkes (2007) nur bis zum dritten Lebensjahr zu beobachten. Danach – und das heißt schon im Kindergartenalter – müssen die Kinder den Widerspruch zwischen ihrer originären Reaktion (z. B. Neugierde aber auch Angst oder Ekel) und den offiziell erwünschten Reaktionen (Akzeptanz von Menschen mit Behinderungen) lösen. Diese Überformung der originären Reaktionen im Sinne der sozialen Erwünschtheit geschieht prozesshaft bis zum 11. Lebensjahr, führt zu Verunsicherung bzw. sogenannten Annäherung-Vermeidungs-Konflikten und problematisiert die Kontakte zwischen Kindern mit und ohne Behinderung.

Durch den gemeinsamen Besuch des Kindergartens werden schon günstige Voraussetzungen geschaffen, um diese Prozesse zu minimieren. Aktivitäten, die die Gemeinsamkeiten aller Kinder in den Vordergrund stellen bzw. für alle Kinder auch Partizipationsmöglichkeiten der Kinder ohne Behinderung deutlich machen, wirken weiterhin förderlich auf die integrativen Prozesse. Jennessen (2016c, 204f) nennt hier den Index für Inklusion für Kindertagesstätten als ein geeignetes Instrument, um »die ihnen (Kinder mit Körperbehinderung, Anm. B.O.) begegnenden Barrieren zu identifizieren und zu reduzieren, um somit die erhöhten Exklusions- und Marginalisierungsrisiken in Bezug auf diese Personengruppe zu kompensieren.«

## 4.6 Sechstes Lebensjahr

### Sexuelle Entwicklung bei Kindern ohne Behinderungen

Häufig tritt in diesem Alter eine deutliche Konzentration auf Freunde oder Freundinnen des eigenen Geschlechts auf. Kinder des anderen Geschlechts werden scheinbar plötzlich abgelehnt. Die soziale Gruppe verlangt ein möglichst rollenkonformes, geschlechtstypisches Verhalten in Bezug auf gleichgeschlechtliche Spielpartner und z. B. verwendetes Spielzeug. »In dieser Phase suchen die Kinder jeweils die Selbstvergewisserung als Mädchen bzw. Junge, und das ausschließliche Zusammensein mit ihresgleichen dient der Identitätssicherung« (Philipps 2000a, 32).

In diesem Alter ist auch verstärkt die Provokation der Erwachsenen durch sexuell gefärbte Sprüche oder Witze zu beobachten. Kinder erleben sich in der Regel in einer von Erwachsenen abhängigen und damit schwächeren Position und können diese nun durch sexuelle Anzüglichkeiten eher verunsichern – auf jeden Fall Reaktionen provozieren.

### Mögliche Erschwernisse bei Kindern mit Behinderungen

Für Kinder mit Behinderungen könnte vermutet werden, dass sie eine plötzliche Ablehnung durch gegengeschlechtliche Spielpartner und deren Hinwendung zu Kindern des gleichen Geschlechts möglicherweise auf ihre Einschränkungen übertragen und dies als Ablehnung ihrer Person erleben. Deutliche Verunsicherungen könnten die Folge sein, wenn der Grund der Abwendung nicht nachvollzogen werden kann. Gerade bei Kindern mit stärkeren motorischen Einschränkungen und eventuell kommunikativen Veränderungen braucht der Aufbau einer neuen Freundschaft mit Erkundung von gemeinsamen Spielmöglichkeiten häufig mehr Zeit und die einfühlsame Unterstützung der Erwachsenen, so dass eine plötzliche Ablehnung durch andere Kinder als wesentlich gravierender erlebt wird. Ebenso ist denkbar, dass Kinder mit Behinderungen aufgrund eines kleineren Freundeskreises eine selbst gewünschte Ablehnung aufgrund mangelnder Alternativen nicht zeigen oder bei geringen kommunikativen Möglichkeiten ihre Ablehnung nicht eindeutig als eine solche verstanden wird oder als sozial unerwünscht (im Sinne von »undankbar«) konnotiert wird. Einfühlsames Verhalten der erwachsenen Bezugspersonen, das weder die Kinder ohne Behinderungen bei Kontakteinschränkungen bestraft oder wieder zur Kontaktaufnahme drängt sowie die Kinder mit Behinderungen ggf. tröstet und begleitet, ist hier nötig und förderlich.

Kommunikative und/oder kognitive Einschränkungen erschweren die Provokation der Erwachsenen. Diese ist ebenso durch die notwendige Pflege und die damit verbundene größere Abhängigkeit von den Bezugspersonen erschwert. Wie bereits in der Trotzphase ist auch hier die sensible Wahrnehmung und Unterstützung der Proteste, verbunden mit geeigneten erzieherischen Maßnahmen für die Entwicklung der eigenen Identität bedeutsam. Kreative und vor allem offene Ideen der Erwachsenen ermöglichen ggf. auch altersangemessene Provokationen, wenn elektronische Hilfsmittel genutzt werden. So brauchen die Jungen oder Mädchen das entsprechende Vokabular auf ihrem ›Talker‹, um mit den Freundinnen und Freunden bei von vielen verwendeten Begriffen mithalten zu können. Wenn alle Kinder der Kindergruppe bestimmte sexuelle Begriffe bevorzugen, sollten diese auch den Kindern mit Behinderungen (selbst bei der Ablehnung der Begriffe durch Erwachsene) zur Verfügung stehen. Erzieherische Reaktionen erhalten dann alle Kinder gleichermaßen.

## 4.7 Die Latenzphase: Siebtes Lebensjahr bis Beginn der Pubertät

### Sexuelle Entwicklung bei Kindern ohne Behinderungen

Die Phase bis zum Beginn der Pubertät wird aus psychoanalytischer Sicht als die Latenzperiode bezeichnet, von der Freud noch annahm, dass in dieser Zeit die sexuelle Entwicklung eher ruht bzw. deutlich in den Hintergrund der Entwicklung tritt. Dem ist nicht so – allerdings stehen für die Kinder durch den Eintritt in die Schule eher andere Aufgaben im Vordergrund. »So sind die ersten Grundschuljahre dadurch geprägt, eine Balance zwischen schulischem Lernen und Spielen zu finden« (Rohrmann/Wanzeck-Sielert 2014, 81).

Das Kind hat insgesamt bei Eintritt in die Schule eine weitestgehend stabile Identität erreicht und ist relativ selbständig geworden. Die sexuelle Entwicklung tritt scheinbar zunächst in den Hintergrund. »Die Sexualisierung der Beziehung, wie sie bei vier- bis fünfjährigen Kindern anzutreffen ist, verringert sich deutlich, und zärtliche Impulse gewinnen die Oberhand« (Mertens, 1996). Nach Meves (2001) dient diese Zeit zur weiteren Identitätsfindung im eigenen Geschlecht. »Diese gleichgeschlechtlichen Kontakte und Beziehungen eröffnen vielfältige Möglichkeiten, sich in der jeweiligen Geschlechtsrolle auszuprobieren und den weiblichen bzw. männlichen Körper besser kennenzulernen« (Rohrmann/Wanzeck-Sielert 2014, 81). Dabei ist für Mädchen im vorpubertären Alter vor allem die Akzeptanz der Erwachsenen wichtig, bei Jungen dagegen spielt die Anerkennung in ihrer Gruppe der Peers die größere Rolle (Milhofer 1998).

Sexuelle Entwicklungsschritte aus den ersten sechs Lebensjahren werden in neuer Qualität thematisiert, denn bereits im Grundschulalter beginnt der Körper eine Vorform der weiblichen und männlichen Geschlechtshormone zu produzieren, welche später die Geschlechtsreife auslösen (Gnielka, o. J.). Die Kinder sammeln erste Erfahrungen mit dem Verliebt-Sein, die sich auf ihre späteren Beziehungserfahrungen auswirken. Die Kontakte zum anderen Geschlecht werden ebenfalls über sexualisierte Sprache erprobt.

> »Die Kinder spüren, dass körperlich-sexuelle Nähe sehr lustvoll sein kann, allein wenn man es sich vorstellt oder andere damit neckt. Andererseits ist ihnen diese Form von Nähe und Beziehung auch noch fremd und unheimlich« (Gnielka, o.J., 19).

Körperliche Erkundungen können sich wiederum in Form von homo- oder heterosexuellen Doktorspielen realisieren, die nun aber aufgrund des Schamgefühls der Kinder deutlich vor den Erwachsenen geheim gehalten werden. Bei gegenseitigem Einverständnis der gleichaltrigen Jungen und Mädchen sind diese heimlichen Küsse oder körperlichen Erkundungen altersgemäß und geschehen zur gegenseitigen Freude.

> »Dabei spielt ›Sex‹ kaum eine große Rolle. Schamgefühle, sexuelle Fantasien, mediale Einflüsse und Interesse an sexuellem Wissen sind wichtige Aspekte, mit denen sich Mädchen und Jungen in dieser Zeit beschäftigen« (Rohrmann/Wanzeck-Sielert 2014, 82).

Ebenso haben viele Kinder nach wie vor oder wieder Freude an Selbstbefriedigung, die für sie eine selbstverständliche Art ist, sich schöne Sinneserfahrungen und Körpergefühle zu verschaffen. »Auffällig ist, dass Selbstbefriedigung für Jungen und Männer eine viel selbstverständlichere Angelegenheit ist als für Mädchen und Frauen« (Gnielka, o. J., 29). Rohrmann/Wanzeck-Sielert (2014, 83) sehen die Gründe für diese Häufigkeitsunterschiede zum einen in der leichteren Zugänglichkeit des Penis (außen am Körper) und zum anderen in einer (für Mädchen/Frauen) hinderlichen Sexualmoral, die Jungen/Männern Lusterleben eher zugesteht als Mädchen/Frauen.

Die Untersuchung von Milhofer (1998) an 8- bis 14-Jährigen zeigt auf, dass die Verankerung der eigenen Geschlechtsrollenidentität in dieser Zeit zu einer Abgrenzung vom anderen Geschlecht führt sowie die Bewältigung von angst- und aggressionsfördernden Rivalitätsgefühlen erfordert. Dies scheint für Jungen anstrengender zu sein als für Mädchen, da Jungen sich in Familie und Grundschule vorrangig von Frauen abgrenzen müssen und unter einer »permanenten Beweispflicht (ihrer) Männlichkeit vor allem in der männlichen Peer Group« (Milhofer 1998, 97) stehen. Folge ist oft, dass die Jungen eher handgreiflich werden und zum Übertreiben neigen. »Unterlegt sind diese Gefühlskonflikte von massiver sexueller Neugier und einem starken Bedürfnis nach Körperkontakt« (ebd. 97). Dies zeigt sich in Rangeleien und körperlichen Attacken der Kinder untereinander.

Tervooren beschreibt ebenso die hohe Bedeutung des »Diskurses um Sexualität« für die 10–12-Jährigen zur Selbstdarstellung bei den Gleichaltrigen.

> »Im unermüdlichen Gebrauch sexueller Vokabeln, die in Witzen, Anspielungen, Kommentaren und Beschimpfungen variiert werden, stellen die in der Mehrzahl männlichen Kinder ihre Lässigkeit und Coolness unter Beweis. Dieser Sexualitätsdiskurs hat nicht allein Effekte auf Sexualität und Begehren, sondern ist ebenso Grundlage von Geschlechtsidentitäten« (Tervooren 2012, 179).

Tervooren (2012, 181f) führt weiterhin auf der Grundlage vorliegender Studien aus, dass vor allem für die Mädchen eine enge und »beste Freundin« eine hohe Bedeutung für das eigene Beziehungslernen hat. Gleichzeitig erweist sich im Übergang zur Pubertät die Clique als hoch bedeutsam, sie bezeichnet diese als »Supervisionsort« für das Lernen über heterosexuelle Beziehungen. Während z. B. Drittklässler sich als tolerant in ihren Einstellungen gegenüber Hetero- und Homosexualität zeigen (Milhofer 2000 nach Tervooren 2012), ändert sich dies bei 10–12-Jährigen, so dass »Heterosexualität (sich) als Norm des Begehrens stabilisiert« (Tervooren 2012, 179). Erklärt wird dies mit der auf der einen Seite hohen Bedeutung der konformen Zugehörigkeit der Jungen und Mädchen zu der bzw. ›ihrer‹ Gruppe der Gleichaltrigen und auf der anderen Seite der starken Bedeutung sexueller Orientierung für die eigene Geschlechtsidentität. So entwickeln sich für die Kinder wegweisende »Prototyen« von ›Jungen/Männern‹ bzw. ›Mädchen/Frauen‹. »Weiblichkeit und Männlichkeit werden somit in einer Weise zueinander in Beziehung gesetzt, in der beide auf die Vervollständigung durch das jeweils andere Geschlecht angewiesen seien« (ebd. 179).

Aufgrund der hohen Bedeutung der sozialen Kontakte in diesem Alter sind ergänzend noch die Dimensionen der Wahl von Freunden nach Epstein (1989) interessant. Sie unterscheidet drei Aspekte: »Die Ähnlichkeit als Tiefenmerkmal, die Altershomogenität bzw. -heterogenität als Oberflächenmerkmal und die räumliche Nähe als sozial-ökologisches Merkmal« (Oerter 1998, 299f). Diese drei Merkmale verändern sich in ihrer Bedeutung für das Entstehen von Freundschaften im vorliegenden Zeitraum. Mit zunehmendem Alter verlieren die Aspekte der möglichen Gleichaltrigkeit sowie der räumlichen Nähe an Bedeutung für die Kinder, da diese auch mobiler werden. Die Ähnlichkeit, verstanden als die »wahrgenommene psychische Nähe bei Interessen und Werthaltungen« (ebd. 300), gewinnt jedoch immer mehr an Bedeutung und erreicht ihren Höhepunkt mit zwölf Jahren.

Sexualerziehung erhält durch veränderte Verstehensmöglichkeiten der Kinder sowie durch eine Phase der meist intensiven Medienaneignung ebenfalls eine neue Dimension.

> »Erst im Laufe der Grundschulzeit können sie verstehen, dass ein Kind nicht deshalb entsteht, weil Mama und Papa sich lieb haben oder verheiratet sind, sondern weil nach dem Geschlechtsverkehr im Körper der Mutter eine Befruchtung von Samen und Eizelle stattfindet« (Gnielka, o. J., 25).

Den Zusammenhang von Sexualität und Lust wären die Kinder auch in der Lage zu verstehen, allerdings wird dieser Bereich oft von den Erwachsenen ausgespart, da es leichter zu sein scheint, zunächst die rein körperlichen Zusammenhänge der Sexualität zu erklären. Ein großer Teil des Wissens der Kinder ist nur Halbwissen, das sie z. B. in den Medien oder bei anderen Kindern gehört, aber nicht richtig im Zusammenhang verstanden haben. Jugendzeitschriften aber auch das Internet sind beliebte Informationsquellen, die aber in ihrer Informationsqualität (gerade das Internet) nur schwer eingeschätzt werden können. Die in diesem Alter noch häufig und unbefangen gestellten Fragen zur Sexualität sollten deshalb auch Antworten durch die Erwachsenen bekommen.

Nach Rohrmann/Wanzeck-Sielert (2014) ist die ausgehende Kindheit durch Verschiedenes gekennzeichnet: Die Auseinandersetzung mit und die Diskurse um eine fiktive und abstrakte (bald kommende) Sexualität, die Norm der Heterosexualität als ›Hilfe‹ für die Identitätssicherung im eigenen Geschlecht, die Inszenierungen des eigenen Geschlechts in vielfältiger Form sowie in gleichgeschlechtlichen Gruppen, die Beschäftigung mit »weiblichen und männlichen Mustern und Körperbildern. Die Inszenierungen der Geschlechter werden kontinuierlich eingeübt, korrigiert, verworfen und erneut wieder eingeübt« (ebd. 84).

### Mögliche Erschwernisse bei Kindern mit Behinderungen

Für die Latenzzeit sind vor allem die Peers (bei Mädchen auch die Erwachsenen) als soziale Bezugsgruppe zur vertieften Identitätsfindung im eigenen Geschlecht von hoher Bedeutung. Je nach Schulbesuch – vom Wohnort häufig entferntere Förderschule oder eher wohnortnahe Integration/Inklusion – kann sich der Aufbau solcher Freundschaften für Kinder mit Behinderungen schon als ein Mobilitätsproblem darstellen. Förderschulen haben eher große Einzugsgebiete, so dass der gegenseitige Besuch von Freunden/innen an Fahrdienste der Eltern/Bezugspersonen gebunden ist oder sich die freundschaftlichen Kontakte auf die Schulzeit bzw. virtuelle Kontakte beschränken müssen.

Die Nutzung Neuer Medien bringt den Mädchen und Jungen mit Mobilitätseinschränkungen neue Möglichkeiten soziale Kontakte über das Internet zu gestalten. Freundschaften sind damit auch nicht mehr auf den sozialen Nahraum beschränkt, sondern können virtuell (fast) weltweit gefunden. Bei diesen virtuellen Begegnungen besteht auch die Möglichkeit, Stigmamanagement zu betreiben, da die Informationen über eigene Beeinträchtigungen gesteuert werden können. Allerdings setzt die Nutzung der Neuen Medien – vor allem des Internets – neben einer notwendigen medialen Ausstattung entsprechend differenzierte Kompetenzen sowie deren flexible und ständige Weiterentwicklung voraus.

Für Kinder, die neben einer körperlichen Beeinträchtigung noch kognitive Einschränkungen haben, ergibt sich in Bezug auf die sozialen Kontakte eine Schwierigkeit aus dem Aspekt der Altershomogenität bei der Wahl von Freunden/innen ohne Behinderung. Die kognitive Einschränkung kann – aufgrund vergleichbarer Interessen – zu einer bevorzugten Wahl vorrangig jüngerer Kinder ohne Behinderungen führen, was die Erwachsenen eher irritiert. Hier kann sexuelles Explorationsverhalten, z. B. in Form von Doktorspielen, das für die beteiligten Kinder trotz des Altersunterschiedes die gleiche harmlose Erkundungstendenz und Neugier haben kann, von den Erwachsenen als sexuell übergriffig interpretiert werden. Die Ungleichheit in Bezug auf die körperliche Entwicklung, die körperliche Überlegenheit des Älteren sowie die ungleichen Lebenserfahrungen begründen eine enge Begleitung solcher Erfahrungen.

Jungen mit Körperbehinderung dürfte es vergleichsweise schwerer fallen, sich mit Jungen ohne Behinderungen körperlich zu messen und an den Rangeleien teilzunehmen. So kann davon ausgegangen werden, dass sie als Junge unter ihresgleichen nicht das gleiche Maß an Anerkennung genießen, wenn es um diese vordergründig eher ›männlichen‹ Attribute geht.

Adelfinger (1993) beschreibt für die Erziehung von Mädchen mit Behinderung ein ambivalentes Verhalten, das sich durch die starke Bedeutung Erwachsener für Mädchen bei der Identitätsfindung (vgl. Milhofer 1998) wahrscheinlich eher verunsichernd auswirkt: Die grundsätzlich gegebene Tendenz zur geschlechtsspezifischen Erziehung bestärkt die Mädchen in der Einübung ihrer späteren (an klassischen Rollenbildern orientierten) Frauenrolle. Je gravierender allerdings die Behinderung ist, »desto deutlicher steht die Körperbehinderung im Vordergrund und die typischen Kriterien der Erziehung zur Frau [Haushalt, Heirat, Kinder bekommen etc.] werden in Frage gestellt« (Adelfinger 1993, 92).

# 5 Sexuelle Entwicklung bei Jugendlichen mit und ohne Behinderungen

In den folgenden Ausführungen (mit Blick vom ›Berg der Wissenschaft‹ – ▶ Kap. 1) werden analog zum Kindesalter zunächst grundlegende Entwicklungsschritte bzw. -aufgaben aus der Perspektive der Jugendlichen ohne Behinderungen beschrieben. Diese werden durch aktuelle Forschungsergebnisse veranschaulicht. Nachfolgend werden auf der Grundlage von Forschungsergebnissen zur Lebenssituation von Jugendlichen mit Behinderungen potentielle Veränderungen dieser Lebensphase beschrieben.

Noch einmal soll an dieser Stelle deutlich betont werden, dass es sich bei ›Behinderung‹ nur um *eine* Differenzkategorie handelt, die sexuelle Entwicklung beeinflussen *kann*. Ob und wie diese Lebensbedingung (neben den vielen anderen Bedingungen) Einfluss auf die sexuelle Entwicklung des konkreten Menschen hat, ist durchgehend höchst individuell (vgl. die autobiografischen Texte aus ▶ Kap. 1). Die Jugendzeit zu gestalten, ist immer – mit oder ohne Behinderungserfahrungen – für alle Menschen und ihr Umfeld eine Herausforderung.

Zentral ist für alle Jugendlichen ein stützendes Umfeld. Deshalb sind für die begleitenden Erwachsenen die Informationen über das Jugendalter mit und ohne Behinderungserfahrungen von hoher Relevanz.

## 5.1 Sexuelle Entwicklung bei Jugendlichen allgemein

Die sexuelle Entwicklung im Jugendalter wird als ein Teilaspekt der bereits 1948 von Havighurst beschriebenen Entwicklungsaufgaben Jugendlicher verstanden. Diese dienen seit Jahrzehnten als anerkannte Möglichkeit, diese (und die anderen) Lebensphasen zu beschreiben. Entwicklungsaufgaben sind nach Jungbauer (2017, 29) »Anforderungen, die Menschen im Zuge ihrer individuellen Entwicklung bewältigen müssen. Entwicklungsaufgaben haben biologische, soziale oder individuelle Quellen«. Die normativen Entwicklungsaufgaben sind vom größten Teil der Menschen einer Altersgruppe zu bearbeiten und beschreiben einen eher ›idealtypischen‹ Ablauf. Sie sind in der nachfolgenden Tabelle auf der Grundlage von Havighurst und in einer von Mattejat (2008 nach Jungbauer 2017) modifizierten Form aufgeführt.

Die Entwicklungsaufgaben der Kindheit sind in der nachfolgenden Übersicht mit aufgeführt, um deutlich zu machen, dass das Jugendalter auf den Erfahrungen und Leistungen der Kindheit aufbaut. Von Menschen mit Behinderungen werden, je nach Art und Schwere der Beeinträchtigung, manche Entwicklungsaufgaben gar nicht oder in einer modifizierten Form geleistet. Die Integration dieser anderen Erfahrungen und Lebenswege wird individuell vom Jugendlichen und den Begleitpersonen erbracht. Dies wird von Jungbauer unter dem Begriff der nichtnormativen Entwicklunsgsaufgaben gefasst.

Die nichtnormativen Entwicklungsaufgaben sind diejenigen, die »nur für wenige Individuen relevant sind und die nicht als alterstypisch angesehen werden können« (Jungbauer 2017, 29). Die subjektiv gelingende Auseinandersetzung mit den Lebensbedingungen von Behinderungen wären solche nichtnormativen Entwicklungsaufgaben. Diese können aufgrund der hohen Individualität nicht in der Tabelle konkret aufgegriffen werden. Sie werden aber z. B. durch die autobiografischen Beispiele (▶ Kap. 1) und durch die Ausführungen zu Entwicklung unter der Lebensbedingung Behinderung (▶ Kap. 4 sowie ▶ 5.2–5.4) deutlich.

**Tab. 2:** Entwicklungsaufgaben im Kindes- und Jugendalter (in Anlehnung an Mattejat, 2008, zit. nach Jungbauer 2017, 30)

| Entwicklungsphase | Entwicklungsaufgaben |
|---|---|
| Frühe Kindheit (0 bis 5 Jahre) | • Basale körperliche Regulation (z. B. Schlaf, Reizverarbeitung, Stoffwechsel)<br>• Entwicklung motorischer Funktionen (z. B. Fortbewegung freies Gehen, selbstständiges Essen)<br>• Erwerb der Muttersprache<br>• Aufbau einer sicheren Bindung zu Eltern bzw. Bezugspersonen<br>• Aufnahme sozialer Kontakte außerhalb der Familie<br>• Integration in die Gruppe der Gleichaltrigen; Gruppenspiel |
| Mittlere Kindheit (6 bis 11 Jahre) | • Einübung körperlicher Geschicklichkeit, Entwicklung körperlicher Leistungsfähigkeit<br>• Erwerb von kognitiven Fähigkeiten und Kulturtechniken (Schreiben, Lesen, Rechnen)<br>• Entwicklung einer grundlegenden Arbeits- und Leistungshaltung<br>• Selbstständigkeit in alltäglichen Verrichtungen (z. B. Essen, Kleiden, Körperhygiene)<br>• Abstimmung mit Familienmitgliedern, Übernahme von Aufgaben und Verantwortung in der Familie (z. B. Mithilfe im Haushalt)<br>• Geschlechtsrollenidentifikation, Freundschaften aufbauen und pflegen, soziale Kooperation mit Gleichaltrigen (Peers)<br>• Entwicklung eines positiven Selbstbildes<br>• Akzeptanz und Einhaltung von Regeln; Entwicklung moralischer Urteilsfähigkeit |
| Jugendalter (12 bis 17 Jahre) | • Akzeptanz der körperlichen Veränderungen und des eigenen Aussehens in der Pubertät<br>• Lernen, mit veränderten körperlichen Bedürfnissen umzugehen |

**Tab. 2:** Entwicklungsaufgaben im Kindes- und Jugendalter (in Anlehnung an Mattejat, 2008, zit. nach Jungbauer 2017, 30) – Fortsetzung

| Entwicklungsphase | Entwicklungsaufgaben |
|---|---|
| | • Geschlechtsrollenverhalten; erste Erfahrungen mit Intimität und Sexualität<br>• Freundschaften aufbauen, Beziehungen gestalten; seinen Platz in der Peergruppe finden<br>• Ablösung und emotionale Unabhängigkeit von den Eltern<br>• Berufsorientierung und Berufswahl; überlegen, was man lernen und können will<br>• Entwicklung von Werthaltungen und sozialer Verantwortung<br>• Identitätsentwicklung: Klarheit über sich selbst; seine Vorstellungen und Ziele entwickeln |

Da Sexualität nicht von der Entwicklung der Gesamtpersönlichkeit abzugrenzen ist, sind für die sexuelle Entwicklung Jugendlicher schließlich alle Entwicklungsaufgaben bedeutsam. So können sich z. B. Misserfolgserlebnisse in der Schule oder einer beginnenden beruflichen Laufbahn durch Frustration oder depressive Verstimmungen auch zeitweise auf das sexuelle Erleben auswirken. Trotzdem lassen sich Bereiche benennen, die näher an dem eigentlichen Thema der sexuellen Entwicklung liegen und die in ihrer Komplexität im Folgenden differenzierter erschlossen werden sollen:

- Akzeptanz der körperlichen Veränderung und des eigenen Aussehens in der Pubertät,
- Freundschaften aufbauen, Beziehungen gestalten; seinen Platz in der Peergruppe finden,
- Geschlechtsrollenverhalten; erste Erfahrungen mit Intimität und Sexualität.

Die folgenden Ausführungen stützen sich weitestgehend auf die Ausführungen von Fend (2005), der den Ansatz einer handlungsorientierten Entwicklungspsychologie zu Grunde legt. Dieser sieht Jugendliche als Produzenten und Produzentinnen ihrer eigenen Entwicklung. »Im Schnittfeld sozialer Erwartungen und biologischer Vorgaben wird danach die Person selbst zum Gestalter ihrer Entwicklungsprozesse« (ebd. 219). Eltern, Lehrer und Lehrerinnen sowie Gleichaltrige tragen ihre Erwartungen an die Jungen und Mädchen heran, die sich dazu, je nach ihren Möglichkeiten, verhalten. In diesem komplexen Prozess der gemeinsamen Aktivität, den Fend (2005, 221) mit den Begriffen der »Ko-Konstruktion« oder auch »Ko-Regulation« charakterisiert, beeinflussen sich alle Beteiligten gegenseitig.

Fend fasst Ergebnisse zu den drei ausgewählten Entwicklungsaufgaben unter »Den Körper bewohnen lernen« und »Umgang mit Sexualität lernen« zusammen. Dabei differenziert er zwischen den Einflüssen von kontextuellen und internen Rahmenbedingungen, der Dynamik der Entwicklung unter universaler und differentieller Perspektive sowie den Ursachen von Entwicklung.

### 5.1.1 Entwicklungsaufgabe »Den Körper bewohnen lernen«

Die Entwicklungsaufgabe »Den Körper bewohnen lernen« ist stark durch kontextuelle Vorgaben in Form von gesellschaftlichen Schönheitsidealen geprägt, die die Normen eines attraktiven Körpers bestimmen. Durch die »Fülle medialer Körperbilder«, mit denen Jugendliche mittlerweile in ihrem Alltag über das Internet konfrontiert werden, nimmt diese Herausforderung zu (Wermann/Matthiesen 2013, 210). Nur die wenigsten Jugendlichen ohne Behinderungen können diesen Vergleichen standhalten. »Das spiegelt sich beispielsweise in den Ergebnissen internationaler und nationaler Studien, die zu Fragen nach der Zufriedenheit mit dem eigenen Körper und Aussehen teilweise besorgniserregende Antworten finden« (Wermann/Matthiesen 2013, 210).

Da aber an der Einschätzung der eigenen Attraktivität durch die Jugendlichen häufig die Akzeptanz der eigenen Person schlechthin hängt, kann in diesem Sinne »der Prozess, den eigenen Körper bewohnen zu lernen, von strategischer und prototypischer Bedeutung für die Identitätsfindung im Jugendalter« (Fend 2005, 242) gelten.

Den Zusammenhang der Zufriedenheit mit dem eigenen Körper zum Lebensbereich der Sexualität bestätigen Studienergebnisse der Befragung von 160 Jugendlichen durch qualitative Interviews.

> »Ein gutes, selbstbewusstes Körpergefühl wird oftmals als Voraussetzung für gelungene Sexualität betrachtet. Sich attraktiv zu finden und zu fühlen hat Auswirkungen auf die Beziehung oder die Partnersuche« (Wermann/Matthiesen 2013, 21).

Als interne Voraussetzungen für diese Entwicklungsaufgabe gelten die deutlichen geschlechtsspezifischen Veränderungen des Körpers, die eine Auseinandersetzung mit dem eigenen Geschlecht und die Akzeptanz als Mann oder Frau herausfordern.

Jungbauer (2017) benennt fünf wichtige Bereiche körperlicher Veränderung, die für die Jugendlichen bedeutsam sind. Sie müssen sich auseinandersetzen mit

- einem Wachstumsschub,
- der Veränderung der Statur,
- der Zunahme von Kraft und Ausdauer,
- der Entwicklung der Geschlechtsorgane sowie
- der Entwicklung der sekundären Geschlechtsmerkmale (nach Jungbauer 2017, 172).

Beginn und Dauer der Pubertät sind bei Mädchen und Jungen höchst unterschiedlich. Zwischen dem achten und dem 13. Lebensjahr setzt bei Mädchen die Pubertät ein, mit einer Dauer von eineinhalb bis sechs Jahren. Bei Jungen variiert der Beginn zwischen dem zehnten und 14. Lebensjahr, mit einer Dauer von 2–5 Jahren. »Dabei sind Beginn und Tempo der Pubertät unabhängig voneinander« (Jungbauer 2017, 173).

Die massiven äußeren Veränderungen in Form von Längenwachstum, Zunahme von Körpergewicht und Ausbildung der sekundären Geschlechtsmerkmale werden durch Hormonveränderungen initiiert. Bezüglich der Frage, inwiefern das typisch pubertäre Verhalten von Jugendlichen, das sich z. B. in Form von Stimmungsschwankungen zeigt, ebenfalls hormonabhängig ist, konnte die Forschung bisher nur geringere Zusammenhänge als vermutet aufzeigen. Umgekehrt kann aber von einem Einfluss des Verhaltens der Jugendlichen auf deren Hormonproduktion ausgegangen werden. »Das Zusammenwirken der Adrenalin-Produktion mit den hormonellen Regelkreisen, die die Pubertät bestimmen, ermöglicht, dass sich Verhalten auf die Hormonproduktion auswirkt« (Fend 2005, 228). Sehr deutlich wird dies bei Jugendlichen mit Anorexie. Die Veränderung des Essverhaltens kann bei Mädchen zum Ausbleiben der Menstruation führen. Festzuhalten bleibt, dass die Pubertät kein einheitlicher Prozess ist, sondern viele individuell verschiedene Einzelaspekte integriert.

Auf den Einfluss der Umwelt macht von Martial (2013, 18ff) in seiner Auseinandersetzung mit dem Einfluss der Medien auf die pubertäre Entwicklung aufmerksam. Er zeigt anhand vorliegender Studien auf, dass sowohl belastende Familienverhältnisse als auch Stress allgemein zu einer zeitlichen Vorverlagerung der Pubertät führen können:

> »Die Zusammenhänge sind offenbar komplex: Einerseits ist die Entwicklung des Organismus zu sexueller Reife ein mit Hilfe endokrinologischer Daten beschreibbarer Vorgang, der von physischen Faktoren beeinflusst wird, andererseits aber spielen auch Faktoren der Umwelt eine gewichtige Rolle. Die körperliche Entwicklung ist auch von Umweltfaktoren abhängig« (ebd. 19).

Zur Verdeutlichung der Komplexität der Entwicklungsaufgabe »Den Körper bewohnen lernen« dient folgendes Schaubild (Fend 2005, 229). Für die individuell gelingende oder misslingende Bewältigung ist die bewusste Verarbeitung der pubertären Prozesse durch die/den Jugendlichen entscheidend.

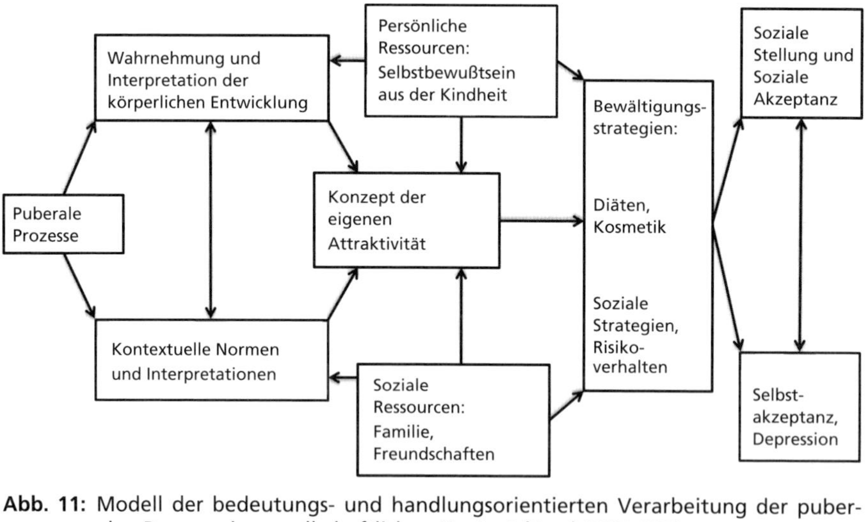


**Abb. 11:** Modell der bedeutungs- und handlungsorientierten Verarbeitung der puberalen Prozesse im gesellschaftlichen Kontext (Fend 2005, 229)

Im Folgenden werden die Schritte des Schaubildes erläutert:

*Puberale Prozesse:* Für die Entwicklung der Jugendlichen ist die subjektive Interpretation der puberalen Prozesse von Bedeutung, d. h. sowohl der körperlichen, äußerlichen Veränderungen als auch der inneren Stimmungen und Impulse.

»Die körperliche Entwicklung in der Pubertät rückt die Einschätzung der äußeren Erscheinung, das Körperselbstkonzept, als eine zentrale Größe in den Mittelpunkt, die sich nicht nur auf das Selbstkonzept, sondern vor allem auch auf die Selbstbewertungen (…) auswirkt« (Lohaus/Vierhaus 2015, 191).

Die Jugendlichen befinden sich in einem permanenten Prozess der Selbstbefragung. »Eine große implizite Frage der Pubertät richtet sich darauf, ob man ›normal‹ sei, ob die beobachteten Entwicklungen in der Bandbreite der üblichen biologischen Entwicklungsprozesse liegen« (Fend 2005, 234). Jungbauer (2017, 173) schreibt diesbezüglich von einer großen Verunsicherung der Jungen und Mädchen durch die »starken körperlichen Veränderungen innerhalb relativ kurzer Zeit«, die sich nach Lohaus/Vierhaus (2015, 191) in einer deutlich schlechteren Einschätzung des Körperselbstkonzeptes bei den Mädchen darstellt. Die verschiedenen Anteile des Körperselbstkonzeptes, die sich bei beiden Geschlechtern als grundlegende Struktur für die Bewertung finden, sind: »sportliche Kompetenz, physische Attraktivität, körperliche Fitness und physische Kraft« (ebd.).

*Wahrnehmung und Interpretation der körperlichen Entwicklung/Kontextuelle Normen und Interpretation*: Die Wahrnehmung und Interpretation der eigenen körperlichen Entwicklung ist immer durch den Kontext der kulturspezifischen Normen und die Interpretation der eigenen Erscheinung durch andere beeinflusst. Hier ist nach Jungbauer (2017, 175) neben den Eltern vor allem die Peergruppe von hoher Bedeutung: »Die Peergruppe hat insgesamt eine wichtige Orientierungsfunktion im Hinblick darauf, was im Umgang mit dem Körper und sexuellen Bedürfnissen als normal, erstrebenswert oder unpassend gelten kann« (ebd.). Medien, Werbung und das Internet vermitteln – oft unrealistische oder überhöhte – Modelle von Schönheit, Sportlichkeit und Sexualität (vgl. Jungbauer 2017, Lohaus/Vierhaus 2015). Diese Bewertungen können von den Heranwachsenden als diffamierend oder positiv anerkennend erlebt werden. Deshalb haben diese in Folge Auswirkungen auf das Konzept der eigenen Attraktivität.

*Konzept der eigenen Attraktivität/Bewältigungsstrategien:* Das Konzept der eigenen Attraktivität setzt sich zusammen aus den detaillierten Selbstbeobachtungen sowie den sozialen Rückmeldungen. Diese beiden Bereiche sind durch die entsprechenden Ressourcen im persönlichen Bereich als Selbstbewusstsein aus der Kindheit sowie im sozialen Bereich durch Familie und Freundschaften geprägt. Die Forschungsergebnisse belegen für die Einschätzung der eigenen Attraktivität deutliche Geschlechtsunterschiede: »Mädchen beurteilen ihr Aussehen negativer als Jungen« (Fend 2005, 237; vgl. Jungbauer 2017; vgl. Wermann/Matthiesen 2013, 210). Das Gewicht spielt bei beiden Geschlechtern eine große Rolle als Indikator für das Körperselbstkonzept. Bei Jungen ist noch das Auftreten von Akne bedeutsam. Längsschnittuntersuchungen zeigen, dass bei Mädchen im Verlauf der Pubertät die Wahrnehmung, die eigene Entwicklung im Griff zu haben, eher abnimmt, wohingegen sie bei Jungen eher zunimmt. Eine besondere Signifikanz bekommen diese Ergebnisse, wenn man berücksichtigt, dass in den subjektiven

Theorien der Jugendlichen das Aussehen zu sozialer Akzeptanz führt. »Diese Zusammenhänge beziehen sich alle auf Wahrnehmungen: Wer sich für nicht besonders attraktiv hält, der glaubt auch, nicht beliebt zu sein« (Fend 2005, 240).

So ist es nicht verwunderlich, wenn die Jugendzeit die Zeit der Körperarbeit wird. Über aktive Selbstgestaltung in Form von intensiver Körperpflege und Gewichtskontrolle sowie Kleidung versuchen die Jugendlichen, ihr Aussehen möglichst nah an die Idealvorstellung anzupassen.

Da der Beginn der Pubertät um bis zu sechs Jahre variieren kann, gibt es immer Jugendliche, bei denen die Pubertät besonders früh oder besonders spät einsetzt. Bei beiden Geschlechtern haben diese Jugendlichen durch eine größere innere Belastung eher ungünstigere Ausgangsbedingungen, allerdings je nach Geschlecht in unterschiedlicher Wirkungsform. Ungünstig wirkt sich bei Jungen eine spätere körperliche Entwicklung aus. Bei Mädchen ist es eher eine frühe körperliche Entwicklung, die sich als schwierig erweist (vgl. Jungbauer 2017, 174).

Insgesamt zeigen die Ausführungen, dass das Erlernen des »Bewohnens des eigenen Körpers« für die Jugendlichen eine herausfordernde Entwicklungsaufgabe darstellt (vgl. Jungbauer 2017, 174). Die zuweilen große innere Belastung ist von außen nicht immer erkennbar. Ein eher negatives Körperselbstbild, das sich oft bei Mädchen entwickelt, kann nach Lohaus/Vierhaus (2015, 191) zu Depressionen oder Essstörungen führen.

### 5.1.2 Entwicklungsaufgabe »Umgang mit Sexualität lernen«

Durch das Einsetzen der Reproduktionsreife, ersichtlich durch Menarche (erste Menstruation) bzw. Ejakularche (erster Samenerguss), sind die Jugendlichen gezwungen, ihre genitale Sexualität zu entwickeln. Dieser Prozess setzt immer früher ein, wie die repräsentative Wiederholungsbefragung Jugendlicher durch die BZgA zeigt (Heßling/Bode 2015, 91). »Es ist davon auszugehen, dass die zeitliche Vorverlagerung der Pubertät bei vielen Jugendlichen eine Kluft zwischen körperlichem und psychischem Entwicklungsstand bedingt« (Jungbauer 2017, 173). Analog zur Entwicklungsaufgabe »Den Körper bewohnen lernen« ist der Prozess wiederum durch externe Rahmenbedingungen und innere Prozesse beeinflusst.

Der gesellschaftliche Kontext als externe Rahmenbedingung stellt sich in Form der herrschenden sexuellen Normen und Werte dar. Trotz deren Vielschichtigkeit ist Fend (2005) der Auffassung, dass sich für Jugendliche folgende zwei Anforderungen beschreiben lassen:

- Forderung nach sexueller Authentizität: »Sexualität muss in das eingebettet sein, was eine Person für sich als gut und ihr gemäß empfinden kann« (ebd. 257).
- Forderung nach Verknüpfung der Sexualität mit sozialen Bindungen und Verpflichtungen.

Im Rahmen der Entwicklung des sexuellen Verhaltens soll der Jugendliche nach Fend (2005) lernen,

- mit Sexualität verantwortungsvoll umzugehen,
- sie in die sozialen Beziehungen einzubinden und
- sie im Selbstverständnis zu verankern.

Im Gesamtsystem der Entwicklung der Persönlichkeit ist Sexualität damit mit dem Bedürfnis nach Akzeptanz und Selbstwert (Entwicklung der Personalität) und dem Bedürfnis nach Bindungen, in denen Erotik und Sexualität erfahren werden kann (Entwicklung der Soziabilität), verbunden.

> »Zu lernen, Liebesbeziehungen einzugehen und zu lösen, könnte deshalb mit Fug und Recht als die übergeordnete Aufgabe angesehen werden. Die Bewältigung der Sexualität wird damit ein Kernaspekt der sozialen Entwicklungsaufgaben im Jugendalter« (Fend 2005, 258f).

Die individuelle Wahl einer Partnerin/eines Partners, mit der/dem Sexualität erlebt werden soll, erfolgt unter den Aspekten der persönlichen Neigung, Anziehung und Attraktivität, was wiederum die Bedeutung der zuerst beschriebenen Entwicklungsaufgabe (»den Körper bewohnen lernen«) hervorhebt und für Jugendliche einen hohen Erwartungsdruck impliziert. Mögliche Partner oder Partnerinnen werden nach der Studie von Matthiesen et al. (2013, 27) in der Regel im sozialen Umfeld getroffen: »Am häufigsten haben sich die fest Liierten über gemeinsame Bekannte (33%) oder in der Schule (23%) kennengelernt. An dritter Stelle stehen Bekanntschaften, die über das Internet entstanden sind (17%)« (ebd.).

In Bezug auf das Eingehen von Partnerschaften problematisiert Aigner (2013, 65ff), dass diese sowohl von Jugendlichen als auch Erwachsenen aufgrund einer allgemein eher verunsichernden Lebenssituation oft mit Erwartungen überfrachtet werden.

> »Wir können stattdessen resümieren, dass sich über die Verunsicherung der Lebens- und Zukunftschancen Heranwachsender (…) sowie aufgrund der Neigung, Sicherheit und Stabilität quasi gegen die Mobilität heutiger Lebensläufe zu suchen, eine deutliche bemerkbare *Romantisierung* in Form einer *Retraditionalisierung* sexueller und partnerschaftlicher Lebensformen angebahnt hat, die nach wie vor aktuell ist« (ebd., Hervorhebung im Original).

Die hohe Bedeutung von Partnerschaft als auch sozialer Anerkennung wird für Jugendliche durch die Shell-Jugendstudie belegt: 97 % der befragten Jugendlichen zwischen 12 und 25 Jahren bewerten es als wichtig, »gute Freunde (zu) haben, die einen anerkennen«; 93 % finden es wichtig, »einen Partner (zu) haben, dem man vertrauen kann« (Shell Deutschland Holding 2015, 239). Hohe Scheidungsraten und damit einhergehendes Erleben instabiler und oft belastender Familienverhältnisse haben auf diese Wünsche sicherlich auch Einfluss (vgl. Lohaus/Vierhaus 2015, 219).

### 5.1.3 Diversitätsmerkmal ›queer‹

Die Menschen, die unter die Bezeichnung ›queer‹ fallen, sind vielfältig. Dies wird in der Regel durch die Abkürzung LGBTIQ* verdeutlicht und umfasst: »**L**esbische, Schwule (engl. **G**ay), **B**isexuelle, **T**ransidente, **I**ntergeschlechtliche und **Q**ueere (**LGBTIQ***-)Menschen« (Damisch/Haller 2018, 23, Hervorhebung im Original). Gemeinsam ist diesen Menschen, dass sie in der Jugendzeit Diskriminierung, Ausgrenzung, Mobbing und Gewalt erleben (ebd. 24). Dies hat meistens zur Konsequenz, dass Betroffene über ihre sexuelle Orientierung in der Schulzeit eher schweigen: »Mit über 93.000 befragten LGBT-Personen (Lesbian, Gay, Bi, Transsexuell; Anm. B.O.) führte die Europäische Grundrechteagentur im Jahr 2012 die bis heute größte Studie zur Lebenssituation von LGBT-Personen in der EU durch. Über zwei Drittel der Befragten gaben an, dass sie während der Schulzeit ihre sexuelle Orientierung immer oder häufig verheimlichten [FRA 2013]« (ebd. 24).

Viele – die meisten – Menschen unserer westlichen Kultur bilden in ihrer Jugendzeit eine heterosexuelle Orientierung aus – man könnte fast sagen, dass gesellschaftlich eine heterosexuelle Erwartungshaltung gegenüber den Jugendlichen besteht. Da zum einen eine heterosexuell motivierte Wahl eines Partners oder einer Partnerin der ›Regelfall‹ ist bzw. sein soll und zum anderen Jugendliche den Wunsch nach einem hohen Maß an Konformität bzw. Normalität (zur Anerkennung der eigenen Person durch das Umfeld) haben, haben es dann die Jugendlichen schwer, die eine ›andere‹ sexuelle Orientierung oder geschlechtliche Lebensgestaltung haben. Die gesellschaftliche Anerkennung sexueller und geschlechtlicher Vielfalt ist noch lange nicht der Regelfall – so scheint es nach wie vor für alle nicht heterosexuellen Orientierungen oder sexuellen/geschlechtlichen Lebensweisen (Inter- bzw. Transsexualität, Transidentität) Begründungsnotwendigkeiten und entsprechende Coming-outs zu geben.

Auch wenn die Erlebnisse der LGBTIQ*-Jugendlichen durch die benannten Ausgrenzungen und Diskriminierungen untereinander vergleichbar scheinen, so sollten die Herausforderungen, die sich ihnen in ihrer sexuellen Entwicklung stellen, differenzierter betrachtet werden. Lesbisch, schwul oder bisexuell orientierte Menschen sind vor andere Aufgaben gestellt als Jugendliche, die sich als transident* erleben oder Jugendliche, die mit uneindeutigem Geschlecht, also intersexuell, geboren wurden.

Sielert (2015) verdeutlicht in seinen Ausführungen sehr eindrücklich, dass es sich bei der Einteilung der ›drei verschiedenen sexuellen Orientierungen‹ um gesellschaftliche Konstrukte handelt:

> »Die Einteilung der Menschen in heterosexuell, homosexuell sowie bisexuell liebend und lebend beruht auf gewachsenen und machtvoll vermittelten Konstruktionen, ist aber faktisch eine grobe Vereinfachung, die nicht alle sexuellen Verhaltensweisen von Männern und Frauen sowie diversen Transgendervarianten gerecht wird. Vor allem reduziert sie menschliche Begegnung und Anziehung auf den Aspekt des Begehrens und der Genitalität« (ebd. 86).

Die Jugendzeit wird meistens für die Jugendlichen eine besondere Herausforderung, die nicht dem ›Regelfall‹ entsprechen und sich mit ihrer (als anders erlebten und bewerteten) Sexualität outen müssen. Ihnen fehlen meistens Ansprechpartner/innen und entsprechende Vorbilder für gelingende Sexualität. Gesellschaftlich und durchaus auch im eigenen familiären oder sozialen Umfeld erleben sie implizite und/oder explizite Abwertungen. »Homonegativität verhindert, dass Lesben, Schwule, Bisexuelle und Transgendermenschen eine authentische Identität entwickeln können und beschädigt ihr Selbstwertgefühl und das der mit ihnen verbundenen Menschen« (Sielert 2015, 93). Auf der Ebene sozialer Kontextfaktoren wird Homophobie als eine soziale Einstellung beobachtet, »die ihre Dynamik über ausschließende Kategorisierung, Stereotypisierung und schließlich die negative Bewertung entfaltet« (Küpper 2012, 84). Menschen werden trotz ihrer individuellen Einzigartigkeit und dementsprechenden Vielfältigkeit in diesen homophoben Prozessen als abzuwertende Gruppen gesehen. Gemeinsam ist den Menschen dieser Gruppe dann – aus homophober Perspektive – dieses eine Merkmal der (vermeintlich anderen) sexuellen Orientierung. Der Einzelne kann sich diesen gruppenbezogenen Abwertungen nicht entziehen. Dabei ist es ohne Relevanz, welche subjektive Bedeutung diese Gruppenzugehörigkeit für den Einzelnen hat. Die erlebten Ausgrenzungen, Abwertungen und Viktimisierungserfahrungen führen zu besonderen Belastungen der Betroffenen, die sich in suizidalen Gedanken bis hin zu Suizidversuchen zeigen kann. Ein Gegengewicht kann hier eine gute soziale Unterstützung durch Freunde und Familie bieten (vgl. Widmer 2014).

Frei et al. (2013) berichten als Ergebnis aus einer eigenen Erhebung (Internetbefragung) bei 615 homo- und bisexuellen Männern und Frauen aus der Schweiz Folgendes: »Unabhängig vom Geschlecht berichteten 65 % der Umfrageteilnehmenden Suizidgedanken, 44 % Suizidpläne und 14 % Suizidversuche über die Lebenszeit« (ebd. 163). Allerdings wiesen die jüngeren Probanden eine höhere Prävalenz auf. »Dem Minoritätenstressmodell von Meyer entsprechend zeigten internalisierte Homonegativität, Verheimlichungsmotivation und Angst vor Ablehnung einen Zusammenhang zur Suizidalität im vergangenen Jahr« (ebd.).

Menschen, die die Bezeichnung ›intersexuell‹ erhalten, sind mit uneindeutigen Geschlechtsmerkmalen geboren worden. Mit dem Begriff der uneindeutigen Geschlechtsmerkmale wird allerdings die gesellschaftliche Konstruktion der Zweigeschlechtlichkeit weiter untermauert. Andere Begriffe sind »Disorders of sexual Development« (DSD) – hier wird allerdings der Störungsbegriff als schwierig und abwertend angesehen – oder Hermaphrodismus (Richter-Unruh 2018/19, 13). Die Betroffenen selbst nutzen nach Remus (2015, 65) unter anderem den Begriff intersexuell: »Daneben sind aber auch Selbstbeschreibungen wie intergeschlechtlich, zwischengeschlechtlich, Zwitter oder Hermaphrodit gebräuchlich« (ebd.).

Seit dem 1. Januar 2019 kann als gesetzliche Neuerung bei der Geburt eines Kindes, dessen Geschlecht uneindeutig erscheint, die Bezeichnung »divers« im Geburtenregister angegeben werden. Ebenso können Erwachsene, die intersexuell zur Welt kamen und denen ein Geschlecht zugewiesen wurde, nachträglich im Personenstandregister ihr Geschlecht ändern lassen. Als schwierig und als Zumutung wird von den Betroffenen und bspw. den entsprechenden Selbstvertretungsverbänden dabei erlebt, dass ärztliche Atteste über das eigene uneindeutige Geschlecht vorgelegt werden müssen.

Ebenso scheint erstaunlich, dass geschlechtsangleichende Operationen nach wie vor in bisheriger Höhe bei kleinen Kindern durchgeführt werden: »Ein sensibles Thema allerdings lässt das Gesetz unberührt: kosmetische Genitaloperationen. Sie werden noch immer häufig bei kleinen Kindern durchgeführt, um die Genitalien intersexueller Menschen dem anzugleichen, was als weibliches oder männliches Geschlecht gilt« (Klaus 2019, o. S.). Es wird von den beratenden Medizinern angenommen, dass diese Entscheidung zum Wohle des Kindes und seiner Eltern sei (Lenz 2012, 75). Diese Operationen werden von intersexuellen Menschen als sehr belastend und diskriminierend erlebt.

> »Viele der Betroffenen wurden frühzeitig, schon als Kind, geschlechtszuordnenden medizinischen Eingriffen unterzogen, deren Tragweite sie erst viel später begreifen konnten. Des Weiteren schilderten sie immer wieder mangelnde Aufklärung, Fehldiagnosen, Missverständnisse, belastende Nachoperationen, Behandlungen mit vielen unerwünschten Nebenwirkungen und das Gefühl, allein damit fertig werden zu müssen. Diese Erfahrungen wurden und werden von vielen Betroffenen als eine Botschaft im Sinne von ›Du bist verkehrt und du musst korrigiert werden‹ verstanden« (Wunder 2012, 34).

Die Operationen können zu Gefühllosigkeit in den korrigierten Geschlechtsorganen führen, da durch Operationen Nervenzellen verletzt oder zerstört werden. Möglicherweise kann dies dazu führen, dass die erstellen Geschlechtsteile als nicht zu der eigenen Person gehörig oder falsch am eigenen Körper erlebt werden.

In Bezug auf Transidentitäten ist die Begrifflichkeit ebenso uneindeutig. Preuss (2019) schlägt folgende Begriffsdefinitionen vor: »(…) der Begriff »Transgender« (dient) zur Bezeichnung von Menschen, die sich dem anderen Geschlecht zugehörig fühlen und in der entsprechenden Geschlechtsrolle leben, jedoch auf geschlechtsangleichende Operationen verzichten oder ohne sie auskommen« (ebd. 18). Menschen, die sich für eine Umwandlung ihres Geschlechts entscheiden – sie werden als transsexuell oder transidentisch bezeichnet –, durchlaufen eine Transition, die Folgendes umfasst:

> »Zum Prozess der Transition gehören das Coming-Out, die Alltagserprobung, die begleitende psychotherapeutische Behandlung durch einen Gender-Spezialisten, eine pubertätsunterdrückende Behandlung und die darauf folgende gegengeschlechtliche Hormonbehandlung durch einen qualifizierten Endokrinologen sowie die gesetzlich mögliche – aber für eine Behandlung nicht erforderliche – Vornamens- und Personenstandsänderung nach dem so genannten Transsexuellengesetz (TSG)« (ebd. 15).

Transsexuelle Menschen erleben ihren Körper nicht zu ihrem Geschlechtsidentitätsempfinden passend. Der Leidensdruck kann in diesem Erkenntnisprozess sehr groß werden, vor allem, wenn der oder die Betreffende keine Vertrauensperson zur Unterstützung hat. Das empfundene geschlechtliche Unbehagen wird Geschlechtsdysphorie genannt und wird für die transsexuellen Jugendlichen mit Eintritt in die Pubertät mit den entsprechenden körperlichen Veränderungen zumeist eine große Belastung: »Genauer müsste man von anhaltender Geschlechtsdysphorie sprechen, denn es gibt auch nicht anhaltende Erscheinungsformen der Geschlechtsdysphorie, z. B. bei manchen pubertierenden Jugendlichen beiderlei Geschlechts. Dann würde man von einer vorübergehenden oder passagären Geschlechtsdysphorie sprechen« (Preuss 2019, 23). Sehr eindrücklich beschreibt

Preuss den Leidensdruck der transsexuellen Jugendlichen, der sich z. B. in Selbstverletzungen, Suizidgedanken oder -versuchen zeigt (ebd.).

Gemeinsam ist allen LGBTIQ*-Menschen, dass sie aufgrund ihrer sexuellen Entwicklung in deutlich erhöhter Gefahr stehen, negative Reaktionen der Umwelt in unterschiedlichstem Ausmaß zu erleben. Pohlkamp (2015) ist der Auffassung, dass der Weg für Veränderungen, nämlich der »Weg zur Anerkennung, Akzeptanz und Gleichstellung verschiedener sexueller und geschlechtlicher Orientierungen noch weit ist und dass wir uns mitten in der Auseinandersetzung um Diskurshegemonien zur Anerkennung geschlechtlicher und sexueller Existenz- und Lebensweisen befinden« (ebd. 76).

Damisch und Haller (2018) versuchen zu erfassen, wie viele Menschen sich als LGBTIQ*-Menschen erleben. Sie gehen von ca. 10 % der Menschen aus, die lesbisch, schwul oder bisexuell sind, und 1,7 %, die intergeschlechtlich sind. Zu transidenten Menschen gibt es keine verlässlichen Angaben. »In jeder Klasse und in jeder Schule begegnen wir statistisch gesehen also LGBTIQ*-Menschen, ihren Geschwistern oder Kindern aus Regenbogenfamilien (Regenbogenfamilien sind Familien, in denen mindestens ein Elternteil LGBTIQ* ist)« (Damisch/Haller 2018, 24).

Das heißt, dass bei Kindern und Jugendlichen mit Behinderungen natürlich genauso schwule, lesbische, bisexuelle Menschen und solche mit intersexueller Geschichte oder transgender oder transsexuellem Lebenswunsch sind. Und das heißt weiter, dass auch hier eine Sexualpädagogik der Vielfalt (vgl. Sielert 2015) angezeigt bzw. sogenannte »Regenbogenkompetenzen« (Damisch/Haller 2018, 23) notwendig bzw. förderlich sind. Klocke (2014) ermutigt pädagogische Fachkräfte auf der Grundlage der Ergebnisse seiner Erhebung ihre Einflussmöglichkeiten zu nutzen:

> »Die Berliner Studie unterstützt die Annahme, dass die Qualifizierung von Lehrkräften zu sexueller und geschlechtlicher Vielfalt die Situation an den Schulen verbessern würde. Je besser sich die Lehrkräfte zu sexueller Vielfalt auskannten, desto mehr thematisierten sie sie im Unterricht und desto eher intervenierten sie gegen Diskriminierung« (ebd. o. S.).

## 5.1.4 Aktuelle Forschungsergebnisse

Differenzierte Erkenntnisse zu den aufgeführten Entwicklungsaufgaben (Den Körper bewohnen lernen/Umgang mit Sexualität lernen) liefern zwei groß angelegte Studien der Bundeszentrale für gesundheitliche Aufklärung (BZgA), deren umfassende Ergebnisse nachfolgend in Teilen dargelegt werden. Zum einen hat Matthiesen mit ihrem Forschungsteam eine Befragung von 160 Jugendlichen anhand von qualitativen Interviews zu folgenden Aspekten durchgeführt:

- »die soziale Organisation von Sexualität und Beziehungen,
- die Erfahrungen, die Jugendliche im Internet machen, und deren Auswirkungen auf die sexuelle Sozialisation sowie
- den Umgang von Jugendlichen mit pornografischen Materialien im Internet« (Matthiesen/Schmidt 2013, 8)

Die Stichprobe bestand insgesamt aus 160 heterosexuellen weiblichen und männlichen Jugendlichen zwischen 16 und 19 Jahren, die nach Ort, Geschlecht und Schulbildung quotiert wurden. Es konnte festgestellt werden, dass sich viele »traditionelle Geschlechtsunterschiede im heterosexuellen Verhalten von Jugendlichen (…) in den letzten Jahrzehnten aufgelöst oder gar umgekehrt« (Matthiesen et al. 2013, 23) haben. Deutliche Unterschiede zwischen den Geschlechtern finden sich in dieser Befragung nur bei den »solosexuellen« Themen wie Pornografiekonsum und Masturbation sowie bei Jugendlichen mit Migrationshintergrund (ebd. 23).

Die andere Studie, aus der exemplarische Ergebnisse vorgestellt werden, ist die repräsentative Wiederholungsbefragung Jugendlicher, die seit 1980 regelmäßig – bisher acht Mal – von der BZgA durchgeführt wird. Die nachfolgenden Ergebnisse beziehen sich auf die Studie »Jugendsexualität 2014/15« (Heßling/Bode 2015).

Weiterhin werden diese Ergebnisse durch Teilerkenntnisse aus anderen Studien ergänzt, die an entsprechenden Stellen benannt und differenzierter erläutert werden.

## Verlaufsmuster der sexuellen Beziehungsentwicklung

In der BZgA-Befragung von Matthiesen et al. (2013) waren die Hälfte der Befragten zum Zeitpunkt der Befragung in einer festen Beziehung (Länge von mindestens 3 Monaten) – dies deckt sich ungefähr mit den diesbezüglichen Ergebnissen aus der Studie zur Jugendsexualität (Heßling/Bode 2015, 51ff) –, 90 % hatten Erfahrungen mit festen Beziehungen. Die Autorinnen beschreiben drei Hauptmuster für die Beziehungsbiografien, die die Jugendlichen leben: Sie unterscheiden seriell-monogame von beziehungsfernen und Langzeitbeziehungs-Biografien.

Die *seriell-monogame* Beziehungsbiografie, die als häufigster Typus bei einem Drittel der befragten Jugendlichen zu finden ist, ist gekennzeichnet durch mindestens zwei feste Beziehungen mit sexueller Aktivität und Treue:

> »Typisch für dieses Muster ist nicht nur die relativ große Beziehungserfahrung, sondern auch eine gewisse Offenheit für Sexualität außerhalb von festen Partnerschaften: In dieser Befragungsgruppe haben fast alle mehr Sexual- als Beziehungspartnerinnen und -partner, das heißt, vor, nach und zwischen den festen Beziehungen haben sie kurzzeitig sexuelle Erfahrungen mit anderen« (ebd. 25).

Ein weiteres knappes Drittel der Befragten hatte »bisher keine oder nur wenige kurze feste Beziehungen, sie weisen noch wenig Beziehungserfahrungen vor« (ebd. 26). Diese Lebensverläufe, die in der Regel bisher auch ohne Erfahrung mit Koitus verlaufen sind, werden als *beziehungsferne Biografien* bezeichnet.

Schließlich beschreiben Matthiesen et al. noch die *Langzeitbeziehungs-Biografie*. Diese ist gekennzeichnet durch entweder eine Beziehung von mindestens zwei Jahren im Lebenslauf oder das Führen einer aktuellen Beziehung von mindestens über eineinhalb Jahren. »Auffällig ist, dass in dieser Gruppe doppelt so viele Frauen wie Männer sind, fast alle sind sexuell erfahren« (ebd. 26).

Das Handy spielt in der Beziehungsgestaltung eine große Rolle. Mehrmals täglich wird über Handy oder Internet »gesimst, telefoniert, gechattet oder gemailt«

(ebd. 29). Es ist eine, im Vergleich zu vorherigen Generationen, neue Form der Beziehungspflege, dass der Partner oder die Partnerin über den Tagesablauf informiert wird. »Dafür braucht es keinen besonderen Anlass; die erste Botschaft ist häufig die ›Guten-Morgen-SMS‹, die Kontakte ziehen sich über gelegentliche Nachrichten im Laufe des Tages hin zur ›Gute-Nacht-SMS‹« (ebd. 29). Bezüglich der Mediennutzung sind auch die Ergebnisse der JIM-Studie 2017 interessant, in der der Medienumgang 12–19-Jähriger untersucht wurde. Die hohe Bedeutung der Kommunikation für Jugendliche bei der Onlinenutzung wird hier allgemein bestätigt (mpfs 2017, 35).

Die (festen) Beziehungen der Jugendlichen werden in der Regel von den Eltern akzeptiert, so dass eine Übernachtung und damit auch eine Möglichkeit, Sexualität weiter auszuleben, beim jeweils anderen häufig problemlos erfolgen kann. Ggf. belastende Heimlichkeiten vor den Eltern in Bezug auf das eigene Sexualleben sind insofern kaum noch notwendig. Gleichzeitig hat diese Einbindung der eigenen Beziehung in das Leben der Herkunftsfamilien auch den Effekt, dass »die Rolle der Sexualität für die Autonomieentwicklung und für die Loslösung von der Herkunftsfamilie« (ebd. 32) in den Hintergrund tritt.

Sexualität wird bei den befragten Jugendlichen vor allem in (festen) Beziehungen gelebt. Die Zeitspanne zwischen dem Zusammenkommen und dem ersten Geschlechtsverkehr ist dabei höchst unterschiedlich und kann bis zu zwei Jahre dauern (ebd. 40). »Wenn die Jugendlichen in einer festen Beziehung einmal begonnen haben, miteinander zu schlafen, ist die Frequenz relativ hoch« (ebd. 41). Geschlechtsverkehr miteinander zu haben, hat für die Befragten eine wichtige Bedeutung für den Zusammenhalt in der Beziehung und deren Besonderheit. Allerdings ist es ihnen auch wichtig zu betonen, dass es ihnen um den anderen Menschen geht und die Beziehung »mehr als Sex« ist (ebd. 42). Es ist für sie selbstverständlich, dass Sexualität nur gelebt wird, wenn beide es wolle, und es sollen beide dabei »auf ihre Kosten kommen« (ebd. 45). Die Befragten nutzen die Beziehungen, um ihre gemeinsame Sexualität weiter zu erproben und zu verbessern: »Dementsprechend ist die dominante Erzählung, die die Veränderung der gemeinsamen Sexualität während der Beziehung beschreibt, die einer kontinuierlichen Verbesserung« (ebd. 47). So kann auch das Vertrauen entstehen, sich gegenseitig Wünsche und Vorlieben mitzuteilen.

Die Jugendlichen benennen für ihre Beziehungen etliche Qualitäten, die ihnen wichtiger sind als der Geschlechtsverkehr oder mindestens genauso wichtig: »Vertrauen, Rückhalt, Zusammengehörigkeit, gemeinsame Unternehmungen, gute Gespräche, die ›gleiche Wellenlänge haben‹, miteinander Spaß haben und Zeit verbringen, sich miteinander wohlfühlen« (ebd. 43).

In der Studie von Matthiesen et al. (2013) waren etwa die Hälfte der Befragten zurzeit Single, d. h. ohne festen Freund oder Freundin. Als Ergebnis der Interviews lassen sich bei den Singles folgende drei Typen beschreiben: die traditionsgebundenen, die kontaktarmen und die seriellen Singles (Martyniuk 2013, 74). *Traditionsgebundene Singles* sind in diesem Fall fünf junge Frauen mit Migrationshintergrund, »die in Familien leben, die großen Wert auf religiöse Regeln und Normen legen« (ebd. 75). Nur sechs Männer gehörten zu der Gruppe der *kontaktarmen Singles*, für die folgende Faktoren als Erschwernis für das Eingehen einer Beziehung benannt werden können: »Schüchternheit, Angst, sich zu öffnen, mangelnde Ausdrucksfähigkeiten, niedriges Selbstwertgefühl oder fehlende Möglichkeiten, potenzielle Partnerinnen und Partner kennenzulernen« (ebd. 75). *Serielle Singles* sind zwischen zwei Beziehungen und sind in dieser Erhebung eine äußerst heterogene Gruppe, die Beziehungserfahrungen hat und entweder eher die Freiheit des Singledaseins genießt oder sich nach einer neuen Beziehung sehnt (ebd. 76). Allen Singles ist gemeinsam, dass sie ihren Beziehungsstatus als Single eher ambivalent erleben. Mehr männliche Befragte sind unzufrieden mit der Situation. »Interessanterweise hält die Ambivalenz des Singledaseins unabhängig von der Dauer der partnerlosen Zeit an« (ebd. 78). So wünscht sich etwa die Hälfte auch einen Partner oder eine Partnerin und hat dabei sehr konkrete Vorstellung, wie denn dieser Richtige oder diese Richtige zu sein hat (ebd. 81). Sie beschreiben ein »romantisches Ideal« (ebd. 84), zu dem gehört, abzuwarten, was passiert bzw. dass man ihn oder sie einfach trifft. »Nur etwa ein Fünftel der jungen Singles (vier Mädchen und zwölf Jungen) haben sich schon einmal gezielt auf Partnersuche begeben oder beabsichtigen das« (ebd. 83).

### Quellen für Sexualaufklärung und Beratung

In Bezug auf das Thema »verantwortungsvoller Umgang mit Sexualität« ist von Interesse, ob die Jugendlichen eine Vertrauensperson haben, mit der sie über sexuelle Themen sprechen können, und inwieweit Schule und Lehrerinnen hier eine Rolle spielen. Ihr Kenntnisstand in Bezug auf Sexualität kann als ein Indikator für verantwortungsvolles Handeln gewertet werden.

Die im Jahr 2014, im Rahmen der repräsentativen Jugendstudie der BZgA, befragten Mädchen haben zu 90 % und die befragten Jungen zu 83 % eine Vertrauensperson. Lehrerinnen spielen als Vertrauensperson der 14–17-Jährigem für sexuelle Fragen keine Rolle: nur 6 % der Jungen und 3 % der Mädchen geben Lehrerinnen als Vertrauenspersonen an (Heßling/Bode 2015, 23). Allerdings wurden sie häufiger bei der Wahl der präferierten Personen für Wissensvermittlung genannt (Jungen: 21 %, Mädchen 19 %). 93 % der Schülerinnen haben in der Schule Themen der Sexualerziehung besprochen.

> »Aufklärung erfolgt vor allem über die Schule (82 %) oder Gespräche im privaten Bereich (67 %), aber zu den Quellen der Sexualaufklärung zählen in jedem Fall außerdem die verschiedenen Medien, von Illustrierten und Broschüren über Videos bis zum Internet« (ebd. 57).

Jugendzeitschriften und Internet spielen bei den Jugendlichen, je nach Geschlecht in unterschiedlichen Anteilen, eine bedeutsame Rolle, um Kenntnisse über Sexualität, Fortpflanzung, Empfängnisverhütung usw. zu erlangen. Das Internet hat als Medium der Aufklärung in den letzten 13 Jahren erheblich an Bedeutung zugenommen (ebd. 60) und löst Jugendzeitschriften in ihrer Bedeutsamkeit für die Jugendlichen ab. Genutzt werden Online-Lexika, Aufklärungs- und Beratungsseiten, Internetforen, Online-Chats sowie, vor allem von den männlichen Jugendlichen, Sexfilme (ebd. 62). »Mit steigendem Bildungsgrad wächst aber auch einfach insgesamt die Vielzahl der Quellen, die sich die jungen Menschen zu Nutze gemacht haben« (ebd. 63).

Die meisten Jugendlichen halten sich selbst in sexuellen Fragen für aufgeklärt: 85 % der befragten deutschen Mädchen und 83 % der befragten deutschen Jungen schätzen sich als aufgeklärt ein. Diese Angaben liegen bei Jugendlichen mit Migrationshintergrund etwas niedriger. »Hilfreich sind Sexualkundeunterricht in der Schule und ein Elternhaus, das gegenüber Gesprächen über sexuelle Themen offen ist – wobei dies gerade bei den jüngsten Befragten weniger der Fall ist, wie an anderer Stelle deutlich wurde« (ebd. 65). Inhalte, die vorrangig im Sexualkundeunterricht thematisiert werden, sind Folgende: Geschlechtsorgane, Empfängnisverhütung, Geschlechtskrankheiten, körperliche Entwicklung, Regel, Eisprung, Schwangerschaft und Geburt (hier in der Rangfolge der Häufigkeit der Nennungen aufgeführt). Als positiver Trend wird in der Auswertung der Langzeitstudie benannt, dass das Thema Homosexualität mittlerweile deutlich häufiger im Unterricht angesprochen wird als vor knapp zehn Jahren (ebd. 38). Themen, die die befragten Jugendlichen weiterhin interessieren, sind zum Beispiel Geschlechtskrankheiten, sexuelle Praktiken, Schwangerschaft und Geburt, Schwangerschaftsabbruch, sexuelle Gewalt, Empfängnisverhütung, Ehe und Partnerschaft, Homosexualität (ebd. 70). Die Anteile sind zwischen Jungen und Mädchen, je nach Thema, unterschiedlich.

### Sexuelle Erfahrungen

Die sexuellen Erfahrungen der Jugendlichen sollen unter zwei Aspekten vorgestellt werden. Zum einen werden Erfahrungen mit Masturbation erläutert und zum anderen sexuelle Erfahrungen in gleich- oder gegengeschlechtlichen Beziehungen.

#### Erfahrungen mit Masturbation

Masturbation ist für Jugendliche eine Möglichkeit, sich in einem geschützten Rahmen selbst zu erkunden und im Vergleich zur Kindheit neue Erfahrungen damit zu machen, welche Stellen des Körpers erregende, lustvolle und positive Gefühle ermöglichen. Genitale Berührungen ermöglichen die Erfahrung von Orgasmen. Aude und Matthiesen (2013, 233) beschreiben diese wertschätzende Sicht auf Masturbation als eine eher junge Betrachtungsweise, da gerade die Selbstbefriedigung von Jugendlichen in der Geschichte »massiv verfolgt, verboten und pathologisiert« (ebd.) wurde. Sie beschreiben, dass es für die befragten 160 Jugendlichen eher ungewöhnlich war, über diese Erfahrungen zu sprechen, es aber trotzdem alle taten.

Quantitative Studien belegen in Bezug auf Masturbation deutliche Geschlechtsunterschiede, die z. B. in der regelmäßig durchgeführten Jugendstudie der BZgA über die letzten 35 Jahre stabil geblieben sind. Auf die Frage »Haben Sie sich in den letzten zwölf Monaten selbst befriedigt?« antworteten im Jahr 1980 26 % der deutschen Mädchen und 62 % der deutschen Jungen mit »Ja«. Im Jahr 2014 bejahen 32 % der deutschen Mädchen und 70 % der deutschen Jungen diese Frage. (Heßling/Bode 2015, 121).

Diese Geschlechtsunterschiede zeigen sich auch in der Studie von Matthiesen »Praktisch alle Jungen haben Masturbationserfahrungen (97 %), bei den Mädchen sind es 43 % (…). Jungen fangen früher mit der Masturbation an als Mädchen, mehr Jungen masturbieren überhaupt und sie tun es häufiger« (Aude/Matthiesen 2013, 234). Für Jungen sind Masturbationserfahrungen in der Regel die ersten sexuellen Erfahrungen, was für Mädchen nicht der Fall ist. Die größere Gruppe der befragten Mädchen hat erste sexuelle Erfahrungen mit einem Partner gemacht.

> »Ob Mädchen oder Junge: Im Freundeskreis und mit dem Partner oder der Partnerin wird offen über Selbstbefriedigung gesprochen, masturbiert wird jedoch allein und möglichst ungestört – häufig im eigenen Zimmer und wenn die Eltern nicht zuhause sind oder schlafen« (ebd. 235).

Jungen machen beim Masturbieren die Erfahrung, immer zum Orgasmus zu kommen. Bei den Mädchen gestaltet sich das schwieriger, was nach Aude/Matthiesen (2013, 239) eine typische Erfahrung der Adoleszenz ist und sich mit zunehmenden Alter verändert, so dass auch Frauen durch Masturbation eher zum Orgasmus kommen. Jungen masturbieren eher, wenn sie Single sind. In Beziehungen nimmt ihre Masturbationshäufigkeit ab. Die befragten Mädchen berichten es umgekehrt. Beide Geschlechter bevorzugen, wenn sie in einer Beziehung sind, die Sexualität mit dem Partner bzw. der Partnerin (ebd. 241).

Zu den Gründen für die Geschlechtsunterschiede überlegen die Autorinnen:

> »Es liegt nahe, dass es vielfältige Bedingungen der weiblichen sexuellen Sozialisation sind, die jungen Frauen den Zugang zu einem lustvollen, autonomen Umgang mit ihrem Körper und ihrer Sexualität erschweren oder versperren. In vielen Aufklärungsmedien werden der weibliche Körper und die weibliche Sexualität nach wie vor ausschließlich im Zusammenhang mit Schwangerschaft und Geburt thematisiert. Ebenso wird in Schulen und Biologiebüchern häufig die Klitoris nicht benannt« (ebd. 243).

Sie schließen allerdings mit dem Hinweis, dass trotz der positiven Möglichkeit, seinen Körper und sexuelle Vorlieben oder Wünsche über Masturbation kennen zu lernen, deren Thematisierung nicht in einem »sexualpädagogischen Masturbationsdogma« enden darf.

Driemeyer (2013) gibt in ihrer Zusammenstellung von Studien zu den Effekten von Masturbation u. a. auf der Grundlage der Studie von Jahre, Horne und Zimmer-Gembeck 2005 (n=449, 16–20 Jahre) deutlich positive Hinweise für Mädchen bzw. junge Frauen:

> »Die Frauen wiesen ein positiveres Körperbild auf und waren reflektierter bezüglich der eigenen Sexualität, sie fühlten sich eher berechtigt zu sexueller Befriedigung durch sich selbst und durch einen Partner und sahen sich eher in der Lage, sich Befriedigung (…) zu verschaffen« (Driemeyer 2013, 379)

Neben diesen explizit auf junge Frauen bezogenen Ergebnissen kommt Driemeyer auch insgesamt zu einer studienübergreifend positiven Einschätzung der Effekte von Masturbation: »Eine hohe Masturbationsfrequenz scheint einherzugehen mit mehr sexueller Fantasietätigkeit, sexueller Beschäftigung und einem größeren sexuellen Repertoire« (ebd. 381).

## Heterosexuelle Erfahrungen

Neben den beschriebenen solosexuellen Erfahrungen sind für den Bereich der sexuellen Entwicklung Erfahrungen mit anderen Jugendlichen von Interesse. In der Jugendstudie der BZgA wird die Frage nach sexuellen Erfahrungen wie folgt formuliert: »Bitte markieren Sie alles, was Sie hiervon selbst schon einmal gemacht oder erlebt haben. Küssen/Streicheln der Brust/Intimpetting von männlicher/weiblicher Seite/nichts davon« (Heßling/Bode 2015, 93). Bei den Befragungsergebnissen bestehen kaum Unterschiede nach Geschlecht, jedoch deutliche Unterschiede nach Herkunft (deutsch oder mit Migrationshintergrund) der Befragten. Erwartungsgemäß verändern sich die Angaben mit zunehmendem Alter deutlich.

Bei den befragten Altersgruppen haben folgende Anzahlen an Jugendlichen noch *keine* sexuellen Erfahrungen gemacht. Bei der nachfolgenden Auflistung bezieht sich die erste Prozentangabe auf Jugendliche deutscher Herkunft, die zweite Prozentangabe in Klammern auf Jugendliche mit Migrationshintergrund.

| | | |
|---|---|---|
| 14-jährige: | Mädchen: 43 (61) %, | Jungen: 44 (43) %; |
| 15-jährige: | Mädchen: 25 (40) %, | Jungen: 23 (26) %; |
| 16-jährige: | Mädchen: 14 (25) %, | Jungen: 12 (17) %; |
| 17-jährige: | Mädchen: 8 (20) %, | Jungen: 11 (8) %. |
| 18-jährige: | Mädchen: 1 (16) % | Jungen: 5 (0) % |

Als Gründe für die Abstinenz werden von den Jugendlichen neben ›Fehlen des richtigen Partners‹, in dann unterschiedlicher Gewichtung für die Geschlechter, das Alter und die verschiedene Herkunft, genannt: zu schüchtern, das Gefühl, noch zu jung dafür zu sein, ein noch nicht vorhandenes Interesse an sexuellen Kontakten zum anderen Geschlecht oder auch die Angst vor Ungeschick (Heßling/Bode 2015, 95).

In Bezug auf deutsche Jugendliche, die in den letzten 35 Jahren im Rahmen der Studie zu Jugendsexualität befragt wurden, wird eine auffällige Entwicklung in Bezug auf das weiblich-aktive Genitalpetting benannt: »Während weiblich-aktives Genitalpetting Anfang der achtziger Jahre erst zeitverzögert zum männlich-aktiven Genitalpetting stattfand, was sich in entsprechend niedrigeren Quoten ausdrückte, werden heutzutage beide Formen des Genitalpetting gleichermaßen erlebt/praktiziert. Diese Veränderung ist bei beiden Geschlechtern festzustellen« (ebd. 105). Ansonsten nehmen Pettingerfahrungen mit dem Alter unter den Jugendlichen zu.

Geschlechtsverkehr (GV) hat jeder dritte Jugendliche im Alter zwischen 14 und 17 Jahren. Bei den befragten jungen Erwachsenen zwischen 18 und 25 Jahren sind 86 % koituserfahren. Die Erfahrungen mit Geschlechtsverkehr für Jugendliche deutscher Herkunft lassen sich wie folgt nach den Altersangaben aufschlüsseln (Prozentualer Anteil der Jugendlichen *mit* Geschlechtsverkehrerfahrungen). In den Klammern sind wiederum die Angaben für Jugendliche mit Migrationshintergrund zu finden:

| | | |
|---|---|---|
| 14-jährige: | Mädchen: 6 (4) %, | Jungen: 14 (3) %; |
| 15-jährige: | Mädchen: 22 (12) %, | Jungen: 21 (18) %; |
| 16-jährige: | Mädchen: 45 (37) %, | Jungen: 39 (35) %; |

17-jährige: Mädchen: 65 (44) %, Jungen: 58 (55)%.
18-jährige: Mädchen: 82 (42) % Jungen: 69 (63) %

Auf den ersten Geschlechtsverkehr sind die Jugendlichen und jungen Erwachsenen unterschiedlich gut vorbereitet. Für 20 % von ihnen kommt dieser überraschend. Knapp die Hälfte beschreibt, dass sie das Gefühl hatten, dass es bald zu einem ersten Geschlechtsverkehr kommen würde. Ein Drittel benennt, dass es ihnen klar war, dass es an dem Tag passieren würde. Damit war dieser erste Geschlechtsverkehr für sie planbar (ebd. 122). Geschlechtsunterschiede sind in Bezug auf diese Erfahrungen minimal. Mit den Partnern oder Partnerinnen des ersten Geschlechtsverkehrs sind die meisten Jugendlichen mindestens gut bekannt oder fest befreundet. (ebd. 128)

Je nach Geschlecht erleben die weiblichen bzw. männlichen Jugendlichen den ersten Geschlechtsverkehr unterschiedlich. Knapp ein Drittel der Mädchen erlebt ihn als unangenehm. Nur die Hälfte erlebt den ersten GV als schön, dafür erleben über zwei Drittel der Jungen den ersten Geschlechtsverkehr als schönes Erlebnis. Die Bekanntheit des Sexualpartners spielt dabei für die befragten Mädchen und Frauen eine deutliche Rolle (ebd. 133). Kommt es zu den ersten Sexualkontakten in einem Alter von 14 Jahren oder sogar davor, so werden diese »von den Jugendlichen und jungen Erwachsenen im Nachhinein selbst vielfach kritisch betrachtet. (…) Erfolgte der erste Geschlechtsverkehr im Alter von 15 Jahren, sind erste sexuelle Aktivitäten subjektiv bereits viel stärker akzeptiert« (ebd. 135).

Der Anteil der Jugendlichen, die beim ersten Geschlechtsverkehr kein Verhütungsmittel anwendet, ist über die letzten 35 Jahre sehr deutlich gesunken. So sind es 2014 nur noch 6 % der deutschen Jungen bzw. 8 % der deutschen Mädchen, die beim ersten Geschlechtsverkehr kein Verhütungsmittel benutzt haben. Ungefähr drei Viertel der Befragten haben ein Kondom verwendet, knapp die Hälfte mit der Pille verhütet, 7 % entfallen auf Sonstiges (ebd. 156); der Trend, beim ersten Geschlechtsverkehr ein Kondom zu benutzen, hat über die Jahre deutlich zugenommen (ebd. 159). Ebenso spielt die kombinierte Nutzung von Pille und Kondom eine große Rolle. Mit zunehmender Erfahrung im Bereich des Geschlechtsverkehrs verändert sich das Verhütungsverhalten der Jugendlichen und jungen Erwachsenen. Die Pille bekommt eine immer größere Bedeutung (ebd. 164).

Dannenbeck und Stich (2002) konnten verschiedene Motive für den ersten Geschlechtsverkehr, der ›sexuellen Initiation‹ herausfinden, die sich auch unterschiedlich auf den sexuellen Entwicklungsprozess auswirkten. Kam es zum ersten GV in einer länger bestehenden, vertrauensvollen Beziehung, waren die Rahmenbedingungen eher günstig, da gegenseitiges Vertrauen, eine gewisse körperliche Vertrautheit und Gelassenheit die Situation bestimmten. Gefahren lagen in einer Überbewertung des ersten GV, zu hohen Erwartungen und deshalb möglichen Enttäuschungen bei sexuellen Problemen. Beim ersten GV in einer eher flüchtigen Begegnung fiel es den Jugendlichen leichter, »sowohl der zwischenmenschlichen Begegnung wie dem fehlgeschlagenen sexuellen Akt keine zu große Bedeutung beizumessen« (ebd. 71). Im Falle der Funktionalisierung der Sexualität zur Erreichung eines anderen Ziels (z. B. Druck durch die Peers bzw. Anerkennung durch diese) war ein problematischer sexueller Lernprozess oft die Folge.

## Homosexuelle Erfahrungen

In der repräsentativen Jugendstudie der BZgA wurden die Probanden auch nach gleichgeschlechtlichen Kontakten in den letzten zwölf Monaten gefragt. Die Frage wurde wie folgt formuliert: »Nun gibt es ja auch die Möglichkeit, dass zwei Mädchen/Frauen bzw. Jungen/Männer engen körperlichen Kontakt miteinander haben. Haben Sie selbst in den letzten zwölf Monaten engen körperlichen Kontakt mit einem Mädchen/einer Frau bzw. einem Jungen/einem Mann gehabt?« (Heßling/Bode 2015, 117)

Bei den Antworten spielte das Alter der Befragten eine deutliche Rolle. Bei den weiblichen Befragten hatten in der Gruppe der 14 bis 15-Jährigen 7 % homoerotische Erfahrungen. Bei den 21 bis 25-Jährigen waren es 14 % der Frauen. 4 % der 14 bis 15-jährigen jungen Männer und 12 % der 21 bis 25-jährigen Männer hatten Erfahrungen mit anderen Jungen bzw. Männern. Da enge gleichgeschlechtliche Körperkontakte nicht mit einer homosexuellen Orientierung gleichzusetzen sind, wurden die Probanden ab 16 Jahren direkt gefragt, wo ihre sexuellen Präferenzen liegen. In der Gruppe der 21–25-Jährigen sind die Anteile homo- bzw. bisexueller Präferenzen am höchsten (ebd. 118): Insgesamt liegt der Anteil bei den 21 bis 25-jährigen befragten Frauen bei 3 %, die sich als homosexuell orientiert bezeichnen, und 6 %, die sich als bisexuell orientiert bezeichnen. 5 % der 21 bis 25-jährigen Männer bezeichnet sich als homosexuell orientiert, 2 % als bisexuell orientiert. Die Kategorie »Weiß nicht« wählt jeweils ein Prozent der Befragten.

> »Die Erwachsenen ab 18 Jahren unter ihnen wurden noch weitergehend gefragt, ob diese Kontakte sich auf küssen und/oder streicheln beschränken oder darüber hinausgingen. Die Antworten fallen eindeutig aus: wenn eine homo- oder bisexuelle Neigung vorliegt und in den letzten zwölf Monaten die körperliche Nähe zu einer Person gleichen Geschlechts gesucht wurde, so blieb es nicht beim Küssen oder schmusen (11/10 %), sondern die Kontakte gingen in aller Regel darüber hinaus (89/90 %)« (ebd. 119).

## Erfahrungen im Internet

Sowohl die JIM-Studie als auch die beiden schon angeführten Studien der BZgA belegen, dass die Nutzung des Internets im Leben der Jugendlichen einen zentralen Stellenwert einnimmt. Die Befragten der JIM-Studie (Medienpädagogischer Forschungsverbund Südwest (mpfs) 2017, 62), die zwischen 12 und 19 Jahren alt sind, haben zu 99% Zugang zum Internet, »89 % sind täglich online« – Tendenz zunehmend. Nach Selbsteinschätzung verbringen die Jugendlichen an Werktagen durchschnittlich über drei Stunden täglich im Internet.

Im Rahmen der zehnten Shell Jugendstudie wurde die wöchentliche Nutzungsdauer des Internets erhoben. Jugendliche und junge Erwachsene zwischen 15 und 25 Jahren sind in der Woche knapp 20 Stunden mit der Nutzung des Internets beschäftigt. Dabei nutzen die Männer das Internet zeitlich etwas umfassender als die jungen Frauen. Die Schulform spielt bei den Schülern und Schülerinnen keine Rolle. (Shell Deutschlang Holding 2015, 122)

Die Befragten der JIM Studie nutzen knapp 40 % der Zeit im Internet für Kommunikation. 94% nutzen dabei WhatsApp zum Austausch mit anderen. Auch die

Shell Jugendstudie belegt, dass der Zugriff auf soziale Netzwerke für die Jugendlichen und jungen Erwachsenen zentral im Mittelpunkt der Internetnutzung steht (140).

> »Gemeinsam ist allen Jugendlichen, im Sozialraum Internet mit dabei sein zu wollen. Wer hier keinen Zugang hat, der wäre aus der Sicht der Jugendlichen in einem wesentlichen Teil des Alltags ausgegrenzt« (Shell Deutschland Holding 2015, 151).

Sowohl die JIM-Studie (2017) als auch die BZgA-Studie von Matthiesen et al. (2013) zeigen, dass die Internet-Aktivitäten auf folgenden Schwerpunkten liegen: Internet als Informationsquelle, als Kommunikationsmittel und zu Unterhaltungszwecken. »Nicht zuletzt spielt das Internet eine große Rolle im Hinblick auf die sexuelle Sozialisation der jungen Frauen und Männer, hier machen sie viele Erfahrungen mit Flirten und Pornografie« (Martyniuk 2013, 97). Neben dieser eher positiven Einschätzung kommt Seabloom (2012) in seinen Ausführungen zur sexuellen Gesundheit zu einer deutlich kritischeren Perspektive: »Heute sind Internet und Sexualität zu einem neuen Schauplatz sexueller Traumatisierung für Kinder und Jugendliche geworden« (ebd. 6). Diese Gefahr wird von ihm vorrangig in einem für die Jugendlichen zu wenig auf Beziehung und Kommunikation vermittelten syndiastischen Verständnisses (▶ Kap. 2.2.1) von Sexualität gesehen. Kuhle (2012) fordert deshalb – vor allem in Bezug auf den Konsum pornografischer Materialien –, dass Kinder und Jugendliche deutlich mehr als aktive Mediennutzende verstanden und dementsprechend angeleitet und begleitet werden müssen.

## Sexualaufklärung und Flirten im Internet

Für die von Matthiesen et al. (2013) befragten Jugendlichen sind vor allem drei sexualbezogene Nutzungsweisen des Internets von Interesse:

- »die Suche nach Informationen über Sexualität und Sexualaufklärung,
- das Flirten und Chatten, Daten, die Partnersuche und Sexkontakte (…) und
- der Konsum von Pornografie« (Martyniuk 2013, 102).

Die Befragung ergab, dass trotz der häufigen Nutzung des Internets die Jugendlichen dieses wenig »als Informationsquelle für sexuelle Fragen nutzen« (ebd. 103). »Wenn sie Fragen haben, wenden sie sich eher und lieber an Freunde/Freundinnen, Eltern oder Lehrer/Lehrerinnen« (ebd. 103). Die Forscherinnen erklären dies zum einen mit der Selbsteinschätzung der Jugendlichen, schon gut informiert zu sein, und zum anderen mit den »unüberschaubaren, teils widersprüchlichen Informationen« (ebd. 106), die im Netz gefunden werden.

Wenn Informationen gesucht werden, dann sind dies vor allem welche zu sexuellen Praktiken, fremden Begriffen, Verhütungsfragen oder HIV, Aids und Geschlechtskrankheiten (ebd. 103).

»Viele soziale Kontakte werden von Jugendlichen über das Internet und soziale Netzwerke gepflegt« (ebd. 106). Wie in der Schule auch können dort Gleichaltrige getroffen werden und sie haben die Möglichkeit, andere kennenzulernen.

Zwei Drittel der befragten jungen Männer und Frauen nutzen das Internet, um zu flirten. Die jungen Erwachsenen üben sich im Flirten (»Spaßflirten«), erlernen dessen Regeln und erproben sich und ihre eigene Attraktivität auf dem »Partnermarkt« (ebd. 108). »Tatsächlich tummeln sich Jugendliche in der virtuellen Welt, weil sie sexuelle Erlebnisse mit geringen Kosten und Risiken verspricht, ohne Investitionen und ohne unangenehme Folgen« (ebd. 109). Online-Kontaktbörsen werden von dieser Altersgruppe kaum genutzt – sie gelten als unpopulär oder uncool (ebd. 112). Sollte aus einer Internetbekanntschaft ein Kontakt in der realen Welt werden, so beschreibt Martyniuk (2013, 114) folgenden Weg der Jugendlichen: »Das typische Kennenlernen über das Internet verläuft in drei Etappen: Chatten, Telefonieren und dann das erste Treffen« (ebd.). Häufig wird nach dem ersten Date der Kontakt abgebrochen, selten entstehen feste Beziehungen oder das Treffen mündet in einem One-Night-Stand (ebd. 121).

Die Forscherinnen resümieren:

> »Es hat sich gezeigt, dass dabei für die Jugendlichen unserer Studie die Grenzen zwischen realer und virtueller Welt in beide Richtungen durchlässig sind, das Internet wird als zum Realen gehörig empfunden, es ist real. Diese Erweiterung der Realität bietet neue Möglichkeiten der Partnersuche, die aber auf vertraute Art und Weise genutzt werden« (ebd. 126).

Eine besondere Form der Mediennutzung, die für die Jugendlichen zum einen die Möglichkeit neuer, durchaus kreativer Beziehungsgestaltung bietet und zum anderen eine deutliche Gefahr des Missbrauchs beinhaltet, ist das Sexting. »Der private Austausch selbst produzierter erotischer Fotos per Handy oder Internet wird als ›Sexting‹ bezeichnet« (Döring 2012, 4). Döring beschreibt, dass es drei Formen gibt, anhand derer die Jugendlichen in das Sexting eingebunden sein können. Sie können die Fotos (Sexts) selbst machen und versenden, diese bekommen oder weiterleiten. Die Anlässe, in denen Sexting genutzt wird, sind verschieden. »Die wichtigsten sozialen Szenarios, in denen Sexting stattfindet, sind 1) die Pflege einer bestehenden Paarbeziehung, 2) die Anbahnung einer neuen Paarbeziehung, 3) unverbindliche Flirts sowie 4) der Austausch in der Freundesgruppe« (Döring 2012, 8). Der Anteil der Jugendlichen, die in dieser Form die Neuen Medien nutzen, ist nach Döring eher gering, da sie um die missbräuchliche Nutzungsmöglichkeit ihrer Fotos wissen. Hierin sehen diese auch die größte Gefahr, da eine ungewollte Veröffentlichung u. a. Beschämung und Mobbing durch Peers nach sich ziehen können.

### Pornografie im Internet

Die Nutzung von Pornografie im Internet weist deutliche Unterschiede zwischen den befragten jungen Männern und Frauen auf. Dabei lassen sich drei Tendenzen erkennen, die in vergleichbarer Form sowohl durch die Studie von Matthiesen (2013) als auch durch die repräsentative Befragung von Quandt und Vogelsang (2018) gestützt werden:

- »Pornos gehören heute in ihren vielfältigen Verbreitungsformen ganz selbstverständlich zur sexuellen Umwelt von Jugendlichen.

- Mädchen nutzen deutlich seltener Pornografie als Jungen.
- Jungen suchen Pornos vor allem gezielt auf, Mädchen kommen meist zufällig, beiläufig oder nicht-intendiert mit ihnen in Kontakt« (Matthiesen 2013, 147).

Jungen beginnen in einem jüngeren Alter mit der Nutzung von Pornos und haben eine deutlich höhere Nutzungsfrequenz als Mädchen. In beiden Gruppen (Mädchen oder Jungen) können vier Settings unterschieden werden: Solosettings (Pornos werden alleine angeschaut), homosoziales Setting (Betrachten mit Gleichaltrigen des gleichen Geschlechts), heterosoziales Setting (Betrachten mit Gleichaltrigen unterschiedlichen Geschlechts) sowie das Paarsetting (Betrachten mit dem/der Beziehungspartner/in).

Bezüglich der Settings werden für die beiden Geschlechter unterschiedliche Befragungsergebnisse benannt: Das *Solosetting* wird von Mädchen eher selten genutzt. Sie kommen eher zufällig auf Internetseiten mit pornografischem Inhalt und finden deren Inhalte nicht erregend (Matthiesen 2013, 150). Jungen nutzen dagegen Pornos sehr häufig alleine, um dabei zu masturbieren. »Internetpornografie ersetzt heute beinahe vollständig die früher benutzten Masturbationsvorlagen, also die Akt- oder Halbaktdarstellungen und Pin-ups, die Jungen in Zeitschriften, Magazinen, Kunstbildbänden, Modekatalogen oder Büchern fanden« (Schmidt 2013, 179). Motive bzw. Anlässe sind zum einen Langeweile oder die bewusste Nutzung der Darstellungen, um Erregung und Masturbation genießen zu können. Sexualität dient hier als aufregender und lustvoller Zeitvertreib (ebd. 183). Ergänzend und durchaus korrigierend zeigen allerdings die Ergebnisse der Befragung von Quandt und Vogelsang (2018), dass »(…) das holzschnittartige Bild des einsamen männlichen Porno-Nutzers in Teilen falsch und somit irreführend ist. Denn für einen nicht unerheblichen Teil der Jugendlichen ist der erste Kontakt mit Pornografie eng an den sozialen Kontakt gebunden« (ebd. 114).

Das *homosoziale Setting* »unter Freundinnen findet meist in einer Atmosphäre des Herumalberns statt, die davon lebt, ein Tabu zu brechen und etwas Verbotenes oder Peinliches zu tun« (Matthiesen 2013, 151). Die Mädchen sammeln Erfahrungen und tauschen sich über Wissen in einer eher unverfänglichen Situation aus. Bei den Jungen »geht es hingegen um Demonstrationen von Lässigkeit und Kompetenz im Umgang mit Sex, auch mit schockierendem Sex. (…) die vorherrschenden Affekte sind Spaß haben, Freude am Spotten und Lästern oder Witze reißen, sich lustig machen« (Schmidt 2013, 186).

Ebenso werden von den Mädchen die *heterosozialen Settings* genutzt, um Spaß zu haben und sich über das Gesehene auszutauschen, aufzuregen, sich abzugrenzen. Allerdings werden hier von den Jugendlichen deutliche Geschlechtsunterschiede erlebt. »Das heterosoziale Setting spielt also eine viel geringere Rolle als das homosoziale, die Jugendlichen erleben sich beim gemeinsamen Sehen als Fremde und grenzen sich voneinander ab« (Schmidt 2013, 189).

Im Paarsetting findet für die Mädchen ein gemeinsamer Pornokonsum eher auf Wunsch des Partners statt. Auch die Jungen berichten in den Interviews eher selten vom gemeinsamen Pornokonsum mit der Freundin.

Beide Gruppen sind in der Lage, den geringen Realitätsgehalt der Pornos richtig einzuschätzen und dies angemessen zu reflektieren. Für die befragten Jungen, die Pornografie deutlich mehr nutzen als die Mädchen, fasst Schmidt (2013) zusammen, dass sie »sich kritisch vom in der Pornografie vermittelten Frauenbild« abgrenzen und »sich nicht in der Gefahr (sehen), es zu übernehmen. Ihr Umgang mit Pornografie ist unaufgeregter als die öffentliche Diskussion darüber« (ebd. 197). Kuhle (2012) stimmt in ihren Ausführungen grundsätzlich diesen eher positiven Einschätzungen zu. Sie gibt aber zu bedenken, dass »der Transfer zwischen realer und virtueller Welt abhängig (ist) vom Grad kognitiver und emotionaler Reife« (ebd. 26).

Quandt und Vogelsang (2018) problematisieren, dass ihre Studie zeigte, dass die Befragten, die beim ersten Kontakt mit Hardcore-Pornos erregt waren, zu zwei Drittel angaben, mit keinem darüber gesprochen zu haben. Dies ist bei Jugendlichen, die diese Inhalte z. B. als belustigend oder empörend bewerten, anders. Hier wird häufiger das Gespräch über diese Erfahrung geführt. »Die Distanzierung ermöglicht offenbar eine Enttabuisierung des Erstkontakts mit Pornografie« (ebd. 114). Wettstein (2017) erörtert diesbezüglich sehr kritisch die pornografischen Bilder, die den konsumierenden Jugendlichen über Sexualität, aber auch die menschlichen Geschlechtsorgane vermittelt werden (ebd.84ff).

### Einfluss durch weitere Medien

Abschließend soll ein Blick auf das Fernsehen bzw. Filme geworfen werden, um deren Einfluss auf sexuelles Verhalten zu diskutieren. 2015 gibt im Rahmen der Shell Jugendstudie gut die Hälfte der Befragten an, das Fernsehen zu ihren regelmäßigen Freizeitaktivitäten gehört. Für 16 % der Befragten ist das anschauen von Videos oder DVDs ebenso eine bevorzugte Freizeitbeschäftigung (Shell Deutschland Holding 2015, 113). Insofern handelt es sich um einen zeitlich bedeutsamen Freizeitbereich für die Jugendlichen.

Von Martial (2013, 102) führt aus, dass Studien zur sexuellen Medienwirkung deren Einfluss auf sexuelle Sozialisation in den westlichen Ländern nachweisen können.

> »Ihre Einflüsse (der Medien, Anm. B. O.) auf die Entwicklung der Kinder und Jugendlichen sind nachhaltig. Zwar gibt es Unterschiede der Einflussnahme in den verschiedenen Milieus, Gruppen und Familien. Im Großen und Ganzen aber sind Medieneinflüsse auf die Persönlichkeitsentwicklung junger Menschen in allen sozialen Bereichen der Gesellschaft nachzuweisen« (von Martial 2013,102).

Hier verweist er erklärend vor allem auf ein Erklärungsmodell aus der Soziologie, das Konzept der sexuellen Skripte.

> »Sexuelle Medieninhalte tragen zur Entstehung und Ausarbeitung sexueller Skripte bei. Diese beinhalten zum Beispiel Verhaltensweisen, Normen und Erwartungen, die vorgeben, wie und mit wem, ob, warum und wann man mit einem anderen sexuell intim werden kann und welches die angemessene Weise des Ablaufs ist« (ebd. 104).

Für den Fall, dass z. B. durch eine Fernsehserie ein sexuelles Skript erworben wurde und dieses im Wissen des Mediennutzers oder der Nutzerin vorhanden ist, muss dieses noch lange nicht im Alltag realisiert werden. Für die Ausführung von auf diese Weise gelernten Verhaltensweisen spielen noch weitere Aspekte eine Rolle. Von Martial (2013, 106f) führt unter Rückgriff auf das Modelllernen von Bandura aus, dass eine positive Konsequenz des Verhaltens für dessen Nachahmung genauso bedeutsam ist wie der soziale Status des Modells. Weiterhin spielen die Beziehung, die der Beobachter zum Modell hat, eine Rolle sowie die Realitätsnähe des beobachteten Verhaltens.

Von Martial (2013) macht neben dem möglichen Lernen am Modell oder der Entwicklung von sexuellen Skripten auf einen weiteren Effekt der Mediennutzung aufmerksam.

> »Viele Medieninhalte bieten den Jugendlichen Anlässe, mit Gleichaltrigen über sexuelle Themen zu sprechen, sich über eigene sexuelle Erfahrungen auszutauschen und sich eine Meinung zu bilden. Wissen über Sexualität wird weitergegeben, Partnerschaftsprobleme werden erörtert, sexuelle Zweideutigkeiten erprobt oder Witze erzählt« (ebd. 154).

Da die gleichaltrigen Jugendlichen wichtige Gesprächspartner/innen über Sexualität sind, wird so das Wissen, das über die Medien transportiert wird, immer weiter getragen. »Festzuhalten ist, dass die an den Medienkonsum anschließende Folgekommunikation den sozialistischen Einfluss der Medien mitbestimmt. Die Bedeutung der Folgekommunikation für den einzelnen Teilnehmer ist unterschiedlich« (ebd. 156). So lässt sich resümieren, dass der Konsum von Fernsehen etc. für die Jugendlichen in der Freizeit eine hohe Bedeutung hat und die Inhalte unter bestimmten, eher subjektiv variierenden Bedingungen, Auswirkungen auf das Sexualverhalten haben können.

## 5.2 Sexuelle Entwicklung unter der Lebensbedingung (Körper-) Behinderung

Die nachfolgenden Ausführungen zur sexuellen Entwicklung bei Jugendlichen mit (verschiedenen Formen von) Behinderungen stehen in dem Spannungsfeld von ›Normalität der Entwicklungsthemen‹ und ›Besonderheit der individuellen Herausforderungen‹. Es wird deutlich werden, dass Jugendliche, die als *eine* Lebensbedingung eine Behinderung haben, die gleichen Entwicklungsaufgaben wie alle Jugendlichen bearbeiten und sich demgemäß mit den gleichen Fragen/Themen/Herausforderungen/Schwierigkeiten etc. auseinandersetzen. Dabei sind Behinderungen nur ein – möglicherweise beeinflussender – Faktor für das Jugendalter. Die Komplexität menschlicher Entwicklung ist viel höher, als dass sich die Entwicklung eines Menschen auf die spezielle Bedeutung dieses einzigen Einflussfaktors reduzieren ließe (▸ Kap. 1). Und trotzdem können Behinderungen einen großen Einfluss auf Fremdbewertungsprozesse und daraus resultierend die individuelle Entwicklung haben. Denn es ist auch heute – trotz jahrzehntelanger Bemühungen um Integration bzw. Inklusion – noch lange nicht normal, verschieden zu sein (vgl. Singer 2015). Und deshalb ist es in der Regel die Fremdbewertung der Behinderung, die das Leben mit dieser erschweren *kann* und zu einer negativen Selbstbewertung führen *kann*. Die hohe Varianz der möglichen Bewertungen wird in den darzustellenden Erkenntnissen deutlich.

Etliche der nachfolgend aufgeführten Befragungen von Jugendlichen oder jungen Erwachsenen mit Behinderung sind (wie schon in der Erstauflage) in der Regel schon einige Jahrzehnte alt. Sie stammen aus einer Zeit, in der es weder Handys, Internet noch soziale Medien gab – und diese Medien bestimmen, wie aufgezeigt wurde, bei Jugendlichen (ohne Behinderung – ▶ Kap. 5.1.3) sexuelle Entwicklung und sexuelles Beziehungs-Leben in einem starken Maße. Deshalb können anhand dieser Studien nur begrenzte Aussagen zur Jugendzeit im Erleben heutiger Jugendlicher gemacht werden. Und trotzdem zeigen die wenigen aktuelleren, meist internationalen Studien, dass die Themen bzw. Erfahrungen der Jugendlichen gleichgeblieben sind.

Interessant scheint es an dieser Stelle zu überlegen, warum denn kaum weitere Befragungen von Jugendlichen mit Behinderung in Deutschland durchgeführt wurden. Es gibt allerdings eine (nicht bundesweit repräsentative) Befragung von Jugendlichen mit verschiedenen Behinderungen zu ihrem Sexualverhalten im Auftrag der BZgA. Diese Bundesbehörde führt seit 1980 regelmäßige, anerkannte repräsentative Befragungen von Jugendlichen ohne Behinderung zur »Jugendsexualität« durch. Teilergebnisse wurden in Kap. 5.1. aufgeführt (▶ Kap. 5.1). Hier schien es an der Zeit, dass auch Jugendliche mit Behinderung befragt wurden. Diese Ergebnisse werden im Weiteren aufgeführt werden. Ansonsten scheint in Deutschland das Thema »Jugendsexualität« bei Jugendlichen mit Behinderung nicht im Fokus zu stehen.

Stattdessen liegt ein Schwerpunkt aktueller Forschungsvorhaben von, mit und für Menschen mit Behinderung eher auf dem Abbau von Barrieren und der Erweiterung von Teilhabemöglichkeiten über die gesamte Lebensspanne hinweg. Umfassende und möglichst fachlich hochwertige schulische Inklusion standen ebenso im Fokus der Forschung (vgl. Lelgemann/Singer/Walter-Klose 2015). Weiterhin werden erwachsene Menschen mit Behinderung auf der Grundlage der Forderungen der UN-Behindertenrechtskonvention – verstärkt auch in partizipativen Forschungszusammenhängen – mit ihrer Lebenssituation, Selbstbestimmungs- und Veränderungsmöglichkeiten in den Fokus der Forschung genommen (vgl. Ortland 2016, 2017, Ortland/Jennessen/Römisch 2016, Jennessen et al. 2019).

Im Lebensbereich der Sexualität bzw. sexuellen Selbstbestimmung wurden Forschung, wissenschaftliche Diskurse und Engagement in diesem Jahrhundert vor allem durch die intensive Debatte sowie die differenzierte Weiterentwicklung notwendigen Wissens im Bereich der Prävention und Intervention bei sexueller Gewalt gegen Kinder und Jugendliche mit und ohne Behinderung bestimmt.

Das bedeutet zusammenfassend, dass es zum Bereich der sexuellen Entwicklung bei Kindern und Jugendlichen mit Behinderungen kaum aktuelle Studien bzw. Erkenntnisse gibt und bei den vorliegenden, schon älteren Studien die Veränderungen der Lebenswelt der Jugendlichen mitgedacht werden müssen. Entsprechende Ergänzungen/Aktualisierungen sind im Text vorgenommen worden.

Nach Leyendecker (1994, 2006) sind gerade die Stadien der Pubeszenz wie auch der Adoleszenz als die kritischen in der Persönlichkeitsentwicklung des Menschen mit Körperbehinderung anzusehen (vgl. Ortland 2016a). So ist auch

Weinwurm-Krause (1990) der Ansicht, dass die Pubertätsphase für Jugendliche mit Körperbehinderung extremer als für Jugendliche ohne Behinderung zur Problemphase werden kann.

Für die potentiellen Probleme, die sich bei den ausgewählten Entwicklungsaufgaben für Jugendliche mit Behinderungen ergeben können, gilt analog zum Kindesalter, dass es sich *nicht* um Kausalzusammenhänge handelt. Aus Behinderungen resultieren in der Regel veränderte Erfahrungen, aber nicht zwangsläufig eine erschwerte oder besondere sexuelle Entwicklung, da die subjektive Bewertung der Erfahrungen eine große inter- und intraindividuelle Varianz zulässt. Grundsätzlich hat jeder Mensch die Möglichkeit, auf der Grundlage seiner/ihrer sexuellen Entwicklung zu einer individuell befriedigenden Sexualität zu finden – sofern die Lebensbedingungen des Umfeldes dies zulassen.

Ebenso betont Leyendecker (2004/2006), dass die individuelle Persönlichkeitsstruktur sowie psychosoziale Wirkungszusammenhänge eine größere Bedeutung für die Entwicklung einer subjektiv befriedigenden Sexualität haben kann als die möglichen Auswirkungen einer körperlichen Schädigung (vgl. Fries 2005). Ebenso legt er den Fokus auf eine sonst häufig vernachlässigte Sicht von körperlicher Behinderung:

> »Eine Körperschädigung (kann) neben sozialer Stigmatisierung und daraus folgenden depressiven Reaktionen auch eine dynamische Chance darstellen (…), die zur Bewältigung anreizt. Diese führt nicht wenige körperbehinderte Kinder und Jugendliche zu einer erstaunlich positiven Selbstwertschätzung und Selbstbehauptung« (Leyendecker 2004, 291).

In nachfolgender Tabelle hat Leyendecker (2006) auf der Grundlage verschiedener Untersuchungen erschwerende bzw. erleichternde Bedingungen für die Entwicklung bei Kindern und Jugendlichen mit Körperbehinderungen zusammengestellt. Diese dienen als Grundlage für die weiteren Ausführungen, die zwar auf die sexuelle Entwicklung fokussiert, jedoch immer in die Gesamtentwicklung eingebettet sind. Allgemeine Erkenntnisse der Resilienzforschung zu protektiven Faktoren geben weitere Hinweise zur Unterstützung gelingender Entwicklung (vgl. Fröhlich-Gildhoff/Rönnau-Böse 2015) und sind in jedem Fall zu berücksichtigen.

**Tab. 3:** Risiko- und Schutzfaktoren in der Entwicklung körperbehinderter Kinder und Jugendlicher (soziale und gesellschaftlich-strukturelle Ebene) (Leyendecker 2006a, 21f)

| Risikofaktoren | Schutzfaktoren |
|---|---|
| **Personale Ebene** | |
| • Früher Eintritt der Körperschädigung | • Später auftretende Körperschädigung |
| • Gesichts- und rumpfnahe »psychomotorische Schädigung« | • Gesichts- und rumpfferne Schädigung ohne »psychomotorische Relevanz« |
| • Hirnschädigung | • Körperliche Schädigung ohne Hirnschädigung |
| • Geschlecht weiblich | • Geschlecht männlich |
| • Eher leicht behindert | • Eher schwer behindert |
| • Niedrige Intelligenz | • Durchschnittliche Intelligenz |
| • Negative Selbstwertschätzung | • Positive Selbstwertschätzung |
| • Mangelndes Vertrauen in die eigenen Kräfte | • Vertrauen auf die eigenen Kräfte (Empowerment) |

**Tab. 3:** Risiko- und Schutzfaktoren in der Entwicklung körperbehinderter Kinder und Jugendlicher (soziale und gesellschaftlich-strukturelle Ebene) (Leyendecker 2006a, 21f) – Fortsetzung

| Risikofaktoren | Schutzfaktoren |
|---|---|
| • External Kontrollüberzeugungen<br>• Desintegration von Behinderung und Selbstkonzept<br>• Körperbehinderung als unglückliches Schicksal | • Internale Kontrollüberzeugungen<br>• Integration der Behinderung in das Selbstkonzept<br>• Körperbehinderung als Herausforderung |
| **Soziale Ebene** | |
| • Niedrige soziale Schicht<br>• Unangemessene, negative Körpererfahrungen<br>• Ungünstige, wechselhafte soziale Beziehungen<br>• Inkonstanz/Unverlässlichkeit der Erziehungsbedingungen<br>• Geringer Anregungsgehalt der psychosozialen Entwicklungsbedingungen<br>• perzeptiv-kognitiv: Hyporesponsiveness<br>• emotional-sozial: mangelndes »affect attunement«<br>• Soziale Normorientierung des Erziehungsverhaltens<br>• Förderung von Abhängigkeit und Unselbstständigkeit (Überbehütung)<br>• Überforderung<br>• Leistungsorientierte, »therapeutisierte« Förderung<br>• Ablehnung | • Mittlere soziale Schicht<br>• Angemessene, positive Körpererfahrungen<br>• Emotional ausgeglichene und anregende soziale Beziehungen<br>• Konstanz/Verlässlichkeit der Erziehungsbedingungen<br>• Hoher Anregungsgehalt der psychosozialen Entwicklungsbedingungen<br>• perzeptiv-kognitiv: Responsiveness<br>• emotional-sozial: angemessenes »affect attunement«<br>• Individuelle Normorientierung des Erziehungsverhaltens<br>• Förderung von Unabhängigkeit, Selbstständigkeit (Respekt vor kindlicher Autonomie)<br>• Angemessene Forderung<br>• Kindgemäße, spielerische Förderung<br>• Akzeptanz |
| **Gesellschaftlich-strukturelle Ebene** | |
| • Ablehnende Einstellungen<br>• Segregation<br>• Exklusion<br>• Barrieren<br>• Stigmatisierung (Prädikatszuweisung über Körperschädigung)<br>• Nicht gelingender Umgang mit Verschiedenheit | • Akzeptierende Einstellungen<br>• Integration<br>• Inklusion<br>• Barrierefreiheit<br>• Personaler Respekt (Schädigungsunabhängige personale Prädikatszuweisung)<br>• Normalität von Verschiedenheit |

## 5.2.1 Entwicklungsaufgabe »Den Körper bewohnen lernen«

In Kap. 5.1.1 wurde bereits der komplexe Prozess, der von jeder/jedem Jugendlichen – egal ob mit oder ohne Behinderungen – im Rahmen dieser Entwicklungsaufgabe verlangt wird, beschrieben (▶ Kap. 5.1.1).

Die sexuelle Entwicklung von Jugendlichen mit Behinderungen verläuft grundlegend nach den gleichen Gesetzmäßigkeiten wie bei Jugendlichen ohne Behinderungen. Der Beginn der pubertären, körperlichen Veränderungen hat eine vergleichbar große Varianz, so dass es sowohl frühpubertierende als auch später pubertierende Jugendliche gibt. Der entweder sehr frühe oder eher späte Zeitpunkt des Einsetzens der Pubertät kann diesen Entwicklungsprozess, der immer durch den Vergleich mit den anderen Jugendlichen gekennzeichnet ist, für die Betreffenden erschweren.

Vergleicht man den Einsatz der Menarche bzw. Ejakularche bei Mädchen und Jungen mit und ohne Behinderung auf der Grundlage der Jugendbefragungen der BZgA, so ergibt sich folgendes Bild (vgl. BZgA 2013, Heßling/Bode 2015): Die meisten Mädchen ohne Behinderung haben ihre erste Regelblutung zwischen dem 11 und 14 Lebensjahr. Zwei Drittel (63 %) sind dabei 12 oder 13 Jahre alt (vgl. Heßling/Bode 2015, 90). Mädchen mit Behinderung bekommen ihre erste Regelblutung im gleichen Zeitraum. 56,9 % sind dabei 12 oder 13 Jahre alt (BZgA 2013, 90). Die Zeiträume ähneln sich also sehr.

Bei den befragten Jungen ergibt sich im Vergleich des Zeitpunktes des ersten Samenergusses, dass doppelt so viel der Befragten mit Behinderung beim Befragungszeitpunkt noch keine Ejakularche erlebt haben (22 % Jungen mit Behinderung im Gegensatz zu 11 % bei Jugendlichen ohne Behinderung).

Bezüglich der Aufklärung über diese körperlichen Prozesse konnte für Jugendliche mit Behinderungen Folgendes festgestellt werden: »(…) keine Geschlechtsunterschiede waren bei den Antworten auf die Frage festzustellen, ob die Jugendlichen auf die Menarche bzw. Ejakularche vorbereitet waren. Über die Hälfte der Jugendlichen war darüber informiert (53,0 %), ein knappes Drittel wusste nur zum Teil Bescheid (31,1 %). 15,9 % der Befragten waren nicht darauf vorbereitet, davon über die Hälfte der körperbehinderten und mehr als die Hälfte der hörbehinderten Jugendlichen« (BZgA 2013, 91).

Es gibt nur wenige Formen von Behinderungen oder Syndromen, die sich durch ein Ausbleiben der Pubertät oder einen zeitlich anders gelagerten Beginn auszeichnen. Durch das Erleben sexueller Gewalt in der Kindheit kann es allerdings durch eine Veränderung der Hormonlage zu einem früheren Pubertätsbeginn bei betroffenen Mädchen kommen (▶ Kap. 6).

Die ›Normalität‹ der sexuellen Entwicklung im Jugendalter bei Mädchen mit Behinderungen beschreibt die Kinder- und Jugendgynäkologin Ruth Draths (exemplarisch für viele) folgendermaßen:

> »In meiner Arbeit als Kinder- und Jugendgynäkologin lerne ich viele Jugendliche kennen. Jugendliche, die aus ganz unterschiedlichen Gründen zur Frauenärztin kommen. Jugendliche mit typischen Teenager-Fragen, mit Pubertätsproblemen, leichteren oder schweren psychischen Krankheiten, körperlichen oder geistigen Behinderungen, mit chronischen Krankheiten, seltenen Syndromen oder Krebserkrankungen. Doch eines haben die Jugendlichen gemeinsamen: Sie möchten ein möglichst normales, gesundes Leben führen, sie möchten so sein wie die anderen auch« (Draths, 2012, 7).

Für den Besuch bei der Frauenärztin konnte die Befragung der BZgA für die Mädchen mit Behinderungen Unterschiede in Bezug auf verschiedene Behinderungen feststellen: »Am seltensten suchten Mädchen mit Körperbehinderungen die Gynäkologin bzw. den Gynäkologen auf (37 %), im Gegensatz zu seh- und hörbehinderten Mädchen (Sehbehinderte 60 %, Hörbehinderte 53,6 %)« (BZgA 2013, 91). Dies lässt sich aus der oft mangelnden Barrierefreiheit von Arztpraxen erklären. In Bezug auf die frauenärztliche Untersuchung ergeben sich hier für Mädchen oder Frauen mit Körperbehinderung und z. B. dem Angewiesensein auf den Rollstuhl besondere Probleme. Dies wird auch in der qualitativen Erhebung bei acht Frauen mit Körperbehinderung (zwischen 38 und 62 Jahren) von Neises (2009) bestätigt: »Beklagt wurde von allem Frauen die unzureichende Information über die gynäkologische Praxis bei der Terminplanung. (...) Neben diesen Barrieren im Zugang beschrieben die Frauen Schwierigkeiten in der Kontaktaufnahme, so z. B. der fehlende Sichtkontakt in Augenhöhe im Anmeldebereich« (ebd. 90). Die Möglichkeiten zum Umkleiden sowie der Toilettenbereich seien zu eng und der gynäkologische Stuhl konnte nicht benutzt werden. »Gleichzeitig hoben alle Frauen das gutwillige Engagement auf Seiten der Ärzte/Ärztinnen und der Arzthelferinnen hervor, allerdings bei oft fehlender Sachkompetenz« (ebd. 90). Durch die Barrieren brauchte dann der Arztbesuch mehr Zeit, was den befragten Frauen unangenehm war. Als Konsequenz wurden dann entsprechende Vorsorgeuntersuchungen nicht regelmäßig durchgeführt.

In Bezug auf die Fremdbewertung der eigenen Körperlichkeit ist für Jugendliche mit Körperbehinderung problematisch, dass die soziale Umwelt auf eine ästhetische Beeinträchtigung eher mit Ablehnung reagiert. Der eigene Körper wird – je nach Sichtbarkeit von ›Anderssein‹ – in sozialen Interaktionen als Auslöser von Stigmatisierungsprozessen erfahren (vgl. Leyendecker 2006, Cloerkes 2007). Hier bieten die Neuen Medien für Menschen mit visiblen Behinderungen neue Chancen des Stigmamanagementes. In einer virtuellen Welt, in der Begegnungen zunächst nur über den schriftlichen Austausch stattfinden, können die Informationen über die eigene Person selbstbestimmt gesteuert werden. Informationen zur eigenen Person und zur Behinderung können zurückgehalten oder bewusst verändert werden. Selbst für stark motorisch und lautsprachlich beeinträchtigte Menschen kann die Bedienung von Computern durch moderne Ansteuerungssysteme (z. B. durch Blickbewegungen) gut realisiert werden. So bieten die Neuen Medien vielfältige Möglichkeiten für soziale Kontakte und ›nichtbehinderte‹ Erfahrungen im Austausch mit Gleichaltrigen. Wenn der Nutzer mit Behinderung diese Informationen zu seiner Person zurückhält, wird er für sein Gegenüber virtuell keine Behindeurng haben. Für virtuelle Welten und Spiele spielt ebenso eine starke motorische Beeinträchtigung oder die Nutzung eines Rollstuhls keine Rolle.

Leyendecker (2006) weist darauf hin, dass durch erlebte Stigmatisierungen das Gleichgewicht von persönlicher und sozialer Identität beeinträchtigt werden kann, da die Fremdbestimmtheit der Identität intensiver erlebt wird. »Bedeutsam sind vor allem solche körperlichen Abweichungen, die den kommunikativen Ausdruck des Gesichtes (Mimik), der Hände (Gestik) und die gesamte Körpersprache (Pantomimik) verändern« (ebd. 41). Deshalb lässt sich seines Erachtens auch kein direkter Zusammenhang »zwischen Schwere der körperlichen Schädigung und psychosozialer Erschwernis der Interaktion bzw. der Einschränkung an sozialer Teilhabe« (ebd. 37) herstellen. Die Ergebnisse von Fries (2005), der 75

Erwachsene mit Körperbehinderung zu ihren diskriminierenden Erfahrungen interviewte, zeigen auf, dass von den betroffenen Menschen belastende diskriminierende Erlebnisse nicht dauerhaft, sondern punktuell erlebt werden. Trotzdem kann festgestellt werden:

> »Schon allein das Wissen um die Tatsache der Zugehörigkeit zu einer Gruppe von Menschen (die auch heute noch im Alltag aufgrund ihrer Behinderung mehr oder minder subtil diskriminiert werden) ist im Bewusstsein behinderter Menschen emotional und kognitiv verankert und führt zu einer Belastung« (ebd. 347).

Dies kann mit dem Erleben von Statusscham erklärt werden (vgl. Bohn 2015, 23): »Statusscham bezieht sich darauf, wie integriert wir uns in der Gesellschaft fühlen. Sie stellt sich ein, wenn wir uns selbst nicht mehr als wichtig, sondern überflüssig und unerwünscht wahrnehmen« (ebd.). Die Bewusstheit zu einer diskreditierbaren Gruppe von Menschen zugeordnet zu werden, ohne diese Zuordnung beeinflussen zu können, kann Gefühle von Hilflosigkeit hervorrufen und belasten. Positiven Einfluss auf die Bewertung und damit Bewältigung dieser belastenden Ereignisse haben vor allem Persönlichkeitsvariablen und hier das Empfinden von Selbstwirksamkeit, Selbstwertgefühl und Kontrollüberzeugung. Das Erleben von Selbstwirksamkeit sowie die Stärkung des Selbstkonzeptes kann damit als wichtiges pädagogisches Anliegen definiert werden (vgl. hierzu Bergeest/Boenisch 2019, 317f).

Behinderungsbedingte Funktionseinschränkungen können Jugendlichen mit Behinderungen die Erkundung ihrer Umwelt erschweren und an der Ausführung gewünschter Tätigkeiten hindern. Bezüglich der Selbstbewertung kann es deshalb schwierig sein, diesen Körper als den eigenen zu akzeptieren und ihn positiv zu bewerten. Bei fortschreitenden Erkrankungen wie z. B. der Duchenne Muskeldystrophie erschwert sich diese Aufgabe, da die körperlichen Leistungsmöglichkeiten immer weiter nachlassen und die Jugendlichen sich somit »mit einem veränderten Körperbild auseinandersetzen (müssen), das geradezu entgegengesetzt zu üblichen maskulinen Schönheitsidealen anzusiedeln ist« (Ortmann 2006, 269). Hier sind vor allem die Schritte in die Rollstuhlabhängigkeit sowie die Entscheidung für ein Beatmungsgerät von einschneidender Bedeutung (vgl. Daut 2005). So betont Daut (2016):

> »Aber für all diese genannten Aspekte gilt: Ob etwas als Belastung erlebt wird, ist von sehr vielfältigen Bedingungen und Erfahrungen abhängig. Objektiv gleiche bzw. ähnliche Ereignisse werden von verschiedenen Menschen zum Teil ganz unterschiedlich erlebt« (ebd. 174).

Bretländer und Schildmann (2004) berichten als Ergebnis ihrer Befragung von 106 Mädchen mit Körperbehinderung und 160 Mädchen ohne Behinderung im Alter von 15 bis 18 Jahren, dass das »Vorliegen einer körperlichen Schädigung und deren Sichtbarkeit (…) nicht generell zu negativem Körper-Erleben« (ebd. 278) führt. Komplexe Identifikations- und Bewertungsprozesse beeinträchtigen vielmehr das subjektive Erleben des eigenen Körpers. Bretländer/Schildmann (2004) stellen dar, dass vor allem die Befragten, die viel an ihren eigenen Körper denken und sich damit beschäftigen, zu negativen Gefühlen und Selbstentwertungen neigen. Sowohl die Mädchen mit als auch ohne Behinderungen orientieren sich stark an den (selten erreichbaren) gesellschaftlichen Schönheitsidealen. Auch in dem Gefühl, eine junge Frau zu sein, unterscheiden sich die beiden Gruppen nicht. Dieses Gefühl haben jeweils zwei Drittel der Befragten ›ziemlich bis außerordentlich stark‹.

Bretländer (2007, 256) beschreibt in der Auswertung von 18 qualitativen Interviews mit jungen Frauen mit Körperbehinderung, dass diese bemüht waren, »sich an gängigen gesellschaftlichen und vor allem traditionellen geschlechtsspezifischen Normalitätserwartung zu orientieren, was besonders deutlich an ihren Ideal-Selbstbildwünschen zu erkennen ist: körperlich fit/nicht geschädigt, hübsch und schlank sowie nett, und hilfsbereit zu sein« (256). Weiterhin beschreibt Bretländer, dass die Befragten viel Energie darauf verwenden mussten, Fremdbilder abzuwehren, durch die sie vor allen Dingen auf ihre körperliche Behinderung reduziert wurden. Die Befragten entwickelten »Strategien der Fremdbildkorrektur« (256), indem sie beispielsweise positive Aspekte ihres Selbstbildes herausstellten.

Erfahrungen der Diskriminierung, wie sie sowohl Bretländer als auch Schröttle et al. (2012) für Frauen mit Behinderungen beschreiben, haben deutlich negative Auswirkung auf das Selbstbild. Die Jugendlichen mit Behinderung brauchen viel Energie um diese abzuwehren.

> »Um die eigene Identität gegen Selbstbildbedrohungen und -entwertungen zu schützen oder zu verteidigen, hatten körperbehinderte Mädchen/junge Frauen komplexe intrapsychische und auch intersubjektive Schwerstarbeit zu leisten« (Bretländer 2007, 210).

In der Befragung der BZgA zu Jugendsexualität bei Jugendlichen mit Behinderung wurden die Probanden gefragt, wie sie sich in ihrem Körper fühlen. Die Jugendlichen, die verschiedene Formen von Behinderungen hatten (Hörbehinderung, Sehbehinderung, Körperbehinderung, Lernbeeinträchtigung), bewerteten diese Fragen »nach dem Umgang und der Zufriedenheit mit dem eigenen Körper (…) insgesamt recht positiv« (2013a, 88). So bestätigte die Hälfte der befragten Jugendlichen, dass sie sich in ihrem Körper wohl fühlen. Dies traf allerdings mehr auf die befragten Jungen (57,8 %) als auf die befragten Mädchen (40 %) zu (vgl. ebd.). Diese geschlechtsspezifische Verschiebung findet sich auch bei Jugendlichen ohne Behinderungen. Ebenso hing das positive Körperempfinden auch mit dem Alter der Probanden zusammen. »Je jünger die Befragten waren, umso eher stimmten sie der Aussage zu, sich wohl im eigenen Körper zu fühlen« (ebd.). Aus dem Altersunterschied als einflussnehmendes Differenzmerkmal ist dann möglicherweise auch der Unterschied in der Bewertung der eigenen Körperlichkeit zu den zuvor dargestellten Ergebnissen der Befragung Erwachsener zu erklären. Die Zufriedenheit mit dem eigenen Körper scheint bei den Männern und Frauen mit Behinderung mit zunehmenden Alter (und möglicherweise den damit verbundenen sexuellen Erfahrungen) zu sinken.

Fend (2005) führt als Ressourcen, die die Entwicklung des Konzeptes der eigenen Attraktivität positiv unterstützen können, das in der Kindheit erworbene Selbstbewusstsein sowie die Familie und Freundschaften an.

Für die sexuelle Entwicklung betont Sielert (2015, 98) die hohe Bedeutung der frühen körperlichen, liebevollen Erfahrungen für die gesamte Beziehungsbiografie. Diese körperbezogenen Erfahrungen in der Kindheit, die die Grundlage des Selbst und ein im Nachhinein schwer zu veränderndes Postulat des Selbstkonzepts sind (vgl. Leyendecker 1986, 2006), können, wie bereits dargestellt, für Kinder mit Behinderungen sehr ambivalent sein, da sie sich häufig durch die Behinderung bestimmt erleben. Auf schwierige Beziehungserfahrungen durch dramatische verlaufende Lebensanfänge wurde bereits hingewiesen (▶ Kap 4.1). Der Grad der Belastung der Familien insgesamt durch die Geburt eines Kindes mit Behinderungen ist höchst unterschiedlich (vgl. Jennessen 2016c, 198). Problematisch sind für die Kinder »physiotherapeutische Rehabilitationsmaßnahmen, die noch ohne Einsicht und oft gegen den Willen der Kinder sehr früh einsetzen und einen körperlich-lustvollen Identitätsaufbau erschweren« (Bergeest 1997, 163, vgl. Bergeest/Boenisch 2019, 272). Täglich erlebte Pflege durch andere Menschen, die in die Intimsphäre eingreifen müssen, steigert nach vom Hofe (2001) die Entfremdung vom eigenen Körper. Es scheint somit für die Jugendlichen mit Körperbehinderung schwierig zu sein, hier eine Ressource zu finden.

Die Unterstützung durch die Familie, die Fend (2005) als weitere mögliche Ressource nennt, kann sich ebenso ambivalent gestalten, da von Bedeutung ist, wie gut die Eltern die Behinderung des Kindes und ihr gemeinsames Leben akzeptieren können. Bergeest und Boenisch (2019, 376f) schreiben unter Rückgriff auf die Studie von Langner (2012) sowohl von »Dimensionen der Belastung« als auch von einer »Bereicherung« durch die Herausforderungen, die die Familien erleben.

Schröttle et al. (2012) beschreiben auf der Grundlage der repräsentativen Befragung von Frauen mit Behinderung und Beeinträchtigung familiäre Konflikte, Vernachlässigung oder Gewalt als hinderliche und negative Erfahrung im Kindes- und Jugendalter. Hier muss demgemäß von einer besonderen Vulnerabilität der Gruppe der jungen Frauen ausgegangen werden. Dies wird durch die Befragung Jugendlicher mit Behinderung (BZgA 2013) bestätigt: »Mehr als ein Zehntel der Jugendlichen war bereits von sexualisierter Gewalt betroffen (14,2 %), darunter doppelt so viele Mädchen wie Jungen. So war jedes vierte Mädchen schon mal von sexualisierter Gewalt betroffen, insbesondere hörbehinderte Mädchen« (ebd. 117).

Kinder und Jugendliche mit leichteren körperlichen Beeinträchtigungen unterliegen »häufig einer übermäßig fordernden, harten Erziehung, da die Eltern [in ihrer Rolle als Mitglieder der Gesellschaft] das leichtbehinderte Kind weitmöglichst an die Normen heranführen wollen, während schwerbehinderte Kinder eher die Elternrolle in Form einer emotional abhängigen [über-] behütenden Erziehungshaltung herausfordern« (Leyendecker 1994, 161).

Zusammenfassend lassen sich für Jugendliche mit (Körper-)behinderungen folgende Problembereiche nennen, die die Entwicklungsaufgabe »Den Körper bewohnen lernen« erschweren können:

- negative Körpererfahrungen aus der Kindheit,
- eine geringere Einschätzung der eigenen Attraktivität,
- weniger Zufriedenheit mit dem eigenen Körper – diese nimmt mit zunehmendem Alter zu und kann dann auch negativen Einfluss auf die Lebenszufriedenheit haben,

- eine wenig förderliche Erziehungshaltung der Eltern,
- wenig Kontaktmöglichkeiten zu Jugendlichen ohne Behinderung,
- Stigmatisierungen, die den Kontakt zu Jugendlichen ohne Behinderung von Vornherein verhindern oder wesentlich durch Verhaltensunsicherheiten erschweren,
- als gering empfundene Einflussmöglichkeiten auf die genannten Aspekte.

### 5.2.2 Entwicklungsaufgabe »Umgang mit Sexualität lernen«

Im Bereich des Erlernens des Umgangs mit Sexualität sind neben den individuellen Bedingungen der Behinderung nach Weinwurm-Krause (1990) vor allem Einflüsse der weiteren Systeme maßgeblich. Diese wurden bereits in Kap. 3 erläutert (► Kap. 3). In der folgenden Darstellung sollen vorrangig die Einflüsse durch die körperlichen Bedingungen und mögliche Schwierigkeiten bei sexuellen Kontakten erläutert werden.

Dechesne (1981) untersuchte, inwieweit der eigene Körper von den Jugendlichen als ein sexuelles Problem empfunden wird. Es wurde von den Jugendlichen erfragt, inwiefern die Schwere der Behinderung (Ausmaß an Bewegungseinschränkungen und Abhängigkeit von fremder Hilfe im Alltag) Einfluss auf die Sexualität der Betroffenen hat. Dechesne kommt zu folgendem Ergebnis: »Schwerer behinderte Jugendliche sind offensichtlich auf dem Terrain von Sexualität und Partnerbeziehungen besser gerüstet (…)« (Dechesne 1981, 164). Der Autor erklärt dieses Ergebnis damit, dass die Jugendlichen mit leichterer Behinderung in einem uneindeutigen Grenzgebiet zwischen Normalität und Abnormalität leben, welches Anlass für viele Unsicherheiten ist (vgl. Leyendecker 1994).

In der Untersuchung von Kluge und Sander (1987) gibt es Unterschiede zwischen Jugendlichen mit und ohne Körperbehinderung bezüglich der sexuellen Aktivitäten, wie z. B. geschlechtliche Erregung oder Erfahrung mit Selbstbefriedigung. Die Jugendlichen mit Körperbehinderung beschreiben weniger konkrete intime sexuelle Erfahrungen. Daut (2005) berichtet, dass die von ihm interviewten jungen Männer mit Duchenne Muskeldystrophie unter der erwünschten, aber fehlenden Partnerschaft subjektiv leiden. Hier verspäten sich die Erfahrungen oder bleiben ganz aus.

Dies deckt sich mit den Untersuchungsergebnissen der Befragung von 504 Frauen mit Körperbehinderung und 442 Frauen ohne Behinderung, die Walter/Nosek/Langdon (2001) vorstellen. Beide Gruppen von Frauen berichten, dass sie durchschnittlich mit dreizehn Jahren aufgeklärt wurden bzw. bevorzugt sich entsprechende Informationen aus Büchern etc. selbst suchten. Allerdings machten die Frauen mit Körperbehinderung ihre ersten sexuellen Erfahrungen im Vergleich zu den Frauen ohne Behinderung erst wesentlich später. »Our research indicates that women with disabilities were generally on track with their non-disabled peers in acquiring knowledge about sexuality, but lagged behind their peers in sexual experiences« (ebd. 174) (Übersetzung: Unsere Studie lässt erkennen, dass Frauen mit Behinderung allgemein auf dem gleichen Wissensstand zu sexuellen Themen sind wie ihre Peers ohne Behinderung, aber gleichzeitig weniger sexuelle Erfahrungen machen.). Als mögliche Erklärung für diesen zeitlichen Unterschied geben die Autoren gesellschaftliche und familiäre Hindernisse an.

Aus den Ergebnissen einer vergleichenden Befragung von Frauen mit Körperbehinderung (82 Frauen) und Frauen ohne Behinderung (85 Frauen) aus Belgien zum Themenbereich der sexuellen Erfahrungen wird deutlich, dass es keine Unterschiede zwischen den Gruppen in Bezug auf erfragte sexuelle Begierden und Motivationen gab. Allerdings war die Haltung der Frauen mit Körperbehinderung gegenüber Sexualität eher ablehnend, sie hatten weniger sexuelles Wissen und Erfahrungen mit Geschlechtsverkehr (Vansteenwegen et al. 2003).

Israelische Forscherinnen (Moin et al. 2009) betrachteten in ihrer vergleichenden Erhebung den Zusammenhang von sexueller Identität, Körperbild und Lebenszufriedenheit bei Frauen mit Körperbehinderung (70 Frauen) und Frauen ohne Behinderungen (64 Frauen). »The results demonstrated that woman with physical disability had the same sexual needs and desires as woman without disability, but their body image, sexual self-esteem, sexual satisfaction and life satisfaction were significant lower« (ebd. 83) (Übersetzung: Die Ergebnisse der Studie zeigen, dass eine Frau mit körperlicher Behinderung die gleichen sexuellen Bedürfnisse und Sehnsüchte hatte wie eine Frau ohne Behinderung, aber ihr Körperbild, ihre sexuelle Zufriedenheit und ihre Lebenszufriedenheit signifikant geringer waren.). Sexuelle Wünsche und Bedarfe von Frauen mit Körperbehinderung und ohne Behinderungen sind vergleichbar, aber die Voraussetzungen, diese zu leben, sind andere. Bei den befragten Frauen mit Behinderung waren Körperbild und sexuelles Selbstwertgefühl signifikant niedriger. Sexuelle Zufriedenheit stand in einem engen, sich gegenseitig beeinflussenden Zusammenhang zur Lebenszufriedenheit insgesamt.

Einen vergleichbaren Zusammenhang schlussfolgern Retznick et al. (2017) aus der differenzierten Analyse einer Befragung von 152 jungen Erwachsenen mit Behinderung in Sachsen. Davon hatten 26 Probanden eine Beeinträchtigung im Bereich Bewegung. Diese jungen Erwachsenen hatten im Vergleich zu den anderen Befragten erst später in ihrem Leben ihren ersten Geschlechtsverkehr und weniger Sexualpartner/innen.

> »Zudem bewerteten sie die Partnersuche als schwieriger aufgrund der eigenen körperlichen Beeinträchtigung. Die Stigmatisierung durch die Sichtbarkeit der körperlichen Beeinträchtigung kann eher zu Hemm- und Hindernissen führen als bei Personen mit anderen Beeinträchtigungen. Die fehlende Annahme des eigenen Körpers durch Stigmatisierung kann zudem zu einem geringeren (sexuellen) Selbstvertrauen führen und die Einstellung zu Partnerschaft und Sexualität negativ beeinflussen« (ebd. 306).

Die Befragung von Jugendlichen mit Behinderung (BZgA 2013, 95) zu ihren sexuellen Erfahrungen weist ebenso im Vergleich zur repräsentativen Befragung der Jugendlichen ohne Behinderung (Heßling/Bode 2015, 93) auf verspätete sexuelle Erfahrungen der Jugendlichen mit Körperbehinderung hin. So sind z. B. bei den befragten 15-Jährigen 26% der Jugendlichen ohne Behinderung und 50% der Jugendlichen mit Körperbehinderung ohne sexuelle Erfahrungen. Bei den 16-Jährigen ist der Unterschied allerdings deutlich geringer: 15 % der Jugendlichen ohne und 18,8 % der Jugendlichen mit Körperbehinderung waren sexuell unerfahren. Vergleicht man die Jugendlichen mit den verschiedenen Formen von Behinderung untereinander, so sind die Jugendlichen mit Körperbehinderung am sexuell unerfahrensten (BZgA 2013, 95, vgl. Wienholz et al 2013).

> »Nach den Ursachen für die Zurückhaltung gefragt, nannten die Jugendlichen im Schnitt zwei Gründe. Allen voran stand das Fehlen der richtigen Partnerin bzw. des richtigen Partners. Über zwei Drittel der Jugendlichen wählten dieses Argument, sowohl Jungen (69 %) als auch Mädchen (71, 4 %). Ebenfalls von beiden Geschlechtern wird an zweiter Stelle die eigene Schüchternheit genannt (...). Als dritthäufigsten Grund äußerten die Jugendlichen ihre Angst, etwas falsch zu machen« (ebd.).

Selbstbefriedigung als wichtige sexuelle Erfahrung wird, wie auch bei den Jugendlichen ohne Behinderung, von den Jungen mit 51,5 % häufiger praktiziert als von den Mädchen (16,7 %) – bei der Frage nach Selbstbefriedigung in den letzten 12 Monaten (vgl. ebd. 104).

Wienholz et al. (2013) haben vergleichend Befragungsdaten von 14–17-Jährigen mit (Seh-, Hör-, Körperbehinderung) und ohne Behinderung aus Sachsen in Bezug auf Sexualwissen und -erfahrungen analysiert. Sie konnten feststellen, dass die Jugendlichen ohne Behinderung sexuell aktiver waren und sich als besser aufgeklärt einschätzten (ebd. 240). »Das tatsächliche Wissen der Jugendlichen korrelierte mit der sexuellen Erfahrung und der subjektiven Aufgeklärtheit, die bei den behinderten Jugendlichen geringer ausgeprägt war« (ebd. 241). Auch wenn die befragten Jugendlichen mit Behinderung eine Partnerschaft hatten, standen der sexuellen Aktivität Befürchtungen im Wege, dass die Eltern damit nicht einverstanden wären oder dies sogar sanktionieren würden (ebd. 241).

Das Erleben des eigenen Körpers und der eigenen Sexualität ist nach Dechesne (1981) besonders belastet bei Jugendlichen, die z. B. infolge einer Querschnittlähmung Funktionsstörungen im urogenitalen System haben. Vor allem durch die Beeinträchtigungen der Genitalfunktionen sind gängige, gesellschaftlich anerkannte Formen von Genitalsexualität durch die Betroffenen nicht zu leben. Dechesne (1981) konnte bei den entsprechenden Jugendlichen in seiner Untersuchung feststellen, dass sie im Unterschied zu den anderen Betroffenen statistisch signifikant häufiger angeben, »nie« oder »ab und zu« Selbstbefriedigung zu praktizieren. Ebenso zeigen sie sich sexuellen Vorstellungen oder Gefühlen in erheblich geringerem Maße zugänglich. Dies äußerte sich allerdings nicht in einer negativen Einstellung zur Sexualität an sich.

Die Befragung von 73 Erwachsenen mit Spina bifida, 38 Frauen und 35 Männern im Alter von 18 bis 64 Jahren, brachte allerdings sehr positive Ergebnisse bezüglich der erlebten Sexualität der Befragten und lässt deshalb vermuten, dass viele pubertäre Schwierigkeiten mit fortschreitendem Alter anders bewertet werden. Blume-Werry (1999) kommt in der Befragung zu dem Ergebnis, dass über die Hälfte der Frauen und über 70 % der Männer mit ihrer Sexualität zufrieden sind und sie als lustvoll und bereichernd erleben. Bei möglichen Problemen wurden von den Frauen Harninkontinenz, Stuhlinkontinenz, geringe Beweglichkeit und Sensibilitätsstörungen genannt, bei den Männern: Harninkontinenz, Stuhlinkontinenz, Erektionsstörungen und Sensibilitätsstörungen. Fast ein Drittel der Frauen war mit ihrem Körper nicht zufrieden (bei den Männern nur vier von

35 Männern). »Es zeigt uns wieder, dass Frauen mit Behinderung sich schwerer in ihre Rolle als Frau einfinden« (ebd.17).

Weinwurm-Krause (1990) beschreibt in ihrer Untersuchung ebenso Unterschiede zwischen spezifischer Schädigungsart und erlebter Sexualität bei jungen Erwachsenen mit Körperbehinderung. Für Menschen mit ICP sind vor allem die erschwerte Kommunikation sowie die hohe soziale Distanz von Menschen ohne Behinderung durch die starke Visibilität ihrer Schädigung problematisch. Die Probanden verfügen über geringe sexuelle Erfahrungen und verbringen – trotz vergleichsweise geringeren Einschränkungen in der Mobilität – ihre Freizeit eher alleine. Sie erleben, dass sie häufig schon im Vorfeld sexueller Kontakte abgelehnt werden. Während sich die meisten Befragten der Studie von anderen sexuell-erotischer eingeschätzt fühlten, als sie es selber empfinden, ist dies bei der Gruppe der Probanden mit ICP umgekehrt. Sie schätzen »sich in der Eigenbeurteilung sexuell-erotischer ein, als sie sich von anderen wahrgenommen« (ebd. 171) fühlen. Weinwurm-Krause erklärt dieses Ergebnis damit, dass sich die Probanden, aufgrund der nur geringen positiven Rückmeldungen aus der Umwelt, selber positiver einschätzen müssen, damit sie ein Mindestmaß an Selbstwertschätzung aufrechterhalten können.

Bei Probanden mit Muskeldystrophie ergaben sich eher Probleme durch große Mobilitätseinschränkungen. Obwohl 52 % der Befragten dieser Gruppe eine Partnerin/einen Partner hatte, verfügten sie insgesamt über weniger und zeitlich verzögerte Partnerschaftserfahrungen. Sie erleben, ähnlich wie die Befragten mit Querschnittlähmung, ablehnendes Verhalten bei konkret praktizierter Sexualität.

Bezüglich des Zeitpunktes der sexuellen Erfahrungen ergab die Befragung, dass dieser wesentlichen Einfluss auf die Entwicklung eines sexuellen Selbstbildes hat:

> »Nicht nur das Quantum sexueller Erfahrungsmöglichkeiten beeinflusst das sexuelle Selbstkonzept, sondern es ist auch wesentlich, dass diese Erfahrungen in zeitlicher Nähe zu der Phase der Entwicklung des sexuellen Selbstkonzeptes stattfinden« (ebd. 172).

Dies ist z. B. bei den Probanden mit Contergan-Schädigung der Fall. Sie fühlen sich von allen Befragten am ausgeprägtesten sexuell-erotisch. Umgekehrt scheint es, dass die fehlenden pubertären sexuellen Erfahrungen bei den Probanden mit Poliomyelitis dazu führen, »dass auch spätere partnerschaftliche Erfahrungen nur bedingt als positive Bewertungen der eigenen Person erlebt wurden« (ebd. 173).

Weinwurm-Krause (1990) vermutet, dass die Befragten in dem Bemühen um Konsistenz im Rahmen ihres Selbstkonzeptes bei einem einmal, vorrangig in der Pubertät entwickelten Konzept der sexuellen Unattraktivität, weitere Erlebnisse dementsprechend passend negativ bewerten.

Bezüglich der ersten sexuellen Kontakte spielen der Zeitpunkt des Eintretens der Beeinträchtigung sowie die Mobilitätseinschränkungen eine Rolle. »Je früher die Behinderung eintritt, desto später werden die ersten Petting-Erfahrungen gesammelt« (ebd. 177). Soziale und erste sexuelle Kontaktmöglichkeiten werden bei geringerer Mobilität eingeschränkt. Allerdings beziehen sich diese Einschränkungen auf die Ersterfahrung. Im Laufe der sexuellen Entwicklung lassen sich in diesen Punkten keine weiteren Unterschiede zwischen den Probanden feststellen.

Weinwurm-Krause vermutet als Begründung die Präferenz ästhetischer Aspekte in der Pubertät auf Seiten der Jugendlichen ohne Behinderungen.

Diehl und Reuber (1995) kommen in ihrer Befragung von 62 Eltern von Kindern und Jugendlichen mit Körperbehinderung zu dem Ergebnis, dass sowohl die Auseinandersetzung mit der Behinderung des Kindes als auch eindimensionale Vorstellungen von Sexualität die Frage nach der Sexualität der Jugendlichen mit Körperbehinderung in den Hintergrund treten lassen. Fast 60 % der Eltern sind der Auffassung, dass sie es besonders schwer bei der Sexualerziehung ihres Kindes haben. Dennoch bejahen alle Eltern, dass dies eine ihrer wichtigen Aufgaben sei. Allerdings meinen auch 45,2 %, dass sich der Umfang der Sexualerziehung nach dem Schweregrad der Körperbehinderung richtet und sogar 17,8 % sind der Auffassung, dass bei schwersten Körperbehinderungen eine Sexualerziehung überflüssig sei. Diehl und Reuber (1995) stellen fest:

> »Während die Vorstellungen von Sexualerziehung allgemein eher liberal sind, so zeigen die Vorstellungen von einer Sexualerziehung für Körperbehinderte eine deutliche Tendenz in Richtung Repressivität« (ebd. 77).

Dies ist bei den befragten Eltern mit einem nicht selbstverständlichen Umgang mit der Sexualität bei Menschen mit Körperbehinderung verbunden (vgl. Diehl 2001).

In der Befragung von Jugendlichen mit Behinderungen durch die BZgA wurden Daten zu Sexualaufklärung und diesbezüglich für die Jungen und Mädchen relevanter Personen erhoben. Bei der Einschätzung des eigenen Wissens über Sexualität haben zwei Drittel der männlichen und weiblichen Jugendlichen mit Körperbehinderung bejaht, dass sie viel wissen (BZgA 2013, 66). Die Kommunikation über Sexualität bewertet die Hälfte der Befragten für sich als unproblematisch. Nur jeder 10. Jugendliche mit Behinderungen redet nicht gerne über das Thema Sexualität. Quellen der Sexualaufklärung sind für die befragten Jugendlichen mit Körperbehinderung in absteigender Reihenfolge der Bedeutsamkeit (nur Werte über 10 %) Folgende:

- Schulunterricht (89,2 %),
- Jugendzeitschriften (46,2 %)
- Computerprogramme/-spiele/Internet (27,7 %)
- Fernsehfilme/DVD's (23,1 %)
- Kostenlose Aufklärungshefte (20,0 %)
- Aus dem eigenen Erleben (16,9 %) (BZgA, 2013, 69)

Bei der Frage, woher die Jugendlichen noch mehr Informationen haben wollen, werden von den Jugendlichen der Schulunterricht, die Jugendzeitschriften und die kostenlosen Aufklärungsbroschüren von mindestens einem Viertel genannt.

Vergleicht man die Nutzung der Medien zwischen Jugendlichen mit (BZgA 2013, 72) und ohne Behinderungen (Heßling/Bode 2015, 57) fällt auf, dass neben geschlechtsspezifischen Unterschieden in beiden Gruppen – Jungen sind medienaffiner als Mädchen –, die Jugendlichen ohne Behinderungen intensiver das Internet als Informationsquelle nutzen als die Jugendlichen mit Behinderungen.

Diese bevorzugen eher die Jugendzeitschriften. Dies kann als Hinweis gewertet werden, dass Jugendlichen mit Behinderungen der Zugang zu Neuen Medien intensiver vermittelt werden sollte. Allerdings müssen die Ergebnisse im Vergleich vorsichtig interpretiert werden, da sich zum einen die Befragung auf nur ein Bundesland bezog und zum anderen die als Antwort zur Verfügung gestellten Items bei der Frage voneinander abweichen.

Schließlich ist noch von Interesse, ob und wen die Jugendlichen mit Behinderungen als Vertrauensperson bei der Aufklärung über sexuelle Dinge bzw. allgemein als Gesprächspartner/in zu sexuellen Themen haben (BZgA 2013, 73).

Für Mädchen mit Behinderungen sind folgende Menschen für Gespräche über sexuelle Dinge bedeutsam (nur Werte über 10 % – absteigend sortiert):

- Beste/r Freund/in (64,7 %)
- Mutter (39,2 %)
- Partner/in (29,4 %)
- Schwester (21,6 %)

Bei den Jungen mit Behinderungen sind es folgende Menschen:

- Beste/r Freund/in (46,9 %)
- Mutter (38,3 %)
- Vater (25,9 %)
- Partner/in (24,7 %)
- Andere Jungen (23,5 %)
- Bruder (14,8 %)
- Lehrkraft (13,6 %)

> »Nahezu jedes befragte Mädchen und jeder Junge mit Behinderungen hatte mindestens eine Vertrauensperson (93,3 %). Mit zunehmendem Alter der Befragten stieg die Wahrscheinlichkeit des Vorhandenseins einer Vertrauensperson, durchschnittlich wurden zwei Personen angegeben« (ebd.).

Für die Aufklärung über sexuelle Themen sind für die Jugendlichen andere Personen von Bedeutung gewesen. Hier nahmen für über die Hälfte der Jungen und der Mädchen die Lehrkräfte eine wichtige Position ein, gefolgt von der Mutter (wichtig für 43,2 % der Befragten). Während für 56,5 % der Jungen die Lehrkraft die höchste Bedeutung hat, ist es bei 57,1 % der Mädchen die beste Freundin bzw. der beste Freund.

Die Forscherinnen resümieren:

> »Die Ergebnisse machen noch einmal deutlich, dass Jugendliche sehr zwischen Aufklärungsperson und Vertrauensperson in sexuellen Dingen unterscheiden. Dies wird besonders an der Position der Lehrkraft erkennbar, die als Vertrauensperson für etwa ein Zehntel der Befragten agiert, während sie für jede zweite Schülerin bzw. jeden zweiten Schüler die Hauptperson der Sexualaufklärung ist« (ebd.).

Selten wird in der Literatur auf die Frage von Hilfsmitteln oder personeller Unterstützung zum Ausleben der eigenen sexuellen Wünsche eingegangen. So beschreibt Bächinger (1978), dass Menschen mit Körperbehinderung z.T. schon für die Masturbation Hilfsmittel benötigen und in der Regel Schwierigkeiten haben, diese zu bekommen. Dies mag heute sicherlich durch die höhere Akzeptanz einschlägiger Versandhäuser oder Shops, den Vertrieb von sexuellen Hilfsmitteln schon in Drogeriemärkten sowie durch Bestellungsmöglichkeiten über das Internet einfacher sein.

Allerdings werden Menschen mit schweren Formen von körperlichen Beeinträchtigungen in der Regel fremde Unterstützung für die Hilfsmittelbeschaffung und eventuell Einführung in deren Gebrauch benötigen. Ortmann (2006) weist auf diese Problematik bei Jugendlichen mit Duchenne Muskeldystrophie ebenfalls hin und führt aus, dass die Jugendlichen zum Ausleben ihrer Sexualität »in zunehmendem Maß die Unterstützung und Akzeptanz ihrer Mitmenschen benötigen« (ebd. 267) (vgl. Daut 2005). Dies ist auf andere schwere Formen körperlicher Schädigung übertragbar. Befragungsergebnisse, wie viele Menschen mit Körperbehinderung eine solche passive oder aktive Assistenz für die Verwirklichung selbstbestimmter Sexualität benötigen bzw. wünschen oder auch das Bedürfnis nach Sexualbegleitung haben, liegen nicht vor (vgl. Walter 2004).

Die Schwierigkeiten im Bereich der sozialen Kontakte vor allem zu Jugendlichen ohne Behinderungen, wie sie durch Kommunikationsprobleme, Mobilitätserschwernisse, Stigmatisierungsprozesse und den Besuch einer Förderschule bedingt sein können, ergeben ein weiteres Problemfeld, das Klasser (1986) beschreibt. Seines Erachtens ist bei Förderschülern aufgrund des Besuches einer Ganztagsschule diese der einzige Ort für soziale und sexuelle Erfahrungen (vgl. hierzu auch Weinwurm-Krause 1990). Sie ist damit auch der Ort, »an dem die Problematik der sexuellen Rollenfindung am deutlichsten erlebt wird« (Klasser 1986, 765). Die mangelnden Erfahrungen im Kontakt mit nicht behinderten Jugendlichen sowie eventuelle Wahrnehmungsbeeinträchtigungen können dazu führen, dass die Jugendlichen mit Körperbehinderung die differenzierten Körpersignale im Kontakt mit Jugendlichen ohne Behinderung nicht oder nur falsch deuten können. Wilhelm (1996) bezeichnet dies als die Fähigkeit, die »sexuelle Sprache« zu beherrschen, d. h. diese zu lernen, »ihre Zeichen zu verstehen und Schritt für Schritt durch positive und negative Erfahrungen die körperliche Intimität eines anderen Menschen zu entdecken« (ebd. 102).

Auch Weinwurm-Krause (1990) vermutet, dass Jugendlichen in den mit Sexualität verbundenen Bedeutungsmustern die Erfahrungen fehlen, um diese eindeutig zu verstehen und zu beherrschen. »In Kontaktsituationen bleibt der körperlich Geschädigte orientierungslos, das heißt, er kann das Verhalten des Gegenübers nicht ›objektiv‹ deuten, z. B. ob das Verhalten auf sexuellen Annäherung oder lediglich auf Gespräch ausgerichtet ist« (ebd. 29).

Verstärkt wird diese Problematik noch für Jugendliche, die auf Hilfsmittel der Unterstützten Kommunikation angewiesen sind. Neben der bereits im vorherigen Kapitel angesprochenen hohen Unterstützungsnotwendigkeit durch Gesprächspartner, ergibt sich je nach Hilfsmittel (z. B. über Symbolsysteme) das Problem, dass sehr differenzierte (Gefühls-)Äußerungen, wie sie in der Entstehung von sexuellen Kontakten nötig sein können, fast unmöglich bzw. sehr eingeschränkt sind. Häufig besteht bei der Auswahl des Vokabulars, das der Nutzerin/dem Nutzer zur Verfügung steht, eine große Abhängigkeit vom Umfeld. So entscheiden oft die begleitenden Menschen (Eltern, Lehrer, andere Pädagogen), welches Vokabular auf der Kommunikationshilfe genutzt werden kann.

Die Erziehungshaltung der Eltern sowie deren Einstellung zu Sexualität bei Menschen mit Behinderungen spielt in der Sexualerziehung – wie bei allen Kindern und Jugendlichen – eine wesentliche Rolle. Dies betrifft in besonderer Form die Mädchen. Weibliche Jugendliche mit Behinderungen stehen wesentlich mehr als Jungen unter dem Druck der gesellschaftlichen Schönheitsideale, die sie in der Regel nicht erfüllen können und damit den ästhetischen Ansprüchen potentieller Partner/innen nicht genügen. »Denn gerade der weibliche Körper muss ›ganz‹ und ›schön‹ sein, um als sexuell attraktiv zu gelten« (vom Hofe 2001, 22).

Erschwerend kommt für Mädchen hinzu, dass ihnen von den Eltern eher die Leistung (schulisch und beruflich) als Kompensation der vermuteten nicht vorhandenen sexuellen Verwirklichungsmöglichkeiten vermittelt wird. »Die Interiorisation eines durch Erziehung vermittelten stark ausgeprägten Leistungskonzepts scheint die Verwirklichung befriedigender Sexualität zu hemmen« (Weinwurm-Krause 1990, 193; vgl. vom Hofe 2001).

In der Befragung der BZgA (2013) wurden die Jugendlichen auch zu ihren Zukunftszielen befragt und gebeten, deren Erreichbarkeit für sich einzuschätzen (2 = wichtig, 1 = teilweise wichtig, 0 = nicht wichtig). Von den 65 Jugendlichen mit Körperbehinderung wurden die Themen in folgender Reihenfolge, absteigend sortiert nach Wichtigkeit, bewertet:

Die Themen gingen von Beruf (mit einer Bewertung von ca. 1,9), über die eigene Wohnung, Partner, viele Freunde, viel Geld, erfülltes Sexualleben (ca. 1,1) bis hin zu Kindern (mit einer Bewertung von ca. 1,0). (ebd. 121)

Die Erreichbarkeit (2 = erreichbar, 1 = teilweise erreichbar, 0 = nicht erreichbar) eines erfüllten Sexuallebens schätzten die Jungen mit dem Wert von 1,24, die Mädchen mit 1,20 ein. Eigene Kinder zu haben schätzten die Jungen mit einem Wert von 1,21 deutlich besser ein als die Mädchen (Wert von 1,0).

Dieser eher gering ausgeprägte Kinderwunsch der Jugendlichen wird allerdings in der Auswertung der Ergebnisse relativiert:

> »Aus Vergleichsstudien wissen wir, dass sich in dieser Altersgruppe eine Haltung zum Kinderwunsch erst noch etablieren muss, so dass man eher von einem Alterseffekt und weniger von einem Einfluss der Behinderung auf die Wichtigkeit und Erreichbarkeit des Kinderwunsches ausgehen muss« (ebd. 124).

Fehlende oder mangelhafte soziale Kontakte der Jugendlichen mit Körperbehinderung erschweren ihnen die emotionale Ablösung von den Eltern (Bretländer/Schildmann 2004). Die Eltern sind in der Regel weiterhin eine wichtige Bezugsgröße für die Jugendlichen. So scheint es nicht verwunderlich, dass Kluge und Sander (1987) berichten, dass Jugendliche mit Körperbehinderung bei einer Partnerschaft darauf bedacht sind, dass diese den Erwartungen ihrer Eltern entspricht. Bei Jugendlichen mit Muskeldystrophie müssen gerade in der Phase der Pubertät medizinische, therapeutische und diätetische Maßnahmen intensiviert werden müssen (Ortmann 2006). Dies erfordert von den betroffenen Jugendlichen ein hohes Maß an Compliance, die dem Wunsch nach Ablösung vom Elternhaus entgegensteht.

Schon 1974 hat Aebi darauf hingewiesen, dass zu der Ablösung von den Eltern auch die Ablehnung des Körperkontaktes mit diesen gehört. Das gilt bis heute. Allerdings sind gerade Jugendliche mit schwerer Körperbehinderung von der Hilfe der Eltern oder anderer Erwachsener bei der Verrichtung der alltäglichen Versorgung abhängig. »Die Abhängigkeit von der Hilfe anderer, besonders von der Hilfe seiner Eltern, erschwert es dem Behinderten, sich von den Eltern zurückzuziehen, gegen sie zu protestieren und eine objektivere Einstellung zu ihnen zu gewinnen« (Aebi 1974, 141). Leyendecker (1994) beschreibt dieses Spannungsfeld als die Problemstellung »sozialer Abhängigkeit versus Autonomie«. Die Distanz zu den Eltern oder anderen pflegerisch begleitenden Erwachsenen kann nur auf intellektuellem und emotionalem Weg geschehen, körperlich ist es in den meisten Fällen kaum möglich. Der von Eltern im Rahmen dieser Problematik häufig gewählte Weg geht nach Klasser (1986) über die Entsexualisierung ihres Kindes. Mit der Vorstellung eines ›großen Säuglings‹ ist es ihnen auch noch möglich, Jugendliche mit Körperbehinderung zu pflegen.

Zusammenfassend lassen sich folgende Bereiche im Rahmen der Entwicklungsaufgabe »Umgang mit Sexualität lernen« für Jugendliche mit Körperbehinderung beschreiben, die erschwert sein können:

- geringere oder verspätete sexuelle Erfahrungen, die sich auf das sexuelle Selbstkonzept auswirken können,
- z. T. subjektiv als geringer empfundene sexuelle Attraktivität, vor allem beeinflusst durch die starke Betonung der Ästhetik durch das soziale/gesellschaftliche Umfeld,
- weniger sexuelle Erfahrungen korrelieren mit weniger subjektiver Aufgeklärtheit,
- Schwierigkeiten beim Erlernen einer ›sexuellen Sprache‹ durch mangelnde soziale Kontakte zu Jugendlichen ohne Behinderungen bzw. eigene Schüchternheit oder Angst davor, etwas falsch zu machen,
- ungünstiges Erziehungsverhalten der Eltern,
- erschwerte Ablösung von den Eltern durch (pflegerische) Abhängigkeit von diesen und häufig fehlende Peergroup,
- geschlechtsspezifische Betrachtungen zeigen eine insgesamt ungünstigere Situation für Mädchen mit Behinderung (z. B. auch bei der gynäkologischen Versorgung).

Abschließend soll noch einmal betont werden, dass die Lebenssituation von Menschen mit Körperbehinderung, und hier vor allem deren sexuelle Entwicklung und Sexualität, vorrangig durch gesellschaftlich negative Bewertungsmuster bestimmt ist. Durch die Interiorisation dieser an Menschen ohne Behinderungen gemessenen Normen und Werte im Bereich der Sexualität, die mit einer Abwertung der Sexualität von Menschen mit Behinderungen einhergehen, kann es dem Jugendlichen mit Körperbehinderung wesentlich erschwert sein, seine eigene Situation zu akzeptieren und zu einer subjektiv befriedigenden Sexualität zu gelangen (vgl. Weinwurm-Krause 1990).

### 5.2.3 Die Bedeutung der Peers im sexuellen Erfahrungs- und Lernprozess

Für den Bereich der Freundschaften bzw. allgemein der sozialen Kontakte beschreiben verschiedene Autoren für Jugendliche mit Körperbehinderung besondere Kontaktschwierigkeiten. Grundlegend erschweren die bereits beschriebenen Unsicherheiten und Stigmatisierungsprozesse in der Interaktion zwischen Menschen mit und ohne Behinderung die Kontakte der Jugendlichen mit (Körper-) Behinderung. Kommunikationsprobleme, fehlende oder schwer verständliche Lautsprache, wie sie vor allem bei Menschen mit schweren Formen der ICP auftreten, erschweren die direkte Begegnung, wenn sie denn zustande kommt und nicht vorher gemieden wird. Vor allem die veränderte Mimik und die Produktion fremdartig erscheinender Laute schrecken Gesprächspartner ohne Behinderung ab. Selbst Hilfen in Form von sprachunterstützenden oder -ersetzenden Systemen erfordern viel Empathie, Zeit und oft die Fähigkeit zur Ko-Konstruktion (aktive Unterstützung z. B. durch Angebote der Wort- oder Satzvervollständigung durch die lautsprachlich sprechende Person) vom Kommunikationspartner (vgl. Weid-Goldschmidt 2015, Bergeest/Boenisch 2019, 120ff).

Kallenbach (2006) beschreibt als weitere Schwierigkeit für Kinder und Jugendliche mit ICP, dass sie »beträchtliche Retardierungen in ihrer Sozialfähigkeit aufweisen« (ebd. 77) können. Ein angemessenes Distanz- und Rollenverhalten ist oft durch mangelnde Einfühlsamkeit oder geringes interpersonales Situationsverständnis wesentlich erschwert. Dies kann zu einem Schwanken zwischen »den Extremen Zurückgezogenheit und Unnahbarkeit mit Anklammerungstendenzen einerseits und Ich-Bezogenheit, Dominanzstreben und Oppositionsverhalten andererseits« (ebd. 77) führen.

Dechesne (1981) gibt an, dass die körperliche Schädigung eine »soziale Barriere« zwischen Jugendlichen mit und ohne Körperbehinderung schafft. So berichteten 69 % der von ihm befragten Jugendlichen mit Körperbehinderung, dass »ihre Kontakte mit gesunden Altersgenossen erschwert seien« (ebd. 157). Dechesne spricht von einer »Beziehungsproblematik«, die aus dem Selbstbild der Jugendlichen mit Körperbehinderung sowie der mangelnden familiären und schulischen Unterstützung in diesem Bereich resultiert. Die Ergebnisse von Daut (2005), der 15 junge Männer mit Duchenne Muskeldystrophie interviewte, zeigen eine Problematik des Ganztagsschulbesuchs auf. Seine Probanden gaben an, dass die Eltern ab der Pubertät an Bedeutung verlieren und Freunde, Zivildienstleistende oder Physiotherapeuten als Gesprächspartner wichtiger werden. »Schüler, die täglich lange Schulwege zurücklegen müssen, haben sehr viel mehr Schwierigkeiten beim Aufbau von Sozialkontakten zu anderen jungen Menschen, da die Mitschüler am Nachmittag in der Regel nicht oder nur schwer erreichbar sind« (Daut 2005, 125)

Die Untersuchung von Bretländer und Schildmann (2004) ergibt als Ergebnisse – allerdings nur für Mädchen mit Körperbehinderung im Vergleich zu Mädchen ohne Behinderung im Alter von 15–18 Jahren – Unterschiede im Freizeitverhalten von Jugendlichen mit und ohne Behinderung:

> »Das faktische Freizeitverhalten der beiden Vergleichsgruppen unterscheidet sich daher gravierend: Während den nicht behinderten Gleichaltrigen mannigfaltige Aktivitätsräume zur Verfügung stehen, die von ihnen freiheitlich und eigenständig – d. h. auch ohne mütterliche Kontrolle – aufgesucht werden können, gestaltet sich die Freizeit körperbehinderter Mädchen/junger Frauen in einer stark durch strukturelle Barrieren eingeschränkten sowie durch mütterliche (bzw. institutionelle) Abhängigkeit gekennzeichneten Weise.« (ebd. 277)

Bretländer/Schildmann/Tüshaus (2002) berichten an anderer Stelle aus der gleichen Untersuchung, dass die meisten Erfahrungen der Mädchen und jungen Frauen mit Körperbehinderung in ihrem sozialen Alltag von ihnen als »behindertenfreundlich« konnotiert werden. Dies scheint den Autorinnen allerdings auch nicht verwunderlich, da sich die jungen Frauen vorwiegend in den Schonräumen von Sondereinrichtungen bzw. dem der Familie aufhalten. »So erfreulich die tendenziell eher behindertenfreundlichen Erfahrungen auch sein mögen, so problematisch sind die Tendenzen der Isolierung, Ghettoisierung und Exklusion« (ebd. 13).

Kuckhermann et al. (1991) stellt in seiner Untersuchung zu Intelligenz, Handlungs- und Lebensorientierung mit 79 Jugendlichen mit Körperbehinderung und 60 Jugendlichen ohne Behinderungen im Alter von 13 bzw. 15 Jahren (Wiederholungsuntersuchung) fest, dass die Jugendlichen mit Körperbehinderung unter der Diskrepanz zwischen hohen Bedürfnissen und Erwartungen in Bezug auf soziale Kontakte und »wachsenden Einschränkungen persönlicher Entfaltungsmöglichkeiten und sozialer Aktivitäten« (ebd. 91/92) in der Zeit der Pubertät leiden. Die Jugendlichen selbst schätzen ihre Möglichkeiten zu sozialen Kontakten, im Vergleich zu den befragten Jugendlichen ohne Behinderung, als kleiner ein, und sie haben weniger Freunde oder Bekannte. Infolgedessen wird die Freizeit oft alleine verbracht (vgl. Bretländer et al. 2002).

Der Vergleich der Ergebnisse der Befragung Jugendlicher mit Behinderung (Hör-, Seh-, Körper- und Lernbehinderung) durch die BZgA (2013) zur repräsentativen Befragung der Jugendlichen ohne Behinderung zeigt auf, dass die Unterschiede zwischen den beiden Gruppen in Bezug auf Partnerschaft eher gering sind:

> »40% der Jugendlichen ohne Behinderung und ein Drittel der Jugendlichen mit Behinderung waren zum Zeitpunkt der Befragung in einer Partnerschaft. Dabei hatten etwa doppelt so viele Jungen mit Behinderung eine feste Freundin wie Jungen ohne Behinderung. Bei den Mädchen ist die Verteilung in etwa gleich« (BZgA 2013, 132).

Fend (2005) geht davon aus, dass Jugendliche, die mit ihrer körperlichen Attraktivität unzufrieden sind, häufig Bewältigungsstrategien in Form von Kosmetik oder Diäten einsetzen. Diese Möglichkeiten haben Jugendliche mit Körperbehinderung grundsätzlich auch, um allgemeine körperliche Probleme der Pubertät (z. B. Pickel) zu ›überschminken‹. Seebaum (1979) konnte in ihrer diesbezüglichen Untersuchung feststellen, dass sich über die Durchführung eines Kosmetiktages und einer Kosmetikarbeitsgemeinschaft über sechs Wochen bei den teilnehmenden 51 weiblichen Jugendlichen mit Körperbehinderung im Vergleich zu einer Kontrollgruppe (46 Mädchen mit Körperbehinderung ohne Kosmetikunterricht) folgende Veränderungen ergaben: »Die positive Einstellung zum eigenen Körper und die

Zufriedenheit mit dem eigenen Äußeren (…) wurden bei der Experimentiergruppe eindeutig verbessert« (ebd. 361). Ebenfalls zeigte sich eine deutliche Verbesserung der unproblematischen Sozialkontakte nach der Durchführung der Kosmetikreihe.

Das ›Überschminken‹ der eigenen körperlichen Schädigung ist allerdings nicht möglich. Formen des Stigmamanagements, »mit deren Hilfe Stigmatisierte ihre Stigmata verbergen bzw. auftretende Interaktionsprobleme bearbeiten« (Cloerkes 2001, 140), lassen auch nur einen begrenzten Spielraum, um negative ablehnende Erfahrungen zu vermeiden oder zu verarbeiten. Menschen mit leichter Behinderung können zwar in vielen Situationen ihr Stigma verdecken, stehen aber nach Leyendecker (1994) langfristig in einem Rollenkonflikt. Wie schon an anderer Stelle benannt, bieten die Neuen Medien Möglichkeiten, Sozialkontakte über das Internet so zu gestalten, dass die Informationen über eine Behinderung kontrolliert werden können. Damit bestehen neue Chancen des Stigmamanagements und der Freizeitgestaltung mit Jugendlichen ohne Behinderung über internetbasierte Computerspiele für die Jugendlichen. Auch Stöhr et al. (2019) weisen auf neue Möglichkeiten für Menschen mit Körperbehinderung durch das Internet hin.

> »Insbesondere bzgl. des Aspekts der sozialen Isolation von Menschen mit körperlicher Behinderung lässt sich ableiten, dass durch das Internet diese Isolation überwunden werden könnte. (…) Des Weiteren bildet das Internet eine Möglichkeit, Menschen kennenzulernen, ohne dabei direkt als Person mit Behinderung sichtbar zu werden, sodass nicht ständig Fragen zur Behinderung gestellt werden und die Person über ihre Persönlichkeit und nicht über die Behinderung beurteilt wird« (Stöhr et al. 2019, 97).

Abschließend lassen sich zusammenfassend folgende Bereiche nennen, die den Jugendlichen die Bewältigung ihrer Entwicklungsaufgaben weiterhin erschweren können:

- wenig Kontaktmöglichkeiten zu Jugendlichen ohne Behinderungen,
- Stigmatisierungen, die den Kontakt zu Jugendlichen ohne Behinderungen oft schon im Ansatz verhindern oder wesentlich durch Verhaltensunsicherheiten auf beiden Seiten erschweren,
- zu geringe Nutzung der (grundsätzlichen) Barrierefreiheit der Neuen Medien,
- als subjektiv gering empfundene Einflussmöglichkeiten auf diese Aspekte.

## 5.3 Sexuelle Entwicklung bei kognitiver Beeinträchtigung

Bei Menschen mit kognitiver Beeinträchtigung ist grundsätzlich die gesellschaftliche Ablehnung und Stigmatisierung sehr hoch. »Abweichungen im geistigen oder psychischen Bereich werden deutlich ungünstiger bewertet als solche im körperlichen Bereich« (Cloerkes 2001, 76). Möglichkeiten des Stigmamanagements, wie sie Menschen mit Körperbehinderung z. T. zur Verfügung stehen, sind von Menschen mit kognitiver Beeinträchtigung oft nicht realisierbar. Sie haben in der Regel keine Möglichkeit, ihre Behinderung in der Begegnung mit anderen Menschen zu kaschieren und somit einem möglichen vorzeitigen Kontaktabbruch vorzubeugen.

Die Sexualität dieser Personengruppe ist immer noch tabuisiert und mit vielen Vorurteilen behaftet, die jedoch wissenschaftlich nicht haltbar sind.

> »Menschen mit geistiger Behinderung sind weder ›oversexed‹, d. h. besonders triebbetont, noch ›asexuell‹ im Sinne von geschlechtslosen Neutren, sondern haben wie nichtbehinderte Menschen den normalen Wunsch nach Nähe, Freundschaft, Geborgenheit und Liebe« (Stöppler 2004, 2).

An anderer Stelle betonen Stöppler und Wachsmuth (2010, 136):

> »Langsam setzt sich allerdings die Auffassung durch, dass die Sexualität der Menschen mit geistiger Behinderung nicht wesentlich von der allgemeinen Gesellschaftsnorm abweicht; geistige Behinderung bedeutet weder eine asexuelle noch eine überdimensionale triebhafte Sexualität. Nach Jahrhunderten der Intoleranz wird Frauen und Männern mit geistiger Behinderung das grundlegende Recht auf Zärtlichkeit, Sexualität und Partnerschaft nicht mehr abgesprochen« (ebd.).

Häufig werden nach Schmetz (1998) Kommunikationswünsche der Betroffenen von Menschen ohne Behinderungen als sexuelle Annäherung missverstanden. Menschen mit kognitiven Beeinträchtigungen stehen oft nur geringe und wenig differenzierte verbale Ausdrucksmöglichkeiten zur Verfügung, so dass die leibliche Kommunikation von großer Bedeutung zur Verständigung wird. Eine Unterbindung der Körperkontakte, da sie von den begleitenden Menschen als sexuell interpretiert werden, nimmt ihnen diese Kommunikationsmöglichkeit und die Chance, »Lernprozesse auf der Basis taktiler Körperempfindungen zu vollziehen« (ebd. 31). Hier bieten die mittlerweile sehr differenzierten und vielfältigen Methoden aus dem Bereich der Unterstützten Kommunikation viel Potential für bessere und eindeutigere Verstehensmöglichkeiten für beide Seiten.

Zur sexuellen Entwicklung bei Kindern mit kognitiven Beeinträchtigungen liegen nur wenige Ausführungen vor, da vor allem die spätere Zeit der Pubertät als individuell, sozial und gesellschaftlich schwierig erlebt wird. Die anfängliche Eltern-Kind-Beziehung gestaltet sich oft, wie beschrieben, zunächst aus den bereits ausgeführten Gründen problematisch (▶ Kap. 4.1). Innere Ablehnung durch die Eltern oder auch die Überbehütung des Kindes führen zu vielfältigen Belastungen im affektiven Erfahrungsbereich. Bender (2012) beschreibt aus psychoanalytischer Perspektive frühe, negative Erfahrungen zwischen Mutter und Kind mit Behinderung in der frühen Interaktion als sehr belastet und für die Entwicklung des Kindes mit weitreichenden, ungünstigen Folgen.

> »Die Selbstidentität bildet sich in Abhängigkeit der Wahrnehmung durch andere. Die Basis der Selbstwahrnehmung wird durch den ersten Blick der Mutter auf das neugeborene Kind geschaffen [Korff-Sause 1997, S.58ff]. Was bedeutet dies jedoch für ein Kind mit geistiger Behinderung, das nicht den ›Glanz im Auge der Mutter‹ [Kohut 1971, S.141] erlebte, sondern eher eine Spiegelung im Sinne des ›Grauens der Mutter‹ [Niedecken 1997a, S.110] erfuhr? Diese Bedeutungszuschreibungen in frühkindlichen Interaktionen prägen das Selbsterleben wesentlich und fügen sich bewusst oder unbewusst in den Prozess der Identitätsfindung ein [Weber 2003, S.239]« (Bender 2012, 98).

Die negativen Gefühle der Mutter werden vom Kind im Rahmen der Affektspiegelung »als essentielle Basis für den Aufbau der Selbstwahrnehmung und Identität« (ebd.) gewertet. Bender beschreibt weiter, dass auch die Entwicklung der Mentalisierungsfähigkeit bei den betroffenen Kindern beeinträchtigt sein kann und schließlich auch die Ich-Entwicklung. Eine unzureichende »Ausreifung des Ichs« hätte dann Auswirkungen in verschiedenen weiteren Bereichen der Entwicklung. Die »Liebesfähigkeit«, aber auch die Entwicklung einer »reifen genitalen Liebe« können nach Bender (2012, 102f) aus ihrer psychoanalytischen Perspektive bei Menschen mit Lernschwierigkeiten beeinträchtigt sein.

Schließlich wird noch die Individuation in Form der »Ablösung von der elterlichen Autorität als erforderlichen und leidvollsten Entwicklungsschritt« (ebd. 103) benannt, für den Bender die häufige Überbehütung des Kindes durch die Eltern als problematisch und erschwerend beschreibt. Eine mögliche Infantilisierung des eigenen Kindes, die dessen Autonomiebestrebungen einschränkt und damit auch dessen psychosexuelle Entwicklung blockiert, beschreibt sie als subjektiv logisches Verhalten der Eltern (ebd. 104). Der Erwachsene mit Lernschwierigkeiten kann sich aufgrund dessen langfristig in einer widersprüchlichen Lebenssituation mit seinen Eltern erleben. Auf »der einen Seite (wird ihm) der Status des Erwachsenen abgesprochen und auf der anderen Seite (von ihm) erwünscht« (ebd. 105). »Daraus resultiert beispielsweise, dass Menschen mit geistiger Behinderung häufig eigene Beziehungswünsche aufgrund des mangelnden Selbstvertrauens, der sozialen Abhängigkeit und der nicht erfolgten Ablösung vom Elternhaus auch noch nach einem Einzug in ein Wohneinrichtung negieren [Hennies/Sasse 2004, S. 69]« (ebd. 105.

Neben diesem psychoanalytischen Ansatz zum Verstehen sexueller Entwicklung bei Menschen mit Lernschwierigkeiten soll das aktuelle Konzept der emotionalen Entwicklung (Sappok/Zepperitz 2019) als weiterer Verstehenszugang vorgestellt werden. Dieses bietet sehr konkrete Hinweise auf und Bezüge zur sexuellen Entwicklung und lässt vor diesem Hintergrund manches sexuelle Verhalten der Kinder und Jugendlichen besser verstehen und pädagogisch passender beantworten.

Als Grundannahme beschreiben Sappok und Zepperitz (2019), dass »Menschen mit geistiger Behinderung (…) grundsätzlich dieselben Entwicklungsphasen (durchlaufen) wie Menschen ohne kognitive Beeinträchtigung, diese können allerdings zeitlich verzögert oder unvollständig sein« (ebd. 42). Auf dieser Grundannahme der Vergleichbarkeit der Entwicklungsphasen aller Menschen baut auch die in diesem Buch bereits erfolgte Beschreibung der sexuellen Entwicklung im Kindes- und Jugendalter auf. Allerdings – wie bereits umfänglich ausgeführt – kann das Vorliegen von Behinderungen Erfahrungen und Lernprozesse verändern (▶ Kap. 4 für das Kindesalter).

Sappok und Zepperitz (2019, 41f) erläutern weiterhin als Grundlage, dass bspw. die Fähigkeiten der Emotion und der Kognition nur wissenschaftliche Konstrukte sind, die es ermöglichen, bestimmte Entwicklungsabläufe und deren Veränderungen zu beschreiben. Entwicklung selbst sowie die verschiedenen menschlichen Kompetenzen sind um ein Vielfaches komplexer und noch gar nicht umfassend und auch nicht in den Vernetzungen bzw. Wirkzusammenhängen wissenschaftlich erfasst und verstanden. Insofern können alle Erkenntnisse nur vorläufig sein und Verhalten nie umfassend erklären bzw. von außen verstehbar machen. Die Autorinnen beschreiben und belegen die hohe Bedeutung der emotionalen Entwicklung als Verstehenszugang vor allem zu Verhaltensbesonderheiten bei Menschen mit kognitiven Beeinträchtigungen. Deswegen fordern sie, dass das bio-psycho-soziale Modell um den Bereich der Emotionen ergänzt werden muss. Weiterhin betonen sie, dass »es unzulässig ist, vom Intelligenzquotienten auf eine emotionale Entwicklungsstufe zu schließen« (ebd. 42). Die Berücksichtigung der Ungleichzeitigkeit der Entwicklung der verschiedenen Bereiche (vor allem Kognition und Emotion) sei eine wichtige Voraussetzung, um Menschen mit geistiger Behinderung in ihrem Verhalten zu verstehen.

Die emotionale Entwicklung eines Menschen kann sich durch verschiedene Ursachen verändern. Hier schreiben Sappok und Zepperitz (2019, 43): »Die emotionale Entwicklung kann z. B. im Rahmen einer Autismusspektrumstörung, bestimmter genetischer Syndrome, Hirnerkrankungen oder durch Umgebungsfaktoren wie frühe Traumata oder problematische Entwicklungsmilieus verzögert ablaufen.« Die Autorinnen betonen hier insbesondere die Problematik der Diskrepanzen zwischen den verschiedenen Entwicklungsbereichen, die auf Dauer bei Betroffenen zu intra-psychischen bzw. sozialen Konflikten führen kann. Die Auswirkungen einer eingeschränkten Entwicklung in einem der Bereiche (Kognition/Emotionalität) sind unterschiedlich. So konnten Sappok und Zepperitz bei einer Erhebung mit 203 Probanden mit kognitiven Beeinträchtigungen herausfinden, dass »ein niedriger emotionaler Entwicklungsstand (…) zu schweren Verhaltensstörungen führen (kann)« (ebd. 52). Selbstverletzungen waren dabei eine häufige Verhaltensstörung.

Die Autorinnen legen in ihrem Buch auf der Grundlage der genannten Erhebung und einer vertiefenden Analyse der Lebenssituation von 18 Probanden im Rahmen einer Pilotstudie ein umfassendes Modell der emotionalen Entwicklung mit Darlegung von Verhaltensstörungen bei unerfüllten emotionalen Bedürfnissen vor.

Die sozio-emotionale Entwicklung wird dazu in zehn Bereiche und diese jeweils in fünf aufeinander aufbauende Phasen unterteilt (ebd. im Überblick 93–98).

Folgende Bereiche werden von ihnen aufgeführt:

- Umgang mit dem eigenen Körper,
- Umgang mit anderen Personen,
- Selbst-Fremd-Differenzierung,
- Objektpermanenz und Trennungsangst,
- Ängste,
- Umgang mit Gleichrangigen,
- Umgang mit Dingen,
- Verbale Kommunikation,
- Affektdifferenzierung.
- Aggressionsregulation

Aus der nachfolgenden exemplarischen Beschreibung der fünf Phasen für den Bereich ›Umgang mit dem eigenen Körper‹ wird die enge Verbindung der beschriebenen emotionalen Entwicklung zur sexuellen Entwicklung deutlich und deckt sich mit dem in diesem Buch vertretenem breiten Verständnis von Sexualität. Die Autorinnen legen mit dem Diagnoseinstrument SEO eine Übersicht über die emotionale Entwicklung vor, die zur Einschätzung der emotionalen Entwicklungsphase und den daraus resultierenden emotionalen Bedarfen sehr hilfreich ist.

Für den Bereich ›Umgang mit dem eigenen Körper‹ werden folgende fünf Phasen genannt:

**Tab. 4:** Ausschnitt aus dem SEO-Fragebogen zum emotionalen Entwicklungsstand: Umgang mit dem eigenen Körper (Sappok/Zepperitz 2019, 93)

| Phasen | Umgang mit dem eigenen Körper |
|---|---|
| Phase 1 | • Beschäftigt sich mit dem eigenen Körper: beobachtend, spielend, saugend, masturbierend, zupfend, verletzend.<br>• Stereotype Bewegungen.<br>• Passiv. |
| Phase 2 | • Mit Gegenständen umgehend.<br>• Steckt alles in den Mund.<br>• Schmiert mit Fäkalien. |
| Phase 3 | • Sucht die Nähe der Betreuer und will ständig beschäftigt werden.<br>• Ist oft unsauber.<br>• Spielt mit seinen Geschlechtsteilen. |
| Phase 4 | • Ist stolz auf den eigenen Körper.<br>• Ist ängstlich (panisch) vor körperlichen Verletzungen.<br>• Identifiziert sich mit einem der Eltern oder anderer wichtiger Bezugspersonen. |
| Phase 5 | • Will eigene Kraft mit Anderen messen.<br>• Will körperlich etwas leisten.<br>• Kennt die eigene körperliche Kraft. |

Mit diesem Ausschnitt aus SEO wird nochmal bekräftigt, dass emotionale und sexuelle Entwicklung sehr eng miteinander verbunden sind. So lassen sich in dem Modell der emotionalen Entwicklung viele inhaltliche Verbindungen zu den bereits in Kapitel vier beschriebenen Themen der sexuellen Entwicklung finden: z. B. die Entdeckung der Geschlechtsteile in Phase 3 findet sich bei den Beschreibungen zum zweiten Lebensjahr (▶ Kap. 4.2).

Resümierend kann festgehalten werden, dass mit diesen Erkenntnissen zur emotionalen Entwicklung ein differenzierter Verstehenszugang zu Menschen mit kognitiver Beeinträchtigung beschrieben wird. Dies ermöglicht neue hilfreiche Perspektiven auf die sexuelle Entwicklung und die Erklärbarkeit möglicher irritierender Verhaltensweisen wie sie weiter unten beschrieben werden (z. B. Genitalentdecken/Selbststimulation).

Die Autorinnen warnen aber davor, dass durch die Diagnose ›kindlicher‹ emotionaler Bedürfnisse der Infantilisierung von Erwachsenen mit kognitiver Beeinträchtigung wieder Vorschub geleistet wird.

> »Die Idee des entwicklungsbasierten Ansatzes birgt bei unreflektierter Umsetzung tatsächlich die Gefahr, Menschen mit geistiger Behinderung wieder verstärkt in der Position des Kindes zu betrachten und auf dieser Ebene zu begegnen. Je schwerwiegender die Einschränkungen eines Menschen sind, desto weniger scheint er die Rolle des Erwachsenen einnehmen zu können bzw. zugesprochen zu bekommen« (Sappok/Zepperitz 2019, 63).

Die Autorinnen argumentieren weiter, dass es auf Seiten der Begleiter um die Anerkennung der kindlichen Bedürfnisse auch bei erwachsenen Menschen geht.

> »Selbstbestimmung zu leben bedeutet bei einem Menschen mit schwerster geistiger Behinderung, ihm auch das Recht auf das Ausleben seiner kindlichen Bedürfnisse zuzugestehen« (ebd. 64).

In der Begleitung von Kindern und Jugendlichen mit kognitiven Beeinträchtigungen kann es aufgrund einer verzögerten sexuellen/emotionalen Entwicklung zu Verhaltensweisen kommen, die aus der Außenperspektive schwierig erscheinen. Hieraus könnte sich die Problematik ergeben, dass z. B. das Genitalentdecken und das Interesse an den Genitalien des anderen Geschlechts, welches bei Kindern ohne Behinderungen im zweiten und dritten Lebensjahr zu beobachten ist, in die Schulzeit fällt und dort als störend bewertet wird. Für Menschen mit schweren geistigen Beeinträchtigungen schildern Reuther-Dommer und Stachowiak (1999) eine solch starke Ausrichtung auf den eigenen Körper als Lustquelle, die sich aus der zeitlich verzögerten sexuellen Entwicklung erklären lässt. Sie schildern ebenso starke Wünsche der erwachsenen Menschen mit schweren kognitiven Beeinträchtigungen nach Freundschaft zu den Betreuerinnen, was wiederum bei diesen Unsicherheiten auslöst. Diese Verunsicherung beobachten sie bei den Betreuerinnen »zum einen ganz konkret auf der Verhaltensebene, aber auch tiefergehend, da diese Konfrontation eigene abgewehrte regressive und archaische Segmente der Sexualität mobilisieren kann« (ebd. 95).

Ebenso kann die Entwicklung des Schamgefühls erst in einem sehr viel späteren Alter auftreten, so dass bei Kindern und auch noch Jugendlichen mit kognitiven Beeinträchtigungen zunächst ein Verhalten zu beobachten ist, das von der Umwelt als wenig oder gar nicht schamhaft bewertet wird und somit zu Irritationen führen kann.

Bei den Jugendlichen werden dann durch die einsetzende Geschlechtsreife mit der Ausbildung der äußeren Geschlechtsmerkmale sexuelle Entwicklungserschwernisse besonders deutlich.

Bezüglich dieser puberalen körperlichen Veränderungen gilt auch für Jugendliche mit Lernschwierigkeiten, dass sie in der Regel in der gleichen zeitlichen Varianz wie bei den nicht behinderten Jugendlichen auftreten – davon ausgenommen sind einige chromosomale Aberrationen wie z. B. das Klinefelter-, Turner- und Langdon-Down-Syndrom (vgl. Walter 1996, Schmetz 1998). Erschwerend ist sowohl für die Betroffene als auch die Bezugspersonen die Diskrepanz zwischen Körperentwicklung und Intelligenzalter sowie weiteren Entwicklungsbereichen.

Durch die nicht altersentsprechende Intelligenzentwicklung kann die Selbstbewertung der körperlichen Veränderungen bei den Jugendlichen zu großen Irritationen führen. Es ist ihnen dadurch erschwert, ihre körperlichen Veränderungen kognitiv zu erfassen und emotional zu verarbeiten. Häufig sind sie durch fehlende Sexualerziehung nicht auf die Pubertät und die damit einhergehenden körperlichen Veränderungen vorbereitet, so dass sie überrascht werden von Menarche oder Ejakularche und verunsichert oder gar verängstigt reagieren. »Sie empfinden die Veränderungen, können aber die körperlichen Empfindungen nicht deuten oder gar sublimieren« (Walter 1996, 165). Blinkle (1999) beschreibt als Folge enorme Spannungen innerhalb der Persönlichkeit des/der Betroffenen.

Die Pubertät führt die Jugendlichen mit Lernschwierigkeiten häufig in eine Identitätskrise und spätestens jetzt zu der für viele schmerzhaften Erkenntnis, dass sie behindert sind und werden. Diese Erkenntnis ist eng verbunden mit der Erfahrung des eigenen (körperlichen) Andersseins. Bereits in den Ausführungen zu den Entwicklungsaufgaben Jugendlicher ohne Behinderungen wurde deutlich, wie schwer schon für diese die Akzeptanz der körperlichen Veränderungen ist. Durch die hohe Bedeutung der körperlichen Attraktivität wird dies nicht nur für die Jugendlichen mit Körperbehinderung, sondern auch für die Jugendlichen mit kognitiven Beeinträchtigungen wesentlich erschwert. Jugendliche mit Behinderungen verlieren das kindliche Aussehen, was ihnen viele Kontakte zu Menschen ohne Behinderungen noch erleichterte. Diese gehen nun häufig mehr auf Distanz. Nach Walter (1996, 168) beginnen die Jugendlichen »sich selbst sehr stark zu genieren und sich noch mehr in die sowieso schon sozialbedingte Isolation des Außenseiters zurückzuziehen«. So ist Einsamkeit eine Folge, die eher weitere negative Empfindungen nach sich zieht. Häufig sind auch Wut oder Enttäuschung über die eigene Unvollkommenheit zu beobachten, die sich in Aggressionen oder massiven Autoritätskonflikten entladen können (vgl. Blinkle 1999). Pädagogische Angebote sind hier eine dringende Konsequenz (vgl. Stöppler und Albeke 2006). Ebenso berichtet Heck (2017) von sehr positiven Effekten bei Kindern und Jugendlichen mit kognitiver Beeinträchtigung, wenn diese regelmäßige Peerkontakte haben. »Auch konnten die Kinder und Jugendlichen mit kontinuierlichen Peergroup-Erfahrungen überwiegend deutlich ihre eigenen Gefühle in unterschiedlichen Situation einordnen und dies auch mimisch zum Ausdruck bringen« (ebd 161).

Das Internet kann für die Jugendlichen neue Möglichkeiten der sozialen Kontakte eröffnen. Der Zugang zu Neuen Medien und vor allem die Nutzung des Internets für soziale Kontakte sind zurzeit allerdings für die Personengruppe noch mit vielen Barrieren belegt (vgl. Reichstein 2016). Dabei bedeutet die Teilhabe am Internet nach Zaynel (2017) die Teilhabe an unserer Gesellschaft. Um dies zu verdeutlichen, beschreibt Zaynel in ihrer Ergebnisdarstellung der Erhebung bei Jugendlichen und jungen Erwachsenen mit Down-Syndrom zur Internetaneignung und -nutzung das Beispiel von einem männlichen Jugendlichen (Anil), »der durch seine WhatsApp-Nutzung von dem einen auf den anderen Tag ganz anders sozial vernetzt und in seinem sozialen Umfeld integriert wurde, dadurch dass er über WhatsApp mit den Jugendlichen vor Ort niederschwellig in Kontakt treten kann« (Zaynel 2017, 221). Gerade in der Nutzung dieser sozialen Netzwerke liegt viel Potential der Einbindung in verschiedene soziale Umfelder und damit auch Potential für die sexuelle Entwicklung. Die differenzierten und interessanten Ergebnisse, die Zaynel zur Internetaneignung erhoben hat, können an dieser Stelle nicht weiter vertieft werden. Allerdings soll darauf hingewiesen werden, dass sie neben den (erwartbaren) Barrieren für Nutzer und Nutzerinnen mit Down-Syndrom (»Dynamik des Internets, Hypertextstruktur des Internets, Textbasiertheit, Motorische Bedienung von Endgeräten« (ebd. 226)) feststellen konnte, dass »soziale Faktoren umso entscheidender sind. Zwar wird es stets downsyndromspezifische Schwierigkeiten geben und das Internet bleibt ein dynamisches Medium, wird die Internetnutzung jedoch früh angeleitet, können Erfahrungswerte gesammelt werden, die die Nutzung des Internets positiv beeinflussen« (ebd. 227). In diesen aktuellen Ergebnissen liegt viel Potential, um die Barrieren für Menschen mit kognitiver Beeinträchtigung bei der Internetnutzung zu minimieren und dieses soziale Feld als Teilhabechance zu eröffnen.

Neben der Frage der sozialen Kontaktmöglichkeiten, der Realisierung sowie deren sexueller Ausgestaltung ist für Jugendliche mit Behinderung natürlich auch der eigene Körper als Lustquelle von Interesse. Selbstbefriedigung ist eine den Jugendlichen mit kognitiven Beeinträchtigungen je nach Schwere der Behinderung allerdings nur bedingt zugängliche Möglichkeit für sexuelle Erfahrungen, die sie sich selbst erschließen können. Je schwerer die Beeinträchtigung, umso schwieriger scheint es, alleine zu einer Form der Selbstbefriedigung zu kommen, die zum Orgasmus führt. In der Regel brauchen die Jugendlichen Anleitung (Walter 1996). Hier ergibt sich häufig das Problem, dass sich sowohl Eltern als auch andere Bezugspersonen scheuen und überfordert fühlen, diese Anleitung zu geben.

Erste sexuelle Erfahrungen sind für die Jugendlichen mit kognitiven Beeinträchtigungen erschwert, da sie von Eltern und Betreuern durch überbehütende und bewahrende Verbote und Einschränkungen häufig daran gehindert werden. Trotz zunehmender Offenheit der Eltern oder Betreuer »ist der Schritt von der eigenen Aufgeschlossenheit und Toleranz zur praktischen Umsetzung im Sinne des behinderten Menschen besonders schwer« (Seefeld 1997, 436). Leben die Jugendlichen in Wohneinrichtungen, so sind es hier vor allem restriktive Heimordnungen, Mehrbettzimmer und damit fehlende Intimsphäre oder eine negative Einstellung der Betreuerinnen zur Sexualität der Bewohnerinnen (vgl. Wacker 1999), die sexuelle Entwicklung bzw. Erfahrungen oft verhindern.

Fegert et al. (2006) beschreiben in ihrer Studie zur sexuellen Selbstbestimmung und sexuellen Gewalt bei jungen Menschen mit geistiger Behinderung in Wohneinrichtungen ebenso die restriktiven Lebensbedingungen. Eine umfassende Sexualerziehung wird nicht realisiert, allenfalls Sexualaufklärung in einzelnen Fällen. Die Mitarbeitenden der untersuchten Einrichtungen haben eine eher abwartende Haltung, so dass sexuelle Inhalte vorrangig bei konkreten Anlässen thematisiert werden. Den Bewohnerinnen und Bewohnern wird aufgrund der postulierten Asexualität mangelndes Interesse bzw. Verständnis unterstellt. Mit diesem ›Argument‹ werden fehlende oder unzureichende Sexualerziehung sowie unzureichende Möglichkeiten sexueller Selbstbestimmung entschuldigt. Fegert et al. (2006, 285) stellen allerdings die forschungs- und literaturgestützte These auf, dass »die Ursache dafür, dass die Betroffenen mitunter keine sexualpädagogischen Bedarfe erkennen lassen, in der sexualmeidenden Atmosphäre liegen könnte«.

Leue-Käding (2004) konnte in ihren 22 Interviews zu den Themen sexuelle Entwicklung, Sexualität und Partnerschaft mit Jugendlichen mit Lernschwierigkeiten zwischen 14 und 19 Jahren Folgendes als Ergebnisse beschreiben:

> »Insgesamt ist bei den jungen Frauen und Männern ein breites Spektrum und eine differenzierte Entwicklung jugendlichen Sexualverhaltens zu finden. So kommen alle Facetten jugendlichen Beziehungsverhaltens vor, vom schwärmerischen Akzent bis hin zur Eifersucht und Liebeskummer« (ebd. 217).

Sie konnte weiterhin geschlechts- und altersspezifische Unterschiede darstellen.

Bei den 14–16-Jährigen stellte sie nur rudimentäres Sachwissen fest, da selten Sexualerziehung in Elternhaus oder Schule realisiert wurden. Je stärker die kognitiven und kommunikativen Einschränkungen sind, umso geringer ist auch das Sachwissen. Insgesamt fiel es allen Jugendlichen schwer, ihre persönliche Befindlichkeit zu schildern. Nach Leue-Käding (2004) ist aber gerade bei den schwerer Betroffenen, die oft nur geringe bis keine Auskunft über ihre Situation geben können, nicht davon auszugehen, dass sie die Veränderungen in der Pubertät nicht wahrnehmen. In Bezug auf das Geschlecht der Befragten konnte sie vor allem auch feststellen, dass männlichen Jugendlichen Kontakte zu einer Peergroup häufiger möglich sind, da ihnen in der Regel eine offenere Freizeitgestaltung von Seiten der Eltern zugestanden wird. Ebenso hatten die jungen Männer noch keine sexuelle Gewalt erlebt, die bei den jungen Frauen durchaus mit zu den Erfahrungen zählte, über die sie berichteten.

Eine hohe Betroffenheit von sexueller Gewalt beschreiben auch die von der BZgA (2013) befragten Jugendlichen mit Behinderung (Körper-, Hör-, Seh-, Lernbehinderung).

> »Mehr als ein Zehntel der Jugendlichen war bereits von sexualisierter Gewalt betroffen (14,2 %), darunter doppelt so viele Mädchen wie Jungen. Somit war jedes vierte Mädchen schon mal von sexualisierter Gewalt betroffen, insbesondere die hörbehinderten Mädchen« (ebd. 117).

Rittberger (2000) konnte in ihren Interviews zur psychosozialen Sexualentwicklung mit 26 Jugendlichen mit kognitiven Beeinträchtigungen zwischen 16 und 19 Jahren, von denen jeweils die Hälfte eine Förderschule bzw. eine Integrationsklasse in Österreich besuchten, deutliche Unterschiede zwischen den Gruppen feststellen. Die Jugendlichen, die die Integrationsklasse besuchten, hatten Eltern, die gegenüber Freundschaften wesentlich positiver eingestellt waren und die Jugendlichen weniger bei außerhäuslichen Freizeitaktivitäten einschränkten. In dieser Gruppe war wesentlich mehr Jugendlichen der Umgang mit Präservativen geläufig und sie hatten alle schulischen Aufklärungsunterricht. Diesen hatte bei den Förderschülerinnen keiner. Ca. 80% der Integrationsschülerinnen waren mit sich zufrieden, bei den Förderschülerinnen waren es nur 50% der befragten Jugendlichen. Auch wenn diese Befragung nicht repräsentativ war, so bestätigt sie doch das sozial isolierende Moment der Institution Förderschule, welches auch Weinwurm-Krause (1990) für ihre Probanden mit Körperbehinderung feststellen konnte.

Zusammenfassend wird deutlich, dass sich sowohl die sexuelle Entwicklung im Kindes- als auch im Jugendalter durch eine kognitive Beeinträchtigung wesentlich erschweren kann, vor allem durch

- das Erleben eines hohen Grades an Ablehnung durch die Behinderung,
- eine deutliche Diskrepanz vor allem zwischen kognitiver und emotionaler Entwicklung, die noch zu selten erkannt wird und zu psychischen Spannungen und Belastungen führen kann,
- die Diskrepanz zwischen körperlicher Entwicklung und kognitiven Fähigkeiten verbunden mit der Herausforderung, diese zu verstehen und dann ins eigene Selbstbild zu integrieren,
- verzögerte sexuelle Entwicklungsschritte, die dann durch das biologische Alter von Außenstehenden anders bzw. negativ bewertet werden (z. B. Doktorspiele),
- zu geringe/fehlende Vermittlung relevanten Wissens zur sexuellen Entwicklung, vor allem in der Pubertät,
- den erschwerten Zugang zu Neuen Medien und dem Internet sowie die mangelnde Vermittlung relevanter mediendidaktischer Kompetenzen.

## 5.4 Sexuelle Entwicklung unter der Perspektive Autismus

Für Kinder und Jugendliche mit einer Form aus dem Autismus-Spektrum können sich in der sexuellen Entwicklung durch ihre Wahrnehmungsbesonderheiten und ihre sozialen Erfahrungen besondere Herausforderungen ergeben (vgl. Theunissen 2016, 20 zum Begriff des Autismus-Spektrums statt der Autismus-Spektrums-Störung).

Aus der grundlegenden Veränderung »der Auswahl- und Integrationsfunktion, der Unterscheidung von Gestalt und Hintergrund« (Rickert-Bolg 2017, 17) lässt sich die hohe Anstrengung erahnen, die unter anderem die Verarbeitung der eigenen sexuellen Entwicklung für autistische Menschen bedeuten kann. Die Schwierigkeit der Unterscheidung und Integration der Reize aus dem eigenen Körper und der Reize aus der Umwelt betrifft die Bereiche Wahrnehmung, Denken, Fühlen, Handeln, Kommunizieren und Interagieren. Rickert-Bolg (2017,17) konkretisiert diese Besonderheit und die damit verbundene Leistung der Betroffenen eindrücklich:

> »Im Extremfall sind die Betroffenen ständig einem Übermaß an Informationen ausgesetzt, die sie nicht einordnen und zu ihren früheren Erfahrungen in Beziehung setzen können. Das führt dann dazu, dass sie sich zu ihrem eigenen Schutz von diesen Reizen abwenden müssen, dass sie sich auf sich selbst zurückziehen müssen – ›autistisch‹ werden.«

Bei der Frage, was diese Besonderheiten bei Menschen mit Autismus für deren sexuelle Entwicklung bedeuten, gibt es keine (der Autorin bekannten) empirischen Erhebungen, auf die zurückgegriffen werden könnte. Etliche Autorinnen stützen sich auf Erfahrungsberichte verschiedener Betroffener – meist Menschen mit Asperger-Autismus (Preißmann 2013, Steinhaus 2017) – oder auf berufliche Erfahrungen mit der Zielgruppe (Lache 2016, Rickert-Bolg 2017).

Lache (2016) beschreibt differenziert mögliche Erschwernisse oder Veränderungen der sexuellen Entwicklung, die sie für Kinder mit Autismus analog zu den Phasen psychosexueller Entwicklung aufgrund ihrer Erfahrungen mit der Zielgruppe annimmt. Deshalb sind die folgenden Ausführungen nicht empirisch abgesichert, sondern basieren auf vielfältigen Erlebnissen in der Begleitung von Menschen mit Besonderheiten aus dem Bereich des Autismus-Spektrums sowie logischen Ableitungen aus den Erkenntnissen der allgemeinen sexuellen Entwicklung.

Für autistische Kinder gelten die in Kapitel vier beschriebenen Phasen sexueller Entwicklung. Diese werden allerdings geprägt durch ihre Besonderheiten in der Eigen- und Fremdwahrnehmung und ihrem Sein in der Welt.

Berührungen am eigenen Körper – streicheln, liebkosen durch die Eltern – können bspw. durch Hypersensibilität als schmerzhaft erlebt werden (Lache 2016, 74).

> »Veränderungen in der taktilen Wahrnehmung lassen sich demnach zum einen zur Erklärung des bei autistischen Kindern beobachtbaren Vermeidungsverhaltens bezogen auf Körperkontakt und Nähe heranziehen und zum anderen kann man daraus schließen, dass die für die orale Phase typischen entwicklungsfördernden körperlichen Erfahrungen, wie sie durch Nähe, Zärtlichkeiten und Zuneigung, durch Wiegen, aber auch durch das Saugen vermittelt werden, nicht gesammelt werden können« (ebd. 74).

Im Dialog mit den Eltern fehlt diesen oft das soziale Lächeln ihres Kindes als Antwort auf ihre Zuwendung und Anlass, diese fortzuführen oder zu intensivieren (ebd. 94). Das kann zu Irritationen und Verunsicherungen auf Seiten der Eltern führen, was dann die Interaktionsangebote für das Kind verändern kann. Spannungen können entstehen und die Freude am liebevollen und spielerischen Kontakt kann verloren gehen.

Die Erkundungen des eigenen Körpers im genitalen Bereich, das Entdecken der Selbststimulation sowie alle weiteren körperlichen Erfahrungen sind durch die Veränderungen der Körperwahrnehmung in der ganzen Bandbreite von Hyper- zu Hyposensibilität geprägt und damit im Empfinden und der Verarbeitung der Erfahrungen hochindividuell. Theunissen (2016, 25) schreibt bspw. von autistischen Personen, die ihren Körper als fremd und unvertraut erleben. Demgemäß ist auch nicht einzuschätzen, in welchem Ausmaß die Kinder mit Autismus z. B. die erregenden Gefühle bei der Selbststimulation erleben und wie verstörend oder angenehm diese für sie sind.

> »Im Bereich der Genitalien können sich Sensibilitätsüber- und -unterempfindlichkeiten nicht nur auf die anale und die phallische Phase auswirken, in denen die Beschäftigung mit den Genitalien und deren Selbststimulation eine wichtige Rolle einnehmen, sondern können sich auch über diese Phase hinaus als problematisch erweisen« (Lache 2016, 75).

So könnte es z. B. sein, dass die Stimulationsstärke bei der Masturbation so hoch sein muss, um sexuelle Erregung zu empfinden, dass es zu unbeabsichtigten Verletzungen im Genitalbereich kommen kann. Durch Veränderungen der Körperwahrnehmung können die körperlichen Entwicklungen in der Pubertät von den betreffenden Jugendlichen »nicht nur als befremdlich, sondern mitunter auch als beängstigend erlebt werden« (ebd. 75). Lache (2016) beschreibt, dass es durch die irritierenden und auch überfordernden körperlichen Veränderungen, die vielleicht auch nicht verstanden werden, zu für die Umwelt merkwürdig erscheinenden Verhaltensweisen kommen kann: z. B. häufiges Riechen an den Achseln oder Befühlen der Geschlechtsteile. (ebd.76).

Preißmann (2013) benennt eine hohe Belastung für die Entwicklung der Mädchen mit Asperger-Autismus:

> »Für viele autistische Mädchen sind die körperlichen und emotionalen Veränderungen während der Pubertät ängstigend und frustrierend. Sie sind verwirrt, unsicher und ziehen sich oft noch mehr zurück. Auch spüren viele Betroffene die eigene Behinderung in dieser Zeit so stark wie nie zuvor. Sie erleben sich jetzt als zunehmend ›anders‹ im Vergleich zu den gleichaltrigen Mädchen« (ebd. 75).

Lache (2016, 73) geht für die Kindheit davon aus, dass unabhängig vom Intelligenzniveau der Kinder »physiologisches und sozio-emotionales Entwicklungsalter mitunter stark voneinander abweichen« und dass »Entwicklungsprozesse anders erlebt und bewältigt werden« (ebd.).

Neben der veränderten Körperwahrnehmung, die zu Verhaltensbesonderheiten führen kann und aufgrund derer von außen die sexuelle Entwicklung bei autistischen Kindern und Jugendlichen und deren sexuelles Empfinden schlecht eingeschätzt werden kann, besteht eine weitere große Herausforderung durch die fehlende bzw. veränderte Theory of Mind (vgl. Lache 2016, 77; Steinhaus 2017, 275). Autistische Menschen haben aufgrund dessen in jedem Alter Schwierigkeiten in sozialen Kontakten (vgl. Theunissen 2016,44ff). »Diese sogenannte ›Theory of Mind‹ erlaubt es uns, abzuschätzen, was jemand wohl tun wird, was wir von ihm erwarten können. Dafür ist es von zentraler Bedeutung zu erkennen, dass das, was wir selbst wissen, dem Gegenüber nicht unbedingt bekannt sein muss, dass es also verschiedene Perspektiven gibt, die wir berücksichtigen müssen« (Rickert-Bolg 2017, 23). Aus der Beschreibung dieser Fähigkeiten, über die Menschen mit Autismus kaum oder gar nicht verfügen, wird deutlich, dass soziale Situationen bzw. die Interaktion mit anderen schnell eine Überforderung darstellen können. Sexuelle Entwicklung findet zum größten Teil in Interaktion mit anderen Menschen statt und durch die Integration von Selbstbewertungen und Fremdbewertungen gelangen junge Menschen zu einem Konzept ihrer eigenen Persönlichkeit. Rickert-Bolg zieht bzgl. der sozialen Interaktion für Menschen mit Autismus eher ein frustrierendes Fazit:

> »Und wenn ich als Mensch mit Autismus zum wiederholten Mal am Verständnis sozialer Situationen verzweifelt bin und immer wieder Ärger und Ablehnung oder zumindest das Gefühl erlebe, dass mich niemand versteht und mir ständig Absichten unterstellt werden, die ich nie gehabt habe, dann werde ich kaum noch motiviert sein, mich auf Sozialkontakte einzulassen« (ebd. 23).

Lache (2016, 77) weist darauf hin, dass durch die Schwierigkeiten im Verstehen sozialer Situationen autistische Menschen mehr in der Gefahr stehen, Grenzen im Kontakt mit anderen Menschen nicht zu erkennen und unabsichtlich über diese hinwegzugehen. So kann es zu Verletzungen der Intimsphäre anderer kommen, die in der Form nicht gewollt waren, aber möglicherweise dann Streit oder Ärger nach sich ziehen.

> »Im Zuge dessen sind sie auch kaum in der Lage, ein Verständnis für die eigene Intimität sowie für eigene intime Grenzen, den Schutz ihres Körpers und ihrer Person zu entwickeln. Die möglichen Folgen können ein distanzloses Verhalten bis ins Erwachsenenalter sowie eine erhöhte Vulnerabilität für sexuelle Übergriffe sein« (Lache 2016, 77f).

Ebenso gilt es in der sexuellen Entwicklung sowohl die eigene Welt der Gefühle als auch die Gefühle der anderen Menschen um sich herum besser zu verstehen. Gefühle sind im Empfinden und in deren Mitteilung selten eindeutig und klar. Häufig vermischen sich mehrere Gefühle. Sie zeigen sich in Mimik und Gestik meistens mehrdeutig. Für autistische Menschen ist dies eine enorme Herausforderung, da es im Bereich der Gefühle keine eindeutige und für sie hilfreiche Orientierung gibt. Rickert-Bolg (2017) beschreibt, dass gegenüber Menschen mit Autismus das Vorurteil bestünde, dass sie Gefühle nicht wahrnehmen würden. Er berichtet aus seinen Erfahrungen mit Klienten/innen vom Gegenteil und schreibt, »dass sie sehr wohl die Gefühle anderer wahrnehmen, aber oft nicht richtig einordnen können und besonders oft nicht einschätzen könnten, inwieweit sie selbst betroffen sind« (ebd. 20). Auch hier kann Relevantes nicht von Unwichtigem unterschieden werden – dies gilt für die Gefühle anderer genauso wie für die eigenen. »Wenn Gefühle nicht situationsadäquat bewertet und austariert werden können, bleiben nur die Extreme, häufig im abrupten Wechsel – die Kontrolle der Impulse wird erschwert« (ebd. 20).

Veränderungen in der Kommunikation bei autistischen Menschen führen schon, wie bereits beschrieben, in der frühen Kindheit oft zu negativen Auswirkungen im Kontakt mit nahen Bezugspersonen. Diese für alle Beteiligten verunsichernden Erfahrungen ziehen sich durch ihr weiteres Leben:

> »Auch im Jugend- und Erwachsenenalter zeigen Autist_innen kaum ein soziales Lächeln als Reaktion auf das Lächeln eines Gegenübers. Dies kann damit begründet werden, dass sie zum einen generell eher wenig eigene Mimik oder Gestik zur Kommunikation einsetzen und zum anderen die kommunikative Bedeutung mimischer und gestischer Signale, wie es beispielsweise ein Lächeln ist, nicht verstehen oder entschlüsseln können und diese mitunter sogar als widersprüchlich empfinden« (Lache, 2016, 95).

Rickert-Bolg (2017) verweist auf die Schwierigkeit, außer dem Sachinhalt noch weitere Inhalte einem Gespräch bzw. dem gesprochenen Wort zu entnehmen. Satzmelodie, Tonhöhe, Betonung, Sprechgeschwindigkeit – viele Informationen im paraverbalen Bereich, die den Sachinhalt des Gesprochenen deutlich verändern und von Menschen mit Autismus kaum entziffert werden können. Ebenso ist eine blumige oder bildhafte Ausdrucksweise kaum zu entschlüsseln.

Die beschriebenen Herausforderungen, denen Menschen mit Autismus aufgrund ihrer Besonderheiten täglich begegnen und die ihnen den Alltag oft extrem anstrengend machen, kumulieren in der Entwicklungsphase der Pubertät und lassen sie ihr Anderssein im Vergleich zu Gleichaltrigen sehr stark erleben. Die Interessen der Jungen und Mädchen ohne Autismus verändern sich, sie erproben sich im Flirten und Kleidung, Frisur, die eigene (sexuelle) Attraktivität, Tanzen etc. bekommen eine hohe Bedeutung. Autistische Jugendliche fühlen sich von diesen Themen oft überfordert und können sie nicht verstehen. Das Erleben von körperlichen Berührungen und vor allem genitaler Sexualität ist für sie schwer vorstellbar (vgl. Preißmann 2013).

Für Mädchen bedeuten die körperlichen Veränderungen und vor allem das Einsetzen der Menstruation, dass sie ihren Körper auch mehr berühren müssen und sich durch die Monatshygiene mit anderen körperlichen Empfindungen auseinandersetzen müssen (Preißmann 2013, 53). Für Jungen können analog verwirrende körperliche Erfahrungen durch z. B. morgendliche Erektionen angenommen werden.

Insgesamt ist die Pubertät oft die Phase hoher psychischer und sozialer Belastung und kann zu einer Krisenzeit werden. Durch die noch deutlicher werdenden Unterschiede zwischen sich und den anderen Jugendlichen kommt es für die Jugendlichen mit Autismus zu Ausgrenzungserfahrungen bis hin zu Mobbing.

> »Die Fragen nach und die Auseinandersetzung mit der eigenen Person werden intensiver, damit einher geht die Suche nach der eigenen Identität. Depressionen oder Aggressionen werden auch deshalb nicht selten Wegbegleiter in der Pubertät. Die gegebenenfalls über mehrere Jahre aufgebaute Akzeptanz von und zu den Mitschülern gerät in Gefahr bis hin zur sozialen Ausgrenzung und Isolation« (Preißmann 2013, 75).

Trotz der aufgeführten sozialen und kommunikativen Herausforderungen, die der Kontakt zu anderen für autistische Menschen darstellt, sind sich alle Autoren und Autorinnen einig, dass die meisten Jugendlichen und Erwachsenen den Wunsch nach Freund oder Freundin bzw. Partner oder Partnerin haben. Allerdings ist es für die Betroffenen oft ein aufwendiger Lernprozess, Beziehung so zu gestalten, dass sich beide damit wohl fühlen. Partnerbörsen im Internet bieten z. B. gute Möglichkeiten, jemanden in einem sozial strukturierten Rahmen kennen zu lernen. Steinhaus (2017, 277) beschreibt weiterhin:

> »Sexuell motivierte Kontaktversuche sind oft naiv, unreif, unerfahren und manchmal unangemessen. Ein Kontakt zu anderen wird durchaus gesucht, allerdings oft in funktionalisierender Weise. Manche Betroffene leiden unter diesem Mangel, können ihn aber nicht gestalten. Andere wirken selbstgenügsam« (ebd.).

Zusammenfassend kann festgehalten werden, dass die sexuelle Entwicklung für Kinder und Jugendliche mit Autismus eine große Herausforderung darstellt, bei der sie verständnisvolle und fachlich fundierte Unterstützung benötigen. Die Suche nach Verständnis, Liebe und Zuwendung sind da und oft ist die Verzweiflung und Hoffnungslosigkeit groß, weil die Btroffenen ihre Situation von sich aus nicht verändern können.(vgl. Preißmann 2013, 58).

# 6 Sexuelle Entwicklung unter der Perspektive traumatischer Erfahrungen

*Ann-Kathrin Scholten*

In den bisherigen Ausführungen ist an verschiedenen Stellen schon darauf verwiesen worden, dass Kinder und Jugendliche mit Behinderungen häufig in ihrem Leben potentiell traumatisierenden Erfahrungen ausgesetzt sind. Mit Behinderungen zu leben, erhöht die Gefahr, traumatischen Lebensereignissen ausgesetzt zu sein. Die Vulnerabilität ist durch diese Lebensbedingungen deutlich erhöht, so dass sich Traumata eher manifestieren und sich Traumafolgestörungen zeigen können.

Aus diesem Grund ist diesem wichtigen übergreifenden Thema ein eigenes, in den Ausführungen zunächst auch sehr grundlegendes Kapitel gewidmet.

Traumatische Erlebnisse können sich bei den betroffenen Kindern und Jugendlichen deutlich auf ihre (sexuelle) Entwicklung auswirken. Ist die Ursache des Traumas erlebte sexuelle Gewalt, so sind Auswirkungen auf die sexuelle Entwicklung immer anzunehmen.

Die notwendige traumasensible sexualpädagogische Begleitung wird in Kapitel 9 (► Kap. 9) dargestellt.

Die erhöhte Gefährdung, Gewalt in unterschiedlichster Form zu erleben, konnte für Menschen mit Behinderungen in verschiedenen Studien nachgewiesen werden. So ermittelte Hensel bspw. 2012 für Menschen mit geistiger Behinderung in Bezug auf Gewalterfahrungen, dass diese »ein erhöhtes Traumatisierungsrisiko auf[weisen] (im Vergleich zur Durchschnittsbevölkerung):

- Physischer Missbrauch 9,4 % (4,5 %)
- Sexueller Missbrauch 3,5 % (2,0 %)
- Emotionaler Missbrauch 3,5 % (2,9 %)
- Opfer von Verbrechen viermal höher,
- 64 % aller missbrauchten Kinder sind (körperlich oder geistig) behindert.«

(Hensel 2012 zit. n. Kühn/Bialek 2014, 226)

Schröttle (BMFSFJ 2012) konnte in ihrer repräsentativen Befragung von Frauen mit verschiedenen Behinderungen nachweisen, dass diese schon als Kinder und Jugendliche in hohem Maße Betroffene von (sexualisierten) Gewalterfahrungen waren. Ebenso bestätigen ihre Ergebnisse den »wechselseitigen Zusammenhang von Gewalt und gesundheitlicher Beeinträchtigung /Behinderung« (ebd. 19):

> »Frauen mit Behinderungen und Beeinträchtigungen haben nicht nur ein höheres Risiko, Opfer von Gewalt zu werden; auch umgekehrt tragen (frühere) Gewalterfahrungen im Leben der Frauen häufig zu späteren gesundheitlichen und psychischen Beeinträchtigungen und Behinderungen bei« (ebd. 19).

Traumatische Erfahrungen können den Blick auf die Welt und auf andere Menschen ebenso prägen wie die individuelle Entwicklung, eingeschlossen der sexuellen Entwicklung. Es ergeben sich Besonderheiten und Herausforderungen, die im pädagogischen Setting zu beachten sind, damit eine traumasensible Begleitung möglich werden kann. Bei Menschen mit Behinderung kann davon ausgegangen werden, dass die Wahrscheinlichkeit der Entstehung von Traumafolgesymptomen drei- bis viermal höher ist als bei Menschen ohne Behinderung (vgl. Kühn/ Bialek 2016, 69). Es ist zu vermuten, dass Menschen mit Behinderung weniger Resilienzfaktoren zur Verfügung stehen, um ein potentiell traumatisches Ereignis so zu verarbeiten, dass keine Traumafolgesymptome entstehen oder diese sich nicht langfristig manifestieren.

Vor diesen Hintergrund wird im nachfolgenden Kapitel dem Thema »Trauma« eine besondere Beachtung geschenkt. Zunächst werden dazu eine Definition und daran anschließend eine Typologie traumatischer Erfahrungen vorgenommen, um eine Orientierung im komplexen Feld der Beschreibung traumatischer Erfahrungen zu geben. Im Anschluss werden mögliche Folgen traumatischer Erfahrungen in ihrer Relevanz für die Lebensgestaltung allgemein und mit Blick auf die sexuelle Entwicklung im Besonderen dargestellt. Auf dieser Grundlage werden Ableitungen für eine traumasensible Sexualpädagogik beschrieben, die sich an Erkenntnissen der Traumapädagogik orientieren (▶ Kap. 9).

An dieser Stelle sei gleichsam als »Hintergrundfolie« für alle Ausführungen erwähnt, dass traumatische Erfahrungen und ihre Folgen so vielfältig sind wie die Menschen selbst. Bei allen Beschreibungen und Hinweisen, die auf der wissenschaftlich fundierten Annahme einer gewissen Psycho-Trauma-Logik aufbauen, ist es der individuelle Mensch mit seiner Lebensgeschichte und seinen Besonderheiten, dem die höchste Priorität gelten muss. Nur auf diese Weise kann eine passgenaue und gelingende Begleitung realisiert werden.

## 6.1 Vielfältigkeit traumatischer Erfahrungen – Entwurf einer Typologie

Der Diskurs um Traumata ist durch eine große Heterogenität verwendeter Begrifflichkeiten und Typologien geprägt. Ebenso lässt sich ein zunehmend inflationärer Gebrauch des Begriffs »Trauma« erkennen: Da wird eine nicht schmeckende Speise als »traumatisches Erlebnis« deklariert oder die Ferienwohnung am Urlaubsort »war in traumatisierendem Zustand«. Ein solcher Gebrauch kann schnell die Ernsthaftigkeit und Heftigkeit »echter« traumatischer Erfahrungen für Betroffene negieren. Nachfolgend wird daher eine Definition von Traumata vorgenommen, die für das pädagogische Handeln im Sinne einer Arbeitsdefinition gut nutzbar und der Einordnung von Erfahrungen dienlich ist.

### 6.1.1 Definition traumatischer Erfahrungen

Der Begriff »Trauma« stammt ursprünglich aus dem Griechischen und bedeutet übersetzt Verletzung oder Wunde. Zunächst wurde diese Bezeichnung im medizinischen Bereich genutzt, um körperliche Verletzungen zu beschreiben. Seit dem 19. Jahrhundert wird mit »Trauma« vor allem eine seelische Verletzung bezeichnet, die durch verschiedene Ereignisse ausgelöst werden kann (vgl. Lackner 2004, 3).

Vielfältige Einflussfaktoren können ein Ereignis zu einem traumatischen Ereignis werden lassen, welches die Seele (nachhaltig) verletzt und erschüttert. Ein wesentlicher Aspekt, durch den eine Situation traumatisch werden kann, ist das Erleben einer existentiellen Bedrohung des eigenen Körpers oder der eigenen Seele bzw. das Erleben dieser Bedrohung bei einem anderen (nahestehenden) Menschen. So können beispielsweise körperliche Gewalt, medizinische Behandlungen oder ein Unfall ebenso traumatisierend wirken wie die (schwere) Erkrankung einer Bezugsperson oder die Zeugenschaft eines Gewaltverbrechens. Zentral für die Entwicklung eines Traumas ist, dass diese Bedrohung die individuellen Verarbeitungskräfte des betroffenen Menschen übersteigt und somit zu einem subjektiven Gefühl von extremer Ohnmacht und Hilflosigkeit führt. Eine produktive Bewältigung und Beendigung der Situation, beispielsweise durch Flucht, sich Wehren oder dem Bitten um Hilfe, scheint aus Sicht des betroffenen Menschen unmöglich, sodass ein hilfloser Verbleib und das Aushalten der Situation als einzig verfügbare Lösungen bleiben (vgl. Krüger 2015, 19-21). Verstärkt wird das traumatische Potential einer Situation, wenn diese (ohne absehbares Ende) anhält/sich wiederholt oder nach deren Ende keine Möglichkeiten zur Verarbeitung dieser vorhanden sind, beispielsweise durch soziale Unterstützung, Möglichkeiten zur Regulation belastender Gefühle und Erinnerungen oder pädagogische/therapeutische Interventionen (vgl. Krüger 2015, 19-24 und Görges/Hantke 2012, 54).

Daraus ergibt sich, dass die Genese traumatischer Erfahrungen höchst subjektiv und wesentlich von den für das Individuum verfügbaren Resilienzfaktoren sowie Verarbeitungs- und Unterstützungsressourcen abhängig ist. Während zum Beispiel für manche Menschen eine medizinische Behandlung traumatischen Charakter haben kann, kann dies für andere auf die Erfahrung des Alleinseins in fremder Umgebung oder auf die immer wieder erlebte Ablehnung durch Bezugspersonen zutreffen. Es ist zu beachten, dass auch scheinbar harmlose Erfahrungen, die gemeinhin nicht als traumatisch angesehen werden würden, traumatische Qualität annehmen können. Dies ist, wie oben beschrieben, der Fall, wenn die der Situation innewohnenden Herausforderungen die individuellen Verarbeitungsmöglichkeiten der Person übersteigen.

Unter Berücksichtigung der großen Individualität können dennoch Erfahrungen beschrieben werden, die für viele Menschen bei direktem Erleben oder durch Zeugenschaft traumatisierend wirken. Diese werden nachfolgend anhand einer Typologie nach Reddemann/Dehner-Rau (vgl. 2013, 10) und Terr (vgl. Lackner 2004, 6) dargestellt, um einen Überblick zur Einordnung anzubieten. Dabei sind Übergänge fließend und Überschneidungen sowie das Zusammenwirken verschiedener Bereiche möglich.

Nach Reddemann/Dehner-Rau lassen sich drei Typen traumatischer Erfahrungen unterscheiden. Ein erster Typus sind so genannte »Man-made-Traumata«, die in zwischenmenschlichen Kontexten geschehen. Dazu zählen insbesondere körperliche Gewalt, psychische Gewalt, rituelle Gewalt und sexualisierte Gewalt sowie Raubüberfälle. Besondere traumatische Wirksamkeit entfalten diese Erfahrungen dann, wenn die Täter/innen nahestehende und vertraute Personen sind. Des Weiteren können traumatische Erfahrungen beschrieben werden, die ihren Ursprung in Naturphänomenen/unfallartigen Szenarien haben, dazu zählen Erdbeben, Flutkatastrophen oder Brände. Als dritter Bereich werden kollektive Traumata beschrieben, die dadurch gekennzeichnet sind, dass viele Menschen in gleicher Weise von ihnen betroffen sind, dies ist zum Beispiel bei Kriegen der Fall.

Terr (zit. n. Lackner 2004, 6) unterscheidet zudem zwischen Typ-I-Traumata und Typ-II-Traumata. Bei ersteren handelt es sich um einmalige Ereignisse von traumatischer Qualität wie ein einmaliger Raubüberfall oder das einmalige Erleben einer Flutkatastrophe. Typ-II-Traumata kennzeichnen sich durch ihr wiederholtes Auftreten, zum Beispiel als immer wiederkehrende sexualisierte Gewalt, anhaltende körperliche Übergriffe oder lang andauernde Kriegshandlungen. Dabei ist das Ende der Ereignisse zumeist nicht vorherzusehen und zu beeinflussen. Zu beachten ist in diesem Rahmen, dass sowohl Traumata wiederkehrenden Charakters als auch einmalige Traumata sekundäre traumatische Erfahrungen nach sich ziehen können, die verstärkend wirken. Dazu zählen beispielsweise durch Unfälle notwendig werdende medizinische Behandlungen oder Verletzungen durch Gewalteinwirkungen, die die körperliche Unversehrtheit nachhaltig beeinträchtigen.

Es ist davon auszugehen, dass potentiell traumatisierende Erfahrungen umso wirkmächtiger sind,

- je länger und häufiger sie auftreten,
- je intensiver die eigene Person direkt körperlich und/oder psychisch bedroht ist,
- wenn sie durch bekannte Personen verursacht werden und je enger die Bindung an/Beziehung zu diesen Personen ist,
- je früher im Leben die Erfahrungen gemacht werden,
- je mehr Erfahrungen mit traumatischem Charakter über die Lebensspanne gemacht werden.

Besonders schwerwiegend sind für alle Betroffenen, insbesondere aber für Kinder in ihrer großen Abhängigkeit von Fürsorge und Schutz, traumatische Erfahrungen, die von Bindungspersonen ausgehen. Wenn Personen, die für Schutz und Sicherheit stehen und Geborgenheit und Feinfühligkeit vermitteln sollen, Verantwortliche für Gewalterfahrungen und andere traumatische Ereignisse werden, dann wird das Vertrauen in die Welt und andere Menschen in hohem Maße erschüttert. Gefühle von Ohnmacht, Angst und Hilflosigkeit sind oft deutlich verstärkt und die Ausweglosigkeit der Situation scheint besonders hoch. Dies ist insbesondere dadurch begründet, dass die Menschen, die in belastenden Situationen als Quelle von Hilfe und Unterstützung aufgesucht werden würden, nicht verfügbar sind. Im Gegenteil, sie wirken mit zerstörerischer Macht auf die Betroffenen ein. Nach Brisch wird diese Form des Traumas als »Bindungstrauma« bezeichnet (vgl. Brisch 2018, 14).

### 6.1.2 Entwicklungstraumata – eine besondere Form der »Man-made-Traumata«

In aktuellen Diskursen der Traumaforschung wird zunehmend deutlich, dass das Aufwachsen unter belastenden Lebensbedingungen in besonderer Form traumatisierend auf einen Menschen einwirken kann. Diese Form der Traumatisierung wird häufig als Entwicklungstrauma bezeichnet. Insbesondere van der Kolk (2018, 192–194) prägte durch seine umfassenden Untersuchungen den Begriff der »entwicklungsbezogenen Traumafolgestörung« und hat besonders in den Blick genommen, dass dauerhaft belastete Entwicklungsbedingungen in der Kindheit den weiteren Lebensweg nachhaltig beeinflussen können. In Anlehnung an Wöller (2006) lassen sich solche traumatisierenden Entwicklungsbedingungen wie folgt charakterisieren:

- »*Körperliche Gewalt:* Direkte Gewalteinwirkung auf das Kind durch Schlagen, Prügeln, Treten, Verbrennen, Verbrühen oder andere körperliche Schädigungen
- *Emotionale Gewalt:* Entwerten, Erniedrigen, Beschuldigen, Ignorieren, Isolieren, Einschüchtern oder Quälen des Kindes
- *Körperliche Vernachlässigung:* Unzureichende Versorgung und Gesundheitsfürsorge, die schwerwiegende Gedeih- und Entwicklungsstörungen zur Folge haben kann
- *Emotionale Vernachlässigung:* Unzureichende Beziehungsangebote durch die Eltern und ständige Wechsel der Bezugspersonen, mangelnde Wärme in der Eltern-Kind-Beziehung, fehlende elterliche Aufsicht sowie Bagatellisieren der emotionalen Probleme des Kindes« (Wöller 2006 zit. n. Büttner 2018, 16).

Zusätzlich zu den von Wöller beschriebenen nichtsexuellen Traumatisierungen können auch andauernde sexualisierte Gewalterfahrungen durch Bezugspersonen die Entwicklung nachhaltig beeinträchtigen und im Sinne eines Entwicklungstraumas wirken (vgl. Büttner 2018, 6).

Es lässt sich festhalten, dass diese Form der »Traumatisierung letztlich eine Missachtung aller elementaren psychischen Bedürfnisse eines Kindes darstellt – wie z. B. des Bedürfnisses danach, wahrgenommen zu werden, des Bedürfnisses nach Gespiegelt- und Gehaltenwerden und des Bedürfnisses Schutz zu erfahren. Auch die Ausbeutung des Kindes zur eigenen Bedürfnisbefriedigung gehört hierzu« (Wöller 2006 zit. n. Büttner 2018, 16).

### 6.1.3 Traumata durch Behinderungserfahrungen

In der Begleitung von Menschen mit Behinderungen ist besonders relevant, dass diese durch ihre Behinderungserfahrungen häufig vielfältige Erlebnisse mit potentiell traumatisierendem Charakter machen. Darauf wurde schon bei den Ausführungen zur sexuellen Entwicklung an einigen Stellen hingewiesen. Die nachfolgenden Ausführungen beziehen sich vor allem auf Kessler (2016) und Kühn/Bialek (2014).

Schon vor der Geburt und zu Beginn des Lebens begegnen Kinder mit Behinderung und ihre Eltern besonderen Herausforderungen in der Gestaltung ihrer Bindungsbeziehung. Eltern beschreiben nach Kühn/Bialek häufig, dass sie sich nach der Diagnosestellung durch Ängste und Unsicherheiten emotional sehr herausgefordert fühlen. Dadurch kann die Einstimmung auf das Kind mit widersprüchlichen Gefühlen von Liebe und Annahme, aber auch Angst, Abwehr und Ablehnung geprägt sein. Diese Ambivalenz kann auf das Kind traumatisierend wirken, da in dieser Zeit hoher Abhängigkeit und Verletzlichkeit keine verlässlichen Bindungspersonen als Quelle von Fürsorge und Bedürfnisbefriedigung zur Verfügung stehen.

Eltern stehen zudem durch die Geburt eines Kindes mit Behinderung häufig vor der Herausforderung, ihr Bild von einer intakten Familie mit einem Kind ohne Behinderung, an die neue Situation anzupassen. Pläne und Wünsche für das Leben des Kindes erleben diese Eltern als infrage gestellt und eine Neuausrichtung der Zukunftsgestaltung kann zu einer zentralen Herausforderung werden. Die Pflege und Förderung eines Kindes mit Behinderung hat zudem ein hohes Verunsicherungspotential und konfrontiert die Eltern mit neuen Lern- und Erfahrungsfeldern. Durch diese Besonderheiten hervorgerufene Gefühle von Überforderung und Bedrohung können die Gestaltung einer sicheren Bindung ebenso beeinflussen und traumatisierenden Charakter für das Kind haben.

Darüber hinaus sind die Biografien von Menschen mit (angeborenen) Behinderungen oftmals geprägt von Fördermaßnahmen und medizinischen Behandlungen, die einer bestmöglichen weiteren Entwicklung dienen sollen. Diese werden aber nicht selten gegen den Willen der Menschen vorgenommen und können daher von Ohnmachtserfahrungen geprägt sein. Dieser Aspekt kommt vor allem dann zum Tragen, wenn durch Entwicklungsstand oder kognitive Kompetenzen eine Erklärung der erforderlichen Behandlungen nicht möglich ist und Beschreibungen des Nutzens unzugänglich bleiben. Schmerzen während der Behandlung können den Effekt der Ohnmachtserfahrung verstärken.

Behinderungen, die im Laufe des Lebens eintreten, können außerdem Ereignisse mit traumatischem Potential vorausgehen. Vor allem Unfälle, schwere Krankheiten oder misslungene medizinische Eingriffe sind Erfahrungen, die nachhaltig traumatisierend wirken können und neben der Verarbeitung der Behinderungserfahrungen Einfluss auf die weitere Lebensgestaltung haben können.

Weiterhin sind Menschen mit Behinderung oft dem Erleben von Ausgrenzung ausgesetzt. Beispielsweise durch Besonderheiten im sprachlichen Ausdruck, im äußerlichen Erscheinungsbild, in Körperfunktionen oder auch in kognitiven Voraussetzungen werden Menschen mit Behinderung immer wieder zu Zielpersonen von Normierungen, Abwertungen und Exklusionen. Sei es in zwischenmenschlichen Beziehungen oder auch in Institutionen wie Bildungseinrichtungen, die durch ihre Voraussetzungen einen Besuch für Menschen mit Behinderung verunmöglichen. Endres und Moisel (2002, 15) prägten den Begriff der Mikrotraumata zur Beschreibung dieser multiplen Ausgrenzungserfahrungen, die traumatisches Ausmaß annehmen können.

Nicht zuletzt sind Menschen mit Behinderung noch immer in Prozesse transgenerationaler Traumaweitergabe als Folge der Euthanasie-Programme im Nationalsozialismus eingebunden. Gezielte Ausgrenzung, die Degradierung von Menschen mit Behinderung als »unwertes Leben« bis hin zu deren Tötung sind geschichtliche Prozesse in Deutschland, die in Haltung und Gestaltung von Institutionen/ Lebensräumen bis heute ihre Wirkung haben. So stellen beispielsweise Senioren mit Behinderung eine neue Generation dar, für die noch wenige Angebote vorhanden sind.

## 6.2 Mögliche Folgen traumatischer Lebenserfahrungen

Traumatische Erfahrungen können vielfältige Folgen für das Leben und die Entwicklung eines Menschen haben. Ebenso wie die Entstehung eines Traumas und dessen Ursachen höchst individuell sind, so sind es auch die möglichen Folgen. Es können unterschiedliche Traumafolgesymptome und Besonderheiten – auch abhängig von weiteren Risiko- oder Schutzfaktoren – in verschiedener Intensität auftreten. Ebenso ist eine klare Einordnung der Folgesymptome in abgrenzbare Bereiche, wie sie nachfolgend zur Orientierung vorgenommen wird, in der Praxis selten möglich. Überschneidungen und Verknüpfungen von Symptomenbereichen sind die Regel.

Bisweilen mögen Verhaltensweisen und Denkmuster der Kinder und Jugendlichen auf den Außenstehenden unlogisch, verwirrend oder widersprüchlich wirken. Aus der individuellen Logik eines Menschen mit traumatischen Lebenserfahrungen haben diese aber immer einen subjektiven Sinn. Traumafolgesymptome sind eine Leistung des Organismus. Sie ermöglichen den Betroffenen ein (Weiter-) Leben mit den sonst kaum aushaltbaren Erfahrungen und Erinnerungen und sie sollen vor erneuten Angriffen auf die eigene körperliche und seelische Unversehrtheit schützen.

Zentral ist folglich aus der Perspektive der Außenstehenden die »Annahme des guten Grundes« für Traumafolgesymptome. Jedes Verhalten hat für den Betroffenen einen subjektiv sinnvollen und damit guten Grund, den es wertzuschätzen und zu achten gilt (vgl. Weiß 2016, 23). Diese individuelle Psycho-Trauma-Logik gilt es zu verstehen, um die Kinder und Jugendlichen passend zu begleiten.

Gerade bei Menschen mit Behinderungen ist zudem zu beachten, dass der Ausdruck von Traumafolgen bisweilen als eine Folge/Besonderheit der Behinderung (fehl-)interpretiert wird (vgl. Kessler 2016, 235). Eine hohe Sensibilität seitens der pädagogischen Fachkräfte ist gefordert, um Ausdrucksweisen adäquat einordnen zu können. Menschen mit traumatischen Erfahrungen sind in höchstem Maße davon abhängig, dass die sie begleitenden Professionellen ihre Traumafolgesymptome als solche erkennen und die damit einhergehenden Bedarfe adäquat erfüllen.

Dies gilt insbesondere für Menschen, die (noch) nicht in der Lage sind, ihre traumatischen Erfahrungen und Symptome kognitiv und emotional einzuordnen sowie zu beschreiben und für die die professionell Tätigen diesen Prozess des Erkennens übernehmen müssen. Gerade Kindern, Jugendlichen und Menschen mit Behinderungen ist der gute Grund ihres eigenen Verhaltens oft (noch) nicht bewusst und es ist wesentlich für sie, dass begleitende Personen ihnen diesen zugänglich machen. Es kann für Betroffene eine große Gefahr sein, wenn ihre Verhaltensausprägungen nicht als in traumatischen Erlebnissen begründet gesehen werden und damit eine traumasensible Begleitung ausbleibt. Traumafolgesymptome können sich dann verstärken oder neue Ausprägungen annehmen, die die Betroffenen dann zusätzlich belasten und neue Anpassungsleistungen erfordern.

### 6.2.1 Überblick über typische Traumafolgesymptome

Die nachfolgend dargestellten Traumafolgesymptome lassen sich als Reaktion des Organismus auf die extreme Belastung charakterisieren. An ihrer Entstehung sind komplexe neurobiologische Prozesse beteiligt, die beispielsweise von van der Kolk (2018) differenziert beschrieben werden und hier nicht weiter vertieft werden sollen. An dieser Stelle wird der Fokus auf deren Ausprägung bei Betroffenen gelegt, die zentral für eine traumasensible Begleitung ist.

Traumafolgesymptome lassen sich in drei große Bereiche von Merkmalen, die grundlegend für die nachfolgende Darstellung sind (vgl. z. B. Krüger 2014, 46–48):

- Überregungszeichen,
- Überwältigende Erinnerungen und Flashbacks,
- Vermeidungsverhalten und Dissoziationen.

Die nachfolgenden Abbildungen helfen, den Zusammenhang zwischen Merkmal, dem guten Grund (subjektive Psycho-Trauma-Logik) sowie dem beobachtbaren Verhalten zu verdeutlichen:

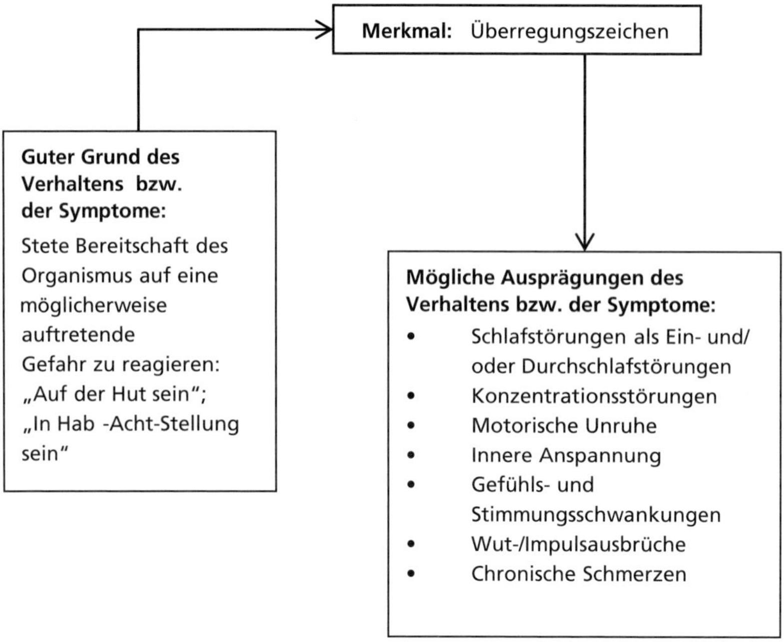


**Abb. 12:** Traumafolgesymptome: Überregungszeichen

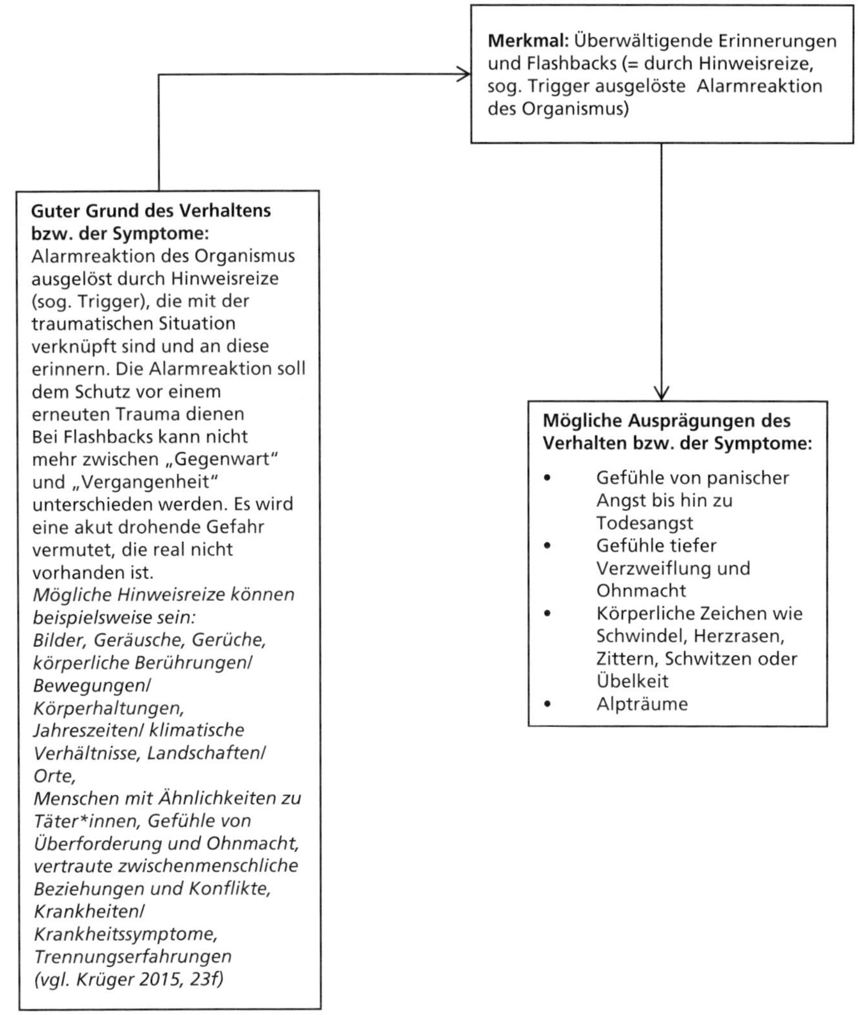


**Abb. 13:** Traumafolgesymptome: Überwältigende Erinnerungen und Flashbacks

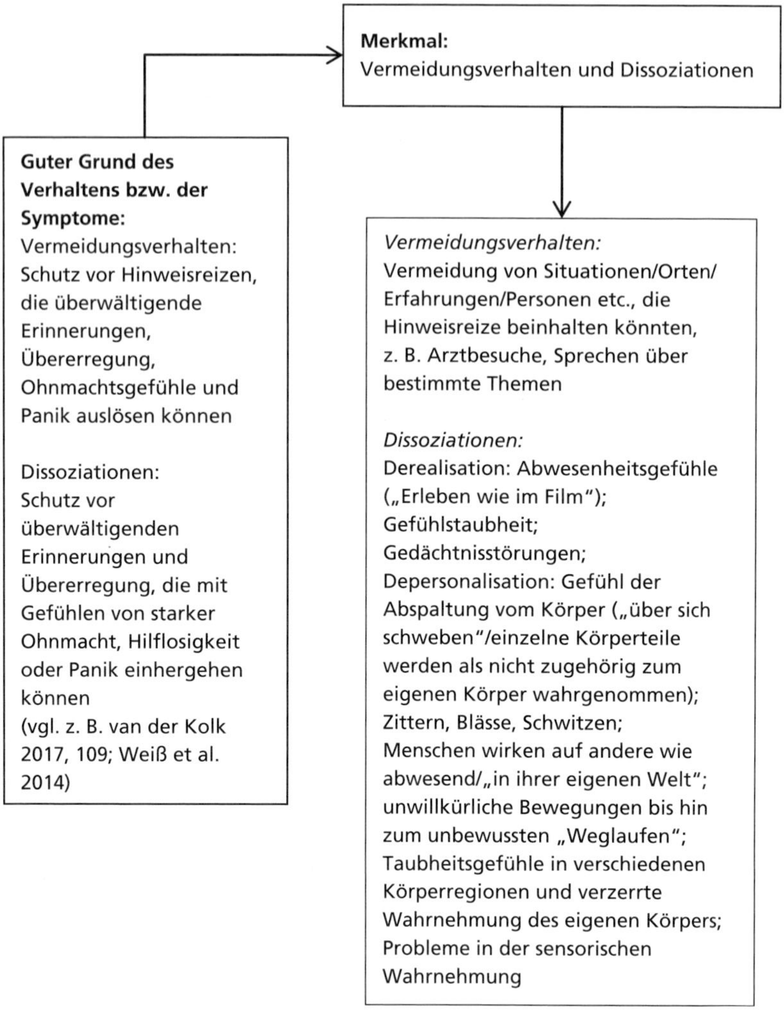


**Abb. 14:** Traumafolgesymptome: Vermeidungsverhalten und Dissoziationen

Darüber hinaus lässt sich eine Vielzahl traumaassoziierter Symptome benennen, die vor allem der Linderung von Spannungszuständen, dem Wiedererlangen von Kontrolle und dem Schutz vor erneuten traumatischen Erfahrungen dienen sollen. Dazu zählen beispielsweise

- selbstverletzendes Verhalten wie das Zufügen von Schnittwunden,
- Trennungsangst und andere Ängste wie die Angst vor Infektionskrankheiten,
- Alkohol- und Drogenkonsum,
- Essstörungen,
- Zwangshandlungen wie Waschzwang (vgl. z. B. Signerski-Krieger/Anderson-Schmidt/ Büttner 2018)

Ebenso werden gerade nach Gewalterfahrungen irrationale Schuldgefühle, Schamgefühle und Gefühle der eigenen Wertlosigkeit berichtet. Die eigenen Emotionen zu erkennen und zu benennen sowie für sich selbst gut zu sorgen (z. B. im Rahmen der Gesundheitsfürsorge) ist zumeist mit großen Herausforderungen verbunden (vgl. van der Kolk 2018, 109; 197-200).

Häufig zeigen sich zudem Schwierigkeiten in der Gestaltung von Freundschaften und zwischenmenschlichen Beziehungen, da sich Betroffene in einem Spannungsfeld von extremem Misstrauen und großer Bedürftigkeit nach Schutz und Nähe bewegen. Die Begegnung mit diesem Spannungsfeld und die Beantwortung sich daraus ergebender Bedürfnisse ist für die Betroffenen selbst, aber auch für Partner/innen und Freund/innen herausfordernd.

Des Weiteren neigen Menschen mit traumatischen Erfahrungen dazu, die erlebten negativen Beziehungsdynamiken der traumatischen Situation auf weitere Beziehungen zu übertragen. So werden beispielsweise neuen Partner/innen von vorneherein eine hohe Unzuverlässigkeit oder das Nutzen der Beziehung nur für eigene Bedürfnisse unterstellt (vgl. Kessler 2016a, 124f).

Außerdem sind Betroffene, insbesondere nach Gewalterfahrungen und Entwicklungstraumata, in erhöhter Gefahr, sich immer wieder in Situationen/Beziehungen zu begeben, in denen sich das traumatische Erleben wiederholt. In verschiedenen Studien konnte nachgewiesen werden, dass ein erheblicher Anteil der Menschen, die bereits einmal in ihrem Leben Gewalterfahrungen gemacht hatten, dies im weiteren Verlauf mindestens noch ein weiteres Mal, in vielen Fällen sogar noch mehrere Male erleben (vgl. Büttner 2018, 17f).

### 6.2.2 Spezifische Folgen von Entwicklungstraumata

Für Entwicklungstraumata lassen sich spezifische Folgesymptome benennen, die sich teilweise mit den oben beschriebenen Symptomen decken, sich aber auch davon abheben. Van der Kolk (2018, 129–200), auf den sich die nachfolgenden Ausführungen schwerpunktmäßig beziehen, untersuchte mit einer Forschungsgruppe knapp 20.000 Berichte zu Kindern, die in potentiell traumatisierenden Lebensverhältnissen aufwuchsen und aufgrund des Auftretens von besonderen Verhaltensweisen in Behandlung waren. Zusätzlich wurden 130 Dokumente zu Missbrauch, Misshandlung und Vernachlässigung, die über Kinder in aller Welt berichteten, in die Forschungsaktivität einbezogen. In der differenzierten Analyse »entdeckten wir [die Forschungsgruppe, Anm. der Autorin] ein konsistentes Profil: (1) Stets war Dysregulation im Spiel, (2) es lagen Probleme vor, die die Aufmerksamkeit und Konzentration betrafen; und (3) die Betroffenen hatten Schwierigkeiten, mit sich selbst und anderen Menschen zurechtzukommen« (van der Kolk 2018, 192).

Auf Grundlage dieses Profils werden nachfolgend typische konkrete Besonderheiten, die das Leben von Menschen mit Entwicklungstraumata prägen können, dargestellt. Die Eintragungen orientieren sich an der oben genannten Studie von van der Kolk und sind in der konkreten Praxis und auf Grundlage persönlicher/beruflicher Erfahrungen stets durch individuelle Merkmale betroffener Menschen zu ergänzen:

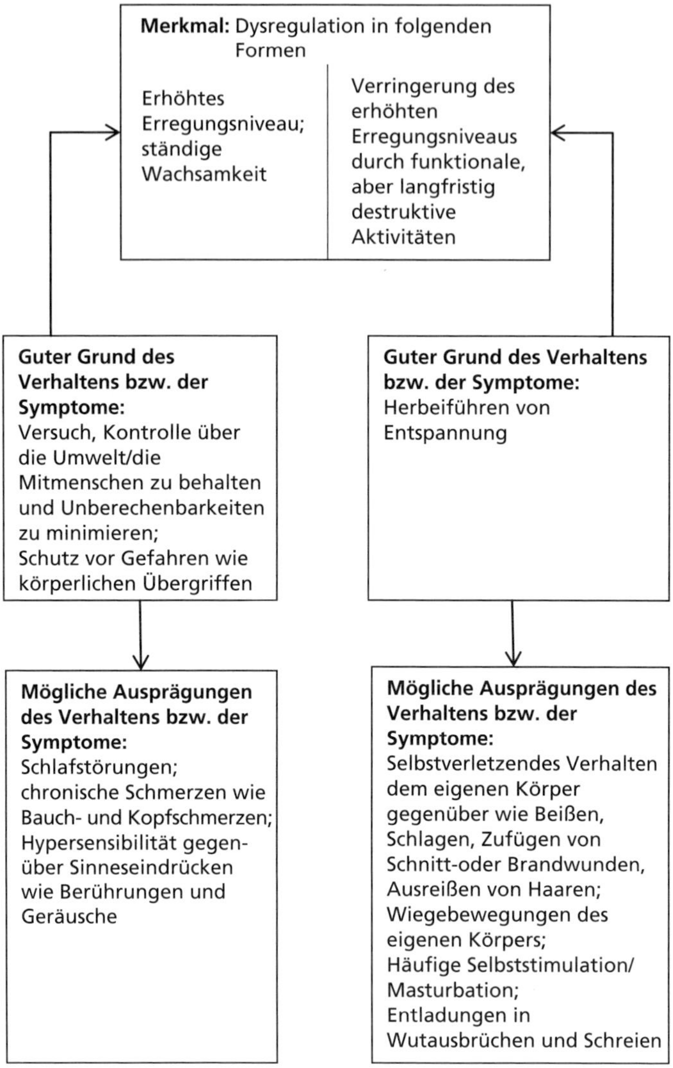


**Abb. 15:** Mögliche Besonderheiten als Folge von Entwicklungstraumata: Dysregulation

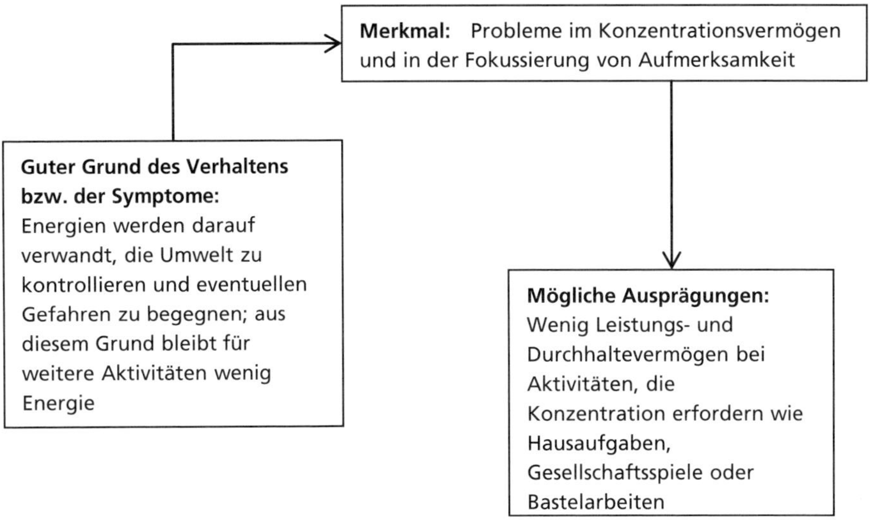


**Abb. 16:** Mögliche Besonderheiten als Folge von Entwicklungstraumata: Probleme im Konzentrationsvermögen und in der Fokussierung von Aufmerksamkeit

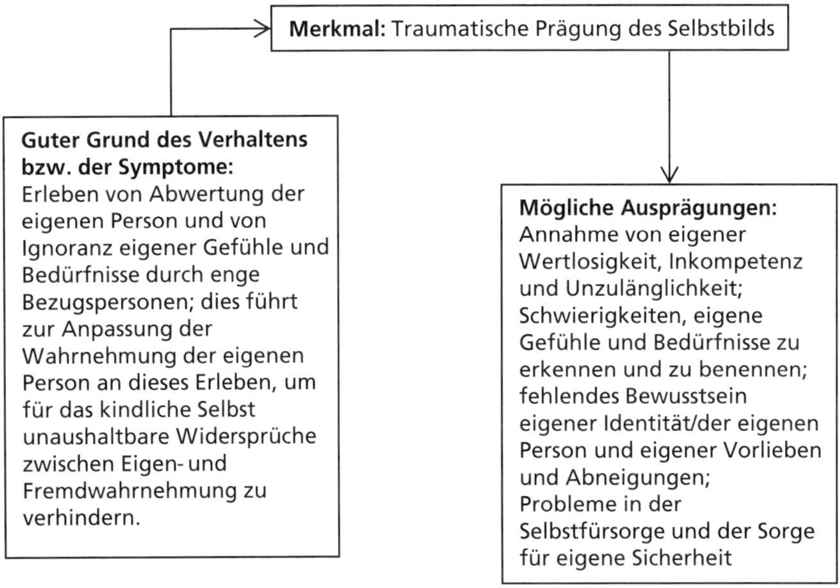


**Abb. 17:** Mögliche Besonderheiten als Folge von Entwicklungstraumata: Traumatische Prägung des Selbstbilds

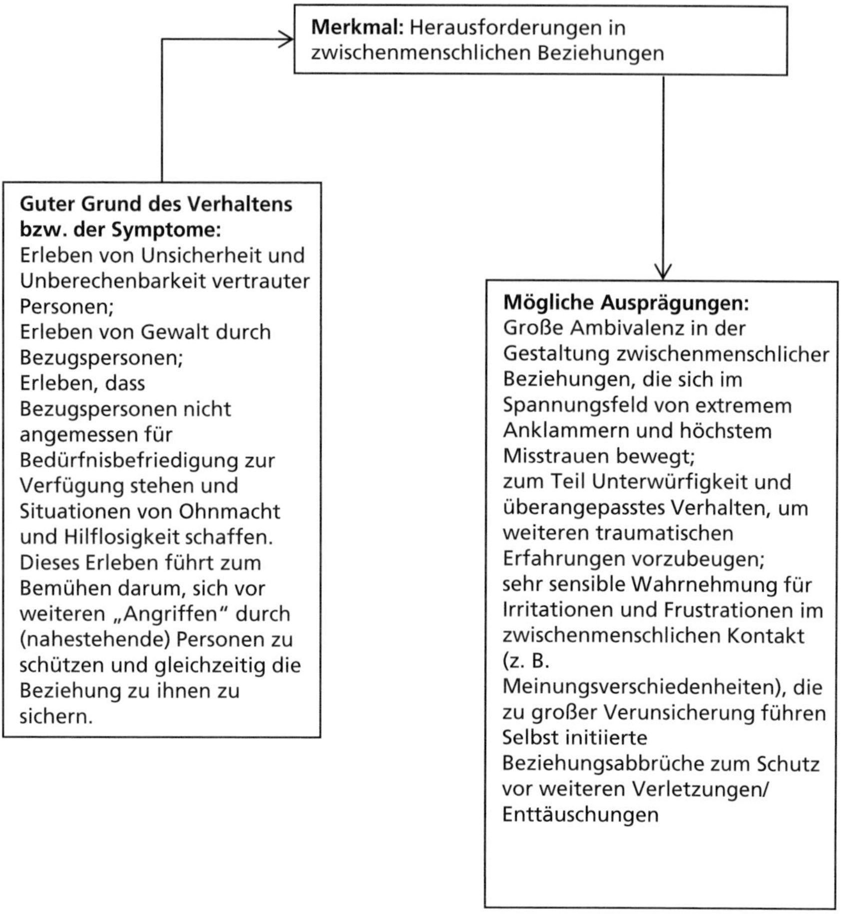


**Abb. 18:** Mögliche Besonderheiten als Folge von Entwicklungstraumata: Herausforderungen in zwischenmenschlichen Beziehungen

Der gesamte Blick auf die Welt und andere Menschen ist bei Menschen mit Entwicklungstraumata häufig geprägt durch eine »negative Vorerwartung«. Dass ihnen positive Zuwendung zuteilwerden könnte oder Menschen es gut mit ihnen meinen, ist für sie kaum vorstellbar. Menschen, die unter traumatisierenden Lebensbedingungen aufgewachsen sind, verneinen häufig die Frage danach, ob sie sich in der Welt und in Beziehungen sicher fühlen. Sie beschreiben oft Gefühle von Leere, Hoffnungslosigkeit und Entfremdung von sich selbst (Gordon & Wraight 1993/Kiser et al. 1991 zit. n. Streeck-Fischer 2011, 456f).

Darüber hinaus ist bei einigen Betroffenen ein so genanntes undifferenziertes Sozialverhalten (vgl. Gleason 2018) zu beobachten, oben in der Grafik bereits als »extremes Anklammern« angedeutet. Betroffene mit einer solchen Form von Traumafolgesymptomen suchen häufig sehr stark Nähe zu anderen Personen, zeigen ein großes Bedürfnis nach Körperkontakt und wünschen die Erfüllung ihrer Bedürfnisse bisweilen auch von Fremden. Sie zeigen auch fremden/fernstehenden Personen gegenüber Trennungs- und Verlustängste. Sie lassen sich schnell auf Beziehungen ein und sind damit in erhöhter Gefahr, wiederum missbräuchliche, gewalttätige und/oder vernachlässigende Beziehungen einzugehen, die weitere traumatische Erfahrungen verursachen.

In der Praxis kann es zu einer Verwechslung solcher Traumafolgesymptome mit ADHS sowie anderen Störungen der Emotionsregulation und des Sozialverhaltens kommen. Es ist von hoher Relevanz für alle Betroffenen, dass sie auf Begleiter/innen treffen, die ihre Lebensgeschichte und ihre innere Not erkennen und ihren Besonderheiten fachlich und sensibel begegnen.

Nicht zuletzt hinterlassen dauerhaft existentiell bedrohliche Lebensbedingungen auch nachhaltige Spuren in Gehirn und Organstrukturen und haben damit z. B. auch Auswirkungen auf Immunsystem, Hormonsystem und Botenstoffsystem (vgl. Krüger 2015, 44, für differenzierte Beschreibungen van der Kolk 2018).

Bei Entwicklungstraumata, aber auch bei anderen traumatischen Erlebnissen in der frühen Kindheit, ergeben sich Besonderheiten in der Verarbeitung. Da der differenzierte Spracherwerb noch nicht abgeschlossen ist (vor dem dritten Lebensjahr), sind Ereignisse und Erinnerungen nicht erzählbar und somit nicht auf sprachlicher Ebene zu verarbeiten. Die Speicherung traumatischer Erlebnisse erfolgt dann ausschließlich im Körpergedächtnis und kann durch körper- und/oder sinnesbezogene Hinweisreize (Trigger) aktualisiert werden. Diese können zum Beispiel bestimmte Berührungen am Körper, Geräusche oder auch Gerüche sein. Durch diese Hinweisreize können traumatische Erlebnisse in der Form erinnert werden, dass eine Unterscheidung zwischen Gegenwart und Vergangenheit nicht mehr möglich ist und frühere Gefühle von Ohnmacht und Hilflosigkeit sich in genau der gleichen Intensität zeigen wie in der traumatischen Situation selbst (Flashbacks). Die Betroffenen wirken in der Folge häufig abwesend, panisch oder verstört, neigen aber ebenso zu Wutausbrüchen oder anderem externalisierendem Verhalten.

Eine besondere Form der Verarbeitung traumatischer Erlebnisse ist das traumatische Spiel, bei dem Erfahrungen reinszeniert werden. Dabei ist zu beobachten, dass die Kinder sich völlig von der Realität entfernen und Szenen des traumatischen Erlebens wie real darstellen. Es kann zu Grenzüberschreitungen kommen, vor allem wenn andere Kinder in das traumatische Spiel einbezogen werden und gleichsam von betroffenen Kindern im Spiel ebenfalls zu Betroffenen gemacht werden (vgl. Krüger 2015, 44 und 2014, 46)

### 6.2.3 Komplexe Traumafolgesymptome als Folge chronischer Traumatisierung

Komplexe Traumafolgesymptome treten häufig bei Betroffenen von Entwicklungstraumata oder von »Man-made-Traumata« des Typs II auf. Diese Folgen sind für die individuelle Entwicklung besonders wirkmächtig und beeinträchtigend. Traumata, die komplexe Traumafolgesymptome bedingen, können zum

Beispiel wiederholte körperliche Gewalt und nachhaltige Vernachlässigung in der Kindheit, aber auch langanhaltende partnerschaftliche Gewalt sein.

Neben den bereits zuvor beschriebenen Symptomen, die auch im Rahmen einer komplexen Traumafolgesymptomatik auftreten können, zeigen sich folgende Symptombilder – oft in besonders starker Ausprägung:

»*Affektregulationsstörung:* Es ist keine Feinabstufung der Gefühlsausdrücke möglich. In zwischenmenschlichen Situationen und in der Kommunikation besteht eine leichte Erregbarkeit, oft einhergehend mit Ärger und Zorn. Zusätzlich kommt es zu selbstschädigenden Verhaltensweisen.
*Selbstwahrnehmungsstörungen:* Das Identitätsgefühl ist beeinträchtigt. Die Betroffenen sind der Überzeugung, ein beschädigtes Leben zu führen, das nicht mehr zu reparieren ist, oder im Leben etwas falsch gemacht zu haben und minderwertig zu sein. Es bestehen Schuld- und Schamgefühle und eine mangelnde Selbstfürsorge, indem eigene Bedürfnisse nicht wahrgenommen und beachtet werden. Vor allem nach langjährigen sexuellen Missbrauchserfahrungen finden sich Gefühle der Hilflosigkeit, Selbstbeschuldigungen, starker Ekel vor dem eigenen Körper (Gefühl der Beschmutztheit) und Selbsthass.
*Beziehungsstörung:* Misstrauen gegenüber anderen Menschen, Schwierigkeiten, Beziehungen stabil zu gestalten, und wiederholte Beziehungsabbrüche machen es den Betroffenen schwer, in Beziehungen Zufriedenheit zu erleben. Sozialer Rückzug und Isolation sind die Folge. Liegen sexuelle Missbrauchserfahrungen vor, so kann eine Angst vor intimen Beziehungen bestehen. Der Täter oder die Täterin hingegen wird möglicherweise verzerrt wahrgenommen – Idealisierung, eine paradoxe Dankbarkeit oder das Gefühl einer besonderen oder übernatürlichen Verbindung, aber auch intensive Rachevorstellungen kommen vor.
*Dissoziatives Erleben (fakultativ):* Schwere dissoziative Zustände wie dissoziative Episoden, Amnesien oder Depersonalisationserleben bis hin zur dissoziativen Identitätsstörung mit Desintegration der inneren Persönlichkeitsanteile können zusätzlich auftreten« (Hecker und Maercker 2015 u. Maercker und Hecker 2015 zit. n. Signerski-Krieger/Anderson-Schmidt/Büttner 2018, 137f).

Zudem werden bei einer komplexen Traumafolgestörung häufig sexuelle Störungen wie Aversion gegen Berührung, Vermeidung von Sexualität, Risikosexualität und zwanghafte Sexualität erkannt.

### 6.2.4 Relevanz für die sexuelle Entwicklung

Traumatische Erfahrungen und ihre Folgen können in verschiedener Weise Einfluss auf die sexuelle Entwicklung haben. Nach aktuellem Kenntnisstand hat eine umfassende Erforschung dieses Themengebiets auf allen Ebenen noch nicht stattgefunden, was auch der Komplexität der Thematik geschuldet sein dürfte. Viele Wissenschaftler/innen haben sich aber mit spezifischen Bereichen traumatischen Erlebens und ihrer Relevanz für die sexuelle Entwicklung auseinandergesetzt und somit Hinweise auf Zusammenhänge erarbeitet. Da insbesondere Entwicklungstraumata und sexualisierte Gewalt Auswirkungen auf die sexuelle Entwicklung haben, wird auf diese Bereiche ein besonderer Fokus gelegt. Abschließend werden weitere Herausforderungen traumatischer Erlebnisse für die sexuelle Entwicklung benannt.

### Der Einfluss von Entwicklungstraumata

Zoldbrod (2009/2015 zit. n. Büttner 2018, 44–48) hat herausgearbeitet, wie sich Entwicklungstraumata auf die sexuelle Entwicklung auswirken können. Als Struktur der Darstellung nutzt sie »Meilensteine psychosexueller Entwicklung«. Zoldbrod geht davon aus, dass der Mensch im Laufe seiner Entwicklung verschiedene »Meilensteine psychosexueller Entwicklung« gelingend erklimmen muss, damit es langfristig möglich wird, ein positives Bild des eigenen Körpers und der eigenen Sexualität zu entwickeln sowie gelingende intime Beziehungen zu gestalten. Dabei sind Beziehungs- und Körpererfahrungen ab Beginn des Lebens relevant und prägen nachhaltig, wie Menschen sich selbst, andere Menschen, den eigenen Körper und die eigene Sexualität erleben. Die Erfahrungen der frühen Kindheit sind gleichsam das Fundament, auf dem sich die eigene Sexualität mit all ihren Aspekten im Laufe des Lebens entwickelt (▸ Kap. 4). Nachfolgend werden die Meilensteine psychosexueller Entwicklung nach Zoldbrod zunächst beschrieben, um jeweils anschließend die möglichen Einflüsse von Entwicklungstraumata darzustellen.

*Liebe und positive Berührung erfahren:* Durch positive Berührungserfahrungen in der Kindheit können Berührungen als angenehm empfunden und als Quelle von liebevoller Zuwendung, Sicherheit, Geborgenheit und Entspannung erlebt werden.

*Traumatische Prägung:* Durch Erfahrungen von (sexualisierter) Gewalt und Vernachlässigung werden Berührungen eher als Bedrohung wahrgenommen. Die positiven Effekte von Berührungserfahrungen bleiben meist aus. Oft können sich Betroffene in Anwesenheit anderer nicht entspannen und erleben vertraute Beziehungen als unangenehm. Intimität und Sexualität können schwer als positiv erlebt werden. Bisweilen sind (sexuelle) Körperempfindungen gar nicht mehr zugänglich und gleichsam »abgeschaltet«, da Berührung automatisch mit Bedrohung assoziiert wird (vgl. van der Kolk 2018, 109).

*Einfühlung erfahren und Vertrauen lernen*: Durch die verlässliche Erfüllung körperlicher und emotionaler Bedürfnisse wächst das Vertrauen, dass andere Menschen verlässlich sind, Schutz geben und die eigene Person nicht zur Erfüllung eigener Bedürfnisse ausnutzen.

*Traumatische Prägung:* Erfahrungen im Sinne eines Entwicklungstraumas sind assoziiert mit Verlassenwerden, Zurückweisung und Schmerz. Betroffene machen oft wenige bis keine Erfahrungen damit, dass andere Menschen sich verlässlich in sie einfühlen und Schutz bieten. Daher fällt es ihnen oft langfristig schwer, Vertrauen zu anderen Menschen zu entwickeln und Beziehungen einzugehen.

*Selbstberuhigung und Entspannung lernen*: Bei Stress sind kleine Kinder auf die beruhigende und tröstende Zuwendung von Bezugspersonen angewiesen, damit ein Sicherheitsgefühl sowie eine seelische und körperliche Entspannung wiederhergestellt werden können. Wenn diese Zuwendung zuverlässig erlebt werden kann, lernen Kinder sich selbst zu beruhigen und mit eigenen Möglichkeiten ihr seelisches und körperliches Gleichgewicht wiederherzustellen.

*Traumatische Prägung:* Wenn beruhigende und tröstende Zuwendung der Bezugspersonen ausbleibt oder diese »Zuwendung« nur in Form von Gewalt vermitteln, können Betroffene keine gesunden Formen der Selbstberuhigung entwickeln. Häufig sind chronische Anspannungszustände zu beobachten, die sich auch körperlich ausdrücken können und Berührungen zu unangenehmen Erfahrungen werden lassen. Weiterhin kann vermutet werden, dass gewalttätiges Verhalten gegenüber sich selbst oder anderen als wesentliche Möglichkeit der Emotionsregulation gelernt und angewandt wird.

*Ein positives Körperbild entwickeln:* Frühe Erfahrungen bestimmen, ob Menschen ein positives Körperbild entwickeln können, ob körperliche Empfindungen/Berührungen wahrgenommen werden können und diese sich angenehm anfühlen. Ebenso ist für einen positiven Bezug zum eigenen Körper relevant, wie er in Kindheit und Jugend (liebevoll) berührt wurde, ob er angesichts gestellter Anforderungen funktionierte und wie er durch das Umfeld/im Vergleich zu kulturell bedingten Idealbildern bewertet wurde.

*Traumatische Prägung:* Bei fehlender positiver Bestärkung des eigenen Körpers oder bei Abwertung, Zurückweisung und Kritik an körperlichen Merkmalen wird der eigene Körper von Betroffenen oft als ablehnungswürdig beschrieben und erscheint ihnen unattraktiv. Es fällt ihnen dann schwer, ihren Körper zu zeigen und ein stetes Sorgen um die eigene Attraktivität prägt die Gedanken.

*Sich mit der eigenen Geschlechtsidentität wohlfühlen*: Frühe Beziehungserfahrungen nehmen Einfluss darauf, ob ein Mensch sich mit dem eigenen Geschlecht wohlfühlt und sich positiv der eigenen Sexualität annähern kann.

*Traumatische Prägung:* Bei negativen Beziehungserfahrungen, vor allem zu gleichgeschlechtlichen Bezugspersonen, kann das eigene Geschlecht abgelehnt und/oder ein Wunsch nach Zugehörigkeit zum anderen Geschlecht entwickelt werden. Dies kann zu Herausforderungen in der Entdeckung der eigenen Identität und in der Beziehungsgestaltung führen. Dabei ist zu beachten, dass die Ablehnung des eigenen Geschlechts in der traumatischen Erfahrung begründet liegt und klar von einem Unwohlsein mit der eigenen Geschlechtsidentität (Geschlechtsdysphorie, vgl. z. B. Preuss 2019) wie sie zum Beispiel bei Transsexualität vorliegt, abzugrenzen ist. Ebenso kann vermutet werden, dass die Abwertung des eigenen Geschlechts durch Bezugspersonen traumatische Prägungen hervorrufen, zum Beispiel wenn Bezugspersonen nachhaltig vermitteln, dass sie sich ein Mädchen anstatt eines Jungen gewünscht hätten.

*Ein Selbstwertgefühl entwickeln*: Wenn Beziehungen in der Kindheit von ausreichend Respekt, Liebe, Wertschätzung und Ermutigung geprägt sind, kann ein Mensch Selbstrespekt und Selbstvertrauen lernen.

*Traumatische Prägung:* Ein Mangel an Selbstrespekt und Selbstvertrauen kann auslösen, dass Menschen das Benennen von Bedürfnissen und Grenzen schwer fällt. Das Einlassen auf vertrauensvolle Beziehungen fällt ihnen oft deutlich schwer oder sie leben – nicht selten wiederholt – in Beziehungen, die ihnen nicht gut tun. Eine selbstkritische Haltung und die Fokussierung auf Schwächen kann dazu führen, dass kein positives körperliches/sexuelles Erleben möglich wird.

*Lernen, sich selbst zu gehören und mit Macht sorgsam umzugehen*: Durch das Aufwachsen in einer Umgebung, die die Individualität des Einzelnen respektvoll anerkennt und die von einem demokratischen Erziehungsstil geprägt ist, kann der

Mensch lernen, sich als Individuum mit eigenen Rechten wahrzunehmen und sich selbst zu behaupten. Ebenso kann er dies für andere Menschen anerkennen. Ein sensibler Umgang mit Macht in zwischenmenschlichen Kontexten wird möglich.

*Traumatische Prägung:* Vor allem durch einen autoritären und kontrollierenden Erziehungsstil, bei dem die Macht der Erwachsenen gegenüber den Kindern ausgespielt wird, entwickeln sich Beziehungsgestaltungen, die von Kontrolle und Unterwerfung geprägt sein können. Ebenso sind Machtrangeleien häufig. Sexualität kann selten mit Liebe und positiver Zuwendung verknüpft werden, da intime Beziehungen oft mit Unterwerfung und Ausnutzung assoziiert werden. Es kann zu einer Aversion gegen Sexualität, sexuelle Unlust und sexuellen Funktionsstörungen kommen. Weiterhin können auch zwanghaftes oder suchtartiges sexuelles Verhalten, sexueller Sadomasochismus und (sexuelle) Gewalthandlungen hervorgerufen werden.

*Sexualität erkunden*: Wenn in der Familie in wertschätzender Form über Sexualität gesprochen werden kann, kann Sexualität als etwas »Normales«, Gutes und Schönes für das eigene Leben erkannt werden. Ebenso kann auf diese Weise Wissen über Sexualität erlangt werden.

*Traumatische Prägung:* Das Verbot von Gesprächen über Sexualität oder eine unangemessene, respektlose, abwertende Thematisierung kann dazu führen, dass mit Sexualität negative Gefühle wie Ekel und Scham verbunden werden und sie nicht als positiver Bereich eigenen Lebens entdeckt werden kann. Ebenso kann Wissen zu sexuellen Themen fehlen.

*Soziale Kompetenz entwickeln*: Der wertschätzende Umgang miteinander in der frühen Kindheit ermöglicht, soziale Kompetenzen zu entwickeln und ist Grundlage für die Gestaltung von Freundschaften zu Gleichaltrigen und intimen Beziehungen.

*Traumatische Prägung:* Entwicklungstraumata gehen mit destruktiven Beziehungserfahrungen einher und das Lernen sozialer Kompetenzen für einen wertschätzenden Umgang miteinander bleibt aus. Das Gestalten von Freundschafts- und Paarbeziehungen kann verunmöglicht werden, sodass Isolation und eine mangelnde soziale Eingebundenheit die Folge sind. Kommt es zu vertrauensvollen Beziehungen, haben Betroffene oft Schwierigkeiten, angemessen mit eigenen Bedürfnissen und denen des Gegenübers umzugehen.

*Masturbation und sexuelle Fantasien*: In der sexuellen Entwicklung sind Selbststimulation und Selbstbefriedigung elementare Aspekte zur Ausbildung einer subjektiv gelingenden Sexualität. Schon in der frühen Kindheit erleben Kinder, dass eine Berührung der Genitalien angenehme Gefühle hervorrufen kann. In der weiteren Entwicklung der Sexualität werden sexuelle Vorlieben und Wünsche häufig über Selbstbefriedigung deutlich. Ebenso werden sexuelle Erfahrungen mit Fantasien verknüpft und können so auf eine intime Beziehung vorbereiten.

*Traumatische Prägung:* Wenn in der Familie Sexualität negiert oder missbilligt wird und Selbststimulation als verabscheuungswürdig verboten wird, können Schuldgefühle und Selbstablehnung ausgelöst werden, die nachhaltig auf die Sexualität einwirken. Sexualität wird dann als verurteilungswürdiger und mit Ekel besetzter Lebensbereich eingeordnet. Kinder, die in einem unempathischen, gewalttätigen und/oder vernachlässigendem Umfeld aufwachsen, nutzen häufig Masturbation zu Regulation von Gefühlen wie Schmerz, Wut, Leere und Trauer. Dadurch kann sich ein zwanghaftes sexuelles Verhalten entwickeln, das nachhaltig bis ins Erwachsenenalter fortbesteht. Wenn zur Verarbeitung von Gewalt und Vernachlässigung sexuelle Fantasien mit Motiven von Dominanz, Rache, Macht und Kontrolle entstehen, kann das sexuelle Erleben und Verhalten von Betroffenen dauerhaft damit verknüpft werden. Die Folge können sexuelle Dominanz, Kontrolle und Aggression in Beziehungen sein, die bis hin zu Übergriffen auf andere führen.

*Lernen, eine liebevolle sexuelle Beziehung zu erleben*: In der Adoleszenz lösen sich Jugendliche in der Regel von ihren Eltern ab und entwickeln immer mehr Beziehungen außerhalb der Familie. Im Laufe der Entwicklung im Jugendalter entwickeln sich zumeist erste Wünsche nach intimen Beziehungen. Wenn Jugendliche bis zum Zeitpunkt der Adoleszenz ausreichend positive Berührungs- und Körpererfahrungen gesammelt haben und die psychosexuellen Entwicklungsaufgaben produktiv verarbeitet werden konnten, sind sie in der Lage, eine erfüllende und respektvolle intime Beziehung zu gestalten.

*Traumatische Prägung:* Jugendliche, die unter traumatischen Bedingungen aufgewachsen sind und die psychosexuellen Entwicklungsaufgaben nicht gelingend bewältigen konnten, erleben oft viele Herausforderungen in der Gestaltung intimer Beziehungen. Bei einem Mangel an sozialen Kompetenzen fehlen oftmals Grundannahmen über ein respektvolles Miteinander, sodass Beziehungen scheitern. Insbesondere Jugendliche, die Vernachlässigung erlebt haben und deren Bindungen von Instabilität geprägt sind, sind oft sehr bedürftig und damit in erhöhter Gefahr, Beziehungen einzugehen, die eigene sexuelle Bedürfnisse und Grenzen überschreiten – bis hin zu sexualisierter Gewalt. Bei Problemen mit der Ablösung aus dem Elternhaus kann der nötige Freiraum fehlen, um die eigene sexuelle Identität zu entdecken und in Beziehungen zu leben. Dies ist insbesondere dann zu beobachten, wenn die Kindheit von rigiden Vorstellungen über Sexualität geprägt war. Bei großer Aversion gegenüber Intimität und Sexualität und hohem Misstrauen gegenüber anderen Menschen kann zudem vermutet werden, dass bei einigen Jugendlichen die ersten Erfahrungen mit Paarbeziehungen ausbleiben und die Betroffenen sich als asexuell erleben und bezeichnen (Zoldbrod 2009/2015 zit. n. Büttner 2018, 44–48).

### Auswirkungen sexualisierter Gewalterfahrungen auf die sexuelle Entwicklung

Die spezifischen Auswirkungen sexualisierter Gewalterfahrungen auf die sexuelle Entwicklung wurden in einigen Zusammenhängen genauer betrachtet.

Finkelohr und Browne (1985 zit. n. Büttner 2018, 39) prägten den Begriff der »traumatischen Sexualisierung« und beschreiben, wie sexualisierte Gewalt in früher und später Kindheit den Blick auf Sexualität prägen kann. Ebenso erforschte Büttner einige diesbezügliche Zusammenhänge. Die folgenden Darstellungen beruhen besonders auf den Erkenntnissen dieser Autor/innen.

Die frühe Kindheit ist eine äußerst vulnerable und sensible Phase der psychosexuellen Entwicklung, und das Erleben sexualisierter Gewalt in dieser frühen Lebensphase kann nachhaltige Auswirkungen haben. Büttner schreibt dazu:

> »Unter Umständen stellen die sexuellen Gewalterfahrungen für das betroffene Kind sogar die ersten Erfahrungen mit Sexualität überhaupt dar. Noch besteht kein positiver Bezugsrahmen, der die Übergriffe als ›Ausnahme von der Regel‹ verstehen lässt. Vielen Kindern ist deshalb zunächst nicht bewusst, dass ihnen Gewalt und Unrecht widerfährt.« (2018, 8).

Auf dieser Grundlage entwickeln betroffene Kinder häufig ein Bild von Sexualität, das mit Abscheu, Angst, Wut oder Ohnmacht verbunden ist. Besonders verwirrend kann es auf Kinder wirken, wenn eine mit einem angenehmen Körpergefühl verbundene Erregungsantwort des Körpers auf die Gewaltanwendung folgt. Diese angenehme Körperempfindung der sexuellen Erregung steht in starkem Gegensatz zu den negativen Gefühlen von Scham, Ohnmacht, Ekel und Ausgeliefertsein, die das Erleben sexualisierter Gewalt auslöst. Die Möglichkeit, den eigenen Körper und die eigene Sexualität als einen positiven Lebensbereich kennenzulernen, bleibt oft aus und eine nachhaltig negative Prägung bleibt bestehen. Die negative Prägung kann sich z. B. in einer Erregbarkeit durch Gewaltdarstellungen manifestieren und für Betroffene sehr belastend sein.

Zudem kann gleichsam eine Konditionierung sexueller Verhaltensweisen entstehen, insbesondere dann, wenn das betroffene Kind durch die Teilnahme an sexuellen Handlungen Anerkennung, Aufmerksamkeit und Belohnungen erhält. Es lernt, dass ihm durch sexuelle Verhaltensweisen zwischenmenschliche Zuwendung zuteil wird und wendet jene dann auch in weiteren sozialen Kontexten an, damit Bedürfnisse nach Nähe und Geborgenheit gestillt werden.

Ältere Kinder, die sexuelle Handlungen schon besser einordnen können, zeigen als Reaktion auf die erlebte Gewalt häufig altersunangemessene sexuelle Verhaltensweisen, zum Beispiel in Form von sehr häufiger Selbststimulation/Masturbation, dem Einbeziehen anderer Kinder in sexualisierte Spiele oder sexuelle Aggression.

In der weiteren Entwicklung können sich die mit der Sexualität verknüpften negativen Emotionen so auswirken, dass das Erleben von Intimität und Sexualität unerträglich wird und jede Form von Sexualität Gefühle wie Ohnmacht, Angst, Ekel oder Wut hervorruft. Des Weiteren kann eine nachhaltige Verunsicherung über die sexuelle Identität entstehen, insbesondere wenn Täter/innen gleichgeschlechtlich waren. Die eigene Attraktivität wird von Betroffenen häufig in Frage gestellt und ein positives Erleben des eigenen Körpers kann unmöglich sein.

Es ist zudem häufig eine »Polarität sexueller Störungen nach sexuellem Missbrauch« zu beobachten, die »auf der einen Seite durch eine *Aversion gegen Sexualität und das Vermeiden sexueller Aktivität,* auf der anderen Seite hingegen durch ein *gesteigertes und oftmals riskantes Sexualverhalten* gekennzeichnet ist.« (Büttner 2018, 28, Hervorhebung im Original). Promiskuitives und zwanghaftes sexuelles Verhalten kann sich so weit ausprägen, dass Betroffene selbst Täter/innen werden und sexualisierte Gewalt ausüben. Es ist davon auszugehen, dass diese beschrieben Folgen sich besonders stark zeigen, wenn das betroffene Kind aktiv zu sexuellen Handlungen aufgefordert wurde und wenn eine Erregungsantwort des Körpers auf die Gewaltanwendung erfolgte.

Die Adoleszenz ist die Lebensphase, in der es am häufigsten zu sexualisierten Gewalterfahrungen kommt. Büttner (2018, 12f) stellt mit Rückgriff auf verschiedene Studien dar, dass für Mädchen in der Adoleszenz das Risiko viermal höher ist als für Mädchen und Frauen anderer Altersgruppen, zumeist sind die Täter männlich. Das Erleben sexualisierter Gewalt in der Kindheit erhöht das Risiko, in der Adoleszenz wiederum Gewalt zu erleben und sich auf übergriffige Beziehungen einzulassen. Ebenso geht mit einem Mangel an spezifischem Wissen zu sexuellen Themen und dem Fehlen von Erfahrungen/Wissen zur Gestaltung einer positiven und subjektiv gelingenden Sexualität eine höhere Gefahr für Mädchen und junge Frauen einher, sexualisierte Gewalt zu erleben. Dies ist insbesondere dann zu beobachten, wenn im Laufe der Entwicklung die Haltung geprägt wurde, dass Frauen sich Männern in der Sexualität zu unterwerfen haben. Die Situation von jungen Männern wurde bisher kaum wissenschaftlich untersucht, es gibt aber Hinweise darauf, dass sie ebenso Betroffene von sexualisierter Gewalt in der Adoleszenz sind und oft weibliche Personen, insbesondere Partnerinnen, die Täterinnen sind. Spezifische Folgen von sexualisierten Gewalterfahrungen in der Adoleszenz scheinen bisher kaum erforscht. Es ist aber davon auszugehen, dass sich ähnliche Symptome ausprägen, wie dies nach traumatischen Erfahrungen allgemein (▶ Kap. 6.1.2) und nach sexualisierter Gewalt, wie hier beschrieben, der Fall ist.

Es gibt weiterhin einige Hinweise darauf, dass sich das Erleben sexualisierter Gewalt in der Kindheit auf die sexuelle Entwicklung in der Adoleszenz auswirkt. Fergusson et al. (2003) stellten in einer repräsentativen australischen Studie heraus, dass solche Gewalterfahrungen mit einer lebensgeschichtlich früheren sexuellen Aktivität einhergeht. Betroffene sexualisierter Gewalt haben beispielsweise durchschnittlich mit 15,2 Jahren erste Erfahrungen sexueller Aktivität mit Penetration gemacht. Eine solche lebensgeschichtlich frühe sexuelle Aktivität geht nach Fergusson et al. (1997) mit vielfältigen Risiken wie ungeschütztem Geschlechtsverkehr, multiplen sexuellen Beziehungen und anderem sexuellen Risikoverhalten einher (Fergusson zit. n. Büttner 2018b, 89f).

Putnam und Trickett (zit. n. van der Kolk 2018, 197–200) führten bis 1986 eine Studie mit 84 Mädchen durch, die innerhalb ihrer Familie sexualisierte Gewalt erlebt haben. Sie hatten diese Mädchen, welche zu Beginn der Studie durchschnittlich 11 Jahre alt waren, sechs Mal um Teilnahme an einer Erhebung gebeten. In den ersten Jahren je einmal und dann wiederum im Alter von 18, 19 und 25 Jahren. 96 % der Mädchen und jungen Frauen nahmen an der gesamten Studie teil.

Es wurde dabei deutlich, dass die Pubertät bei den betroffenen Mädchen im Durchschnitt eineinhalb Jahre früher einsetzte und eine schnellere Produktion von Sexualhormonen stattfand. Schon in der frühen Pubertät hatten diese Mädchen einen drei- bis fünffach erhöhten Spiegel der Hormone Testosteron und Androstenedion, die die die Aktivierung sexuellen Verlangens bestimmen.

Des Weiteren wurden Auswirkungen auf Freundschaften und Partnerwahl erkannt. Schon vor der Pubertät hatten betroffene Mädchen selten enge Freund/innen, weder weibliche noch männliche. Daher erhielten sie auch kaum Einblick in die Lebenswelt des anderen Geschlechts, wie dies oft bei Mädchen ohne Gewalterfahrungen ist. Diese haben oft zumindest einen »besten Freund«, der ihnen die Welt der Jungen eröffnen kann. In der Adoleszenz hatten die jungen Frauen häufig chaotische und traumatische Kontakte zu Jungen und erlebten keine positiven ersten Erfahrungen mit intimen Beziehungen. Durch weiterhin fehlende enge Kontakte in der Peergroup gab es für sie zudem keine Plattform, auf der sie sich mit Gleichaltrigen zu sexuellen Themen und Erfahrungen austauschen konnten. Im Gegenteil, aufgrund auftretender Traumafolgesymptome wurden die jungen Frauen von ihrer Peergroup sogar häufig aktiv ausgegrenzt, weil sie als »komisch« wahrgenommen werden und, wie bereits beschrieben, kaum in der Lage sind, gelingende Beziehungen zu gestalten.

### Weitere relevante Aspekte

Neben diesen detailliert beschrieben möglichen Folgen traumatischer Erfahrungen für die sexuelle Entwicklung sind weitere Herausforderungen beschreibbar, die in der Begleitung von Jugendlichen nach Erfahrungen sexualisierter Gewalt erlebt wurden:

- Das Erleben eigener Attraktivität und der positive Bezug zum eigenen Körper können durch Traumafolgesymptome wie Essstörungen oder selbstverletzendes Verhalten zusätzlich beeinträchtigt werden. Narben durch selbst zugefügte Verletzungen oder die Form eines adipösen oder anorektischen Körpers können beispielsweise stark belastende Faktoren sein.
- Die Abwertung des eigenen Körpers durch andere aufgrund von Verletzungen/ körperlichen Behinderungen nach traumatischen Erfahrungen (z. B. auch nach Unfällen oder durch körperliche Gewalt) kann die positive Annahme des eigenen Körpers erheblich beeinträchtigen.
- Die körperliche Entwicklung in der Pubertät kann für Betroffene traumatischer Erlebnisse, wahrscheinlich insbesondere nach sexualisierter Gewalt, eine große Herausforderung sein. Eine Frau oder ein Mann mit entsprechendem körperlichem Erscheinungsbild und sexuellem Interesse zu werden, kann sehr belastend wirken.
- Das Erleben in der Adoleszenz, dass viele Gleichaltrige Interesse an sexuellen Aktivitäten gewinnen, während dieser Bereich für Betroffene mit Abscheu verbunden ist, kann ein Gefühl innerer Isolation hervorrufen. Dies kann das oben beschriebene Erleben von Ausgrenzung durch Peers aufgrund von »Andersartigkeit« verstärken.
- Das Überschneidungsfeld gemeinsamer Interessen mit Peers wird potentiell immer geringer und trägt ebenfalls zur Isolation bei. So fehlen häufig erste Erfahrungen mit intimen Beziehungen und das Richten der Aufmerksamkeit auf den eigenen Körper und Körperpflege kann schwer fallen. Ein Interesse an Kleidung und Kosmetikprodukten kann deutlich herabgesetzt oder auch besonders stark hervortreten und so nicht zu den Aktivitäten der Peers passen.

Von Büttner et al. (2018) werden im Werk »Sexualität und Trauma« umfassend und eindrücklich die Auswirkungen verschiedener traumatischer Erfahrungen auf die Sexualität und Beziehungsgestaltung im Erwachsenenalter beschrieben, die hier nur kurz skizziert werden können. Dazu zählen beispielsweise sexuelles Risikoverhalten, sexuelle Funktionsstörungen, körperliche Erkrankungen mit Auswirkungen auf eine subjektiv gelingende Sexualität, hypersexuelle Störungen, Herausforderungen in der Gestaltung intimer Beziehungen zwischen extremem Misstrauen, großer Bedürftigkeit und Unterwürfigkeit sowie die fehlende Vorstellung davon, dass Sexualität als positiver Lebensbereich erfahren werden kann und damit einhergehend die fehlende Vorstellung von subjektiv gelingender Sexualität.

# 7 Zusammenfassende Begründung einer behinderungsspezifischen Sexualerziehung

Aus den bisherigen Ausführungen zur sexuellen Entwicklung bei Kindern und Jugendlichen mit Behinderungen ist deutlich geworden, dass diese aufgrund ihrer Beeinträchtigung der Aktivität, der oft ablehnenden oder verunsicherten Reaktionen ihrer Umwelt sowie gesellschaftlich negierender und tabuisierender Prozesse besondere Ausgangsvoraussetzungen für ihre sexuelle Entwicklung und damit für die Ausbildung einer individuell befriedigenden Sexualität haben. Eltern oder andere zentrale Bezugspersonen (diese werden nachfolgend unter der Bezeichnung ›Eltern‹ mit gemeint), Lehrkräfte, pädagogische Fachkräfte und somit alle erwachsenen Bezugspersonen können die Kinder und Jugendlichen bei diesem Prozess positiv unterstützen und gelingend begleiten.

Dies verlangt zunächst, sich die *potentiellen* Besonderheiten der sexuellen Entwicklung noch einmal zusammenfassend (▶ Kap. 4 und 5) vor Augen zu führen, um danach die Konsequenzen für eine behinderungsspezifische Ausrichtung der Sexualerziehung zu konkretisieren. Die ›Behinderungsspezifität‹ besteht dabei in dem Wissen um *mögliche* veränderte Erfahrungen, um in dialogischer Kooperation förderliche, subjektiv passend erscheinende Entwicklungsbedingungen zu schaffen. Wie dies konkret realisiert werden kann, wird in den Kapiteln 8 und 9 (▶ Kap. 8 und ▶ Kap. 9) dargestellt.

## 7.1 Mögliche Einflüsse verschiedener Beeinträchtigungen

### 7.1.1 Körperlich-motorische Beeinträchtigungen

Die nachfolgende Strukturierung der zusammenfassenden Aspekte erfolgt zum Zweck der besseren Übersichtlichkeit. So brauchen z. B. Aktivitäten der körperlichen Erkundung ein Umfeld, das dies wohlwollend unterstützt und ermöglicht. Die einzelnen behindernden Aspekte sind eng miteinander verwoben und in vielen Teilen beeinflussbar und somit individuell verschieden.

*Mögliche* Veränderungen der sexuellen Entwicklung im **Kindesalter** (erstes bis zehntes Lebensjahr), können folgende Erfahrungsbereiche involvieren:

*Das Kind betreffend:*

- Erkunden der eigenen Genitalien sowie Selbststimulation können erschwert sein,
- »Zeigelust« der eigenen Genitalien kann erschwert sein,
- Beherrschung des Schließmuskels kann erschwert/nicht möglich sein,
- Entwicklung eines Körperbildes in Bezug auf Kraft, Körperbeherrschung, Bewegung kann erschwert sein,
- Entwicklung von Schamgefühl durch Pflege bzw. Hilfen im urogentialen Bereich kann erschwert sein,
- der eigene Körper kann durch Therapien als defizitär und korrekturbedürftig erlebt werden.

*Die Beziehung zu den Eltern betreffend:*

- Beziehungsaufbau zwischen Eltern und Kind kann erschwert sein z. B. durch kommunikative Einschränkungen, Krankenhausaufenthalte oder starke körperliche Veränderungen bzw. Einschränkungen, die sich vor allem in einer veränderten Mimik und Gestik zeigen, die zu kommunikativen Missverständnissen führen können,
- Unterstützung bzw. Ermöglichung körperlicher (sexueller) Erfahrungen (z. B. Selbststimulation durch eine ›windelfreie‹ Zeit) kann zu gering sein,
- Trotzphase kann durch größere Abhängigkeit von Bezugspersonen und kommunikative Einschränkungen erschwert sein,
- Warum-Fragen zu Zeugung und Geburt können bei eingeschränkten kommunikativen Möglichkeiten erschwert sein,
- Provokationen der Eltern durch sexuell gefärbte Sprüche, Witze oder Begriffe kann durch eingeschränkte kommunikative Möglichkeiten erschwert sein.

*Die sozialen Kontakte in der Freizeit und zu Freunden betreffend:*

- Kontaktmöglichkeiten zu Kindern ohne Behinderung können möglicherweise zu gering sein,
- Erlernen von sozialen Regeln kann durch wenige oder fehlende Kontakte zu Gleichaltrigen mit oder ohne Behinderung erschwert sein,
- Doktorspiele können durch weniger Kontakte und motorische Einschränkungen erschwert bzw. verändert (z. B. vermehrt die Rolle des ›Patienten‹) sein,
- erste Erfahrungen inniger Freundschaften zwischen Jungen und Mädchen können durch weniger Kontakte erschwert sein,
- geschlechtsspezifische Identitätssicherung kann durch wenige oder fehlende gleichgeschlechtliche Freunde erschwert sein,
- Nachahmung rollenspezifischen Verhaltens kann durch weniger Kontakte sowie fehlende Rollenvorbilder mit Behinderung erschwert sein; ebenso fehlen häufig Spielpartner zu Vater-Mutter-Kind-Spielen, um Rollenverhalten zu erlernen oder das Kind mit Behinderung bekommt häufig die Rolle des Kindes.

Veränderte sexuelle Entwicklungsmöglichkeiten und Erfahrungen im **Jugendalter**, die sich in folgenden Bereichen zeigen können:

*Den Jugendlichen/die Jugendliche betreffend:*

- verändertes körperliches Aussehen kann die Akzeptanz des eigenen Körpers erschweren,
- Angewiesensein auf den Rollstuhl bzw. andere Hilfsmittel macht die Behinderung für Außenstehende visibel, dies kann Stigmatisierungsprozesse sowie Vermeidungsverhalten in Bezug auf Kontakte fördern,
- Selbstbefriedigung kann bei starker körperlicher Schädigung erschwert oder unmöglich sein,
- sexuelle Funktionsstörungen (vor allem bei Menschen mit Querschnittlähmung) können autoerotische sowie partnerschaftliche sexuelle Erfahrungen verändern bzw. erschweren,
- Inkontinenz kann sexuelle Erfahrungen z. B. durch eigene Scham oder Ekel der Sexualpartnerin oder des Sexualpartners erschweren oder verändern,
- der eigene Körper kann durch Therapien als defizitär erlebt werden,
- Progredienz von Behinderung kann als gegenläufig zur zukunftsgerichteten Entwicklung in der Pubertät erlebt werden.

*Die Beziehung zu den Eltern betreffend:*

- individuelle Wünsche nach Unabhängigkeit können durch starke Abhängigkeit von den Eltern oder anderen Erwachsenen bei alltäglichen Verrichtungen erschwert bis fast unmöglich sein,
- Möglichkeiten, sich körperlich von den Eltern abzugrenzen, können erschwert oder fast unmöglich sein,
- Erziehungsunsicherheit der Eltern (z. B. Negierung der Sexualität des Kindes) bzw. überbehütende Eltern können Erfahrungsmöglichkeiten einschränken.

*Die sozialen Kontakte in der Freizeit und zu Freunden betreffend:*

- die gesamte Lebenssituation und/oder der Besuch einer Förderschule können zu sozialer Isolation führen,
- geringe Mobilität (z. B. durch Angewiesensein auf den Rollstuhl oder eingeschränklte Fähigkeit der Nutung öffentlicher Verkehrsmittel) kann Freizeitkontakte erschweren,
- häufiges Fehlen einer Gruppe von Peers durch wenig Kontaktmöglichkeiten außerhalb der Schule (v. a. beim Förderschulbesuch) kann als belastend erlebt werden,
- die erstgenannten Aspekte können sich durch die Nutzung Neuer Medien verändern: virtuelle soziale Kontakte sowie Stigmamanagement werden möglich und bieten neue Lern- und Erfahrungsfelder,
- wenige/keine sozialen Konatkte außerhalb der Schule können zu einer Verlagerung sexueller Erfahrungen in die Schule führen,

- z. T. Mangel an konkreten sexuellen Erfahrungsmöglichkeiten und somit auch Erfahrungen bzw. verspätete sexuelle Erfahrungen

*In Bezug auf die Gesellschaft:*

- erlebte Stigmatisierungen aufgrund der körperlichen Schädigung mit individuell sehr verschiedenen Möglichkeiten des Stigmamangements,
- gesellschaftliche Tabuisierung von Sexualität bei Menschen mit Behinderung,
- Fehlen von Menschen mit Behinderung als Rollenvorbilder sowie geringe Übertragbarkeit der Rollenvorbilder von Menschen ohne Behinderung,
- Fehlen von Modellen oder Vorbildern gelungener Sexualität bei Menschen mit Körperbehinderung.

### 7.1.2 Kognitive Beeinträchtigungen

Für Kinder und Jugendliche mit kognitiven Beeinträchtigungen treffen viele der genannten Schwierigkeiten, die Kinder und Jugendliche mit vorrangig körperlich/motorischer Beeinträchtigung erleben in vergleichbarer Weise auch zu (z. B. häufig verändertes Aussehen oder sozial wenig Konatkte durch den Besuch einer Förderschule etc.). An dieser Stelle sind nur weiterführende Aspekte genannt, die bisher noch nicht aufgeführt wurden und als *mögliche* Besonderheit von Kindern und Jugendlichen mit kognitiven Beeinträchtigungen zusätzlich berücksichtigt werden sollten.

- Potenzierung der gesellschaftlichen Stigmatisierungsprozesse bei Menschen mit Lernschwierigkeiten sowie Menschen mit schwerster Behinderung,
- Unzulänglichkeit nicht behinderter Menschen, sich für diesen Personenkreis Sexualität vorzustellen,
- Verwendung von Kommunikationswegen, die stark mit Körpernähe verbunden sind und deshalb oft in der Gefahr stehen, als sexuelle Annäherung missgedeutet werden,
- Verlagerung sexueller Handlungen aus der Kindheit in die Jugendzeit (z. B. Selbsterkundung/Doktorspiele) mit der Gefahr der Missdeutung durch das Umfeld
- Diskrepanz zwischen körperlicher und intellektueller Entwicklung,
- verzögerte emotionale Entwicklung und dadurch emotionale Bedarfe, die vom Umfeld schwerer ›entschlüsselt‹ werden können,
- emotionale und kognitive Überforderung mit pubertären Veränderungen,
- Potenzierung der Erziehungsunsicherheit der Eltern sowie deren überbehütenden Verhaltens.

### 7.1.3 Beeinträchtigungen durch Autismus

Für Kinder und Jugendliche mit Autimus fokussieren sich ihre *möglichen* Erschwernisse der sexuellen Entwicklung vor allem auf Veränderungen in der Wahrnehmung und Kommunikation.

- Hyper- oder Hyposensibilität lässt körperliche Zuwendung/Berührung als weniger oder gar nicht lustvoll erleben; dies kann die sexuelle Entwicklung im Kindesalter verändern,
- veränderte kommunikative und interaktive Fähigkeiten erschweren Sozialkontakte (z. B. kein Blickkontakt bzw. kein Verstehen paraverbaler Kommunikationsinhalte),
- Schwierigkeiten des Verstehens von Gestik und Mimik im Kontakt mit anderen; dadurch auch erschwertes Verstehen von Gefühlsäußerungen,
- veränderte Wahrnehmung der körperlichen Veränderungen in der Pubertät, die verängstigen und verunsichern,
- vor allem im Jugendalter verstärkte Erfahrung sozialer Ausgrenzung bis hin zu Mobbingerfahrungen,
- Wunsch nach Freund oder Freundin ohne die entsprechenden sozialen Kompetenzen, die für Freundschaften notwendig sind, im ausreichenden Maß zu besitzen bzw. vorhandene Kompetenzen variabel einsetzen zu können.

### 7.1.4 Beeinträchtigungen durch Angewiesensein auf Pflege

Pflege bzw. Hilfe im urogenitalen Bereich bzw. körpernahe Förderansätze (z. B. Basale Stimulation) können das Erleben des Körpers und dessen Bewertung deutlich verändern. Insofern ist das Angewiesensein auf pflegerische und damit körpernahe Unterstützung ein übergreifender Aspekt, der sexuelle Entwicklung verändern kann.

- Tägliche pflegerisch bzw. therapeutisch oder pädagogisch intendierte Körpernähe kann die Ausbildung einer stabilen Intimsphäre und die Entwicklung von Schamgefühl erschweren.
- Anerkennung der Intimsphäre bei anderen Menschen kann durch die ständigen Eingriffe in die eigene Intimsphäre erschwert sein.
- Aufbau eines positiven Körperbildes kann erschwert sein.
- Erkennen von sexuellem Missbrauch kann erschwert sein.
- Grenzziehung zwischen professioneller und persönlicher Zuwendung kann erschwert sein.
- Lustvolles Erleben des eigenen Körpers sowie der eigenen Genitalregion kann erschwert sein,
- Körpernähe kann zu einer (unerwünschten) Sexualisierung der Fördersituation auf beiden Seiten (Lehrerin/Schülerin) führen.

## 7.2 Einflüsse durch Erwachsene in der Sexualerziehung

Folgende mögliche Einflüsse durch die Persönlichkeit der Erwachsenen sowie deren Fachlichkeit und Fähigkeit zur Reflexion lassen sich im Bereich der Sexualerziehung beschreiben (ausführlicher ▶ Kap. 8.1):

- eine (möglicherweise) andere Erfahrungswelt durch ein Leben als Erwachsene ohne Behinderung,
- eine Lebensgeschichte unter anderen gesellschaftlichen Bedingungen – hier vor allem der Einfluss der Neuen Medien/Digitalisierung,
- Einstellung zur eigenen Sexualität,
- Einstellung zur Sexualität bei Menschen mit verschiedenen Beeinträchtigungen sowie entsprechend korrigierendes Wissen,
- Einstellung zur Sexualerziehung,
- Einschätzung der Bedeutsamkeit der Sexualerziehung für die Kinder und Jugendlichen mit Behinderung,
- Einstellung zur Teamarbeit im Bereich der Sexualerziehung,
- persönliche Zufriedenheit mit der Situation der Sexualerziehung an ihrer Schule bzw. in der eigenen Institution,
- verwendete sexuelle Sprache sowie sexuelle Sprechfähigkeit in der Kommunikation mit Kindern, Jugendlichen oder Erwachsenen (Kolleginnen/Eltern) sowie auf verschiedenen Niveaus (Leichte/einfache/schwere Sprache),
- Variabilität sowie Flexibilität in Bezug auf einzusetzende sexuelle Sprache in privaten bzw. beruflichen Zusammenhängen,
- Bewertung der Bedeutung der möglichen Entwicklungserschwernisse der Schülerinnen mit Behinderung für die Schülerinnen selbst und für die eigene schulische Arbeit sowie die Sexualerziehung,
- Entwicklung von spezifischen Ansätzen o. Ä., um auf die veränderten Erfahrungen und Erfahrungsmöglichkeiten der Schülerinnen zu reagieren,
- Bewertung der Bedeutsamkeit der Richtlinieninhalte für Schülerinnen mit Behinderung,
- Veränderung der Richtlinieninhalte z. B. in einem schulinternen Curriculum,
- Erweiterung der Unterrichtsinhalte um behinderungsspezifische Themen,
- subjektive und erzierische Bedeutung besonders brisanter Themen (»heiße Eisen«) der Sexualerziehung,
- Erleben von sexualisiertem Verhalten der Schülerinnen in unterrichtlichen und außerunterrichtlichen Situationen sowie die Bewertung des Verhaltens durch die Lehrerinnen und deren Reaktion darauf,
- subjektive Einschätzung der persönlichen und fachlichen Eignung zur Sexualerziehung sowie die Fähigkeit die eigenen Kompetenzen in deren Passgenauigkeit für die schulischen Anforderungen zu reflektieren,
- Einschätzung von Fortbildungsangeboten zur Sexualerziehung,
- inhaltliche Wünsche an Fortbildungsangebote, deren Gestaltung und Umfang.

## 7.3 Einflüsse durch schulische Bedingungen für Sexualerziehung

Das System Schule schafft den institutionellen Rahmen für die Sexualerziehung. In Kapitel 8 wird bei den Forschungserkenntnissen aus dem Projekt »Kompetente, integrierende Sexualpädagogik für Menschen mit körperlicher Schädigung an der Förderschule (KiSS)« deutlich werden, dass die Schulleitung in Bezug auf die förderlichen oder hinderlichen Strukturen eine entscheidende Rolle spielt (▸ Kap. 8). Sexualerzieherisches Handeln ist an Schulen u. a. durch Folgendes beeinflusst:

- Anerkennung der Sexualerziehung als gesamtschulische Aufgabe durch die Schulleitung und das gesamte Kollegium,
- Bildung eines verantwortlichen Arbeitskreises oder einer Fachkonferenz für Sexualerziehung,
- Entwicklung eines Gesamtkonzeptes der Sexualerziehung für die Schule,
- Schaffung und Unterstützung von Möglichkeiten der Kooperation von Lehrerinnen im Bereich der Sexualerziehung z. B. innerhalb einer Schulstufe,
- Entwicklung eines schulspezifischen Curriculums zur Sexualerziehung, das durch das Gesamtkollegium getragen wird,
- Ermöglichung bzw. Förderung von (schulinternen) Fortbildungsmöglichkeiten zur Sexualerziehung für alle Mitarbeitenden,
- Anerkennung der unterschiedlichen Aufgaben der verschiedenen Mitarbeitenden für eine explizite unterrichtliche (von den Lehrer/innen verantwortete) und implizite, außerunterrichtliche (von Pflegekräften/Therapeut/innen/weiteren Begleiter/innen verantwortete) Sexualerziehung,
- Entwicklung bzw. Unterstützung der Kooperation mit Eltern im Themenbereich der Sexualerziehung,
- Zusammenarbeit/Vernetzung mit außerschulischen Institutionen (z. B. Beratungsstellen).

## 7.4 Ausgewählte Forschungsergebnisse zur Situation an Förderschulen

Durch eine umfassende Lehrerinnenbefragung an elf Förderschulen mit dem Förderschwerpunkt körperliche und motorische Entwicklung in NRW können bedeutsame Entwicklungsaspekte in der Situation der Sexualerziehung beschrieben werden (vgl. Ortland 2005b). Die schriftliche Befragung umfasste die nachfolgend aufgeführten Themenbereiche, zu denen die wichtigsten und für die weiteren Ausführungen bedeutsamsten Ergebnisse zusammengefasst wiedergegeben werden sollen:

- sexuelle Entwicklung bei Kindern/Jugendlichen mit einer Körperbehinderung,
- sexuelles Verhalten von Schüler/innen,
- Pflege/Hilfe im urogenitalen Bereich und Sexualität,
- körpernahe Förderung und Sexualität,
- Erziehungsauftrag der Schule für Körperbehinderte,
- Inhalte der Sexualerziehung,
- Ausbildung/Fortbildung.

An der Befragung haben insgesamt 231 Lehrerinnen und Lehrer teilgenommen. Dies entspricht bei 703 verteilten Fragebögen einer Rücklaufquote von 32,9 %.

### 7.4.1 Potentielle Besonderheiten der sexuellen Entwicklung

Die befragten Lehrkräfte nehmen Besonderheiten der sexuellen Entwicklung sowohl für das Kindes- als auch Jugendalter an und zeigen hier eine besondere Sensibilität für potentielle Entwicklungserschwernisse ihrer Schülerinnen. Das Jugendalter wird hierbei als deutlich ›störanfälliger‹ bewertet. Interessant erscheint die Tatsache, dass die Lehrerinnen den gesellschaftlichen Einflüssen auf die sexuelle Entwicklung der Jugendlichen die geringste Bedeutung beimessen. Weinwurm-Krause (1990) konnte allerdings in ihrer Befragung aufzeigen, dass sich die gesellschaftlichen Bewertungsmuster deutlich auf die sexuelle Entwicklung auswirken. Lehrerinnen sind grundsätzlich potentielle Transporteure gesellschaftlicher Bewertungsmuster, wenngleich dieses durch entsprechende Selbstreflexion sicherlich minimiert werden könnte. Der Erziehungshaltung der Eltern, die ebenso als starke Einflussgröße benannt werden kann, wird auch von den Lehrerinnen eine hohe Bedeutung beigemessen.

Die von den Lehrerinnen als sehr bedeutsam für die sexuelle Entwicklung der Jugendlichen bewerteten Items der »fehlenden Freizeitmöglichkeiten« und das »häufige Fehlen einer Peergroup« könnten immanent auch ein Indiz dafür sein, dass die Lehrerinnen das isolierende Moment des Förderschulbesuchs erkennen. Die soziale Isolation des Förderschulbesuchs konnte bisher in einigen Untersuchungen bestätigt werden, und damit ist es als wichtiges Ergebnis anzusehen, dass die Lehrerinnen dies als Einflussgröße auf die sexuelle Entwicklung bei Jugendlichen mit Behinderungen anerkennen. Inwiefern daraus Konsequenzen für ihr Handeln erfolgen, wird die weitere Darstellung der Ergebnisse zeigen. Ebenso messen die Lehrerinnen den auf die Jugendlichen bezogenen Items, die deutlich stigmatisierende Momente der körperlichen Schädigung beinhalten, eine sehr große Bedeutung zu (»Inkontinenz« und »verändertes körperliches Aussehen«). Damit wird das ›Problem‹ möglicher Erschwernisse der sexuellen Entwicklung bei den Jugendlichen verankert und weniger in der Frage, wie die Bezugspersonen und die Umwelt des Jugendlichen mit diesen Einschränkungen umgeht und damit weniger behindernde Bedingungen schafft. Dieses Ergebnis ist kompatibel zu den von den Lehrerinnen als weniger bedeutsam eingeschätzten gesellschaftlichen Einflüssen und deutet auf eine eher personenzentrierte Sichtweise von Behinderung hin.

Trotz der übereinstimmenden hohen Bewertung möglicher Besonderheiten bzw. Erschwernisse der sexuellen Entwicklung bei Kindern und Jugendlichen mit Körperbehinderung gehen die meisten Lehrerinnen davon aus, dass Menschen mit Körperbehinderung die gleichen sexuellen Bedürfnisse haben wie Menschen ohne Behinderung. Ein Einfluss möglicher Besonderheiten der sexuellen Entwicklung auf die sexuellen Bedürfnisse wird also nicht postuliert. Dieses sehr positive Meinungsbild wird bei der Frage, ob dies auch auf Menschen mit schwerster Behinderung zutrifft, deutlich negativer, wenngleich noch immer drei Viertel der befragten Lehrerinnen eher von gleichen sexuellen Bedürfnissen ausgehen und die Varianz (Maß für die Größe der Abweichung von einem Mittelwert) ein weitestgehend homogenes Meinungsbild anzeigt.

Die Bewertungen divergieren deutlich bei der Frage nach den Auswirkungen kognitiver Beeinträchtigungen auf die sexuellen Bedürfnisse. Hier sind die Meinungen breit gestreut, annehmende und ablehnende Einschätzungen halten sich die Waage.

## 7.4.2 Realisierung von Pflege und körpernaher Förderung

Subjektive Theorien bezüglich förderlicher Bedingungen für die sexuelle Entwicklung ihrer Schülerinnen wurden unter anderem für die Bereiche »Pflege/Hilfe bei Toilettengängen« sowie »körpernahe Förderung« (z. B. Ansätze wie die Basale Stimulation) erfragt. Durch die tägliche Pflege sind bei Menschen mit Körperbehinderung Auswirkungen auf das Erleben von Intimität, Schamgefühl und subjektives Wohlbefinden zu vermuten. Ebenso kann das Gefühl der Entfremdung bzw. Enteignung des eigenen Körpers als Folge angenommen werden (vgl. Ortland 2007). Die größere potentielle Gefährdung, Opfer sexueller Gewalt zu werden, könnte auch hier eine ihrer möglichen und vielfältigen Ursachen haben.

Die Lehrkräfte wurden nach einer Einschätzung dieser Zusammenhänge befragt, da angenommen wurde, dass eine diesbezügliche subjektive Theorie Auswirkungen auf die Gestaltung der Pflege- bzw. Fördersituationen haben wird. Für den Bereich der Pflege sieht der größte Teil der Lehrerinnen (zwei Drittel) hier einen deutlichen Zusammenhang in der Form, dass durch die Pflege besondere Probleme in der sexuellen Entwicklung auftreten können. Dies wird für die körpernahe Förderung bei weitem nicht so stark angenommen (nur ein Viertel der Befragten sieht hier einen deutlichen Zusammenhang). Bei den möglichen Problemen erhalten alle angebotenen Items ähnlich bedeutsame Einschätzungen in folgender Reihenfolge der Bedeutungszuweisung:

- Ausbildung von Schamgefühl/einer Intimsphäre erschwert,
- Anerkennung der Intimsphäre von anderen erschwert,
- lustvolles Erleben des eigenen Körpers erschwert,
- Erkennen von sexuellem Missbrauch ist erschwert,
- Aufbau eines positiven Körperbildes ist erschwert.

Für den Bereich der Pflege wird von fast allen Befragten (88,9 %) auf Gleichgeschlechtlichkeit Wert gelegt. Dies sind bei der körpernahen Förderung nur 49 % der Lehrerinnen.

Aus dem Antwortverhalten der Lehrerinnen könnte man schließen, dass sie um die hohe Bedeutsamkeit der Gestaltung von Pflegesituationen für die Betroffenen wissen und sie sich bemühen, möglichst wenige, vor allem aber langfristig beschäftigte Personen und diese möglichst gleichgeschlechtlich an der Pflege zu beteiligen.

Die Ergebnisse der Befragung aber zeigen, dass solch günstige Bedingungen für die Pflege oder körpernahe Förderung nur selten realisiert werden. In beide Bereiche sind alle potentiellen Mitarbeitenden – Lehrkräfte, Krankenschwester/-pfleger, Zivildienstleistende, Praktikanten/innen, junge Frauen im Freiwilligen Sozialen Jahr – involviert. In den Bereich der Pflege werden die Nicht-Lehrerinnen noch stärker einbezogen als bei der körpernahen Förderung. Dies mag an mangelnder Konzeptkenntnis (z. B. über Basale Stimulation) der entsprechenden Mitarbeitenden für die Förderung liegen. In der Regel sind ca. drei verschiedene Personen im Laufe eines Schuljahres im Rahmen der Pflege oder Förderung von Schülerinnen im Einsatz. Allerdings ist die Anzahl der Schülerinnen, die über fünf Personen an ihren Körper lassen müssen, noch sehr hoch (Pflege: 13,8 %; körpernahe Förderung: 7,3 %). Trotz des Wunsches der Lehrerinnen nach Gleichgeschlechtlichkeit kann dieser noch nicht einmal für die Hälfte der Schülerinnen durchgängig gewährleistet werden.

Diese insgesamt eher erschreckenden Ergebnisse zeigen eine deutliche Diskrepanz zwischen der in der Befragung mitgeteilten Sensibilität der Lehrkräfte für die sexuelle Entwicklung ihrer Schülerinnen und Schüler und der Schaffung von günstigen Bedingungen in den Bereichen Pflege/Hilfe bei den Toilettengängen bzw. körpernaher Förderung. Den Pflegesituationen wird insgesamt eine höhere Bedeutung für die sexuelle Entwicklung beigemessen. Dies mag an dem deutlichen Eingriff in den Genitalbereich der Schülerinnen liegen, der bei der körpernahen Förderung durchaus vermieden werden kann. Sexuelles Verhalten der Schülerinnen wird in der Pflege auch vergleichsweise häufiger erlebt. Dies hat allerdings keine Konsequenzen für die Gestaltung der Pflege im Vergleich zur körpernahen Förderung.

### 7.4.3 Konzepte zur Intensivierung der sozialen Kontakte der Schülerinnen und Schüler

Die aus verschiedenen Gründen eingeschränkten sozialen Kontakte der Schülerinnen könnten durch entsprechende konzeptionelle Maßnahmen der Schulen möglicherweise vermehrt werden. Die vorliegenden Untersuchungsergebnisse zeigten auf (▶ Kap. 5), dass nur wenige Kontaktmöglichkeiten zu Jugendlichen ohne Behinderung realisiert werden sowie Stigmatisierungen den Kontakt zu Jugendlichen ohne Behinderung oft schon im Ansatz verhindern oder wesentlich durch Verhaltensunsicherheiten auf beiden Seiten erschweren. Schließlich empfinden die Jugendlichen mit Behinderung subjektiv geringe Einflussmöglichkeiten auf diese Aspekte.

Die Lehrkräfte wurden befragt, inwiefern sie meinen, dass ihnen aus dieser sozial isolierenden Situation ihrer Schülerinnen eine besondere schulische Aufgabe oder pädagogische Verantwortung erwächst. Die Ergebnisse zeigen, dass die Lehrerinnen sowohl für die Arbeit in der eigenen Klasse, aber noch stärker für die gesamte Schulentwicklung diesbezüglich Verantwortung empfinden und für sich einen wichtigen Aufgabenbereich sehen.

Es wurde in der Untersuchung postuliert, dass aus dem vorhandenen Problembewusstsein für die erschwerten sozialen Kontakte der Schülerinnen und der empfundenen Verantwortung auch Handlungen der Lehrkräfte folgen. Die Ergebnisse zeigen, dass sowohl in den Klassen als auch in den Schulen nur wenige diesbezügliche Ansätze existieren und so aus der hohen Sensibilität und Verantwortung der Lehrkräfte für die Schülerinnen kaum konkrete Konsequenzen folgen. Die möglichen Gründe sind sicherlich vielfältig. Denkbar sind die Arbeitsüberlastung der Lehrkräfte, die mangelnde Unterstützung im Klassen- oder Stufenteam, Desinteresse oder Ablehnung derartiger Entwicklungen durch die Eltern o.Ä.

Auch bei diesen Teilergebnissen ist das bisher deutlich gewordene personenzentrierte Verständnis von Behinderung der Lehrkräfte für die Entwicklung von Handlungsansätzen und Veränderungsideen eher hinderlich. Wenn die ›Probleme‹ bei den Schülerinnen verortet werden, so muss der Ansatz für Veränderungen bei den Schülerinnen liegen und ist dementsprechend begrenzt. Eine relationale Sichtweise von Behinderung sieht den Ansatz für Veränderungen in den durch alle Beteiligten gestalteten und mitverantworteten behindernden Situationen. Da die Lehrerinnen aufgrund ihres Wissens-, Alters- und Erfahrungsvorsprungs über mehr potentielle Verhaltensvariationen verfügen, würden sie hier mehr Verantwortung für die gemeinsam zu gestaltenden Veränderungen tragen.

Ein Übersichtsvergleich über vorhandene mit erwünschten Konzepten der Klassen zeigt, dass alle erwünschten Konzepte bzw. Ansätze zumindest teilweise bereits von Kolleginnen umgesetzt werden, d. h. mit der Einrichtung entsprechender innerschulischer Gesprächskreise oder überschulischer Arbeitsgruppen wären ein Austausch und eine gegenseitige Anregung und Unterstützung möglich. Der Vergleich lässt erkennen, dass vor allem bei Aktivitäten, die nicht über den direkten Kontakt mit den Schülerinnen erreichbar sind, Wünsche und vorhandene Konzepte weit auseinander gehen. Dies ist vor allem bei der Verstärkung der Elternarbeit, der Initiierung von Treffen mit Schülerinnen ohne Behinderung bzw. bei der Information der Schülerinnen über außerschulische Freizeitmöglichkeiten der Fall.

Gerade diese – besonders gewünschten und als sinnvoll erachteten Aktivitäten – scheitern wahrscheinlich an dem damit verbundenen Mehraufwand für die einzelnen Lehrkräfte. Die Entwicklung von Unterstützungssystemen oder die Einbindung von Spezialisten für bestimmte Bereiche (z. B. Freizeitangebote) in Schulen und Regionen wären daher sinnvoll und notwendig.

Beim Vergleich der Konzepte und Wünsche von den Schulen zeigt sich ein ähnlich divergierendes Bild z. T. in den gleichen Bereichen (z. B. Verstärkung der Kooperation mit den Eltern). In der Entwicklung von sexualpädagogischen Maßnahmen wird ein innerschulischer Austausch z. B. auf Schulkonferenzen, aber vor allem auch in den einzelnen Stufen gewünscht. Während in der Klasse die Schülerinnen stark an den Entscheidungen und Entwicklungen beteiligt sind, ergab die Befragung, dass sich dies auf der gesamtschulischen Ebene (z. B. durch Gremien wie den Schülerrat) eher als schwierig erweist. Schulrechtliche Schwierigkeiten, die von den Lehrkräften vermutet werden, lassen sich bei den gewünschten Ansätzen nicht erkennen. Es scheint sich hier vorrangig um eine mit dem Thema Sexualerziehung bei Schülerinnen mit Körperbehinderung vermutete rechtliche Unsicherheit zu handeln.

Insgesamt zeigen die Ergebnisse zu diesem Bereich, dass sich die Lehrkräfte vor allem gesamtschulische Konzepte wünschen. Diese Forderung nach gesamtschulischen Konzepten mag zum einen mit der eigenen Unsicherheit – wahrscheinlich aus einer unzureichenden Ausbildung resultierend – in Bezug auf die Sexualerziehung der Schülerinnen zusammenhängen. Zum anderen hätte die Bündelung von Aktivitäten entlastende Wirkung für die einzelnen Lehrerinnen und ebenso würde ein stärkerer gesamtschulischer Rückhalt im Rahmen der Sexualerziehung für alle hilfreich sein. Dass diese Konzepte schulspezifisch entwickelt werden müssen, zeigt der statistisch deutliche Zusammenhang zwischen dem Antwortverhalten der Lehrerinnen und den einzelnen Schulen. Im Rahmen der Schulprogrammentwicklung könnten hier Potentiale für Veränderungen liegen.

### 7.4.4 Inhalte der intentionalen Sexualerziehung

Von den sexualerzieherischen übergreifenden Konzepten, die sich durch die gesamte Arbeit in Klasse und Schule ziehen, lässt sich die unterrichtlich geplante Sexualerziehung unterscheiden, die sich in der Regel in Form von Unterrichtsreihen oder Vorhaben zeigt und sich auf die Inhalte der Richtlinien stützen sollte. Die Richtlinieninhalte von NRW werden von den Lehrkräften alle als sehr bedeutsam für ihre unterrichtliche Arbeit angesehen. Den Bereichen »Körper und Sexualität« und »Sexueller Missbrauch und sexuelle Gewalt« wird eine besonders hohe Bedeutung beigemessen. Das Thema »Schwangerschaftskonflikte und Kinderlosigkeit« erhielt als einziges Thema auch Bewertungen als ›gar nicht wichtig‹.

Trotz der großen Bedeutsamkeit der Richtlinieninhalte werden diese von den befragten Lehrkräften als nicht ausreichend für die Sexualerziehung bei Schülerinnen mit Körperbehinderung bewertet. Von den bei der Befragung angebotenen zu ergänzenden Themen werden folgende vier besonders hervorgehoben:

- Erkennen von sexuellem Missbrauch in Pflegesituationen,
- Vermittlung eines positiven Körpergefühls und Selbstwertgefühls,
- aufzeigen, dass Sexualität das Recht eines jeden Menschen ist/Ermutigung, zu eigener Sexualität zu finden,
- sexuelle Verhaltensregeln zu vermitteln (z. B. nicht jeden umarmen).

Die Betonung des Themas »Erkennen von sexuellem Missbrauch« könnte im Zusammenhang mit dem von den Lehrerinnen erlebten sexuellen Verhalten der

Schülerinnen in Pflegesituationen stehen. Schülerinnen, die die Pflegesituation zur Selbsterkundung nutzen, stehen in einer solchen Situation natürlich viel eher in der Gefahr, dass auch der Pflegende die Situation missbraucht. Insofern wäre es für die Schülerinnen wichtig, solche potentiellen Gefahrensituationen früh genug zu erkennen.

Analog zu der hohen Bewertung der Schwierigkeit, im Kindesalter aufgrund der Behinderungen ein positives Körperbild zu entwickeln und im Jugendalter das veränderte körperliche Aussehen in die sexuelle Entwicklung zu integrieren, messen die Lehrerinnen dem Inhalt »Vermittlung eines positiven Körpergefühls und Selbstwertgefühls« eine sehr hohe Bedeutung bei. Da die Lehrkräfte den Schülerinnen die gleichen sexuellen Bedürfnisse zusprechen wie allen Menschen, ist es ihnen ebenso wichtig, die Schülerinnen zu ermutigen, zu einer eigenen Sexualität zu finden, um ihre Bedürfnisse befriedigend auszuleben.

Den Lehrerinnen wurden weiterhin verschiedene Themen angeboten, deren Brisanz sie für die Sexualerziehung bei Schülerinnen mit Behinderungen einschätzen sollten (z. B. Möglichkeiten, Kinder zu bekommen/Sehnsucht nach Elternschaft, Sterilisation, einen Partner zu finden trotz Behinderung, sexuelle Gewalt/sexueller Missbrauch, Prostitution, Pornografie, Homosexualität). Alle Themen, die sich mit behinderungsspezifischen Fragestellungen beschäftigten, wurden als brisant für die Sexualerziehung bei Schülerinnen mit Körperbehinderung eingeschätzt. Die überwiegend allgemeinen sexualpädagogischen Themen, die die Regelschullehrerinnen in der Befragung von Glück et al. (1990) als brisant für die Sexualerziehung einschätzten (z. B. Pornografie, Prostitution, Homosexualität), erhielten eine weniger bedeutsame Einschätzung. Lehrerinnen an Förderschulen mit dem Förderschwerpunkt körperliche/motorische Entwicklung (Förderschulen FkmE) scheinen sich also besonders durch die Inhalte herausgefordert zu fühlen, die explizit Themen ansprechen, welche sich auf die durch die körperliche Schädigung beeinflussten Bedingungen des Erlebens von Sexualität beziehen.

Bei diesem Ergebnis stellt sich die Frage, ob die Lehrerinnen diese durchgängig brisante Bewertung der körperbehindertenpädagogischen Themen, deren Notwendigkeit sie vorher betont haben, aus ihrer Sicht oder aus potentieller Sicht bzw. erfahrener Reaktion der Schülerinnen vornehmen. Werden die Themen also als brisant eingeschätzt, weil die Lehrerinnen selbst diese in ihrer unterrichtlichen Realisierung als brisant und ggf. unangenehm erachten? Oder werden die Themen als brisant eingeschätzt, weil die Lehrerinnen vermuten, dass diese Themen für die Schülerinnen besonders unangenehm, belastend oder schwierig sind? Da es keine Unterschiede im Antwortverhalten zwischen den Lehrerinnen gibt, die bereits Sexualerziehung unterrichtet haben, und denen, die noch keine Erfahrungen haben, kann man bei der Interpretation nicht zwingend von mit Schülerinnen erlebten Schwierigkeiten bei diesen Themen ausgehen. Es ist jedoch verwunderlich, dass die Erfahrungen mit Sexualerziehung nicht zu einer veränderten Einschätzung der Inhalte führen. Dies mag eventuell an der sehr heterogenen Schülerschaft der Förderschulen FkmE liegen, die trotz Erfahrungen in einer oder mehreren Klassen kein Gefühl von Kompetenzzuwachs aufkommen lassen.

Allerdings ist zu vermuten, dass, wenn Lehrkräfte die Inhalte als brisant für die Sexualerziehung bewerten, sie sich schneller unsicher bei deren unterrichtlicher Umsetzung fühlen. Diese Unsicherheit könnte zur Vermeidung dieser Themen führen. Entsprechende Unterstützungsangebote scheinen hier notwendig, hilfreich und förderlich zu sein.

Aufgrund der beschriebenen Verunsicherung bezüglich der behinderungsspezifischen Themen, scheint es nicht verwunderlich, dass sich fast alle Lehrerinnen im Rahmen der Ausbildung eine besondere Vorbereitung auf die Sexualerziehung bei Schülerinnen mit Körperbehinderung wünschen. Die erlebte Ausbildung wird vorwiegend mit mangelhaft bis ungenügend bewertet. Fortbildungen wurden bisher nur von wenigen Lehrerinnen besucht. Allerdings ergaben zwei diesbezügliche eigene Recherchen in den Jahren 2003 und 2005 in NRW auch ein desolates Bild einschlägiger Fortbildungen.

Die Fortbildungswünsche liegen vorrangig bei den Themen, die einen deutlichen Bezug zur Schülerinnengruppe haben. Dies wird sowohl von kirchlichen, freien als auch staatlichen Trägern selten bis nie angeboten. In den bisherigen Ausführungen wurde auch die diesbezüglich desolate Forschungslage aufgezeigt, so dass es schwierig sein könnte, für diese einschlägigen Fortbildungsangebote Experten/innen zu finden.

# 8 Sexualpädagogisches Konzept einer behinderungsspezifischen Sexualerziehung

Schulische Sexualerziehung ist hoch komplex und wird durch verschiedene Faktoren beeinflusst, wie es das nachfolgende Schaubild – in grober Struktur – deutlich macht.

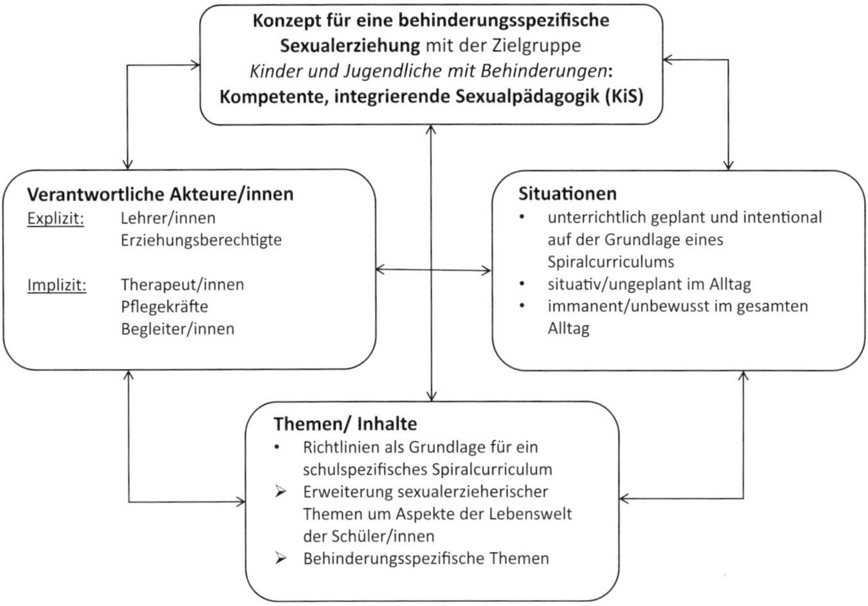


**Abb. 19:** Überblick über Akteure/innen, Situationen sowie Themen der Sexualerziehung im schulischen Kontext

Ein übergreifendes Konzept zur Sexualerziehung bei Kindern und Jugendlichen mit Behinderungen in einem schulischen Kontext sollte zunächst berücksichtigen, dass verschiedene Akteure/innen explizite Aufträge haben. Dies sind zum einen die Lehrkräfte, die zur unterrichtlichen Sexualerziehung sowie zur Kooperation mit den Erziehungsberechtigten verpflichtet sind. Zum anderen sind es die Eltern: »Die Sexualerziehung ist Teil des natürlichen und verfassungsmäßig verankerten Erziehungsrechts und der Erziehungspflicht der Eltern« (MSWWF 2011, 8). Andere Gruppen haben eher implizite Aufträge zur Sexualerziehung, da es sich bei ihnen um erwachsene Mitarbeitende in einem pädagogischen Kontext handelt. Die Forschungsergebnisse in ▶ Kap. 7 zeigen, dass die Pflegekräfte, Therapeuten/innen und weiteren Begleiterinnen (z. B. junge Menschen im Freiwilligen Sozialen Jahr, FSJ, oder im Bundesfreiwilligendienst, BUFDi, oder Integrationshelferinnen) oft sehr körpernah mit den Schülerinnen arbeiten.

Daraus ergeben sich insgesamt die verschiedenen Situationen der Sexualerziehung, die es zu berücksichtigen gilt: geplant und intentional (im Unterricht), ungeplant (z. B. Gespräche, die die Schüler bei der Pflege beginnen) oder sogar unbewusst (Verhalten der Erwachsenen, durch das die Schüler/innen Rückschlüsse auf ihre Sexualität ziehen – z. B. Komplimente, Zuwendung durch die FSJler, Art der sexualerzieherischen Unterrichtsgestaltung). Schließlich sind verschiedene Aspekte und Einflüsse in Bezug auf die Auswahl und Begründung der unterrichtlichen Inhalte der Sexualerziehung zu berücksichtigten. Diese Einflüsse liegen zum einen in der Person der Lehrkraft mit einer individuellen sexuellen Biografie, den sexualerzieherischen Kompetenzen, der eigenen Offenheit für das Thema und die Anliegen der Schüler etc. Zum anderen beeinflussen schulische Strukturen die sexuzalerzieherischen Inhalte, z. B. durch ein verbindlichen Spiralcurriculum, Vorhandensein von geeignetem Unterrichtsmaterial, Vernetzung mit Beratungsstellen etc.

Die Kinder und Jugendlichen mit ihren Erfahrungen und Vorstellungen von Sexualität, den Einflüssen durch die Eltern, den offen oder verdeckt gestellten Fragen und damit inhaltlichen Wünschen sollten im Mittelpunkt der Überlegungen für eine passgenaue Sexualerziehung stehen.

Die verschiedenen Akteure und Akteurinnen begegnen sich in einem institutionellen Rahmen, der als Schule einen gesellschaftlichen Auftrag – Bildung und Erziehung – zu erfüllen hat und durch die Schulpflicht und (bundeslandspezifischen) Richtlinien für die Sexualerziehung einen Handlungsrahmen vorgibt. Nicht zu vergessen ist ebenso der gesellschaftliche Rahmen, dessen direkter Einfluss nicht immer eindeutig spürbar oder greifbar ist – aber immanent vorhanden z. B. durch die neue Offenheit gegenüber sexueller Vielfalt, die sich in den veränderten gesetzlichen Regelungen der letzten Jahre gezeigt hat.

Alle Beteiligten sollten in einen förderlichen sexualerzieherischen Dialog gelangen, in dem es als eine bedeutsame Aufgabe gilt, ein angemessenes Verhältnis von Nähe und Distanz und eine gemeinsame Sprache im Bereich der sexuellen Themen zu finden. Für Erwachsene und Kinder bzw. Jugendliche gilt es, trotz unterschiedlicher Ausgangsvoraussetzungen ihres Lebens und damit verschiedener Erfahrungen eine gemeinsame Basis zu finden. Individuelle Behinderungserfahrungen sind für den sexualerzieherischen Prozess genauso trennend oder verbindend wie z. B. das unterschiedliche Alter, verschiedene sexuelle Orientierungen, der kulturelle Hintergrund, religiöse Normen und Werte, das Erleben von Körperlichkeit und Nacktheit in der Familie und ihrer persönlichen Bedeutung.

Analog zu diesen Anforderungen soll in den nachfolgenden Ausführungen für die erziehenden Erwachsenen zunächst die Reflexion der eigenen sexuellen Biografie als eine Aufgabe des Persönlichkeitslernens thematisiert werden. Dies bezieht sich vor allem auf die Lehrkräfte. Es folgen Überlegungen zur Situation der Eltern, die durch entsprechende Befragungsergebnisse näher beleuchtet werden kann. Auf der Grundlage eines aktuellen sexualpädagogischen Konzeptes wird dann eine eigene konzeptionelle Positionierung vorgenommen und schließlich das von der Autorin entwickelte und erprobte Konzept einer behinderungsspezifischen Sexualerziehung mit dem Titel »Kompetente, integrierende Sexualpädagogik« (KiS) vorgestellt. Dieses ist in einem Forschungsprojekt zwei Jahre an zwei Förderschulen erprobt worden. Durch den komplexeren Titel des Forschungsprojektes (Kompetente, integrierende Sexualpädagogik für Schüler mit körperlicher Schädigung an der Förerschule) hat dieses die Abkürzung KiSS. Dadurch ist im Text jeweils erkennbar, ob es um das sexualpädagogische Konzept (KiS) oder das Forschungsprojekt (KiSS) geht.

## 8.1 Auseinandersetzung mit der eigenen sexuellen Biografie

Es ist unumstritten, dass die »Auseinandersetzung mit sich selbst ein wichtiger Bestandteil pädagogischer Professionalisierung« (Burchardt 1999, 73) ist. Diese Auseinandersetzung mit der eigenen Biografie im Sinne von Persönlichkeitslernen ist vor allem für die Menschen bedeutsam, die sexualerzieherisch mit Kindern und Jugendlichen arbeiten. Als theoretischer Hintergrund für die zu fordernde Selbstreflexion dient der Ansatz von Burchardt (1999, 2000). Sie geht von einer Gesamtidentität des Menschen aus, die sich in verschiedene Teilidentitäten aufgliedern lässt. Die Bedeutsamkeit der einzelnen Teilidentitäten (z. B. berufliche Identität) ist individuell verschieden und von den jeweiligen Lebensbedingungen abhängig. Die Gesamt-Identität als die Summe der Teilidentitäten verändert sich durch Lern- und Erfahrungsprozesse und bestimmt im Sinne von subjektiven Konstruktionen wiederum die Wahrnehmung weiterer Ereignisse. »Wenn wir Sexualität verstehen wollen, so müssen wir versuchen, diese lebensgeschichtlichen Prozesse, die sie individuell geformt haben, zu verstehen« (Valtl 2003, 83).

Die sexuelle Identität umfasst die »Wissensstruktur« um sexuelle Inhalte und beinhaltet, wie alle anderen Teilbereiche der Identität, sowohl eine kognitive, eine affektive und eine aktionale Komponente. Burchardt (1999) postuliert, dass die sexuelle Identität »für niemanden irrelevant ist, weil sie aufs engste mit der eigenen Körperlichkeit verbunden ist« (ebd. 75). Insofern handelt es sich auch um einen sehr sensiblen Bereich. Die hier gemachten sexuellen Lernerfahrungen sind zu großen Teilen mit Fremdbewertungen der eigenen Person, des eigenen Körpers, des eigenen (sexuellen) Verhaltens durch »emotional bedeutsame Personen« verbunden. So ist von einer »starke(n) Affektbesetzung der sexuellen Identität« (ebd. 76) und einer hohen Selbstwertrelevanz der sexuellen Identität auszugehen. Dies führt zu einer größeren Instabilität dieser Teilidentität, so dass die Personen in diesem Bereich leichter zu verunsichern sind als in anderen Identitätsbereichen. Diese Verunsicherungen können z. B. durch das Verhalten der Kinder oder Jugendlichen in der erzieherischen Situation (z. B. als peinlich empfundene Fragen) ausgelöst werden.

Die Ausprägung und Stabilität der sexuellen Identität der Pädagoginnen hat Auswirkungen auf deren Sexualerziehung. So ist anzunehmen, dass ein Einfluss der eigenen sexuellen Identität der Lehrerinnen auf die Auswahl der Lerninhalte für die Schülerinnen zur Entwicklung deren sexueller Identität besteht. Aufgrund der eigenen sexuellen Biografie gibt es in der Regel Themenbereiche, die den Lehrenden besonders bedeutsam sind, und andere Inhalte, die lieber gemieden werden. Lehrende werden aufgrund ihrer Lerngeschichte »möglicherweise aber auch Nicht-Gesagtes erfassen, einfühlsam auf bestimmte Lernende eingehen und eine differenzierte Wahrnehmung in Bezug auf einige (ihnen vertraute) Thematiken haben« (ebd. 77). Ebenso ist das Gegenteil anzunehmen: Bestimmte Themen, aber auch Bedarfe bestimmter Schülergruppen werden nicht wahrgenommen. Eine schülerorientierte und den Bedürfnissen angemessene Sexualerziehung kann bei mangelnder Reflexion dieser immanenten Einflüsse nur bedingt realisiert werden.

Weiterhin werden Einstellungen, präferierte Normen und Werte etc. durch das nicht-intentionale, eher beiläufige Verhalten der Pädagogen und Pädagoginnen subtil vermittelt.

> »Da Sexualität und Erotik wesentliche Teile unseres Alltagslebens und untrennbar mit den uns umgebenden sozialen und kulturellen Phänomenen verbunden sind, können sie zu jeder Zeit, an jedem Ort, also auch im Schulunterricht beiläufig wirken« (Hopf 2002, 17).

Hier spielen z. B. das Verhalten der Lehrer und Lehrerinnen untereinander, die Art der Begleitung eines Schülers beim Toilettengang, der Umgang mit sexualisiertem Verhalten der Schülerinnen und Schüler eine Rolle. In der Art und Weise des Umgangs mit diesen Situationen spiegeln sich Teile der eigenen sexuellen Identität wieder, die von den Schülern sensibel wahrgenommen werden.

Auf der Grundlage dieser Begründungszusammenhänge und vor allem der Bedeutung nicht-intentionaler sexualerzieherischer Lernprozesse (vgl. Hopf 2002) ist zu fordern, dass an den Anfang jeglicher professionellen sexualerzieherischen Tätigkeit die Thematisierung der eigenen sexuellen Identität zu setzen ist.

Die Ziele dieses Persönlichkeitslernens richten sich nach den drei Identitätsdimensionen der sexuellen Identität: Selbstkonzept, Selbstwertgefühl und Kontrollüberzeugung. In allen drei Bereichen lassen sich Ziele des Persönlichkeitslernens beschreiben.

Nach Burchardt (1999) sollte als Lernziel für die Ausbildung des sexuellen Selbstkonzeptes Folgendes gesetzt werden:

> Das sexuelle Selbstkonzept »sollte bei sexualpädagogisch Tätigen möglichst klar differenziert, elaboriert und (…) realitätsangemessen sein. Dazu gehören als zentrale Bestandteile ein Bewußtsein über Einstellungen und Werte, denen man sich verpflichtet fühlt, und über die biographischen Bedingungen, die sie mitgeformt haben, die Kenntnis eigener Stärken und Schwächen, Vorlieben und Abneigungen sowie ein Wissen um Widersprüche innerhalb der eigenen Identität« (ebd. 79).

Ein positives, nicht übersteigertes sexuelles Selbstwertgefühl zeigt sich in »Selbstakzeptierung, Zufriedenheit, Selbständigkeit und einer gewissen Unabhängigkeit vom Urteil anderer« (ebd. 79).

Als Ausbildung einer weiteren Identitätsdimension fordert Burchardt (1999) noch eine realitätsangemessene und eher internale sexuelle Kontrollüberzeugung. Diese differenziert sich aus in »die Überzeugung, etwas bewirken zu können, Handlungsfähigkeit, der Vermeidung von Übergriffigkeit, einem angemessenen, d. h. mittleren Kontrollbedürfnis« (ebd. 80).

Um die aufgeführten Ziele des Persönlichkeitslernens zu erreichen, bedarf es eines mehrdimensionalen Zugangs.

Folgende Aspekte sollten dabei realisiert werden (in Anlehnung an Burchardt 1999):

- Reflexion der eigenen sexuellen Biografie,
- Reflexion biografischer Bezüge zu Themen der Sexualerziehung,
- Vermittlung von Fachwissen im Bereich Sexualität.

Unterstützend wirken dafür das Arbeiten in einer Lerngruppe, in der ein authentischer Austausch bei gleichzeitiger Wahrung und Schutzes der Intimität aller Beteiligten möglich ist, sowie der Einsatz handlungs- und erlebnisorientierter Methoden.

Valtl (2003, 84) beschreibt, dass gerade die Reflexion der eigenen sexuellen Biografie in einer Lerngruppe als eher unangenehm bis hin zur Zumutung empfunden wird. Methodisch ist es deshalb alternativ möglich, die Reflexion der eigenen sexuellen Biografie in die individuelle Verantwortung der Beteiligten zu legen, indem ihnen ein dafür geeigneter Fragebogen ausgehändigt wird, der vorbereitend für die weitere Arbeit aufbereitet wird. Dafür ist der nachfolgende Bogen »Erinnerst du dich?« (Bundesvereinigung Lebenshilfe 2014, 20) sehr geeignet.

**Reflexion der eigenen sexuellen Biografie**
**›Erinnerst du dich?‹**

»Mit Hilfe der folgenden Fragen können sie sich an einige Stationen in der eigenen sexuellen ›Lerngeschichte‹ zurückerinnern. Sie können dazu die Fragen in Gedanken beantworten oder sich einige Antworten aufschreiben. es ist sinnvoll, die Antworten zu diesen Fragen in kleinen Gruppen zu besprechen. Dies ist eine gute Anregung, überhaupt einmal über sexuelle Fragen miteinander ins Gespräch zu kommen. Dabei gilt aber als oberste Regel: Niemand darf zu einer Antwort gedrängt, noch belächelt werden, denn damit vergrößert sich nur die schon vorhandene Hemmung.

- Haben Sie in Ihrer Familie oder auch außerhalb Gelegenheit gehabt, Geschwister oder andere Kinder des anderen Geschlechts nackt zu sehen? Wie war das bei ihren Eltern? Erinnern Sie sich, was Sie dabei gedacht und empfunden haben?
- Waren Sie bei sogenannten Doktorspielen dabei? Gab es Situationen, in denen Sie ertappt worden sind? Wie haben die Eltern oder andere erwachsene darauf reagiert?

- Welche Vorstellungen hatten Sie früher über Geburt und Zeugung? Wie und durch wen sind Sie aufgeklärt worden? Können Sie sich an besondere Aufklärungsgespräche erinnern? Wer führte sie mit Ihnen?
- Welche Gefühle und Erinnerungen haben Sie, wenn Sie an die Zeit Ihrer Pubertät denken? Wie sind Sie mit den körperlichen Veränderungen klargekommen? Wie haben Eltern und Geschwister darauf reagiert?
- Sind Sie auf die erste Regelblutung/den ersten Samenerguss vorbereitet worden? Wie sind Sie mit diesem Erlebnis fertig geworden?
- Wie war das mit der Selbstbefriedigung? Sind Sie selbst darauf gekommen oder haben Sie von anderen davon gehört und es dann auch einmal ausprobiert? Sind Sie einmal beim Onanieren überrascht worden? Hatten Sie Schulgefühle, so etwas zu machen? Wie denken Sie heute darüber, den eigenen Körper zärtlich zu berühren?
- Erinnern Sie sich an die ersten Zärtlichkeiten, Schwärmereien, Verehrungen und Freunde/Freundinnen?
- Wie war Ihr erstes sexuelles Erlebnis? Der erste Kuss, Händchenhalten, Petting? Waren Sie eher aktiv oder passiv?
- Hatten Sie Hemmungen bei der Kontaktaufnahme mit Frauen/Männern?
- Wie war das beim ersten Geschlechtsverkehr? Wie alt waren Sie/Wie alt Ihre Partnerin/Ihr Partner? Hatte sie/er schon Vorerfahrungen?
- Haben Sie dabei verhütet? Welche Erfahrungen haben Sie überhaupt mit Verhütungsmitteln?
- ›Orgasmus‹ – brauchen Sie ihn? Wie erleben Sie ihn? Wie wünschen Sie sich ihn? Können Sie über Ihre Wünsche reden?
- Haben Sie mit gleichgeschlechtlichen Partner/-innen lesbische/homosexuelle Erfahrungen gemacht?
- Was bedeutet Ihnen eine hetero- bzw. homosexuelle Beziehung? Was finden Sie gut oder weniger gut daran?
- Kennen Sie Gefühle der Eifersucht? Haben Sie Erfahrungen mit Trennungen gemacht? Was halten Sie überhaupt von einer Doppelbeziehung? Was halten Sie von einem Seitensprung?
- Ihr Körper: Finden Sie ihn schön? Können Sie ihn selbst berühren? Kennen Sie Ihren genitalen Bereich? Mögen Sie Ihren Körper oder schämen Sie sich vor anderen? Vor wem besonders?
- Gibt es Situationen, in denen Sie Sexualität schon als Gewalt erlebt haben? Kommt es vor, dass Sie Angst haben im Zusammenhang mit sexuellen Erlebnissen?
- Was meinen Sie: Welche Bedeutung haben all diese Erfahrungen für Ihre heutige Einstellung zur Sexualität?Haben Sie bestimmte Normen bzw. Leitvorstellungen? (›Das tut man nicht…!‹, – ›Wenn ich das täte, bekäme ich Schuldgefühle!‹ usw.)
- Sind Sie zufrieden mit Ihrer Sexualität, so wie Sie sie heute erleben? Gehört Sexualität zu Ihrem Alltag? Und was bedeutet sie für Sie? Werden Ihre Bedürfnisse nach Wärme, Geborgenheit und Zärtlichkeit erfüllt?

- Gibt es sexuelle Wünsche, die Sie sich noch nicht erfüllt haben? Haben Sie schon einmal versucht, etwas an der Situation, wie Sie Sexualität erleben, zu verändern, um zufriedener zu sein (Wünsche, Hoffnungen, ›Wenn doch nur…‹)« (Bundesvereinigung Lebenshilfe 2014, 20)

Dieser kann ergänzt werden um den Fragebogen, der sich dezidiert mit Erlebnissen der Sexualerziehung beschäftigt (Ortland 2005b , 8).

**Reflexion der eigenen Erfahrungen in Bezug auf Sexualerziehung**

Die individuellen, bewussten oder unbewussten, sexualerzieherischen Konzepte sind maßgeblich durch die eigenen Erfahrungen geprägt. Nehmen Sie sich für die nachfolgenden Fragen etwas Zeit und besinnen Sie sich auf ihre eigene Sexualerziehung.

- Denken Sie bitte an Ihre Kindheit/Jugendzeit: Welche Situationen der Sexualerziehung fallen Ihnen ein (Elternhaus, Schule, Freundeskreis….)?
- Was waren die Situationen oder Erlebnisse, die Sie am meisten geprägt haben?
- Können Sie sich an Sexualerziehung durch Ihre Eltern oder nahe Bezugspersonen erinnern? Welche Inhalte wurden thematisiert? Wie haben Sie Ihre Eltern in der Situation wahrgenommen? Wie angenehm/unangenehm war die Situation für Sie?
- Hatten Sie in der Schule Sexualerziehung als Unterrichtsthema? In welchem Fach wurde Sexualerziehung unterrichtet? Was waren die Inhalte? Hatten Sie den Eindruck, dass es um ›Ihre‹ Themen geht? Wie haben sich die Mitschülerinnen und Mitschüler verhalten? Wie haben Sie die Lehrkräfte erlebt?
- Welche Rolle haben Geschwister in Ihrer Sexualerziehung gespielt?
- Wie bedeutsam war der Austausch mit Freunden oder Freundinnen für Sie?
- Haben Sie Medien (Zeitschriften, Fernsehen etc.) als Informationsquelle genutzt? Als wie hilfreich haben Sie die Medien empfunden?
- Hatten Sie insgesamt das Gefühl, durch die verschiedenen ›Quellen‹ der Sexualerziehung subjektiv ausreichend auf die Veränderungen in der Pubertät und Ihre ersten sexuellen Kontakte vorbereitet zu sein? Haben Sie sich in Ihrer sexuellen Entwicklung eher allein gelassen gefühlt?
- Was hätten Sie sich anders gewünscht?
- Welche Rolle spielen Ihre eigenen Erfahrungen nun in der Sexualerziehung von jungen Menschen (Schülerinnen und Schülern oder eigenen Kindern)?

Für die Sexualerziehung bei Schülerinnen mit Behinderungserfahrungen ist diese bewusste Reflexion verschiedener Anteile der eigenen sexuellen Identität noch um weitere Aspekte zu vertiefen. Die Erfahrungswelten dieser Schülerinnen und der in der Regel nicht behinderten Lehrerinnen sind durch die anderen Lebensausgangsbedingungen grundsätzlich verschieden. Dies betrifft sehr stark den Bereich der Sexualität bzw. sexuellen Erfahrungen, wie bereits in den Kapiteln zur sexuellen Entwicklung von Kindern und Jugendlichen verdeutlicht wurde.

Die gesellschaftliche Tabuisierung und Negierung der Sexualität bei Menschen mit Behinderungen kann auch die Lehrkräfte beeinflussen und verunsichern. Hier sollten sich Lehrerinnen kritisch fragen, welche Einstellung sie selbst zur Sexualität bei Menschen mit unterschiedlichen Behinderungen haben. Besteht für sie z. B. ein Unterschied, ob ein junger Mann aufgrund seiner Querschnittlähmung keine Erektion und somit keine Genitalsexualität erleben kann, zu einer jungen Frau mit schwerer spastisch-athetotischer Tetraplegie? Ist z. B. für diese junge Frau Sexualität aufgrund der Schwere der körperlichen Beeinträchtigung und benötigter Hilfsmittel oder Unterstützung nur schwer vorstellbar, während es für einen jungen Menschen mit Gliedmaßenfehlbildung oder Hemiplegie noch denkbar ist? Was heißt das für die Auswahl der sexualerzieherischen Inhalte? Werden die Themen der möglichen Hilfsmittel oder der Sexualassistenz mit aufgenommen?

Weiterhin ist zu fragen, welche Auswirkungen einer kognitiven Beeinträchtigung auf sexuelle Wünsche und Möglichkeiten angenommen werden. Welche sexuellen Bedarfe werden Menschen mit sehr komplexen Beeinträchtigungen zugestanden oder abgesprochen? Wie wird auf Verhaltensbesonderheiten von Menschen mit einer Form des Autismus reagiert?

Aus den vermuteten oder unterstellten sexuellen Bedarfen und Möglichkeiten oder ggf. besonderen sexuellen Verhaltensweisen folgen in der Regel unbewusste Konsequenzen für die Sexualerziehung. Hier ist der Zusammenhang zwischen dem Wissen um mögliche Besonderheiten der sexuellen Entwicklung und entsprechender Unterstützungsbedarfe, der eigenen Einstellung zur Sexualität bei Menschen mit Behinderungen sowie allgemeiner sexualerzieherischer Überlegungen und Ziele zu prüfen.

Die Lehrerinnen und Lehrer sollten sich Folgendes kritisch fragen:

- Scheint mir Sexualerziehung für alle Schülerinnen mit Behinderungen, unabhängig von der Schwere der Beeinträchtigung, bedeutsam? Oder mache ich graduelle Unterschiede? Wie begründe ich ein unterschiedliches Vorgehen oder Handeln?
- Welche Normen und Werte vertrete ich persönlich und im öffentlichen/dienstlichen Bereich? Wie viel Abweichungen von meinen Normen und Werten kann ich ›ertragen‹?
- Welche Ziele sind mir grundsätzlich für sexualerzieherisches Handeln bei Kindern und Jugendlichen wichtig? Kann und will ich diese auf Menschen mit Behinderungen übertragen oder sollten die Ziele modifiziert werden?
- Welche Ziele leite ich aus den möglichen Besonderheiten der sexuellen Entwicklung meiner Schülerinnen mit Behinderungen für die Sexualerziehung ab?
- Welche sexuellen Selbstverständlichkeiten aus meinem Leben gestehe ich auch den Schülerinnen zu? Wie möchte ich sie auf diese Lebenssituationen und Entscheidungen (z. B. Partnerschaft und Familie) vorbereiten?

- Welche Themen leite ich aus der Lebenssituation der Schülerinnen ab?
- Bin ich bereit, diese Themen (z. B. Hilfsmittel/Sexualassistenz) mit den Schülerinnen zu thematisieren? Was hält mich ggf. davon ab? Gibt es ›heiße Eisen‹, die ich nicht anpacken möchte? Wie gehe ich damit um? Vermeide ich diese Inhalte? Thematisiere ich sie ›mit Bauschmerzen‹ oder übergebe ich sie an eine Kollegin?
- Welche Sprache oder Kommunikationsmöglichkeiten kann ich bei Schülerinnen finden, die nicht oder nur in Ansätzen über verständliche Lautsprache verfügen? Setze ich mich dafür ein, dass Schülerinnen, die unterstützt kommunizieren, entsprechendes (sexuelles) Vokabular zur Verfügung bekommen? Lasse ich zu, dass sie auch Vokabular bekommen, das ich für unangemessen halte, aber die anderen Schüler benutzen?
- Wie leicht bin ich in meinem sexualerzieherischen Empfinden und meinen Angeboten irritierbar und zu verunsichern? Was brauche ich an Unterstützung, um mit ›gutem Gefühl‹ und pädagogischer Sicherheit den Schülerinnen und Schülern zu begegnen? Kann ich diese Bedarfe (konkret) mitteilen, ohne mich deswegen zu ›schämen‹ oder schlecht zu fühlen?
- Welche Erleichterung verspüre ich, wenn Schülerinnen gar keine Fragen stellen? Nutze ich dieses (sprachlose) Verhalten, um mich aus der Verantwortung zu ›schleichen‹ oder spreche ich von mir aus bedeutsame Inhalte an? Ermuntere ich, Fragen zu stellen? Biete ich ›hartnäckig‹ relevante Themen an? Biete ich entsprechendes Vokabular an?
- Wie viel Humor habe ich bei Themen der Sexualerziehung oder kann ich zulassen? Kann ich auch über mich selbst lachen?
- Usw.

In einer selbst durchgeführten Lehrerinnenbefragung (vgl. Ortland 2005b) konnte festgestellt werden, dass für viele der Lehrerinnen sexualisiertes Verhalten von Schülerinnen und Schülern sehr störend wirkt und als belastend empfunden wird. Als sehr störend wurde z. B. erlebt, wenn Kinder oder Jugendliche versucht haben, den Mitschülerinnen bzw. den Lehrerinnen an die Brüste, den Po oder die Genitalien zu fassen. Allerdings wurde dieses Verhalten vergleichsweise selten gezeigt. Versuche, zu den Mitschülerinnen oder den Lehrerinnen im Unterricht oder in der Pause Körperkontakt aufzunehmen, wurden von den Schülerinnen sehr häufig gezeigt, allerdings von den Lehrerinnen als wenig bis gar nicht störend erlebt.

Es lässt sich vermuten, dass aufgrund der Beeinträchtigung der Schülerinnen und dem daraus resultierenden Hilfebedarf die häufig nötige Körpernähe ein anderes Verhältnis zwischen Schülerin und Lehrerin notwendig macht. Dieses kann zum einen zu einem anders konnotierten Schüler-Lehrer-Verhältnis führen und zum anderen sexualisiertes Verhalten der Schülerinnen begünstigen, da körperliche Grenzen weniger eindeutig und klar eingehalten werden können.

Für die Reflexion der eigenen Einstellung resultieren daraus folgende Fragen:

- Wie bewerte ich sehr körpernahes Verhalten der Schülerinnen mir oder den Mitschülerinnen gegenüber? Wo liegen meine persönlichen Grenzen? Wo liegen m.E. die Grenzen der angefassten/berührten Schülerinnen?

- Welche erzieherischen Maßnahmen möchte ich bei für mich störendem Verhalten ggf. einsetzen? Wie konsequent will ich/kann ich dabei sein?
- Wie verhalte ich mich selbst in körpernahen Unterstützungs-, Förder- oder Pflegesituationen den Schülerinnen gegenüber? Nehme ich sie mit ihrer Sexualität wahr? Oder behandele ich sie im Sinne asexueller Neutren? Woran macht sich die eine oder andere Haltung (für mich/für Außenstehende/für die Schülerinnen) bemerkbar? Was signalisiere ich eventuell unbewusst durch meine Körpersprache?
- Wie erkläre ich sexualisiertes Verhalten der Schülerinnen? Ist es für mich eine Folge eines nicht klar abgegrenzten Lehrer-Schüler-Verhältnisses durch den körperlichen Hilfebedarf der Schülerinnen? Oder ist es für mich eine behinderungsbedingte Eigenart des Schülers im Sinne eines z. B. distanzlosen oder triebbetonten Verhaltens? Kann es die Folge traumatischer Lebenserfahrungen sein?

Je nach Erklärungsansatz, personenorientiert oder relational, werden sich die Interventionsmaßnahmen oder Unterstützungsangebote sehr unterscheiden.

Abschließend soll noch darauf hingewiesen werden, dass die Arbeit an der Förderschule oder im integrativen/inklusiven Unterricht häufig die Arbeit im Team bedeutet. Für die Sexualerziehung bietet sich hier die Chance, in einem geschlechtsheterogenen Team zu arbeiten und somit durch zeitweise Arbeit in geschlechtshomogenen Schülergruppen eine bessere Möglichkeit für geschlechtsspezifische Themen und Fragen zu bieten. Die Arbeit im Team bedeutet allerdings auch für die beteiligten Lehrerinnen und Lehrer mehr Öffentlichkeit ihrer sexualerzieherischen Arbeit. Es werden nicht nur didaktisch-methodische Kompetenzen eher sichtbar, sondern auch eigene Einstellungen, Normen und Werte, favorisierte Themen und solche Inhalte, die eher gemieden werden. Sexualerziehung im Team kann aber gerade durch die Unterschiedlichkeit in der eigenen sexuellen Identität mit den entsprechenden Auswirkungen auf die unterrichtliche Realisierung für alle Beteiligten ein großer Gewinn sein, wenn es gelingt, diese Verschiedenheit transparent zu machen, zu kommunizieren und sich auf ein gemeinsames, gegenseitig respektierendes, sich unterrichtlich ergänzendes Vorgehen zu einigen.

## 8.2 Die Rolle der Eltern in der Sexualerziehung

Die Wiederholungsbefragung von 14–17-Jährigen und ihren Eltern durch die Bundeszentrale für gesundheitliche Aufklärung zeigt auf, dass für Jugendliche ohne Behinderung die Eltern und hier insbesondere die Mutter die vorrangigen Vertrauenspersonen für sexuelle Fragen sind.

> »Seit jeher kommt der Mutter eine Schlüsselrolle bei der elterlichen Aufklärung zu, ganz besonders für die Mädchen deutscher Herkunft. Mit der Erweiterung der Stichpro-

be lässt sich zeigen, dass sie für die Töchter noch bis weit ins Erwachsenenalter ihre Bedeutung als Vertrauensperson behält und eine der präferierten Anlaufstellen bleibt, wenn sich Fragen rund um die Themen Sexualität und Verhütung auftun. Was die Söhne betrifft, so war schon seit längerem eine stärkere Beteiligung der Väter zu beobachten: Aktuell nun sind Väter und Mütter in der Bedeutung für die Aufklärung ihrer Söhne erstmals auf Augenhöhe« (Heßling/Bode 2015, 5).

Bei der (nicht repräsentativen) Befragung der Jugendlichen mit Behinderung (BZgA 2013) gaben die Jugendlichen im Schnitt zwei Vertrauenspersonen an, mit denen sie »am besten über sexuelle Dinge sprechen« können. Dies waren bester Freund/Freundin oder die Mutter. Für jeden vierten befragten Jungen auch der Vater (ebd. 73). In Bezug auf die »Aufklärung über sexuelle Dinge« sind Lehrkräfte und die Mutter für die befragten Jugendlichen mit Behinderungen sehr bedeutsam, für die Mädchen allerdings die beste Freundin (ebd. 75).

Diehl und Reuber (1995) kommen in ihrer Befragung von 62 Eltern von Kindern und Jugendlichen mit Körperbehinderung zu dem Ergebnis, dass sowohl die Auseinandersetzung mit der Behinderung des Kindes als auch eindimensionale Vorstellungen von Sexualität die Frage nach der Sexualität des Jugendlichen mit Körperbehinderung in den Hintergrund treten lassen. Fast 60% der Eltern sind der Auffassung, dass sie es besonders schwer bei der Sexualerziehung ihres Kindes haben. Dennoch bejahen alle Eltern, dass dies eine ihrer wichtigen Aufgaben sei. Allerdings meinen auch 45,2 %, dass sich der Umfang der Sexualerziehung nach dem Schweregrad der Körperbehinderung richtet, und sogar 17,8 % sind der Auffassung, dass bei schwersten Körperbehinderungen eine Sexualerziehung überflüssig sei. Diehl und Reuber (1995) stellen fest:

> »Während die Vorstellungen von Sexualerziehung allgemein eher liberal sind, so zeigen die Vorstellungen von einer Sexualerziehung für Körperbehinderte eine deutliche Tendenz in Richtung Repressivität« (ebd. 77).

Dies ist bei den befragten Eltern mit einem nicht selbstverständlichen Umgang mit der Sexualität bei Menschen mit Behinderungen verbunden.

Qualitative Interviews mit neun Müttern, die Diehl (2001) führte, lassen noch differenziertere Problemlagen erkennen und machen familiären Unterstützungsbedarf deutlich. Die Mehrheit der befragten Mütter negiert die Notwendigkeit von Sexualerziehung bzw. von Gesprächen mit ihrem Sohn/ihrer Tochter über Sexualität. Die Gründe sind vielfältig (vgl. Diehl 2001, 17):

- Operationen oder Therapien stehen so im Mittelpunkt, dass für Sexualerziehung keine Zeit bleibt,
- Verunsicherung und die Angst vor Fehlern führt zur Vermeidungshaltung,
- die Jugendlichen haben in den Augen der Eltern kein Interesse – es wird abgewartet,
- die Vermeidung möglicher Enttäuschungen des Kindes, da Sexualerziehung auch die Einschränkungen des Jugendlichen verdeutlichen würde, lässt Eltern das Thema aussparen,
- die Annahme einer durch die Körperbehinderung eingeschränkten Sexualität, die als nicht vollwertig angesehen wird.

Interessant ist an den weiteren Ergebnissen, dass alle befragten Eltern Sexualität »als menschliches Grundbedürfnis betrachten, aber Probleme haben, diese Bedürfnisse uneingeschränkt ihrem behinderten Kind zuzusprechen« (ebd. 18).

Die Ergebnisse lassen vermuten, dass von einer Verunsicherung der Eltern auszugehen ist, die sich in einer die Sexualität der Menschen mit Körperbehinderung negierenden Haltung sowie einer Vermeidung sexualerzieherischer Themen realisiert.

Leue-Käding (2004) zieht aus der Analyse von sechs Interviews mit Eltern von Jugendlichen mit kognitiven Beeinträchtigungen u. a. den Schluss, dass diese dem Entwicklungsprozess ihrer Kinder grundsätzlich aufgeschlossen gegenüber stehen und die Bedeutung partnerschaftlicher Beziehungen für ihre Kinder erkennen. »Erachten die Eltern alle prophylaktischen Gespräche und Maßnahmen in Verbindung mit der Empfängnisverhütung für geklärt, so akzeptieren sie sexuelle Kontakte – einschließlich Genitalsexualität – in der Partnerschaft ihrer Kinder« (ebd. 259). Fast alle befragten Eltern haben Interesse an schulischer Unterstützung der Sexualerziehung ihrer Söhne und Töchter: »Sie würden es als unbedingt hilfreich empfinden, wenn sie ihre eigenen Unsicherheiten bei Themen wie ›Anleitung zur Selbstbefriedigung‹ oder Gespräche über Empfängnisverhütung auf diesem Wege minimieren könnten« (ebd. 259). Eine Befragung (sowohl in Gruppen als auch durch Einzelinterviews) von neun Müttern von Kindern mit kognitiven Beeinträchtigungen durch türkische Wissenschaftlerinnen ergab, dass diese Mütter (in dem anderen kulturellen Kontext der Türkei) die Sexualerziehung im häuslichen Kontext eher ignorierten und die Erwartung hatten, dass diese Aufgabe von Institutionen übernommen würde.

> »People generally thought that children with intellectual disability would not have a sexual life, familiy planing was thought to be unnecessary to be involved in sexual education« (Gürol/Polat/Oran 2014, 123). (Übersetzung: Die Menschen dachten gemeinhin, dass Kinder mit intellektuellen Beeinträchtigungen kein sexuelles Leben haben würden, die Thematisierung von Familienplanung wurde als nicht notwendig für die Sexualerziehung eingeschätzt.)

Diese Befragungsergebnisse, in denen die türkischen Mütter kein Sexualleben für ihre Kinder zwischen 7 und 18 Jahren annahmen und das Thema der Familienplanung für überflüssig erachteten, können sensibilisieren für mögliche kulturelle Unterschiede.

Sexualerziehung der Söhne und Töchter ist die Aufgabe von Müttern und Vätern. Die schulische Sexualerziehung soll in enger Kooperation und Abstimmung mit den Eltern erfolgen. Deshalb ist es notwendig, die Eltern – auch aufgrund der beschriebenen Verunsicherung – in ein sexualerzieherisches Konzept einzubinden. Ein solches Konzept soll im Folgenden vorgestellt werden.

## 8.3 Sexualpädagogische Grundlegung

Im Folgenden wird eine sexualerzieherische Haltung beschrieben, die sich allgemein als Grundlage für jegliche sexualerzieherische Tätigkeit als Elternteil, Pädagogin in Wohn- oder Freizeiteinrichtungen, als Lehrerin an Förderschulen oder im integrativen/inklusiven Unterricht beschreiben lässt. Ein konkretes Modell schulischer Sexualerziehung für Schüler und Schülerinnen mit Behinderungen, das auf diesem sexualfreundlichen Ansatz basiert, wird im darauf folgenden Kapitel beschrieben.

Die Darstellung einer sexualfreundlichen Sexualerziehung basiert auf den Ausführungen von Sielert (1993, 2005) und erhält damit bewusst eine Verortung in der allgemeinen Pädagogik, um das Gemeinsame im Erziehungsprozess zwischen Kindern und Jugendlichen mit und ohne Behinderungen zu betonen. Potentielle Besonderheiten der sexuellen Entwicklung, die spezielle Themen in der Sexualerziehung oder besondere Kompetenzen erfordern, werden in den nachfolgenden Darstellungen noch exemplarisch ergänzt.

In den aktuelleren sexualpädagogischen Ausführungen von Sielert (2015) argumentiert er sowohl für eine subjekt- und themenzentrierte Sexualpädagogik (ebd. 83ff) als auch für eine Sexualpädagogik der Vielfalt (ebd. 95ff). Die subjekt- und themenzentrierte Sexualpädagogik wird von Sielert als Weiterentwicklung einer Geschlechterpädagogik entfaltet und erhält ihre Relevanz vor allem durch die sich verändernden gesellschaftlichen Anforderungen. Es ist gefordert, dass sich die Jugendlichen in Bezug auf Geschlechtsrollen und sexuelle Orientierung informieren und individuelle Wege finden. Die aktuelle Herausforderung liegt dabei in der hohen Vielfalt der Wahlmöglichkeiten: »Die Gegenüberstellungen ›männlich – weiblich‹ und ›heterosexuell – homosexuell‹ heben sich zunehmend auf und verwandeln sich in Kontinuen, also in jeweils fließende Übergänge. Die daraus resultierenden Beziehungsweisen haben sich stark pluralisiert« (Sielert 2015, 81). Eine subjekt- und themenzentrierte Sexualpädagogik hat dementsprechend den Auftrag, die Jugendlichen bei der Entwicklung ihrer sexuellen Identität so zu begleiten, dass das Menschsein als gemeinsame Grundlage – und nicht das Geschlecht oder die sexuelle Orientierung – im Vordergrund steht.

> »In dieser Weise subjektzentriert zu denken heißt einerseits, Menschen mit ihrer sexuellen Identität radikal individuell, ohne Schablone, wahrzunehmen und sich jeder Bevormundung zu enthalten. (...) Subjektzentriert heißt andererseits, ebenso radikal zur Kenntnis zu nehmen, was jeder/jede einzelne durch körperliche Dispositionen, Sozialisationserfahrungen und ihren Eigensinn, also ihr selbstreflexives Wollen und Gestalten, mitbringen« (ebd. 84).

Auf dieser Grundlage sollen Pädagoginnen und Pädagogen nach Sielert dann für individuell relevante Themen entsprechende sexualerzieherische Angebote machen, die förderlich für die sexuelle Entwicklung sind: »Es müssen solche Themen sein, die etwas bei ihnen (den Menschen, Anm. B.O.) zum Klingen bringen (...)« (ebd. 84). Dieser anspruchsvolle Blick auf subjektiv relevante Themen und deren Realisierung im sexualpädagogischen Angebot ist für Schülerinnen und Schüler mit und ohne Behinderungserfahrungen passend und geeignet. In Bezug auf das Diversitätsmerkmal Behinderung kann in ›heterogenen‹ Gruppen Gemeinsames der sexuellen Entwicklung betont werden. In ›homogenen‹ Gruppen können auch Fragen thematisiert werden, die sich z. B. aus Behinderungserfahrungen ergeben (z. B. Flirten/Beziehungsanbahnung ohne Lautsprache).

Dieser subjekt- und themenzentrierte Ansatz wird von Sielert dann im Weiteren mit einer Sexualpädagogik der Vielfalt verbunden. Diese hat zum Ziel, »die potenzielle Vielfalt der Lebensweisen« (ebd. 95) bewusst in der pädagogischen Arbeit wahrzunehmen und zu thematisieren. So kann sich sexuelle Vielfalt in der sexualpädagogischen Begleitung von Menschen weiter entwickeln.

> »Es ist eine Frage der Haltung und der Gesamtatmosphäre, ob Sexualpädagogik die Bereitschaft und Kompetenz zum Entwerfen der eigenen sexuellen Identität unterstützt und dabei grenzenlosen Machbarkeitswahn fördert oder gleichzeitig die Erfahrung wach hält, dass sich manches trotz Eigenaktivität und innerer Bereitschaft nur als Geschenk ereignet« (ebd. 96).

Auch wenn Sielert in diesen dargestellten sexualpädagogischen Ausführungen Menschen mit Behinderungen nicht explizit bedenkt, so lassen sich diese Grundlagen sehr gut für die weiteren sexualpädagogischen Ausführungen nutzen.

Eine sexualfreundliche, subjekt- und themenzentrierte Sexualpädagogik, die die Vielfalt sexueller Identitäten anerkennt und als Entwicklungsziel beschreibt, ist für Menschen mit und ohne Behinderungen geeignet und notwendig.

Die Entwicklung sexueller Identität erfolgt nicht nur in den Kontinuen von Geschlecht oder sexueller Orientierung, sondern auch der Kontinuen von Behinderungserfahrungen und sexueller Selbstbestimmung.

Sexuelle Selbstverwirklichung bzw. Selbstbestimmung ist Chance und Aufgabe zugleich, da sie selbstverantwortliches Handeln erfordert und somit den »Mut zum Gebrauch des eigenen Verstandes und zum Ausdruck der eigenen Gefühle« (Sielert 1993, 102). Sie hat ihre Grenzen in den Persönlichkeitsrechten anderer Menschen, die nicht verletzt werden dürfen. Diese müssen deutlich aufgezeigt werden, um Menschen zu einer verantwortungsbewussten Sexualität zu befähigen.

In Elternhaus und Schule sollten die Grundlagen für sexuelle Erfahrungen geschaffen und deren Bewusstmachung, Versprachlichung bzw. Kommunizierbarkeit und Reflexion ermöglicht werden. Sexualerziehung sollte somit folgende Ziele verfolgen:

- Gegenseitige Anerkennung, dass die Wahrnehmung von Wirklichkeit immer subjektiv und individuell sinnvoll ist sowie sich (nicht nur) in den genannten Kontinuen (Geschlecht/sexuelle Orientierung/Behinderungserfahrungen) bewegt und (in unterschiedlicher Geschwindigkeit und Tiefe) entwickelt.
- Unterstützung kommunikativer Kompetenzen – auch in allen Variationen von Unterstützter Kommunikation sowie Leichter/einfacher/schwerer Sprache –, um das eigene Erleben offen mitteilen zu können und somit eine geeignete Grundlage für sexuelle Selbstbestimmung zu erhalten.
- Zutrauen, dass die Kinder und Jugendlichen eigene Gedanken und Gefühle haben und diese auch mitteilen können. Sie sollten dabei unterstützt werden, sich auch gegen gesellschaftliche Zwänge und Konventionen zu behaupten. Sie

sollen unterstützt werden, sich gegen gesellschaftliche Zuschreibungen (von z. B. Asexualität, behinderter Sexualität oder Triebbetonung) zu behaupten.

- Kritische Reflexion gesellschaftlicher Normen zur Erlangung eigener Wertvorstellungen, die kritisch an der eigenen Lebensrealität überprüft werden müssen.

Grundsätzlich gilt:

> »Bei allem ist Menschennähe wichtiger als ethisch reine Konzepte. Fehler, Irrwege, Sackgassen müssen Jugendlichen zugestanden werden. Das können Pädagogen und Pädagoginnen (und Eltern) nur, wenn sie ihre eigene Lebensrealität annehmen, eigene Vereinseitigungen akzeptieren, sich Sackgassen und Irrwege verzeihen können« (Sielert 1993, 106).

## 8.4 Kompetente, integrierende Sexualpädagogik: ein Gesamtkonzept für die (schulische) Sexualerziehung

Die beschriebene sexualpädagogische Grundorientierung – sexualfreundliche themen- und subjektorientierte Sexualpädagogik der Vielfalt – dient als inhaltliche Basis für die weiteren Ausführungen. Sie muss allerdings, wie noch in Kap. 9 ausgeführt werden wird, um weitere Aspekte, wie z. B. eine traumasensible Sexualpädagogik, ergänzt werden (▶ Kap. 9). Ebenso sollte sie eingebettet sein in eine erzieherische Grundhaltung, die Kinder und Jugendliche auf dem Weg zu selbstbewussten und selbstbestimmten Erwachsenen begleitet, die ihre Rechte im Sinne der UN-Behindertenrechtskonvention kennen und ermutigt werden, diese einzufordern.

Das Konzept der ›Kompetenten, integrierenden Sexualpädagogik‹ (KiS), das im Folgenden vorgestellt werden soll, ist auf der Grundlage der bisherigen Ausführungen zu *möglichen* Besonderheiten der sexuellen Entwicklung bei Kindern und Jugendlichen mit Behinderungen, der Situation der Eltern als auch den Ergebnissen einer umfangreichen Lehrerbefragung an Förderschulen mit dem Förderschwerpunkt körperliche/motorische Entwicklung in Nordrhein-Westfalen (vgl. Ortland 2005b) entstanden.

Aus den bisherigen Ausführungen ist folgender Begründungszusammenhang für die Notwendigkeit eines solchen Konzeptes abzuleiten:

- Die Kinder und Jugendlichen mit Behinderungen benötigen ein sexualerzieherisches Angebot, das die *möglichen* Besonderheiten ihrer Lebenssituation im Sinne eines erweiterten inhaltlichen Angebotes und entsprechender didaktisch-methodischer Konsequenzen aufgreift.
- Schülerinnen mit Behinderungen erfahren oft eine nur unzureichende und in der Regel zu späte Sexualerziehung.

- Je schwerer die Behinderung vor allem im kognitiven Bereich ist, umso größer ist die Verunsicherung der Eltern und Lehrerinnen. Es kommt eher zur Vermeidung von Sexualerziehung aufgrund der Negierung der Sexualität der Menschen mit Behinderungen.
- Die Schülerinnen und Schüler benötigen ein umfassendes Verständnis von Sexualerziehung, das Maßnahmen zur Freizeiterziehung, Mobilitätserweiterung, Nutzung Neuer Medien/Medienerziehung sowie umfassende Maßnahmen im Bereich der Unterstützten Kommunikation mit einschließt.
- Lehrerinnen und Lehrer an Förderschulen fühlen sich ungenügend auf die Sexualerziehung vorbereitet.
- Sie wünschen sich mehr Unterstützung im Kollegium und von Fachkräften von außerhalb der Schule.
- Sie wünschen sich spezifische Fortbildungen und hier auch geeignetes Material für die Sexualerziehung, das die Lebenssituation der Schülerinnen aufgreift.
- Alle Mitarbeitenden sollten in ein Konzept schulischer Sexualerziehung einbezogen werden, da sie implizit in verschiedensten Situationen sexualerzieherisch bewusst oder unbewusst tätig sind. Dementsprechend sollten alle Mitarbeitenden an spezifischen Fortbildungen teilhaben können bzw. diese angeboten bekommen.
- Auch für die Eltern scheint die Initiierung von Fortbildungsangeboten und individuellen Beratungsmöglichkeiten in enger Kooperation mit der Schule sinnvoll.

Diese knappe Fokussierung der bisherigen Ergebnisse verdeutlicht die Notwendigkeit eines Konzeptes,

- das langfristig die Umweltfaktoren der Kinder und Jugendlichen mit Behinderungserfahrungen in der Weise verändert, dass sich das Konzept überflüssig macht,
- Eltern, Lehrer, weitere Mitarbeitende und Schüler integriert, so dass alle Beteiligten die sexualerzieherische Arbeit als gemeinsame Aufgabe definieren, die in Kooperation realisiert wird,
- Sexualerziehung nicht nur als Aufgabe der Lehrerinnen verstanden wird, sondern als eine die gesamte Schule mit allen Mitarbeitenden (Pflege/Therapie/weitere Unterstützung/Begleitung), die häusliche Sexualerziehung und ihre externen Kooperationspartner (z. B. Beratungsstellen) betreffende Aufgabe,
- Sexualerziehung auch als implizites Thema verstanden wird, das sich in allen Begegnungen des Schulalltags ereignen kann und deswegen in den sexualerzieherischen Blick kommen sollte,
- die sexualpädagogischen Kompetenzen aller Beteiligten sowohl im Bereich der Haltung, des Fachwissens als auch im Bereich des Handlungs- bzw. Umsetzungswissens erweitert.

Der Ansatz der ›Kompetenten, integrierenden Sexualpädagogik‹ verfolgt damit als Gesamtziel die Kooperation von Eltern, Mitarbeitenden verschiedener Professionen sowie externen Beratungsstellen unter Kompetenzerweiterung aller Beteiligten mit dem Resultat einer förderlichen Sexualerziehung, die die Wünsche, Bedarfe und die Lebenssituation der Schüler und Schülerinnen mit verschiedenen Behinderungserfahrungen berücksichtigt und in einem schulinternen Gesamtkonzept mündet.

Konkret sind dies Maßnahmen zur:

- Kompetenzerweiterung aller Mitarbeitenden (Pädagogik/Pflege/Therapie/weiteres ›Hilfspersonal‹),
- Kompetenzerweiterung der Eltern bzw. Erziehungsberechtigten,
- Entwicklung eines schulinternen sowie schulspezifischen Spiralcurriculums als Grundlage für die intentionale Sexualerziehung mit Auswahl und ggf. (Weiter-) Entwicklung geeigneten Materials (vgl. Vorschlag dazu in Ortland 2009),
- Vernetzung mit Beratungsstellen und weiteren Fachkräften in der Umgebung der Schule bzw. deren Einzugsgebiet für langfristige Kooperationen.

Für das Logo des damaligen Forschungsprojektes sind drei Puzzleteile gewählt worden, die für die verschiedenen Gruppen stehen, die miteinander für eine gelingende Sexualerziehung ihre Kompetenzen erweitern und in einen Kooperationsprozess einbringen sollten.

Es fehlt aber ein weiteres Puzzleteil, um eine vollständige Form zu bekommen. Das fehlende Puzzleteil symbolisiert indirekt die Schülerinnen und Schüler mit

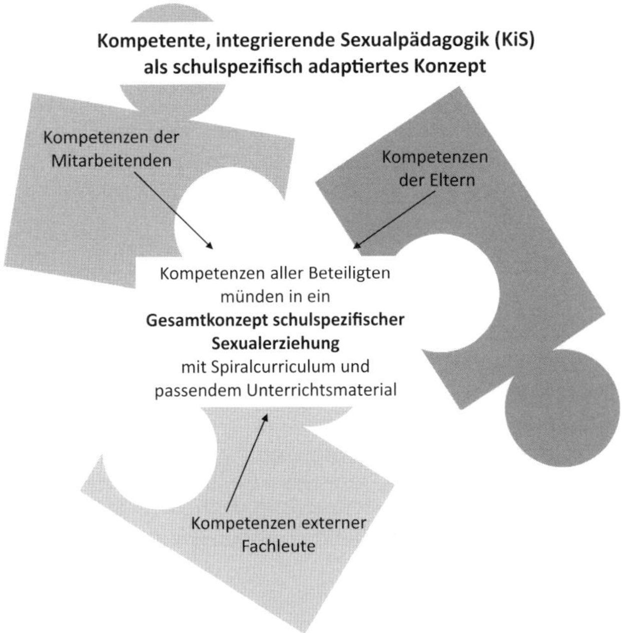


**Abb. 20:** Kompetente, integrierende Sexualpädagogik (KiS) als schulspezifisch adaptiertes Konzept

ihren spezifischen individuellen Bedarfen, auf die die Sexualerziehung passend abgestimmt werden sollte.

Mit der Umsetzung der genannten Aspekte kann das sexualerzieherische Gesamtkonzeptes KiS schulspezifisch adaptiert werden.

Diese Bausteine werden im Folgenden vorgestellt. Das Konzept ist in einem zweijährigen Forschungsprojekt an zwei Förderschulen mit dem Schwerpunkt körperliche/motorische Entwicklung erfolgreich umgesetzt und evaluiert werden. Die Erkenntnisse fließen in die Darstellung ein.

### 8.4.1 Kompetenzerweiterung auf Seiten der Mitarbeitenden

An den Förderschulen mit dem Förderschwerpunkt körperlich/motorische Entwicklung finden sich bei den Mitarbeitenden sehr verschiedene Berufsgruppen. Neben den verschiedenen Lehrkräften sind in der Regel Pflegekräfte, Therapeutinnen sowie Integrationshelferinnen und Praktikanten vorhanden.

Der genuine Auftrag schulischer Sexualerziehung liegt bei allen Lehrkräften. Sie sind für die unterrichtliche Vermittlung der vorgegebenen, schulintern ausdifferenzierten Inhalte zuständig – viele Unterrichtsfächer sind hier geeignet. Alle Richtlinien der deutschen Bundesländer empfehlen fächerübergreifenden Unterricht für die Sexualerziehung (BZgA 2004, 181). Projekttage bieten viele Chancen der intensiven inhaltlichen Auseinandersetzung.

Immanente sexualerzieherische Inhalte werden von allen Personen vermittelt. Die Gestaltung der Pflegesituationen oder therapeutischen Angebote sowie die oft auch körpernahe Begleitung im Schulalltag durch Integrationshelfer oder Praktikanten sind Situationen, die den Kindern und Jugendlichen implizite oder explizite Bewertungen über ihren Körper und ihre Person vermitteln. Eine intimitätswahrende und achtsame Pflege oder Therapie kann z. B. Wertschätzung vermitteln. Das Ernstnehmen und die bedingungslose Annahme der Schülerinnen kann sie ermutigen, ihre (möglicherweise als peinlich empfundenen Fragen) zu stellen und sich mit ihren (auch gewaltvollen) Erfahrungen und Erlebnissen einem Erwachsenen anzuvertrauen. Pflege und Therapie sind Situationen, in denen notwendiges Körperwissen vermittelt oder erweitert werden kann. Verschiedene Begriffe für Geschlechtsmerkmale können angeboten werden.

Die Anlässe für implizite und explizite Sexualerziehung sind im Alltag vielfältig. Erwachsene, die sich durch Selbstreflexion, Austausch im Kollegium und entsprechendes Fachwissen sicher fühlen, gelingt es eher, angemessen und unterstützend mit den Situationen umzugehen. Sie erkennen im Alltag Situationen, in denen eher beiläufig sexuelles Wissen vermittelt werden kann oder Anlässe für Gespräche entstehen (z. B. über beliebte Fernsehserien der Schüler/innen kann man zu Vorbildern von Männlichkeit/Weiblichkeit gelangen oder Beziehungsformen, die dort vermittelt werden).

Eine Kompetenzerweiterung für alle Mitarbeitenden sollte an deren Bedarfen und Fragen ansetzen. Diese unterscheiden sich häufig z. B. abhängig vom Alter oder vom Grad der Einschränkungen der Schüler, die man begleitet. Deshalb ist eine Erhebung des Ist-Standes zu Beginn der allgemeinen schulischen Aktivitäten sinnvoll und dient dazu, die Kolleginnen und Kollegen in den Prozess der Entwicklung eines schulinternen Gesamtkonzeptes einzubeziehen und mit ihren Anliegen ernst zu nehmen. Durch einen Fragebogen können Herausforderungen der Sexualerziehung, die Einstellung zu schulinternen Maßnahmen, die Bereitschaft zur konkreten Mitarbeit sowie Fortbildungswünsche der Kollegen und Kolleginnen erfragt werden. Als Anregung kann der in der Lehrerbefragung (Ortland 2005b) verwendete Fragebogen dienen.

Die persönlichen und fachlichen Voraussetzungen der verschiedenen Mitarbeitenden sowie gewünschte und als wichtig erachtete Themen für Fortbildungsmaßnahmen sind in der Regel sehr unterschiedlich. Da auf der einen Seite der Grad der beruflichen Verpflichtung, sexualerzieherisch tätig zu werden, ebenso unterschiedlich ist wie auf der anderen Seite die diesbezügliche persönliche Bereitschaft, sich in sexualerzieherische Themen einzubringen, sind die Ausgangsvoraussetzungen sehr heterogen. Dies macht eine gut überlegte und passende Mischung von Fortbildungsangeboten für das gesamte Schulkollegium sowie differenzierte Angebote für verschiedene Gruppen nötig und fachlich sinnvoll.

Bei der Erprobung des KiS-Ansatzes an zwei Förderschulen mit dem Förderschwerpunkt körperliche/motorische Entwicklung hat es sich als sehr hilfreich und weiterführend erwiesen, wenn in der Schule eine Arbeitsgruppe bzw. Fachkonferenz gegründet wurde, in der möglichst Vertreter aller Schulstufen sowie Elternvertreter zusammenarbeiten und somit als längerfristige und verantwortliche Ansprechpartner dienen. Ihre Aufgabe liegt in der Initiierung, Begleitung und Evaluation der schulischen Veränderungsprozesse. Das bedeutet nicht, dass die Kollegen und Kolleginnen alle Handlungsschritte konkret selber umsetzen müssen. Sie sollten sich allerdings für deren Realisierung ggf. durch andere Lehrkräfte oder Personen von außen, z. B. durch Einbindung interessierter Studierender der ausbildenden Universitäten, verantwortlich zeigen.

Zur Realisierung des Gesamtkonzeptes KiS sollten durch die Arbeitsgruppe folgende Aufgabenfelder abgedeckt werden:

- Regelmäßige Information aller Mitarbeitenden auf den Gesamtkonferenzen über den aktuellen Stand der Konzeptentwicklung und über die Aktivitäten der Arbeitsgruppe.
- Entwicklung bzw. Adaption eines schulinternen behinderungsspezifischen Spiralcurriculums für die Sexualerziehung.
- Organisation schulinterner Fortbildungen zur Sexualerziehung unter Einbezug externer Fachkräfte. Ein Fragebogen zur Ermittlung des Fortbildungsbedarfes hilft, eine schulinterne Fortbildung zu konzipieren.
- Der mittelfristige Aufbau eines Netzwerkes mit Beratungsstellen oder auch Gynäkologen/innen vor Ort,
- Einbindung der Experten aus den Beratungsstellen in den Unterricht, als Fachkraft in die Fortbildungen für die Lehrkräfte sowie als Anlaufstelle für individuelle Beratungsprozesse von Mitarbeitenden, Schülern und Eltern.
- Weiterbildung eines Kollegen sowie einer Kollegin, damit diese als Ansprechpartner für Schülerinnen und Schüler bzw. Lehrerinnen und Lehrer in Bezug

auf sexuelle Gewalt an der Schule fungieren. Diese Experten hätten weiterhin die Aufgabe, ein schulisches Präventionskonzept gegen sexuelle Gewalt zu realisieren. Gelingende sexualpädagogische Arbeit wäre ein Teil dieses Konzeptes.

Es ist sinnvoll, wenn die Kolleginnen und Kollegen, die sich im Bereich der Sexualerziehung an ihrer Schule engagieren, einschlägige Fortbildungen besuchen, sich in umliegenden Beratungsstellen informieren, um ihre eigene Fachkompetenz zu erweitern und durch den Kontakt mit anderen Fachkräften in der Bedeutsamkeit ihres Anliegens gestärkt werden (z. B. durch schulübergreifende Arbeitskreise).

Ebenso hat die Erprobung des KiS-Ansatzes an zwei Projektschulen gezeigt, dass für die Implementierung des Gesamtkonzeptes und dann vor allem dessen schulspezifische Ausdifferenzierung und Weiterentwicklung verschiedene Aspekte von entscheidender Bedeutung sind:

- eine interessierte, engagierte und fachkundige Schulleitung mit der Offenheit für neue Aktivitäten,
- ein interessiertes, engagiertes und für Innovationen offenes schulinternes Gremium für den Bereich der Sexualerziehung mit Mitgliedern der unterschiedlichen Professionen,
- »Innovationsraum« für dieses Gremium, um Neues/Passendes zu entwickeln,
- Ressourcen für die Ideen der engagierten Mitarbeitenden sowie zur deren zeitweiliger Entlastung,
- durchgehende Information des Gesamtkollegiums, um sie in diese Entwicklungsprozesse zu integrieren.

Der Start in die Umsetzung dieser schulischen Veränderungsprozesse geschieht am günstigen durch eine themenbezogene schulinterne Fortbildung für alle Mitarbeitenden. Für die Kontinuität in der weiterführenden Umsetzung der Aktivitäten ist es unerlässlich, dass ein gut organisiertes und vernetztes Gremium »Sexualerziehung« den Kommunikations- und Informationsfluss über das Erreichte, die Ziele, weitere Entwicklungen und Vorhaben der Konzeptumsetzung im Gesamtkollegium der Schule aufrecht und transparent erhält (vgl. Ortland/Czerwinski 2009).

### 8.4.2 Fortbildungskonzept für ›unterstützendes Personal‹

Im Rahmen des Forschungsprojektes KiSS (»Kompetente, integrierende Sexualpädagogik für Menschen mit körperlicher Schädigung an der Förderschule« – gefördert von der Heidehof-Stiftung, ▶ Kap. 7) wurde ein Fortbildungskonzept für Zivildienstleistende und junge Frauen/Männer im Freiwilligen Sozialen Jahr (im Folgenden Zivi und FSJler genannt) entwickelt. Das Konzept ist im Rahmen der Gesamterprobung von KiS an zwei Projektschulen (Förderschulen mit dem Förderschwerpunkt körperliche/motorische Entwicklung) mit gutem Erfolg umgesetzt und prozessbegleitend optimiert worden. Das ausführlichere Ursprungskonzept von 2009 mit allen Materialien findet sich auf der Homepage der Katholischen Hochschule NRW, Abteilung Münster (KatHO) (siehe Literaturverzeichnis Ortland/Czerwinski 2009). Zielgruppe waren damals Zivildienstleistende sowie junge Frauen und Männer im freiwilligem Sozialen Jahr. Aktuell würde diese Gruppe sowohl aus FSJler/innen als auch jungen Leuten im Bundesfreiwilligendienst bestehen. Bei einer Erweiterung der Gruppe um noch andere Mitarbeitende muss die Konzeption entsprechend angepasst werden: z. B. sind Integrationshelfer/innen mit einer viel größeren Heterogenität in Bezug auf Alter, beruflicher Vorbildung und Lebenserfahrung an den Schulen vertreten; Studierende im Praxissemester haben bereits mehr Vorwissen und sind in der Regel geübter in der Reflexion ihres Handelns. Nachfolgend wird das Fortbildungskonzept in seiner Begründung und Umsetzung vorgestellt.

*Zur Zielgruppe*: Die Fortbildung richtete sich an Zivildienstleistende und junge Frauen/Männer im FSJ, die sich für die Arbeit an der Förderschule FkmE entschieden haben. Bei dieser Zielgruppe, die heute aus jungen Leuten im Bundesfreiwilligendienst (BUFDi) oder FSJ besteht, muss davon ausgegangen werden, dass die meisten von ihnen im Rahmen ihrer Tätigkeit zum ersten Mal in Kontakt mit jungen Menschen mit Behinderungen treten. Sie befinden sich zudem während ihrer Tätigkeit an der Förderschule FkmE häufig in einer Phase der beruflichen Orientierung. Nicht zuletzt haben sich diese Mitarbeitenden freiwillig für die Tätigkeit im Bereich der Förderung von Menschen mit Behinderungen entschieden, um vielseitige Erfahrungen für ihren weiteren beruflichen Werdegang zu sammeln. Häufig entscheiden sich junge Frauen und Männer nach dieser ca. einjährigen Tätigkeit in der schulischen Rehabilitation für eine Weiterqualifikation in diesem Bereich, etwa durch eine Ausbildung in der Heilerziehungspflege oder einem Studium der Förderpädagogik, Heilpädagogik oder Rehabilitationswissenschaften. Der Bundesfreiwilligendienst und das Freiwillige Soziale Jahr bringen also einen großen Teil des späteren Nachwuchses im System der Rehabilitation hervor.

*Begründung eines spezifischen Fortbildungsangebotes*: Die Umsetzung eines schulinternen Gesamtkonzeptes zur Sexualerziehung, wie das KiS-Konzept, erfordert die Einbindung aller Mitarbeitenden an der Förderschule FkmE. Um eine Kompetenzerweiterung aller am Schulleben Beteiligten zu erreichen, ist eine Fortbildung zur Erweiterung des Fachwissens, des Umsetzungs- und Handlungswissens unerlässlich. Damit den Schülerinnen und Schülern eine einheitliche Linie in der Sexualerziehung angeboten werden kann, ist es deshalb ebenso notwendig, die jungen Frauen/Männer im FSJ oder BUFDi in das Gesamtkonzept der Schule einzubinden. Sie sind als ›unterstützendes Personal‹ an der Förderschule FkmE angestellt und übernehmen oftmals wichtige Aufgaben im Bereich der Pflege von Schülerinnen und Schülern. Sie spielen mit dieser körpernahen Tätigkeit eine nicht zu unterschätzende Rolle in der Sexualerziehung der Schülerinnen und Schüler, denn:

- Sie greifen in die Intimsphäre der Schülerinnen und Schüler ein, sind jedoch in der Regel nicht in diesem Bereich der pädagogisch orientierten Pflege vorgebildet.

- Sie handeln damit in einem unmittelbaren Handlungsfeld der Sexualerziehung.
- Sie begegnen ihren Schülerinnen und Schülern körpernah, intim und in Vertrauen fordernden Situationen.
- Sie haben oftmals eine vertraute Beziehung zu den Schülerinnen und Schülern aufgebaut, da sie nicht Lehrkraft oder Therapeut/in sind, und drohen daher oft in die Rolle des/der ›Freund/in‹ abzugleiten. Hier kann ein – zu vermeidender – Rollenkonflikt entstehen.
- Sie sind durch ihre vertrauensvolle Beziehung zu den Schülerinnen und Schülern nicht selten Empfänger von Sorgen, Nöten, Problemen, Wünschen, etc. der Schülerinnen und Schüler und zugleich unbewusst auch Sprachrohr ihrer Anliegen.

Die jungen Mitarbeitenden sind also, meist unbewusst und situativ geleitet, sexualerzieherisch tätig. Ihr Handeln in Pflegesituationen sollte bewusst in die behinderungsspezifische Sexualerziehung eingebunden werden. Die Zusammenhänge und die damit verbunden sexualerzieherischen Aufgaben und Chancen von Pflegesituationen und einer behinderungsspezifischen Sexualerziehung sind in diesem Buch in Kapitel 9 beschrieben (► Kap. 9). Da die Zielgruppe dieser Fortbildung in der Regel keine förderpädagogische oder pflegerische Ausbildung und Vorbildung vorweist, ist es sinnvoll, für sie eine auf ihr Alter, ihren Wissenstand und ihre Erfahrungen angepasste Fortbildung schulintern anzubieten. Darüber hinaus sollte es im Arbeitsalltag strukturell verankerte Austausch- und Reflexionsgespräche mit Mitarbeiter/innen der Förderschule FkmE geben, um die jungen Menschen bei ihrer Arbeit zum Wohle der Schüler/innen zu begleiten.

*Ziele der Fortbildung*: Ein sexualpädagogisches Gesamtkonzept an der Förderschule FkmE muss zum Ziel haben, die Kompetenzen aller Mitarbeitenden im Bereich der Sexualerziehung zu erweitern. Wenn sich Sexualerziehung (auf der Grundlage eines weiten Verständnisses von Sexualität – ► Kap. 2) wie ein roter Faden durch alle Bereiche des förderpädagogischen Handelns zieht, können die Schüler/innen davon immens profitieren. BUFDis und FSJler sind neben einer allgemeinen Schulbegleitung vor allem auch im Bereich der Basispflege tätig und dringen dadurch in die Intimsphäre der Schüler/innen ein. Im Gegenzug berühren Pflegesituationen ebenfalls die eigene Sexualität und Intimsphäre und können gerade junge Leute sehr verunsichern. Das Handeln in Situationen, die mit Sexualität behaftet sind, erfordert immer wieder die Reflexion über das eigene Handeln und die potentiellen Gefühle des Gegenübers. Die Fortbildung soll zu einem reflexiven und sensiblen Umgang innerhalb von Pflegesituationen anregen. Folgende Teilziele sollen eine Annäherung an eine intimitäts- und sexualfreundliche Gestaltung von Pflegesituationen ermöglichen:

Die Teilnehmenden haben in der Fortbildung die Möglichkeit,

- das eigene Verständnis von Sexualität zu reflektieren,
- ein erweitertes Verständnis von Sexualität, das die Sexualität aller Menschen in ihrer Vielfältigkeit und Individualität anerkennt, kennen zu lernen,
- grundlegendes Fachwissen über potentielle Besonderheiten der sexuellen Entwicklung bei Menschen mit Behinderungen zu erlangen,

- sexuelle Entwicklung bei den Schülerinnen und Schüler mit Behinderungen differenzierter zu erkennen und anzuerkennen,
- Bedürfnisse der Schülerinnen und Schüler und die eigenen Bedürfnisse innerhalb von Pflegesituationen zu erkennen und zu benennen,
- Tätigkeiten in schambehafteten Situationen aus der Perspektive der verschiedenen Beteiligten zu reflektieren,
- Probleme und Ängste im Team artikulieren zu lernen,
- eigene Grenzen in Pflegesituationen zu erkennen.

Insgesamt soll die Fortbildung die Kompetenzen im Bereich der Sexualerziehung erweitern und dadurch eine in das Schulleben integrierte Sexualerziehung um den Bereich der Pflege sinnvoll ergänzen.

*Fortbildungskonzept für »unterstützendes Personal«:* Bewährt hat sich in der Entwicklung und Erprobung ein modularisiertes Fortbildungskonzept, da an den Schulen die Zeit, die für diese Fortbildungen zur Verfügung stand, unterschiedlich war. So kann jede Schule, die ein Angebot für die Mitarbeitendengruppe realisiert, Module auswählen und inhaltlich passende Fortbildungen zusammenstellen. Empfohlen wird eine zweiteilige Fortbildung, die aus einem einführenden, zeitlich umfangreicheren Tag und nach vier bis acht Wochen einem vertiefend-reflektierenden Workshop besteht.

Die einzelnen Module der nachfolgend vorgestellten Fortbildung sind zielgruppenorientiert, altersgemäß und methodisch motivierend gestaltet. Es wurde auf einen Wechsel der Sozialformen und der Methoden geachtet sowie viel Raum für Eigenaktivität, Erfahrungsaustausch und Reflexion eingeplant. Die Leitungsperson der Fortbildung sollte möglichst aus dem Kollegium der Schule kommen und sowohl mit den teilnehmenden Mitarbeitenden als auch den besonderen Bedarfen der Schülerinnen und Schüler vertraut sein. Dies könnte bspw. die Pflegedienstleitung oder der zentrale Ansprechpartner für die FSjler/innen und BUFDis sein.

## Übersicht über die Fortbildungsstruktur und -inhalte

Im Rahmen der Erprobung an den Projektschulen haben sich die Themen in der nachfolgenden Zusammenstellung und der Umsetzung als zwei Fortbildungstage als effektiv erwiesen:

*Modulübersicht des einführenden Workshops:*

- Eigenes Verständnis von Behinderungen reflektieren
- Zum Zusammenhang von Behinderungen und Sexualität
- Potentielle Besonderheiten der sexuellen Entwicklung bei Menschen mit Behinderungen
- Das Spannungsfeld von professioneller Nähe und Distanz
- Pflege als Situation des Ekels

- Pflege als allein zu bewältigende Situation?
- Gestaltungsmöglichkeiten einer intimitätswahrenden und sexualfreundlichen Pflege
- Gestaltungsmöglichkeiten im Pflegeraum
- Reflexion des Fortbildungstages

*Modulübersicht des vertiefenden Workshops:*

Reflexion der bisherigen Arbeit unter folgenden Gesichtspunkten:

- Veränderungen in der Wahrnehmung der Arbeit seit der ersten Fortbildung
- Reflexion verschiedener Erlebnisse bei der Arbeit
- Diskussion sexualisierter Situationen in der Pflege
- Reflexion der Wünsche für die eigene Tätigkeit

Differenzierte Darstellung der Module des einführenden Workshops

*Einstiegsmodul: Eigenes Verständnis von Behinderung reflektieren*

Es werden verschiedene Bilder ausgelegt, die die Fortbildungsleitung (folgend FL) zuvor aus Zeitschriften/Kalendern/dem Internet etc. gesammelt/ausgedruckt hat. Es sind möglichst vielfältige Bilder, die eine Assoziation zum Themenbereich der Sexualität im weitesten Sinne zulassen (z. B. Paare in verschiedenen Situationen und verschiedenen Konstellationen und Altersspannen, Babys, Landschaften, Symbole für Zuneigung, Vertrauen, Liebe etc.). Die Teilnehmer/innen (folgend TN) werden gebeten, sich ein Bild auszusuchen, das zu ihrem Verständnis von Sexualität passt. Das Bild wird in einer kurzen Vorstellungsrunde präsentiert, in der ebenso das eigene Alter und die Tätigkeit an der Schule genannt werden. Den TN wird erläutert, dass ihre subjektive Einstellung zur Sexualität auch die Begegnung mit Menschen mit Behinderung und deren Sexualität beeinflusst.

*Erarbeitungsmodul I: Brainstorming zu Behinderung und Sexualität*

Die TN sollen zunächst für sich selbst auf Moderationskarten notieren, was ihnen zum Thema »Menschen mit Behinderung und Sexualität« einfällt. Gemeinsam werden die Ergebnisse inhaltlich nach Ähnlichkeit der Aussagen sortiert und dann reflektiert. Dabei sind folgende Fragestellungen leitend: Welche konkreten Erfahrungen stehen hinter den Einstellungen? Welche Einstellungen erweisen sich als (nicht haltbare) Vorurteile?

*Vortragmodul: Verständnis von Sexualität und möglichen Besonderheiten der sexuellen Entwicklung bei Menschen mit Behinderungen*

Den TN wird durch einen Kurzvortrag ein weit gefasster Begriff von Sexualität vermittelt (wie hier im Buch dargelegt), der jedem Menschen seine individuelle Sexualität zuspricht. Zudem sollten den TN im kurzen Überblick mögliche Besonderheiten der sexuellen Entwicklung bei Kindern/Jugendlichen mit Behinderungen vermittelt werden. Auf dieser Grundlage können mögliche Probleme, die Menschen mit Behinderungen erfahren, diskutiert und Veränderbares aufgezeigt werden. Vor diesem Wissenshintergrund sollen die TN Erfahrungen mit den Schüler/innen einbringen und neu/anders verstehen lernen.

*Selbsterfahrungsmodul: Wie nah darf man mir kommen?*

Es werden für diese Übung mit den TN ein Innen- und ein Außenkreis gebildet, so dass sich jeweils zwei TN gegenüberstehen. Die TN aus dem Außenkreis gehen nun aus ca. 2 m Entfernung langsam auf die TN aus dem Innenkreis zu. Diese haben die Aufgabe »Stopp« zu sagen, wenn ihnen die Nähe des Anderen unangenehm wird. Bei der nächsten Runde werden die Rollen gewechselt. Wenn gewünscht, kann die Übung noch einige Male wiederholt werden, indem die TN aus dem Außenkreis eine Position weiter gehen. Anschließend wird gemeinsam reflektiert, wie unterschiedlich die jeweiligen Abstände waren, bis gestoppt wurde, und welche subjektiven Begründungen dem zugrunde lagen.

Anschließend soll thematisiert werden, welche Personen in den Intimbereich der TN eingreifen dürfen (z. B. Partner/in oder Pfleger/in im Krankenhaus). Es sollen Unterschiede der verschiedenen Situationen diskutiert und gemeinsam überlegt werden, welche Mechanismen individuell ermöglichen, im Krankenhaus den Eingriff in die Intimsphäre anders zu bewerten als in anderen Situationen. Eine Übertragung auf Situationen mit den Schüler/innen wird angeregt.

*Erarbeitungsmodul II: Pflege – eine Situation des Ekels!*

Es werden verschiedene Sätze als stumme Impulse ausgelegt, die das Gefühl von Ekel in Pflegesituation thematisieren (z. B. »Wenn ich schon morgens früh eine Windel wechseln muss, dann wird mir total schlecht!« »Wenn ich eine Windel voller Kot aufmache, möchte ich vor lauter Ekel aus dem Pflegeraum laufen!«). Die TN sollen durch die Impulse zur Diskussion folgender Themen angeregt werden:

- Darf man sich als Pflegekraft ekeln?
- In welchen Situationen haben sich die TN schon einmal geekelt?
- Welche Mechanismen wenden sie an, um mit Ekel umzugehen?

Die Diskussion endet mit der Erkenntnis und auch Bekräftigung, dass Ekel ein erlaubtes (und kaum regulierbares) Gefühl ist und jeder für sich individuell hilfreiche Strategien entwickeln sollte, um mit Ekel umzugehen.

*Erarbeitungsmodul III: Pflege als allein zu bewältigende Situation?*

Die TN sollen in einem gemeinsamen Brainstorming Situationen sammeln, die sich auf folgende Fragen beziehen:

- Was möchte ich auf keinen Fall in einer Pflegesituation erleben, wenn ich alleine mit dem Schüler/der Schülerin bin?
- Was möchten wohl die Schüler/innen auf keinen Fall in einer Pflegesituation erleben?

Die Ergebnisse werden analog zu den beiden Fragen auf zwei Plakaten gesammelt. Die TN sollen Ideen sammeln, was sie gegen diese unangenehmen, befürchteten Situationen sowohl für sich als auch für die Schüler/innen tun können. Diese Ideen werden hinter die gesammelten Situationen geklebt. Zentral ist, den TN zu vermitteln, dass sie sich in Gesprächen mit den zuständigen Klassenteams oder anderen, zuständigen Personen Unterstützung holen dürfen und auch sollten.

*Erarbeitungsmodul IV: Gestaltungsmöglichkeiten einer intimitätswahrenden und sexualfreundlichen Pflege*

Den TN werden für dieses Thema vier Kriterien einer intimitätswahrenden und sexualfreundlichen Pflege präsentiert:

- Keine Pflege gegen den eigenen Willen oder den Willen des Anderen!
- Selbstbestimmung in der Pflege ermöglichen!
- Intimität ermöglichen und Schamgefühl unterstützen!
- Sexualität des Anderen anerkennen und respektieren!

In Kleingruppen mit jeweils 4 TN soll überlegt werden, durch welche konkreten Handlungen diese Kriterien umgesetzt werden können. Jede Gruppe bearbeitet mindestens ein Kriterium. Die Gruppen präsentieren sich anschließend die Ergebnisse und ergänzen um weitere Ideen.

*Erarbeitungsmodul V: Gestaltungsmöglichkeiten im Pflegeraum*

Der Pflegeraum ist Arbeitsplatz der TN und ein mehrmals am Tag aufgesuchter Ort der Schüler/innen. Deshalb sollen nun gemeinsam Ideen entwickelt werden, wie der Pflegeraum optimiert werden kann. Dazu bekommen jeweils zwei TN einen Grundriss von einem (für die jeweilige Schule typischen) Pflegeraum und ein fiktives Budget von 100 Euro. Sie sollen Ideen entwickeln, wie dieser Pflegraum umgestaltet/verändert werden kann, damit sich alle wohler darin fühlen können. Die Ergebnisse werden aufgehängt und in ihrer Umsetzbarkeit diskutiert. Ggf. kann eine Weitergabe besonders ansprechender Ideen an die Schulleitung vereinbart werden.

*Abschlussmodul: Reflexion des Fortbildungstages*

In einem Blitzlicht reflektieren die TN folgende abschließende Fragen:

- Welche Erkenntnisse von heute sind mir besonders wichtig?
- Welche Ideen/Anregungen nehme ich konkret in meinen Alltag mit – worauf will ich bis zum zweiten Fortbildungstag besonders achten?

Die Antworten werden individuell auf Moderationskarten geschrieben, die die TN abschließend (und in der Gruppe unkommentiert) vorlesen und in ihren Alltag als Erinnerungshilfe mitnehmen. Der Termin für das nächste, reflektierende Treffen wird bekannt gegeben.

Differenzierte Darstellung der Module des reflektierenden Workshops:

*Einstiegsmodul: Reflexion der Veränderungen in der Wahrnehmung der Arbeit seit der ersten Fortbildung*

Den TN werden wiederholend von der letzten Fortbildung die Kriterien für eine intimitätswahrende und sexualfreundliche Pflege zusammengefasst. Die TN diskutieren im Plenum, welche der genannten Kriterien sie bereits konkret umsetzen konnten und welche Erfahrungen sie damit gemacht haben. Die FL arbeitet gemeinsam mit den TN jeweils heraus, welche verschiedenen Bedingungen in dem jeweiligen Umsetzungsprozess förderlich und unterstützend waren (in der Person selbst, im personellen oder strukturellen Umfeld) und welche Bedingungen die Umsetzung verhindert oder erschwert haben.

Auf freiwilliger Basis berichten die TN, welche Veränderungen sie im Alltag, die sie sich am Ende der ersten Fortbildung vorgenommen haben, umsetzen konnten.

*Erarbeitungsmodul I: Reflexion verschiedener Erlebnisse bei der Arbeit*

Die TN bekommen Moderationskarten/Stifte, um individuell anhand verschiedener Fragen ihre Tätigkeit seit der ersten Fortbildung zu reflektieren:

- Ist mir seit der letzten Fortbildung in der Pflege etwas aufgefallen, was mir vorher so nicht aufgefallen ist? Was ist das konkret? Hat sich meine Perspektive auf die Pflegesituation insgesamt verändert?
- Habe ich für mich problematische Situationen in der Pflege erlebt, die ich heute thematisieren möchte?

Es ist den TN freigestellt, welche Erkenntnisse sie in das nachfolgende Plenum einbringen. Die FL bringt ein Beispiel aus ihrem Alltag ein, um damit die TN zu ermutigen, eigene subjektiv problematische Situationen einzubringen, die dann gemeinsam exemplarisch besprochen werden können. So kann verdeutlicht werden, dass die Kommunikation über Erlebtes für alle Beteiligten förderlich ist und alle TN Vergleichbares erleben. Dies kann sehr entlastend sein.

*Erarbeitungsmodul II: Diskussion sexualisierter Situationen in der Pflege*

Den TN werden auf Plakaten drei Situationen präsentiert, in denen von Seiten der Schüler/innen die Pflegesituation sexualisiert wird. Exemplarisch soll hier eine Situation genannt werden:

Bufdi Felix ist mit einem Schüler im Pflegeraum, um die Windel zu wechseln. Der Schüler beginnt beim Öffnen der Windel sofort, sich am Penis zu stimulieren. Felix nimmt direkt die Hände des Schülers von seinem Penis und wickelt den Jungen möglichst zügig. Er schiebt ihn danach wortlos in die Klasse zurück.

In Partnerarbeit sollen die TN die sexualisierten Pflegesituationen unter folgenden Fragestellungen diskutieren:

- Welchen subjektiven Sinn könnte das Verhalten des Schülers/der Schülerin haben?
- Wie bewerte ich die Reaktion der Pflegekraft?
- Welche anderen Reaktionsmöglichkeiten fallen mir noch ein?

Im Plenum werden die Ergebnisse diskutiert und vor allem die förderlichen Handlungsmöglichkeiten betont. Die TN werden angeregt, solche Erlebnisse regelmäßig in Teamsitzungen der Klassen einzubringen, um für den jeweiligen Schüler/die jeweilige Schülerin förderliche Reaktionsweisen gemeinsam mit den anderen Mitarbeitenden zu finden.

*Abschlussmodul: Wünsche für die weitere Tätigkeit*

Zum Abschluss haben die TN die Möglichkeit, sich über Veränderungswünsche ihrer Arbeitssituation miteinander auszutauschen. Sie werden durch die FL ermutigt, möglichst konkrete Wünsche für ihre Tätigkeit und die strukturellen Rahmenbedingungen zu formulieren. Diese Wünsche werden gemeinsam auf einem Plakat festgehalten. Die FL sichert zu, dass die Ergebnisse an die Personen weiter geleitet werden, die diese Bedingungen potentiell ändern können (Schulleitung/Pflegedienstleitung etc.).

Es wird besprochen, wer für diese Weitergabe und das Einholen einer Antwort zuständig sein wird – möglicherweise kann dies auch ein TN tun. Ebenso wird vereinbart, ob weitere Reflexionstreffen gewünscht werden und wie diese realisiert werden können.

### 8.4.3 Kompetenzerweiterung auf Seiten der Väter und Mütter

Eltern bzw. Erziehungsberechtigte (im Folgenden nur noch Eltern) sind häufig in Bezug auf die sexuelle Entwicklung und die damit notwendige sexualerzieherische Begleitung ihrer Söhne und Töchter verunsichert – trotzdem ist es ihre Aufgabe. Die schulische Sexualerziehung soll die häusliche Sexualerziehung ergänzen und unterstützen. In allen Richtlinien zur Sexualerziehung der Bundesrepublik Deutschland wird darauf hingewiesen, dass »die Lehrkräfte, was Medien und Methoden betrifft, eine Beratungs- und Informationspflicht den Eltern gegenüber haben. (…) Da Informiertheit die Bereitschaft der Eltern zu konstruktiver Mitarbeit jedoch fördert, empfiehlt sich dieses Vorgehen im Grunde von selbst« (BZgA 2004, 219). Die Kooperation von Lehrkräften und Eltern wird im Bereich Sexualerziehung als Regelfall angesehen und braucht entsprechende institutionelle Strukturen in den Schulen.

Es kann angenommen werden, dass gut informierte Väter und Mütter, die mit den Lehrkräften zusammenarbeiten und somit über Sexualerziehung ins Gespräch kommen, sich dann eher mit der Sexualität ihres heranwachsenden Kindes auseinandersetzen sowie von sich aus mit dem Sohn oder der Tochter (wenn möglich) ins Gespräch bzw. den Austausch kommen. Gerade Kinder und Jugendliche mit kognitiven Einschränkungen brauchen Eltern und Pädagoginnen, die sexualerzieherische Inhalte von sich aus thematisieren, da den Kindern und Jugendlichen oft die Kenntnisse und sprachlichen Möglichkeiten fehlen, um ihre Verunsicherung oder Neugier zu thematisieren. Ebenso verfügen sie selten über entsprechende Freunde oder Freundinnen, mit denen sie ihre Fragen besprechen könnten.

Herr Knorr, ein Mann mit komplexer Behinderung und ohne verständliche Lautsprache, hat auf einer Tagung gemeinsam mit seiner Assistentin einen Vortrag zur Entwicklung seiner sexuellen Selbstbestimmung gehalten (▶ Kap. 1.4). Er berichtet:

> »Es gab keine Bücher, keine Zeitschriften, keine Filme, nichts. Und ich konnte ja auch nicht wie Jugendliche, die nicht so schwer behindert sind wie ich, losgehen und mir solche Dinge kaufen. Ich konnte mich auch nicht mit meinen gleichaltrigen Freunden über dieses Thema austauschen oder heimlich fernsehen.
> Als ich in die Pubertät kam, spürte ich natürlich die Veränderungen in meinem Körper und in meinem Gefühlsleben, konnte sie aber nicht definieren. Ich hatte sexuelle Gedanken, ohne das Wort Sexualität zu kennen. Ich hätte schon in meiner Schulzeit gerne eine Freundin gehabt, aber ich war zu behindert, um Eigeninitiative zu ergreifen. Die Menschen, die mich betreuten, gingen auf das, was ich wollte, nicht ein oder ignorierten es. Das ist das schwerste Los, wenn man nicht nur behindert, sondern schwerstbehindert ist. Wenn die Menschen, die mich behüten und versorgen, ein Thema nicht ansprechen wollen oder können, dann habe ich auch keine Chance, mich dazu zu äußern« (Knorr/Blume 2010, 175).

Herr Knorr beschreibt eindrücklich, wie wichtig es ist, andere Menschen um sich zu haben, die sexuelle Themenwünsche erkennen und in der Lage sind, diese anzusprechen und inhaltlich darauf einzugehen. Von Eltern wird es durchaus als hilfreich erlebt, wenn die Schule regelmäßig und verlässlich Themenabende zu verschiedenen (sexual-)erzieherischen Inhalten anbietet. Dies erleichtert den Eltern den Zugang zum Thema sowie zu einem oft entlastenden Erfahrungsaustausch mit anderen Vätern oder Müttern. Hier kann es sich als konstruktiv erweisen, wenn diese Elternabende von externen Fachkräften angeboten werden und die Eltern die Chance haben, sich ohne Anwesenheit der Lehrkräfte (und die von diesen vermutete Bewertung) auszutauschen.

Die themenspezifische Kooperation mit den Eltern sollte fest im Schulprogramm verankert sein, so dass sich diesbezüglich eine Routine für alle Beteiligten entwickeln kann. Bei Aufnahme der Schülerinnen und Schüler an die Schule könnten die Eltern über diese Informations- und Austauschmöglichkeit informiert werden, so dass die sexuelle Entwicklung der Söhne und Töchter schon frühzeitig in den Blick kommt. Durch Kooperation mit Beratungsstellen in der Umgebung sowie durch entsprechend weitergebildete Kolleginnen und Kollegen können langfristig wiederkehrende Angebote für die Eltern gesichert sein. Eine Abfrage von besonderen Themenwünschen unter den Eltern, z. B. auf einem Elternsprechtag, hilft, ein adäquates Angebot zu sichern.

Ideen für Angebote, die schulspezifisch adaptiert werden sollten, können Folgende sein:

- Gesprächskreis »Sexualerziehung« zum Erfahrungsaustausch der Eltern untereinander – ggf. moderiert durch die Fachkraft einer Beratungsstelle oder eine Schulsozialarbeiterin (wenn vorhanden)
- Regelmäßige Themenabende für die Eltern zu folgenden Themen:
- Allgemein: Sexuelle Entwicklung bei Jungen und Mädchen mit Behinderungen und Konsequenzen für die Sexualerziehung
- Allgemein: »Wenn ich Fragen habe…« – Vorstellung von Beratungsstellen im näheren Umfeld
- Allgemein: »Es kann überall passieren…« – Schutz vor sexueller Gewalt als Thema für Väter und Mütter
- Spezifisch: »Wie sage ich es am besten?«– Material und Ideen für die Sexualerziehung zuhause

- Spezifisch: »Kinder mit schwerster Behinderung sind Jungen und Mädchen mit sexueller Entwicklung« – Ideen zur Sexualerziehung
- Spezifisch: »Jugendliche mit Autismus« – die Herausforderungen der Pubertät erklären
- Spezifisch: »Mein Sohn liebt einen Jungen – meine Tochter ein Mädchen« – sexuelle Vielfalt positiv unterstützen
- Usw.

Langfristig ist es wünschenswert und sinnvoll, wenn sich Eltern für die Organisation dieser Abende mit verantwortlich fühlen und gezielt ihre Ideen einbringen würden. Dafür sollten Väter und Mütter erleben, dass sie als Kooperationspartnerinnen und -partner an der Schule willkommen sind und wertgeschätzt werden.

### 8.4.4 Behinderungsspezifisches Spiralcurriculum, Themenwahl und Unterrichtsgestaltung

Sexualerziehung in der gesamten Schule, in allen Jahrgängen und Klassen behinderungsspezifisch auszurichten und zu gestalten, ist eine grundlegende Entscheidung und Haltung. Es bedeutet anzuerkennen, dass die Kinder und Jugendlichen in den Bereichen der Körperfunktionen und -strukturen, den Aktivitäten und der Teilhabe unterschiedliche Erfahrungen machen, die Unterrichtsthemen beeinflussen können. Es ist die Entscheidung, dieser Differenzperspektive bei dem (körperbezogenen) Thema der Sexualerziehung angemessene Berücksichtigung zukommen zu lassen. Es ist gleichzeitig die Entscheidung, diese Differenzperspektive nicht alleinig wirken zu lassen, denn die Kinder und Jugendlichen entscheiden, welche Themen unter welcher Perspektive für sie bedeutsam sind. (Behinderungsspezifische) Sexualerziehung ist keine Zwangsbeglückung.

#### Entwicklung eines Spiralcurriculums

Die Schulen haben den Auftrag, aus den verpflichtenden und optionalen landesspezifischen Richtlinieninhalten ein schulinternes Spiralcurriculum zu entwickeln. Als Kennzeichen eines Spiralcurriculums gilt das wiederkehrende Aufgreifen von Unterrichtsinhalten, die dann jeweils in ihrer inhaltlichen Struktur und Ausdifferenziertheit immer komplexer werden. Damit orientiert es sich an der Entwicklung und altersgemäßen Lernfähigkeit der Schülerinnen und Schüler. Das hier geforderte Spiralcurriculum zur Sexualerziehung sollte die besondere Lebenssituation der Menschen mit Behinderungen im Blick haben und demgemäß behinderungsspezifische Angebote für die Schülerinnen und Schüler berücksichtigen. Exemplarisch konnte für Nordrein-Westfalen nachgewiesen werden, dass die Richtlinien zur Sexualerziehung (MSWWF 2011), die in NRW gleichermaßen für alle Schulformen gelten, die Lebenssituation von Kindern und Jugendlichen mit Behinderung nur unzureichend berücksichtigen (Ortland 2005b). Die dort genannten Themenbereiche lassen sich allerdings alle auf Schülerinnen und Schüler mit Behinderungen adaptieren und thematisch erweitern.

Ein entsprechender Vorschlag für ein schulinternes Curriculum, das sowohl Primarstufe als auch Sekundarstufe I berücksichtigt, ist entwickelt worden und kann als Grundlage für die weitere Diskussion in der Schule verwendet werden. Inhaltlich strukturierende Grundlage bilden die Richtlinien von Nordrhein-Westfalen. Es ist in dem Buch »Behinderung als Thema der Sexualerziehung« (Ortland 2009) erschienen.

Exemplarisch soll an dieser Stelle durch ausgewählte Themenbereiche verdeutlicht werden, wie sich eine ›behinderungsspezifische‹ Themenauswahl konkretisieren kann. Die exemplarisch ausgewählten (und dementsprechend unvollständigen) Vorschläge beziehen sich auf die Abschlussstufe (vgl. Ortland 2009, 16/17):

*Richtlinienbereich: Körper und Sexualität*
Themenvorschläge:

- Der eigene Körper: Wie reagieren andere auf meine Behinderung?
- Körperkult und Schönheitsideale: Wie kann ich eigene Wertmaßstäbe entwickeln?
- Passive oder aktive Sexualassistenz: Kann ich mir das für mich vorstellen?
- Potentielle Probleme und Hilfen, wenn wir Eltern (mit Behinderungen) werden
- Unterschiedliche Kulturen und deren Sicht auf Sexualität und Behinderung.

*Richtlinienbereich: Schwangerschaftskonflikte und Kinderlosigkeit:*
Themenvorschläge:

- UN-Behindertenrechtskonvention § 23 »Achtung der Wohnung und Familie«, Absatz b) »das Recht von Menschen mit Behinderungen auf freie und verantwortungsbewusste Entscheidung über die Anzahl ihrer Kinder und die Geburtenabstände…« – Was bedeuten diese Rechte für mich konkret?
- Eigene Kinder haben: Wünsche versus erforderliche elterliche Kompetenzen
- Unterstützungsmöglichkeiten für Eltern mit Behinderung (personell/finanziell/rechtlich/emotional/sozial)
- Entstehen von Behinderungen in der Schwangerschaft, bei der Geburt oder danach
- Schwangerschaftsabbruch – kommt das für mich/uns in Frage?
- Mein Leben als Mutter oder Vater mit Behinderung: Was würde das für mich bedeuten?

*Richtlinienbereich: Beziehungen und Sexualität:*
Themenvorschläge:

- Normen von Nähe und Distanz: Was ist angemessen für mich und andere?
- Verliebt sein/Aufnahme von sexuellen Beziehungen – welche Erfahrungen bringe ich mit und welche Wünsche habe ich?
- Kennenlernen eines Partners: Möglichkeiten für Jugendliche mit Behinderung (z. B. über das Internet)

- Ablösung von Elternhaus trotz Abhängigkeit – wie kann das für mich gehen?
- Partnerschaft/Wohnen – welche Möglichkeiten gibt es? (in Verbindung mit §19 »Selbstbestimmt Leben und Einbeziehung in die Gemeinschaft« aus der UN-Behindertenrechtskonvention)
- Meine Behinderung und ihre Rolle in der Partnerschaft
- Selbsthilfegruppen und Freizeitmöglichkeiten.

*Neues behinderungsspezifisches Thema: Pflege*
Pflegesituation beschreiben/über Pflege reden lernen

- Peinlichkeiten, Intimität und Scham – lernen, die eigene Person und Würde zu schützen
- Pflege anhand verschiedener Kriterien (z. B. Wahrung der Intimsphäre) bewerten lernen
- Wünsche an die Pflege entwickeln und kommunizieren lernen (z. B. auch Pflegeraumgestaltung).

Im günstigsten Fall wird ein Spiralcurriculum in einem Kollegium gemeinsam entwickelt bzw. von einer interessierten Arbeitsgruppe vorbereitet und dann in stufenbezogenen Gruppen diskutiert, weiterentwickelt und schließlich im gesamten Kollegium inhaltlich aufeinander aufbauend abgestimmt. Ein Votum der Schülerinnen und Schüler könnte ebenso ergänzend eingeholt werden. Pflicht- und Wahlthemen für verschiedene Stufen werden festgelegt, so dass die Lehrkräfte im Unterricht der verschiedenen Jahrgänge aufeinander aufbauen können. Nach und nach können verschiedene Materialien für die Themen angeschafft und Unterrichtsideen ausgetauscht werden.

### Behinderungsspezifischer Unterricht

Lehrkräfte, die Sexualerziehung an den (vermuteten) Erfahrungen der Schülerinnen und Schüler ausrichten, sollten verschiedene Aspekte im Blick haben. Zunächst sind es Kinder und Jugendliche, die sich in einer bestimmten entwicklungspsychologischen Phase befinden, aus der mögliche Entwicklungsaufgaben, Bedarfe oder auch Abneigungen/Abwehrhaltungen entstehen.

Es sind junge Menschen mit sich entwickelnden vielfältigen Geschlechtsidentitäten und sexuellen Orientierungen. Die Familien, in denen sie aufwachsen, haben ihre Liebes- oder Beziehungsfähigkeit und das Empfinden von Scham und Intimität geprägt. Und sie haben verschiedene weitere körperliche Voraussetzungen, die ebenso Erfahrungen beeinflusst haben. Die verschiedenen Aspekte von Vielfältigkeit ließen sich noch deutlich weiter ausdifferenzieren. Je mehr davon im Blick behalten werden können, umso passender kann ein unterrichtliches Angebot werden.

So könnte es exemplarisch bei der Vorbereitung des Themas »Verliebt-Sein/Aufnahme von Beziehungen« für die Lehrkraft zu folgenden Fragen kommen, die bedacht werden wollen:

- Welche konkreten Möglichkeiten haben die Jugendlichen meiner Klasse, andere Jugendliche zu treffen oder kennen zu lernen? Braucht es noch zusätzlich Unterstützung im Bereich Medienerziehung, damit sie vielleicht das Internet nutzen können? Braucht es Unterstützung im Bereich Mobilitätserweiterung? Bleibt die Schule dafür der zentrale Ort? Sollten es hier dann mehr Angebote (z. B. Disco für die Jugendlichen) geben?
- Brauchen die Jugendlichen mit Formen von Autismus eine klare Struktur im Sinne einer Handlungsanweisung? Kann ich ggf. versuchen, dies mit anderen Jugendlichen gemeinsam zu überlegen und anzufertigen? Welche sprachlichen Möglichkeiten haben sie zur Verfügung?
- Welches Vokabular brauchen die Jugendlichen, die auf Unterstützte Kommunikation angewiesen sind? Wie kann ich sicherstellen, dass es das Vokabular ist, das ihren (und nicht meinen) Wünschen entspricht?
- Wie kann ich die unterschiedlichen kognitiven Möglichkeiten der Jugendlichen berücksichtigen? Bin ich in der Lage, die Inhalte in Leichter Sprache zu vermitteln? Wie individuell sollten Zielsetzungen sein?
- Wie kann ich die Jugendlichen mit traumatischen Erfahrungen vor Triggern schützen? Weiß ich dafür genug über ihre Lebensgeschichte? Welche Informationen fehlen noch? Wer kann im Falle einer Aktualisierung der traumatisierenden Erfahrungen die Jugendlichen begleiten/unterstützen, wenn ich im Unterricht bleiben muss?
- Usw.

Schülerinnen und Schüler sind häufiger, als vermutet und ihnen zugetraut wird, in der Lage, Themenwünsche und demgemäß ihnen bedeutsame Inhalte einzubringen. Lehrkräfte können die Kinder und Jugendlichen mit ihren Erfahrungen einbinden, um so gemeinsam den Unterricht weiter zu entwickeln. Dazu können auch gut autobiografische Texte von Menschen mit Behinderung genutzt werden. Kathrin Lemler, eine junge Frau mit schwerster Körperbehinderung und ohne verständliche Lautsprache, hat in ihrem Text »Über die Liebe in meinem Kopf« (2010) von ihrer Sehnsucht nach einer Partnerschaft und den Einfluss ihrer Behinderung geschrieben. Dieser Text kann ermutigen, über eigene Erfahrungen in den Austausch zu kommen und sich dadurch gegenseitig zu bereichern.

Behinderungsspezifische Sexualerziehung zu gestalten heißt,

- dass man sich als Lehrkraft der eigenen eingeschränkten Perspektive bewusst ist,
- versucht, sich den verschiedenen Diversitätsperspektiven der Schülerinnen und Schüler anzunähern,
- und dabei im Blick behält, dass sie Kinder und Jugendliche, wie alle anderen auch, sind.

### 8.4.5 Erkenntnisse der Erprobung des KiS-Konzeptes an zwei Förderschulen

Folgender Auszug aus dem Abschlussbericht des Forschungsprojektes zeigt auf, dass das vorgestellte Konzept erfolgreich an Förderschulen mit dem Förderschwerpunkt körperliche/motorische Entwicklung realisiert werden konnte. Günstige Bedingungen für die Realisierung können nun benannt werden:

»Aus zwei Jahren handlungsorientierter und praxisnaher Arbeit des Forschungsprojekt KiSS kann das Fazit gezogen werden, dass die inhaltliche Konzeption einer ›kompetenten integrierenden Sexualpädagogik für Menschen mit körperlicher Schädigung an Förderschulen‹, basierend auf den Säulen der Kompetenzerweiterung der Mitarbeiter/innen und der Erziehungsberechtigten, der Entwicklung von behinderungsspezifischen Lernmaterialien und der curricularen Erweiterung der Sexualerziehung, ein tragfähiges Gesamtkonzept darstellt, das zur Umsetzung an weiteren Förderschulen FkmE im gesamten Bundesgebiet geeignet erscheint. Das Gesamtkonzept KiSS bietet daher eine wissenschaftlich fundierte Basis einer behinderungsspezifischen Sexualerziehung und verfügt dabei über die nötige Offenheit für eine schulspezifische Ausdifferenzierung in den Konzeptbereichen: Mitarbeiter/innenkompetenzen, Netzwerkarbeit, Curriculum, Unterrichtsmaterialien und Unterrichtsgestaltung. In der Erprobung an den beiden Projektschulen zeigte sich insbesondere, dass das Gesamtkonzept geradezu nach einer schulspezifischen Ausdifferenzierung verlangt.

Im Rahmen der Projektarbeit führte die reziproke Impulsgebung von Projektteam und Projektschulen dazu, dass neue Aspekte der Umsetzung einer ganzheitlichen Sexualerziehung in der Umsetzung Berücksichtigung fanden. Des Weiteren konnte durch die Zusammenarbeit von Projektschulen und Projektteam im Rahmen dieser Forschungsarbeit gezeigt werden, dass gerade die schulspezifische Ausdifferenzierung das wesentliche Element der Weiterentwicklung einer kompetenten, integrierenden Sexualpädagogik darstellt. Das Grundkonzept, wie es an den Projektschulen initiiert wurde, liefert dabei das unverzichtbare Grundgerüst, die Prozesse der Schulentwicklung in Gang zu setzen. Im Fluss gehalten werden diese Entwicklungsprozesse im Wesentlichen, so zeigte es sich an den Projektschulen, durch Selbstinitiierung von neuen Aufgabenstellungen für den Bereich der Sexualerziehung durch die Schulen selbst. Motor dieser Weiterentwicklung bzw. Ausdifferenzierung des Gesamtkonzeptes ist erstens eine interessierte, engagierte und fachkundige Schulleitung, die jederzeit bereit ist, über neue Aktivitäten zu verhandeln und den Mitarbeiter/innen die benötigten Ressourcen einzuräumen. Zweitens, und dies erscheint auf Grundlage der Projektevaluation noch entscheidender, muss eine Schule über ein interessiertes, engagiertes und für Innovationen offenes schulinternes Gremium für den Bereich ›Sexualerziehung‹ (Arbeitskreis oder Fachkonferenz) verfügen bzw. dies neu gründen. Idealerweise setzen sich solche Gremien aus Mitgliedern der unterschiedlichen Professionen, die an der Förderschule arbeiten, zusammen, um eine interdisziplinäre Arbeit und Weiterentwicklung in der Sexualerziehung zu gewährleisten.

Im Rahmen der konkreten Durchführung der Projektarbeit an den Projektschulen entstanden eben durch die reziproke Impulsgebung und die Selbstinitiierungsprozesse der jeweiligen Gremien ›Sexualerziehung‹ weitere konzeptbezogene Handlungsfelder der Sexualerziehung, wie sie auch für eine Umsetzung an weiteren Förderschulen FkmE relevant sein könnten. Angeregt durch den wechselseitigen Diskurs von Projektschule und Projektteam wurden so auch die Fortbildung für Zivildienstleistende und junge Frauen/Männer im FSJ, die Gründung einer Mädchen- und Jungen AG zu Themen der Sexualerziehung und der Vorschlag von themenbezogenen Materialkisten für die Sexualerziehung als Ausdifferenzierung in die Gesamtkonzeption aufgenommen. Auf der Grundlage der schulinternen Mitarbeiter/innenfortbildungen konnte die interdisziplinäre Zusammenarbeit der am Schulleben beteiligten Professionen in der Weiterentwicklung des schulinternen Gesamtkonzeptes für die Sexualerziehung weiter ausgebaut werden.

So zeigte sich, dass gerade die Fortbildung aller Mitarbeiter/innen an den Projektschulen im Bereich einer behinderungsspezifischen Sexualerziehung der Motor der Weiterentwicklung des Grundkonzeptes ist. Eine Fortbildung aller Mitarbeiter/innen vermittelt zudem, dass Sexualerziehung ein Bereich darstellt, der alle Mitarbeiter/innen betrifft und erweitert den Fokus auf alle Bereiche der Förderschule aus, so dass an der Projektschule B auf dieser Grundlage bspw. der Personenkreis der Schüler/innen mit schwersten Behinderungen näher in den Fokus gerückt wurde. Als Resultat dieser Neufokussierung zeigte sich an der Projektschule B im Rahmen eines eigens für den Themenschwerpunkt ›Sexualerziehung bei schwerster Behinderung‹ initiierten interdisziplinären Workshop, dass gerade für diesen Bereich noch ein erheblicher Entwicklungsbedarf besteht, der im Rahmen des Workshops ermittelt werden konnte. Gerade der Bereich der »Sexualerziehung bei schwerster Behinderung« macht deutlich, dass der sexualerzieherische Auftrag der Schule eine Aufgabe aller Mitarbeiter/innen ist. Sexualerziehung findet deshalb auch in allen Bereichen des Schullebens statt, im Unterricht, in der Pflege und in der Therapie.

Ein wichtiger Aspekt der Umsetzung des Gesamtkonzeptes ist daher auch ein durchdringender Informationsfluss, der durch den interdisziplinären kommunikativen Austausch bestimmt wird. Erst wenn Lehrer/innen, Therapeut/innen und Pflegekräfte in einen gemeinsamen Diskurs zur Sexualerziehung treten, kann eine Umsetzung im Sinne einer integrierenden und kompetenten Sexualpädagogik gelingen. Es gilt also diesen interdisziplinären schulinternen Diskurs bei der Umsetzung der Gesamtkonzeption KiSS zu fördern. Für die Kontinuität in der weiterführenden Umsetzung, so zeigte es sich in der Arbeit der Projektschule B, ist es unerlässlich, dass ein gut organisiertes Gremium ›Sexualerziehung‹ den Kommunikations- und Informationsfluss über das Erreichte, die Ziele, weitere Entwicklungen und Vorhaben der Konzeptumsetzung im Gesamtkollegium der Schule aufrecht und transparent erhält, sowie weitere engagierte Kollegen/innen für die Übernahme spezifischer Aktivitäten akquiriert. Zusammenfassend kann festgehalten werden, dass eine Fortbildung aller Mitarbeiter/innen zu Beginn einer Umsetzung der Gesamtkonzeption KiSS unerlässlich ist, das schließt eine separate Fortbildung des Hilfspersonals der jeweiligen Schule mit ein« (Ortland/Czerwinski 2009, 58f).

# 9 Übergreifende Aspekte einer behinderungsspezifischen Sexualerziehung

Die grundlegenden Ausführungen zu dem Gesamtkonzept einer kompetenten, integrierenden Sexualpädagogik (KiS-Konzept) im vorherigen Kapitel bilden den Kern des durch die Autorin vertretenen sexualpädagogischen Ansatzes. Dieses Grundgerüst braucht in der Umsetzung individuelle und institutionelle Ausdifferenzierungen, wie es sich vor allem im Forschungsprojekt bei der Erprobung des Ansatzes gezeigt hat.

Das nachfolgende Schaubild verdeutlicht die drei weiteren Schwerpunkte dieses Ansatzes, die in diesem Kapitel vertieft werden. Eine behinderungsspezifische Sexualerziehung erschöpft sich nicht in der Aufnahme der Themen der Lebenswelt der Schüler/innen mit Behinderungen.

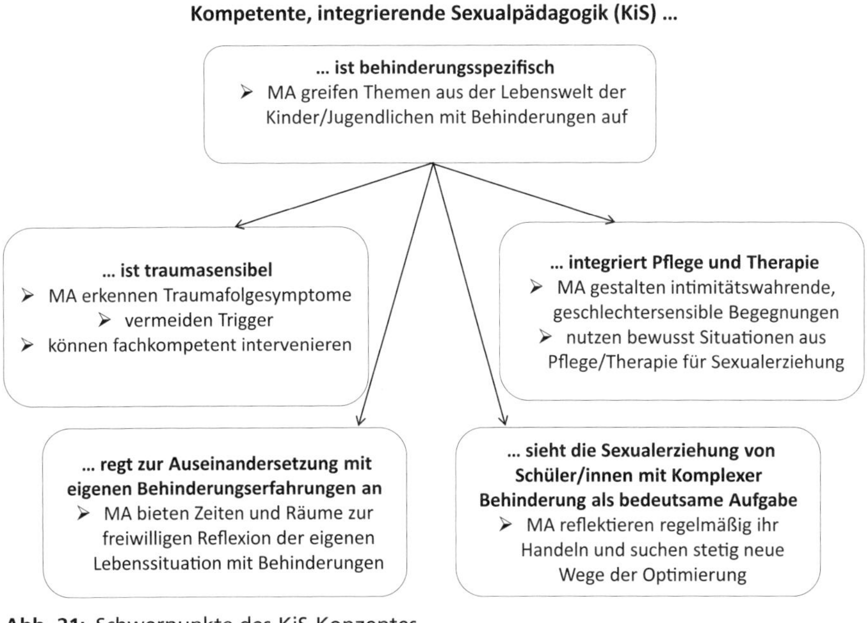


**Abb. 21:** Schwerpunkte des KiS-Konzeptes

Durch die hohe Betroffenheit von Menschen mit Behinderung durch Gewalt in verschiedenen Formen (sexuelle, physische, psychische) sollte sexualpädagogisches Handeln dringend als eine *traumasensible Sexualpädagogik* realisiert werden, um

Kindern und Jugendlichen mit traumatischen Lebenserfahrungen gerecht zu werden und (sexuelle) Erlebensmöglichkeiten zu eröffnen (► Kap. 9.1).

Ebenso unabdingbar ist die *Prävention sexueller Gewalt* auf allen drei Präventionsebenen – dies ist allerdings neben der Sexualerziehung ein eigenes (Gewalt-) Thema, das breit angelegte Veränderungen in der gesamten Institution benötigt:

> »Primäre Prävention: Verhinderung von sexueller Gewalt gegen Kinder und Jugendliche durch Veränderungen von gewaltfördernden (Gesellschafts-)bedingungen (…)
>
> Sekundäre Prävention: Früherkennung und Stoppen von (potenziellen) Gewaltsituationen durch institutionelle und individuelle Maßnahmen (…)
>
> Tertiäre Prävention: Schutz und Unterstützung von direkt und indirekt Betroffenen sowie Therapie von Täter(innen)« (Limita 2011, 34–35).

Dieses komplexe Thema, das in den letzten Jahren deutlich an Beachtung und wissenschaftlicher Fundierung sowie Expertise gewonnen hat, kann aufgrund der notwendigen Differenziertheit und inhaltlichen Breite (vgl. Ortland 2012) hier nicht weiter vertieft werden. Es lässt sich in den Institutionen gut mit dem Ansatz einer behinderungsspezifischen Sexualpädagogik verbinden.

Viele Schülerinnen und Schüler sind auf *Pflege und/oder körpernahe Förderung* angewiesen. Dies beeinflusst das eigene Körpererleben, die Entwicklung von Scham und Intimität und damit auch Beziehungen. Pflegesituationen sollten unter sexualerzieherischen Aspekten in den Blick genommen werden (► Kap. 9.2).

Schließlich sollte die Auseinandersetzung mit der eigenen Lebenssituation, die sowohl für die sexuelle Entwicklung (vgl. Weinwurm-Krause 1990) als auch für die Gesamtentwicklung (vgl. Ortland 2006) von großer Bedeutung ist, für alle Schülerinnen und Schüler mit Behinderungen im Blick sein (► Kap. 9.3).

## 9.1 Gestaltung einer traumasensiblen Sexualpädagogik

*Ann-Kathrin Scholten*

Durch die in Kapitel 6.4 beschriebenen umfassenden Herausforderungen traumatischer Erfahrungen für die Lebensgestaltung allgemein und für die sexuelle Entwicklung im Besonderen ist begründet, dass eine Sexualpädagogik für Menschen mit traumatischen Lebenserfahrungen besonderen Anforderungen entsprechen muss (► Kap. 6.4). Nur unter Berücksichtigung der Perspektive ›Trauma‹ kann es gelingen, ein pädagogisches Setting zu gestalten, das anschlussfähig an die Erfahrungswelt der Lernenden ist, ihnen positive Lernprozesse ermöglicht und sie vor der Aktualisierung traumatischer Erfahrungen schützt.

### 9.1.1 Grundlegende Aspekte einer traumasensiblen Pädagogik

Zur pädagogischen Begleitung von Menschen mit traumatischen Erfahrungen wird seit Ende der 1990er-Jahre die Traumapädagogik (weiter-) entwickelt. Ihre Grundsätze können gleichsam als Fundament verstanden werden, um ein traumasensibles pädagogisches Setting gelingend zu gestalten und auf diese Weise Lern- und Lebenserfahrungen zu ermöglichen. Dieses Fundament gilt es auch für sexualpädagogische Angebote zu beachten. Daher werden im Folgenden zunächst besonders relevante Grundlagen traumapädagogischen Handelns dargestellt, auf deren Basis nachfolgend Ableitungen für traumasensibles sexualpädagogisches Handeln mit Blick auf Themen- und Methodenwahl sowie Pflege und körpernahe Förderung expliziert werden. Die Traumapädagogik entwickelt sich beständig weiter und differenziert sich mittlerweile in eine Vielzahl von Konzepten aus. Diese können hier nicht weiter ausgeführt werden, eine vertiefende Darstellung findet sich zum Beispiel im »Handbuch Traumapädagogik« (vgl. Weiß/Kessler/Gahleitner 2016)

#### Menschenbild und Grundhaltung

Allem traumasensiblen pädagogischen Handeln liegt eine durch folgende Aspekte geprägte Haltung zugrunde:

- Die Annahme des guten Grundes – »Alles, was ein Mensch zeigt, macht Sinn in seiner Geschichte!«
- Wertschätzung – »Es ist gut so, wie du bist!«
- Partizipation – »Ich traue dir was zu und überfordere dich nicht!«
- Transparenz – »Jeder hat jederzeit ein Recht auf Klarheit!«
- Spaß und Freunde – »Viel Freunde trägt viel Belastung!« (BAG Traumapädagogik 2011, 3f)

Das Handeln aller pädagogischen Fachkräfte sollte durch diese Grundhaltung geprägt sein, die letztendlich allen ihnen anvertrauten Kindern und Jugendlichen zugutekommt. Sie ermöglicht einen wertschätzenden und respektvollen Umgang miteinander (vgl. Weiß 2016, 29).

#### Traumaspezifische Kompetenzen der pädagogischen Fachkräfte

Für eine gelingende pädagogische Begleitung von Menschen mit traumatischen Erfahrungen sind für pädagogische Fachkräfte spezifische Kompetenzen nötig, welche insbesondere wie folgt charakterisiert werden können (vgl. Baierl 2014, 61-71):

Pädagogische Fachkräfte brauchen

- ein Grundwissen der Psychotraumatologie, einschließlich des Kennens und Kennenlernens von Traumafolgesymptomen der ihnen anvertrauten Kinder und Jugendlichen, um Aktualisierungen traumatischer Erfahrungen zu vermeiden;

- die Bereitschaft, in Situationen der Aktualisierung traumatischer Erfahrungen, die mit hohem Stress für die Kinder und Jugendlichen verbunden sind, aus der »Perspektive des guten Grundes« zu schauen und besonnen zu reagieren, auch und gerade beim Auftreten herausfordernder Verhaltensweisen. Eine Bewertung dieses Verhaltens als »Fehler« würde dessen Sinn negieren und die Kinder und Jugendlichen zusätzlich belasten;
- die Bereitschaft, sich mit der Übertragung negativer Emotionen auseinanderzusetzen und sie für sich zu regulieren, damit Ruhe und Gelassenheit beibehalten werden können und eine Rückübertragung auf die Kinder vermieden wird (vgl. Weinberg 2010 zit. n. Baierl 2014);
- die Bereitschaft, sich fort- und weiterzubilden;
- Selbsterfahrung, um die eigene Belastungsfähigkeit und die eigenen Stärken und Schwächen zu kennen, über eigene Reaktionen auf Stress Bescheid zu wissen und die eigenen Bindungserfahrungen zu reflektieren;
- Supervision, um die Begleitung der Kinder und Jugendlichen zu reflektieren und für sich selbst einen Umgang mit Belastungen zu finden;
- aktive Selbstfürsorge und Kenntnisse über eigene Ressourcen, um die Belastungen der Begleitung von Kindern und Jugendlichen mit traumatischen Erfahrungen regulieren zu können und sich vor sekundärer Traumatisierung und Burnout zu schützen;
- Arbeitsbedingungen, die von kollegialer Unterstützung und Sicherheit (faire Bezahlung, verlässliche Arbeitsverträge und –zeiten usw.) geprägt sind.

### Durch Sicherheit geprägte Rahmenbedingungen

Um Lern- und Erfahrungsräume zu eröffnen, brauchen alle Menschen, insbesondere aber diejenigen, die traumatischen Erfahrungen gemacht haben, sichere äußere Rahmenbedingungen. Nur so kann eine innere Sicherheit hergestellt werden, die offen für neue Erfahrungen macht (vgl. BAG Traumapädagogik 2011, 12 und Baierl 2014a, 80-84).

Dazu sind haltgebende Strukturen unabdingbar, das bedeutet vor allem

- die ritualisierte Gestaltung des pädagogischen Settings,
- Transparenz über Inhalte sowie Tages- und Wochenstruktur,
- verlässliche Regeln und Absprachen, inklusive verlässlicher Konsequenzen bei Grenzverletzung (auch zum Schutz vor erneuten traumatisierenden Erfahrungen durch Gewalt oder Abwertung),
- Transparenz über An- und Abwesenheit der pädagogischen Fachkräfte.

Darüber hinaus sollte eine sichere Atmosphäre herrschen, in der

- Menschen da sind, bei denen sich die Kinder und Jugendlichen wohl, angenommen und geborgen fühlen,

- eine Umgebung gestaltet ist, die Behaglichkeit, Wohlfühlen und Beheimatung ausstrahlt,
- die körperlichen und seelischen Grundbedürfnisse erfüllt werden,
- das Miteinander von Wertschätzung, Respekt, Schutz und Stärkung geprägt ist.

Allgemein ist es sinnvoll, pädagogische Settings so zu gestalten, dass immer mindestens eine pädagogische Fachkraft anwesend ist, die eine enge Begleitung von Kindern und Jugendlichen bei aufkommenden Belastungen ermöglichen kann und dazu zum Beispiel auch den Raum wechseln kann.

### Traumasensible Sprache

Sprache kann als ein wesentliches Instrument pädagogischen Handelns beschrieben werden. Gerade für Kinder und Jugendliche mit traumatischen Erfahrungen kann sie viele Räume eröffnen. Durch das Sprechen über Themen können Worte gefunden werden, die das Ausdrücken eigener belastender Erfahrungen sowie eigener Wünsche für neue positive Erfahrungen ermöglichen. Ebenso kann ein Ort für bisher unausgesprochene Fragen angeboten werden, an dem diese respektvoll angenommen und beantwortet werden. Kinder und Jugendliche mit traumatischen Erfahrungen können aus ihrem eigenen Leben berichten und erhalten über diese neue Sprachfähigkeit die Möglichkeit, um Unterstützung zu bitten. Dies gilt insbesondere dann, wenn die pädagogischen Fachkräfte über ihre Worte eine Offenheit vermitteln, die Mut weckt, über eigene Erlebnisse zu berichten.

Dabei ist mit Blick auf Gruppensettings zu beachten, dass ein ausreichender Schutz aller Teilnehmenden gewährleistet sein muss. Eine neu gewonnene Sprachfähigkeit kann dazu animieren, in der Gruppe eigene belastende Erfahrungen zu teilen. Dies kann Betroffenen ermöglichen, das Erlebte von vielen Menschen angenommen und respektiert zu erfahren und dadurch Stärkung zu finden. Für andere Teilnehmende wird deutlich, dass belastende Erfahrungen Teil des Lebens sind/sein können und diese ansprechbar sind. Gleichzeitig sind sowohl die betroffenen Kinder und Jugendlichen als auch die weiteren Teilnehmenden vor eine Überlastung durch Erzählungen zu schützen. Eine Veränderung des Settings dahingehend, dass Betroffene und die Erzählung bezeugende Teilnehmende je ein individuelles Angebot zur weiteren Auseinandersetzung erhalten, kann sinnvoll sein. Keinesfalls sollten Ablenkung oder Unterbrechung erfolgen, denn auf diese Weise würden die von Betroffenen meist sehr oft erlebten Prozesse von Schweigen und Verleugnen wiederum aktualisiert (vgl. Henningsen 2016, 128f).

Weiterhin ist mit Blick auf Sprache die Wortwahl, mit der über traumatische Erfahrungen gesprochen wird, von hoher Relevanz. Worte sollten so gewählt sein, dass sie möglichst neutral Geschehnisse beschreiben. Gleichzeitig sollten sie, gerade mit Blick auf Gewalterfahrungen und Entwicklungstraumata, verdeutlichen, dass nicht in Ordnung ist, was da passiert/passiert ist. Besonders auf zu emotionale Beschreibungen sollte verzichtet werden. So kann beispielsweise die Benennung von sexualisierter Gewalt als »ekeliges Verbrechen« oder »abscheuliche Tat« bei Betroffenen auslösen, dass sie sich selbst als ekelig und abscheulich erleben, da sie in eine solche »Tat« involviert waren. Sprache sollte nicht beschämen und so gewählt sein, dass sie den Selbstwert der Betroffenen nicht herabsetzt und Stigmatisierungen vermeidet. Auch eine starke Verurteilung von Tätern sollte unterbleiben, denn viele Gewalterfahrungen sind gerade bei Kindern durch Bezugspersonen verursacht, zu denen ein Gefühl von Liebe und Zuneigung besteht. Eine Verurteilung kann die ohnehin schon oft bestehende Verwirrung zwischen Zuneigung und Abwehr verstärken und Loyalitätskonflikte auslösen. Eine Trennung von Täter und Tat in der Sprache kann hilfreich sein, um besonders hervorzuheben, dass die Tat nicht in Ordnung ist, der Täter als ganze Person aber keine Verurteilung erfährt. Weiterhin ist stets darauf zu achten, dass durch die gewählten Worte keine Verantwortung an Betroffene übertragen wird. An Gewalterfahrungen sind niemals die Betroffenen schuld, dies sollte eindeutig vermittelt werden.

Die pädagogischen Fachkräfte sind in der Verantwortung, Worte sensibel und reflektiert zu wählen, diese begründet in das pädagogische Setting einzubringen und auf die Einhaltung zu achten. Auf diese Weise kann ein achtsamer Austausch aller Beteiligten gelingen.

### 9.1.2 Traumasensible Themen- und Methodenwahl

Die Beachtung psychotraumatologischer Hintergründe ist von hoher Relevanz, um sexualpädagogische Angebote so zu gestalten, dass Kindern und Jugendlichen mit traumatischen Erfahrungen positive Lern- und Erfahrungsräume ermöglicht werden können.

Grundsätzlich lässt sich zunächst festhalten, dass Transparenz als wesentliche traumapädagogische Grundkonstante in der Themen- und Methodenwahl gewährleistet sein muss. Dies kann beispielsweise durch eine rechtzeitige Bekanntgabe geplanter Themen/Methoden sowie deren Visualisierung auf Tages- oder Wochenplänen realisiert werden. Die Kinder und Jugendlichen haben auf diese Weise die Möglichkeit, sich auf anstehende Aktivitäten und möglicherweise damit einhergehende Belastungen einzustellen, diese bei Bedarf rechtzeitig mit Bezugspersonen zu besprechen, nötige Schutzmaßnahmen zu treffen oder auch zu entscheiden, an Angeboten nicht teilzunehmen, wenn diese wahrscheinlich überlastend sind.

Darüber hinaus sollte die Mitgestaltung bei der Themen- und Methodenwahl eine Grundvoraussetzung im Sinne einer traumasensiblen Sexualpädagogik sein. Wenn Kinder und Jugendliche mitentscheiden können, welche Inhalte mithilfe welcher Methoden thematisiert werden, erleben sie Selbstwirksamkeit und die Achtung ihrer eigenen Bedürfnisse. Darüber hinaus können sie selbst das Einbringen von Themen fordern, die für sie in ihrer persönlichen Entwicklung von hoher Relevanz sind. Durch das Ablehnen von Inhalten oder Rahmenbedingungen können sie auch lernen, für den eigenen Schutz vor zu belastenden Aktivitäten zu sorgen. Trotzdem bleibt die Verantwortung für die Themen- und Methodenwahl bei den pädagogischen Fachkräften, ebenso gilt dies für die Eröffnung von Mitgestaltungsmöglichkeiten. Die Fachkräfte haben dafür Sorge zu tragen, Belastungsfaktoren für einzelne Teilnehmende zu erkennen und Schutz zu gewährleisten sowie ein Arbeitsklima zu gestalten, indem eine Offenheit für partizipative Themen- und Methodenwahl herrscht und allen Anmerkungen oder Wünschen respektvoll begegnet wird.

In diesem Rahmen ist ebenso wichtig, die Partizipation der Kinder oder Jugendlichen als Zutrauen in diese zu verstehen. Themen und Methoden sollten nicht aus Angst vor potentieller Belastung der Kinder und Jugendlichen zurückgehalten werden, denn auch diese Kinder haben das umfassende Recht auf Bildung: »Die Bildung muß [sic!] auf die volle Entfaltung der menschlichen Persönlichkeit und auf die Stärkung der Achtung vor den Menschenrechten und Grundfreiheiten gerichtet sein« (AEMR der UN 1948, Art. 26, Abs. 2 zit. n. bpb 2013). Eine umfassende Entfaltung der Persönlichkeit beinhaltet auch die umfassende Möglichkeit der Auseinandersetzung mit sexualpädagogischen Themen.

Dabei bewegt sich die Themenwahl in einem Spannungsfeld von »Ermöglichungsraum und mögliche Aktualisierung traumatischer Erlebnisse«, welches nachfolgend beispielhaft anhand des Themenbereichs *»Beziehungen«* skizziert werden kann, aber Gültigkeit für alle Themenbereiche hat:

Für Kinder und Jugendliche mit traumatischen Erfahrungen kann die Arbeit an einem Themenbereich, der Quelle ihres Traumas ist, einen neuen, positiven Bezugsrahmen anbieten. Sie können erleben, dass ein Lebensbereich, der für sie von Belastung, Wut, Trauer und Stress geprägt ist, auch positiv gestaltet sein kann und es Wege und Menschen gibt, die eine solch positive Gestaltung unterstützen.

Ein Beispiel: Ein Kind, das unter vernachlässigenden und gewaltvollen Bedingungen aufgewachsen ist, hört eventuell im Unterricht zum ersten Mal, dass Eltern und andere Bezugspersonen liebevoll und versorgend mit den ihnen anvertrauten Kindern umgehen müssen. Es erkennt, dass seine Lebenssituation nicht in Ordnung ist und es das Recht auf eine ebenso liebevolle Versorgung und die Anerkennung seiner Bedürfnisse hat. Gegebenenfalls wird diese Erkenntnis durch Erzählungen anderer Kinder verstärkt und erhält so besondere Wirkkraft. Die grundsätzliche Chance einer verbesserten Lebenssituation kann erkannt und die Hoffnung, dass diese auch für das eigene Leben realisiert werden kann, kann geweckt werden.

Gleichzeitig kann die Auseinandersetzung mit bestimmten Themen vielfältige Hinweisreize enthalten, die bei betroffenen Kindern oder Jugendlichen großen Stress und ihre individuellen Traumasymptome auslösen. Hier ist es bedeutsam, dass die pädagogischen Fachkräfte die individuellen Hinweisreize und Reaktionen der Teilnehmenden kennen und/oder kennenlernen. Auf diese Weise können Hinweisreize schon im Vorhinein vermieden werden oder es kann dem einzelnen Kind oder Jugendlichen eine Nicht-Teilnahme/alternative Gestaltung angeboten werden. Bei auftretender Stressreaktion wird durch die hohe Sensibilität möglich, das Angebot zu unterbrechen und für Schutz und Sicherheit zu sorgen.

Ein Beispiel: Durch das Thematisieren positiver Beziehungserfahrungen werden bei einem Kind Erinnerungen an die elterliche Gewalt geweckt. Es erstarrt und zittert, wird blass und wirkt abwesend. An den Aktivitäten kann es sich nicht mehr beteiligen und auf Ansprache reagiert es kaum bis gar nicht mehr. An einer solchen Stelle ist es wichtig, die Stresssituation für das Kind zu beenden und in liebevoller und am Kind orientierter Begleitung Sicherheit erlebbar zu machen und Entspannung zu ermöglichen.

Mit Blick auf die Methodenwahl hat das oben beschriebene Spannungsfeld ebenso Gültigkeit. So kann zum Beispiel Bildmaterial zum Thema »Körper«, welches wertschätzend und respektvoll genutzt wird, einen positiven Blick auf den eigenen Körper fördern. Gleichzeitig kann das Betrachten eines Körpers/bestimmter Körperteile einen Hinweisreiz enthalten, der großen Stress für ein betroffenes Kind/einen betroffenen Jugendlichen auslöst. Auch hier sind die Hinweisreize und Reaktionen so individuell wie die Kinder und Jugendlichen selbst. In jeder Methode können potentiell viele Ressourcen, aber auch viele Belastungsfaktoren liegen. Dies gilt es sensibel zu beachten und die Methoden vor deren Anwendung auf bekannte Hinweisreize zu prüfen, gegebenenfalls anzupassen oder zu ersetzen.

Es ist weiterhin davon auszugehen, dass die Auseinandersetzung mit Beziehungen, Körperlichkeit und Sexualität für Kinder und Jugendliche mit traumatischen Erfahrungen anstrengend ist und belastende Erinnerungen hervorrufen kann. Zur Vermeidung von Überlastung und zum Ermöglichen von Spaß und Freude als wesentliche Faktoren gelingender traumapädagogischer Arbeit ist zu empfehlen, regelmäßig auflockernde und freudvolle Methoden einzusetzen. Auf diese Weise können Anstrengung und Belastung besser reguliert werden und die Kinder und Jugendlichen können sich ihrer eigenen Lebensfreude und ihrer Ressourcen bewusst werden. Auch hier ist wiederum sensibel und individuell zu erkunden, welche Angebote für die einzelnen Betroffenen als freudvoll und entspannend wahrgenommen werden. Gerade bei Menschen mit traumatischen Erfahrungen sind manche Methoden wie Traumreisen oder Massagen, die zumeist als Entspannungsmethoden angesehen werden, belastend und wirken als Trigger. Es gilt: Auflockerungsmethoden sind nur solche Methoden, die individuell für diese Person in diesem Setting auflockernd sind!

### Traumasensible Pflege

Pflegesituationen können für Menschen mit traumatischen Erfahrungen eine große Herausforderung darstellen und sehr belastend wirken, insbesondere wenn die traumatischen Erfahrungen sich im Körper manifestiert haben und durch Hinweisreize wie Berührungen, Bewegungen oder Körperhaltungen aktualisierbar sind. Dies trifft besonders oft bei Entwicklungstraumata und bei Traumata durch sexualisierte Gewalt zu (vgl. Paschinger/Büttner 2018, 68).

Die für die Pflege nötigen Berührungen des Intimbereichs haben häufig das Potential, Erinnerungen an traumatische Erfahrungen wachzurufen. Dies gilt aber ebenso für Berührungen anderer Körperteile, die Notwendigkeit des Entkleidens oder bestimmte Körperhaltung wie das Hinlegen auf einer Liege oder das Spreizen der Beine. Eine besondere Belastung kann die Pflege für Betroffene sein, die in Folge traumatischer Erfahrungen körperliche Missempfindungen haben:

> »Betroffene berichten z. B. von einem Brennen, Jucken oder Stechen im Bereich von Vulva und Vagina, das sich anfühlt als sei ›alles wund‹, ›matschig‹, ›verunreinigt‹ oder ›infektiös entzündet‹« (Paschinger/Büttner 2018, 85).

Es ist leicht vorstellbar, wie belastend dann Berührungen durch (fremde) Personen sein können. Dies gilt ebenso für Betroffene mit Dissoziationsneigung, die sich auf der körperlichen Ebene durch Sensibilitäts- und Empfindungsstörungen wie Taubheitsgefühle zeigen können und durch Berührungen ausgelöst/verstärkt werden können:

> »Viele Betroffene berichten, dass sie bestimmte Körperbereiche – wie z. B. die Genitalien, den Darmausgang, das Becken, den Körper vom Nabel abwärts, eine Körperhälfte, die Brüste, die Hände oder den Mundbereich – nicht spüren können« (ebd. 82).

Dadurch, dass sich Dissoziationen zumeist der willkürlichen Steuerung entziehen, sind sie weiterhin an sich schon mit Kontrollverlust assoziiert und können dadurch stark belastend wirken (ebd. 82f). Als besonders belastend werden häufig Berührungen erlebt, die unangekündigt und unvorhergesehen passieren und sich damit der Vorbereitung auf eine Berührung und einer gewissen Kontrolle über die Berührung entziehen (ebd. 84f).

Für Pflegesituationen bedeutet dies, dass eine hohe Sensibilität für die Besonderheiten des einzelnen Menschen und seine individuelle Trauma-Folge-Logik gegeben sein muss, damit die Belastung möglichst geringgehalten werden kann und retraumatisiernde Situationen verhindert werden können. Im konkreten Alltag kann das wie folgt aussehen:

- Eine Wertschätzung der Leistung, die im Meistern dieser herausfordernden Situation liegt, kann das Selbstbewusstsein der Betroffenen stärken und ihnen deutlich machen, dass ihre Lebenssituation anerkannt wird.
- Wenn möglich sollten bereits vor der ersten Pflegesituation Bedingungen/Handlungen, die eine retraumatisierende Qualität annehmen können, möglichst umfassend erfasst und in der Pflege vermieden werden. Dies kann zum Beispiel im Gespräch mit Betroffenen oder deren Bezugspersonen, aber auch durch die genaue Beobachtung in Alltagssituationen geschehen. Wenn beispielsweise bereits im Alltag die liegende Position vermieden wird oder diese mit starken Emotionen oder dem Auftreten von Traumafolgesymptomen verbunden ist, dann ist es sehr wahrscheinlich, dass dies auch für Situationen der Pflege gilt.
- In der Pflegesituation ist stets darauf zu achten, ob sich Anzeichen von Traumafolgesymptomen zeigen, wie diese in ▶ Kap. 6 differenziert beschrieben sind (z. B. Anzeichen von Angst oder eine hohe Körperspannung). Wenn es zu solchen Symptomen kommt, gilt es, die Situation schnellstmöglich zu beenden und die betroffene Person in ein für sie sicheres Setting zu bringen. Durch eine Nachbetrachtung der Situation müssen Hinweise analysiert werden, die Auslöser gewesen sein könnten, sodass diese fortan vermieden werden können.
- Die Haltung der Fachkräfte sollte davon geprägt sein, dass hinter auftretenden Traumafolgesymptomen keine böse Absicht, sondern ein guter Grund verborgen ist, der vielleicht nicht auf den ersten Blick zu erkennen ist, aber unbedingt anerkannt werden muss. Eine Veränderung/Beendigung der belastenden Situation und das Bemühen um Gestaltung einer möglichst angenehmen Pflege mit Beachtung individueller Bedürfnisse nehmen diesen Aspekt ernst.

- Es hilft vielen Betroffenen, wenn ihnen möglichst viel Raum zur Mitgestaltung gegeben wird. Dies kann zum Beispiel den Zeitpunkt der Pflegehandlungen, das Aussuchen der begleitenden Person oder die Wahl von Raum und Körperlage beinhalten.
- Transparenz und Kontrollierbarkeit sollten gewährleistet sein, indem die einzelnen Handlungsschritte verbal/visuell angekündigt und begleitet werden. Weiterhin kann Transparenz über eine ritualisierte Gestaltung der Pflegesituation erreicht werden, sodass durch die Vorhersehbarkeit Sicherheit empfunden werden kann.
- Wünschen, die von Betroffenen zur Veränderung der Pflegesituation eingebracht werden, sollte möglichst entsprochen werden. Dies kann einerseits einen wesentlichen Beitrag zur Gestaltung einer angenehmen Pflegesituation leisten und darüber hinaus den Wert und die Wichtigkeit eigener Bedürfnisse und eigener Kompetenzen zum Selbstschutz unterstreichen. Dabei sollten auch ungewöhnliche Wünsche wie eine offene Tür oder die Anwesenheit zweier Personen bei der Pflege ernst genommen werden.
- Die Pflegesituation mit subjektiv als angenehmen und freudvollen Angeboten zu umrahmen, kann Spaß und Freude bringen und somit die mögliche Belastung durch die Pflege abmildern.
- Für Betroffene hat die Realisierung gleichgeschlechtlicher Pflege bzw. die Pflege durch Mitarbeitende vom individuell bevorzugten Geschlecht häufig eine existentielle Bedeutung.

All diese Hinweise können als Grundlagen und Möglichkeiten der Gestaltung einer traumasensiblen Pflege gesehen werden. Es ist elementar, diese immer auf die Situation des einzelnen Menschen zu übertragen und dessen individuelle Bedarfe einzubeziehen. Darüber hinaus sind gute Absprachen im Team wesentliches Element gelingender traumasensibler Pflege. Ein Austausch über die besonderen Bedürfnisse der Betroffenen und eine kontinuierliche Besprechung von Beobachtungen/ Veränderungen sind unabdingbar, um umfassend sensibel und passgenau zu handeln. Auf diese Weise kann es möglich werden, die Pflege für alle Beteiligten zu einer möglichst angenehmen Tätigkeit werden zu lassen. Darüber hinaus können Menschen mit traumatischen Erlebnissen erfahren, dass ihr oft mit Ekel und Abscheu besetzter Körper es wert ist, von anderen respektvoll gepflegt zu werden. Auf diese Weise kann ein positiverer Blick auf den eigenen Körper eröffnet werden.

### Traumasensible körpernahe Förderung

Angebote zur körpernahen Förderung können für Menschen mit traumatischen Erfahrungen in einem großen Spannungsfeld zwischen »heilsam« und »das Trauma aktualisierend« liegen. Insbesondere wenn Körperbereiche nicht spürbar sind oder die Integration von Sinneswahrnehmungen nicht gelingt (z. B. beschrieben von van der Kolk 2018), können körper- und bewegungsorientierte Angebote dazu beitragen, dass sich Betroffene ihres Körpers wieder bewusster werden, durch Berührungen Beruhigung erfahren sowie Körperreize mit Emotionen zu verbinden und zu benennen lernen. Weiterhin können Entspannungstechniken dabei unterstützen, Anspannung und Überregung zu verringern. Einige Bewegungsangebote und Verfahren zur Entspannung können nach Anleitung selbstständig angewandt werden und eröffnen so für betroffene Menschen den Raum zu lernen, für sich selbst zu sorgen und sich selbst zu beruhigen.

Die BAG Traumapädagogik hat im Rahmen ihrer Standards die Förderung von Körper- und Sinneswahrnehmung als wesentlichen Aspekt traumapädagogischen Handelns und pädagogischer Begleitung von Menschen mit traumatischen Erfahrungen festgeschrieben. Die dazu gegebenen Grundlagen sind auch bei Angeboten zur körpernahen Förderung als relevant und orientierend anzuerkennen:

»*PädagogInnen*

- Die PädagogInnen beachten und berücksichtigen, welche Sinnesreize auf die Kinder und Jugendlichen in der Gruppe wirken und machen darauf aufmerksam.
- Die PädagogInnen unterscheiden zwischen angenehmer und unangenehmer körperlicher Nähe und gehen damit reflektiert um.
- Die PädagogInnen kennen und arbeiten mit Bewegungs- und Entspannungseinheiten zur Versorgung ihrer Belastungen und den damit zusammenhängenden Auswirkungen auf ihren Körper.

*Kinder und Jugendliche*
Der pädagogische Alltag bietet den Kindern und Jugendlichen gezielt:

- Anregungen und Anreize zu riechen, zu schmecken, zu sehen, zu hören und zu spüren.
- Angebote, um Körperempfindungen sprachlich ausdrücken zu können.
- Förderangebote zum Erlernen und Spüren von Körperempfindungen im Zusammenhang mit Emotionen.
- Anregungen, um angenehme und unangenehme körperliche Nähe unterscheiden zu lernen und mit gestärktem Bewusstsein zu entscheiden, welche sie von wem und wann zulassen möchten.
- Bewegungs- und Entspannungseinheiten zur Versorgung der traumaspezifischen Auswirkungen auf den Körper (Stresslevel, Erstarrung, somatische Symptome, Trennung von Kopf und Körper, Körperhaltung)«

(BAG Traumapädagogik 2011, 8).

Die Hinweise zur Gestaltung von Pflegesituationen, die oben gegeben wurden, behalten ihre Gültigkeit bei Angeboten zur traumasensiblen körpernahen Förderung und sind unbedingt zu achten. Auch in diesem Rahmen können vielerlei Hinweisreize verborgen sein, die bei Betroffenen zu Stressreaktionen und Traumafolgesymptomen führen. Diese sind unbedingt zu vermeiden.

Während Pflege mehrmals am Tag durchgeführt werden muss, sind die Gestaltungsräume körpernaher Förderung in Bezug auf Inhalt, Methode und Häufigkeit variabler. Auch wenn Fachkräfte sich einen noch so großen Nutzen für die Betroffenen erhoffen und viele Potentiale des Angebotes erkennen, ist eine Ablehnung durch die Betroffenen als eine nicht zu verhandelnde Absage anzuerkennen. Nicht nur, dass in einem ›angeordneten‹ Setting die positiven Aspekte kaum zum Tragen kommen dürften, eine erzwungene Auseinandersetzung mit der eigenen Körperlichkeit kann traumatische Situationen aktualisieren, in der häufig das Bestimmen über den eigenen Körper untersagt blieb. So würden sich Angst, Ekel, Ohnmacht, Abscheu und die Ablehnung des eigenen Körpers nur weiter verfestigen, wenn eine Teilnahme an körpernaher Förderung erzwungen werden würde. In einer traumapädagogische Rahmung gedeutet, sollte die Absage an ein Angebot als Ressource verstanden werden, denn Betroffene schützen dadurch ihren eigenen Körper und ihre eigene Seele, schätzen eigene Bedürfnisse ein und treten für deren Erfüllung ein. Eine Leistung, die es anzuerkennen gilt.

## 9.2 Sexualerziehung als Gestaltungsprinzip in körpernahen (Pflege-) Situationen

Für den Bereich Pflege, körpernahe Förderung als auch körpernahe Unterstützung im Alltag sind zunächst die dargelegten Aspekte (▸ Kap. 9.1) einer traumasensiblen Begleitung der Kinder und Jugendlichen zu beachten. Die Gewaltbetroffenheit der Zielgruppe ist groß (vgl. Schröttle et al. 2012) und demgemäß ist davon auszugehen, dass die Gruppe der Schüler/innen mit traumatischen Lebenserfahrungen ebenso groß ist und eine entsprechend sensible Begleitung benötigt.

Aus den unterrichtlichen Bedingungen mit zum einen nicht vermeidbarer Körpernähe sowohl in allgemeinen unterrichtlichen Situationen (z. B. Hilfe der Lehrkraft beim Verlassen des Rollstuhls) als auch durch die geforderte Körpernähe mancher Förderansätze (z. B. Basale Stimulation oder Basale Kommunikation) und zum anderen durch Situationen der Pflege, bei denen in die Intimsphäre der Schülerinnen eingegriffen werden muss und eine potentiell beschämende Situation entstehen kann, ergeben sich besondere Bedingungen für die Sexualerziehung. Dies macht grundlegende und übergreifende sexualerzieherische Überlegungen für den Bereich Körpernähe und Pflege notwendig. Die folgende Darstellung fokussiert diese Überlegungen auf den Bereich der Pflege.

Wie bereits in den Ausführungen zur sexuellen Entwicklung dargestellt (▸ Kap. 4), entwickeln Kinder spätestens um das vierte bis siebte Lebensjahr Körperscham und versuchen Nacktheit und z. B. den Toilettengang vor den Bezugspersonen zu verbergen. Menschen mit Behinderungen ist es oftmals ihr Leben lang nicht möglich, Kontrolle über ihre Ausscheidungen zu erlangen oder sich selbst im urogenitalen Bereich zu säubern. So sind sie diesbezüglich durchgängig auf andere Menschen angewiesen. Dies kann konkret sehr unterschiedlichen Unterstützungsbedarf, verbunden mit Eingriffen in die Intimsphäre, bedeuten und damit auch sehr verschiedene Möglichkeiten, die eigene Intims- und Privatsphäre zu schützen. Die notwendige Hilfestellung kann vom Unterstützen beim Herunterziehen der Bekleidung und Setzen auf die Toilette bis zum Wechseln der Vorlagen, Säubern des Genitalbereiches oder Durchführen monatshygienischer Maßnahmen führen.

Es ließen sich in der Literatur kaum Ausführungen zu der Frage finden, inwiefern dieses Angewiesensein auf Hilfe im urogenitalen Bereich Auswirkungen auf die Entwicklung von Körperscham, Intimsphäre bzw. Sexualität hat. Bei vom Hofe (2001) findet sich der Hinweis, dass Pflegehandlungen zu einer Entfremdung des eigenen Körpers führen können. Weinwurm-Krause (1990) betont den Zusammenhang von zunehmender Pflegeabhängigkeit und damit einhergehenden geringeren Möglichkeiten der sexuellen Selbstverwirklichung. Daut (2005) verweist in seiner qualitativen Studie mit jungen Männern mit Duchenne Muskeldystrophie darauf, dass gerade die Toilettengänge als eine Situation besonders starker Abhängigkeit erlebt werden und es einigen von ihnen schwer fällt, sich auch langfristig an Pflegehandlungen durch Frauen zu gewöhnen. Aufgrund der oft geringen Anzahl der männlichen Pfleger ließ sich dies häufig nicht vermeiden.

Köhne et al. (1998) verweisen auf die Auswirkung von Pflegehandlungen auf das Selbstbewusstsein, das subjektive Wohlbefinden, Schamgefühl und Intimität aus Sicht der Betroffenen. Baumgart-Fütterer (1994) gibt diesbezüglich für Patienten im Krankhaus gerade den Kontrollverlust über Blase und Mastdarm als besonders demütigend und schamanfällig an. Weinwurm-Krause (1997) zeigt auf, dass sowohl Pflegehandlungen, körpernahe Förderung und Therapie in der Gefahr stehen, bei den Menschen mit Behinderungen zu einer »Enteignung des eigenen Körpers, der Nichtbestimmbarkeit und damit der fehlenden Verfügbarkeit über ihn« (ebd. 49) zu führen. Hier sieht sie u. a. Ursachen dafür, dass Menschen mit Behinderung häufiger Opfer sexueller Gewalterfahrungen werden (vgl. auch Schmid/Noack 1996).

Zum einen muss also der Mensch, der auf diese Pflegehandlungen dauerhaft angewiesen ist, für sich einen Weg finden, diese Notwendigkeiten in seine Entwicklung von Schamgefühl, Intimsphäre und Sexualität zu integrieren. Zum anderen müssen aber auch die Pflegenden dieses tägliche Eingreifen in die Intimsphäre eines anderen Menschen für sich und ihre Sexualität akzeptieren und in ihr professionelles Handeln integrieren. Die Seite der pflegenden Menschen wird in der Literatur häufiger für die Bereiche der Krankenhaus- und Altenpflege bedacht, wenngleich in vielen Ausführungen die Tabuisierung der Sexualität von Patientinnen und alten Menschen beklagt wird (vgl. Bohn 2015, Immenschuh/Marks 2017, Falk 2001, Kleinevers 2004, Zettl 2000). Der schulische Themenbereich der Pflege bei Schülerinnen mit Behinderung und Sexualität bzw. sexuelle Entwicklung ist in der Literatur eher vernachlässigt (Ortland 2007, 2009, 2016a, Bergeest/Boenisch 2019, 366).

Kleinevers (2004) bietet mit ihrer umfassenden Darstellung von Sexualität und Pflege, die sie auf Pflege im Krankenhaus fokussiert, interessante Anhaltspunkte für weiterführende Überlegungen. Sie weist zunächst nach, dass die Sexualfeindlichkeit der Pflege und damit die Tabuisierung des Themas Sexualität in der Pflege sich schon in der Berufsgeschichte nachweisen lassen. Die Kleidung des pflegenden Krankenhauspersonals, die Anrede ›Schwester‹ sowie die hygienischen Maßnahmen beschreibt sie als pflegerische Symbole mit entsexualisierendem Gehalt.

»Die Symbole der Kleidung (Tracht, Haube, Farbe Weiss (sic!), Schutzfunktion), der Anrede ›Schwester‹ und der Hygiene sind geeignet, das asexuelle Bild der Pflegenden damals wie heute äußerlich zu unterstützen (...). Zugleich kann mit Hilfe der Symbole auch der Intimitätscharakter von grenzüberschreitenden pflegerischen und medizinischen Maßnahmen verschleiert werden, sodass die Verletzung von eigenen und fremden Grenzen keines Verständigungsprozesses mehr bedarf, sondern institutionell gesetzt werden kann« (ebd. 38f).

Diese oder vergleichbare Symbole lassen sich für den schulischen Bereich nicht finden. Es bleibt zu fragen, ob sie für das pflegerische Verhältnis zwischen Kindern/Jugendlichen auf der einen Seite und erwachsenen Lehrerinnen bzw. Pflegekräften auf der anderen Seite als nicht nötig oder sogar kontraproduktiv erachtet werden. Die Gestaltung der Pflegesituationen kann sich auf die sexuelle Entwicklung der Kinder und Jugendlichen mit Behinderung auswirken. Je nach Gestaltung der Situation kann Pflege z. B. helfen, Intimität zu erleben, Scham auszubilden und sensibel für Übergriffe zu werden. Schülerinnen und Schüler können ihren Körper durch einen achtsamen und wertschätzenden Umgang als wertvoll und wichtig erleben.

Die pflegenden Personen können auch erleben, dass Pflegesituationen von ihnen als sexuelle Situationen (in ganz unterschiedlicher Färbung) erlebt werden oder dass sie vom Gepflegten beschämt werden. Diese Wahrnehmung der Pflege als sexualisierte Situation beschreibt z. B. auch Schützendorf (1996) sehr eindrücklich für den Bereich der Altenpflege. Sehr unterschiedliche Gefühle sind in ihm je nach Situation virulent:

»Weder in der Literatur noch im Gespräch mit den Pflegenden ist etwas über die Scham, die Neugierde, den Ekel und die Phantasien zu erfahren, die sich bei mir einstellen, wenn ich ganz nah die körperliche Lust alter Menschen ahne, spüre oder erlebe« (ebd. 349).

Zum Abschluss seiner Ausführungen fragt er kritisch aber auch verunsichert, »wieviel Sexualität und welche Formen von Sexualität ich ertragen muss, zulassen darf oder ich mir zumuten will« (ebd. 355).

Diese Verunsicherung, die Schützendorf (1996) beschreibt, lässt sich mit den Äußerungen der Lehrerinnen aus der bereits vorgestellten Lehrerinnenbefragung (Ortland 2005b) in Verbindung bringen. Drei Viertel der befragten Lehrerinnen berichten, dass ihnen selten (50,2 %), häufig (21,5 %) bis sehr häufig (3,1 %) deutlich sexualisiertes Verhalten der Schülerinnen bei Toilettengängen und/oder Pflegesituationen begegnet ist. Die Reaktionen der Lehrerinnen bieten allerdings eine große Bandbreite, aus der deutlich wird, dass es keine Übereinkunft gibt, wie viel Sexualität in Verbindung mit Pflegesituationen als angemessen angesehen wird. Über die Hälfte der Lehrerinnen hat in den entsprechenden Situationen damit reagiert, dass sie eingegriffen haben und die Pflegesituation beendet haben bzw. knapp die Hälfte hat die sexuelle Äußerung der Schülerinnen ignoriert (Mehrfachnennungen waren möglich). Hier kann der Schluss gezogen werden, dass die befragten Lehrerinnen eine Sexualisierung der Pflegesituation ablehnten.

Als eine weitere mögliche Reaktion, die immerhin noch von einem guten Drittel der Befragten als eine Variante angegeben wurde, gilt das Zulassen des sexuellen Verhaltens, indem Zeit gegeben wird und die Lehrerin sich – soweit möglich – zurückzieht. Pflege wird in diesem Fall als (sexual-)pädagogisch sinnvolle Lernsituation gewertet, was für Schüler und Lehrer eine Unklarheit der Rollen bewirken kann. Handlungsdruck, Hilflosigkeit, Ratlosigkeit und Unsicherheit sind vorherrschende Gefühle der befragten Lehrerinnen, die deutlich machen, dass Sexualität und Pflege auch in schulischen Zusammenhängen eher zu den tabuisierten Bereichen zählen. Der Zusammenhang von Sexualität und Pflege, der Umgang mit sexuellem Verhalten in der Pflege, die Nutzung von Lernanlässen in der Pflege usw. sollten mit den beteiligten Akteuren diskutiert werden und durch ein Schulkonzept eine institutionelle Rahmung erfahren.

Interessante Ergebnisse bezüglich der unterschiedlichen Wahrnehmungen von pflegerischen Handlungen bringt die Befragung von Patienten (98 Probanden) und Krankenhauspersonal (252 Probanden) von Klass-Siegel et al. (1992).

> »Bei den meisten Patienten geht pflegerisches Handeln nicht mit einer Verletzung der Intimsphäre einher und letztere wird nicht mit Sexualität in Verbindung gebracht; beim Pflegepersonal hingegen wird Intimsphäre überwiegend mit Sexualität konnotiert und somit das Eindringen in die Intimsphäre des Patienten im täglichen Pflegeprozeß [sic!] als Problem erlebt« (ebd. 180).

Anscheinend ist es den Patienten bei einem Krankenhausaufenthalt möglich, Eingriffe in den Intimbereich von eigenem sexuellem Erleben zu trennen. Auch andere Studien (Darmann 2000, Scherrer-Richartz 1993) bestätigen, dass die Patienten keinen bzw. wenig Bedarf haben, mit dem Pflegepersonal über ihre Sexualität zu sprechen. Sachliche Informationen über mögliche Auswirkungen z. B. operativer Eingriffe werden allerdings von Pflegendem oder Arzt erwartet (Zettl 2000).

Es ist in Frage zu stellen, ob Menschen mit Behinderungen eine solche Umbewertung der Pflege als entsexualisierte Situation täglich gelingt. Die genannten Probleme des Krankenhauspersonals lassen vermuten, dass durch die Häufigkeit des Eingriffs in die Intimsphäre dieses eher schwierig zu sein scheint – oder es durch die (unausweichliche) Häufigkeit über viele Jahre leichter ist. Beides ist denkbar und hängt sicherlich auch von den individuell erlebten Pflege- und Entwicklungsbedingungen ab.

Aus den Ausführungen wird deutlich, dass ein problematischer Zusammenhang zwischen Pflegehandlungen und Sexualität sowohl auf Seiten der Pflegenden als auch der Gepflegten existent ist und individuell sehr variabel wahrgenommen werden kann (vgl. Fischer 2003). Dabei kann es auf beiden Seiten durch die Intimität der Situation zu Schamgefühlen kommen. Hier beschreibt Zettl (2000, 104), dass beim pflegenden Krankenhauspersonal eine mögliche »Schamblindheit« eine Reaktion auf den alltäglichen Umgang mit eigentlich beschämenden Situationen sein kann. »Patienten werden auf ihre Krankheit reduziert und eine emotionale Beziehung soweit wie möglich gemieden« (ebd. 104). Diese emotionale Reduzierung der Beziehung in der Pflegesituation kann natürlich auch bei Menschen mit Behinderungen eine mögliche Reaktion auf die täglich erlebten schamhaften Situationen sein. Dies ist aber sicherlich in der Beziehung zu Menschen, wie der Lehrerin, die man nicht nur in der Pflege erlebt, ungleich diffiziler.

Ein differenzierter Blick auf den Zusammenhang von Scham und Pflege sowie Pflege und Macht lässt abschließend noch bedeutsame Erkenntnisse für die hohe Bedeutung der Gestaltung der Pflegesituationen generieren.

Bohn (2015) nimmt eine Analyse verschiedener Formen von Scham in Abgrenzung zur Peinlichkeit vor, um dann den Zusammenhang von Scham und Würde darzustellen. Der zentrale Unterschied zwischen Scham und Peinlichkeit besteht ihres Erachtens darin, dass die Scham personenbezogen und die Peinlichkeit situationsbezogen erlebt wird (ebd. 14). Schamgefühle resultieren aus Situationen, die man als demütigend erlebt hat und den Eindruck hervorrufen, dass die eigene Würde verletzt wurde.

> »Bei der Peinlichkeit geht es vorrangig um einen Fehler oder eine Ungeschicklichkeit in einer bestimmten Situation. Hier ist jedoch nicht die gesamte Person betroffen. Bei der Peinlichkeit geht es darum, was mir passiert ist, bei der Scham hingegen um mich selbst« (ebd. 14).

Bohn schreibt weiterhin, dass Personen in peinlichen Situationen handlungsfähig bleiben, Scham löst hingegen Hilflosigkeit und Ohnmacht aus (ebd. 16).

Welche Situationen von Menschen als peinlich oder beschämend erlebt werden, ist individuell sehr unterschiedlich und ist geprägt von der eigenen Schambiografie. Die Tiefe des Schamgefühls mit der empfundenen Entblößung ist höchst unterschiedlich. Infolgedessen fordert Bohn die »Verpflichtung, die Schamgrenzen anderer zu respektieren« (ebd. 17). Der Blick der anderen Menschen auf etwas, was wir eigentlich nicht zeigen wollen, was wir bedeckt halten wollen, löst Scham aus. Scham wird empfunden, wenn gegen Normen verstoßen wird:

> »Der Verstoß gegen Nomen ist beim Schamgefühl ganz entscheidend. Um mich überhaupt zu schämen, muss ich gegen eine geltende Norm verstoßen haben. Ich empfinde Scham, weil ich mich im weitesten Sinne falsch verhalten habe oder ein Ideal nicht erfüllt habe« (ebd. 19).

Scham kann auch durch die Angst bzw. Unsicherheit entstehen, jemand könnte mich in einer bestimmten Situation gesehen haben.

Scham kann verschiedene Formen bzw. Anlässe haben. Bohn (2015, 20ff) unterscheidet zwischen Körperscham, Identitätsscham, Statusscham und Fremdscham (vgl. hierzu auch Immenschuh/Marks 2017). Körperscham entsteht nach Bohn (ebd. 21) in Pflegesituationen durch die unfreiwillige Entblößung intimer Körperzonen und das Gefühl, nackt und schutzlos ausgeliefert zu sein: »Scham ist ein Affekt, der sehr stark an den Körper gebunden ist. Daher stellt unser Körper immer eine besonders sensible Quelle für Scham dar« (ebd. 21). Menschen können sich in Pflegesituationen z. B. schämen, weil sie ihren Körper als nicht schön oder ansehnlich erleben oder weil sie keine Kontrolle über ihre Körperausscheidungen haben.

Identitätsscham kann in Situationen oder Begegnungen entstehen, in denen wir uns als Person abgewertet oder z. B. verspottet fühlen. »Identitätsscham kann auch als existentielle Scham bezeichnet werden, da es bei dieser Form der Scham um unsere Daseinsberechtigung geht« (ebd. 23). Statusscham wird hingegen aus einem Gefühl heraus erlebt, gesellschaftlich nicht (mehr) anerkannt und integriert zu sein.

Bohn resümiert:

> »Jede Form der Beschämung ist eine Demütigung. (…) Ein Mensch, der eine andere Person beschämt und damit bei dieser entsprechende Gefühle auslöst, befindet sich automatisch in der mächtigeren Position« (ebd. 24/25).

Aus der differenzierten Betrachtung von Scham ergibt sich die Notwendigkeit, (schulische) Pflege individuell schamsensibel zu gestalten. Bohn beschreibt dies als Schamkompetenz:

> »Schamkompetenz ist die Fähigkeit, die individuellen Schamgrenzen kranker und pflegebedürftiger Menschen zu erkennen, sich diesen sensibel und respektvoll unterzuordnen und das eigene Handeln umgehend darauf auszurichten« (ebd. 30).

Für schulische Zusammenhänge, d. h. für die pflegerische Begleitung von Kindern und Jugendlichen mit Behinderungen, muss dieser Begriff der Schamkompetenz noch erweitert werden. Kinder und Jugendliche, die ihr Leben lang auf Pflege im urogenitalen Bereich angewiesen waren und sind, müssen in der Regel erst lernen Scham zu erleben. Schamkompetente Pflege bei dieser Personengruppe bedeutet, Intimität erleben zu lassen, um so langfristig auch Scham zu empfinden. Es bedeutet weiterhin, den Kindern und Jugendlichen durch die Gestaltung (nicht nur) der Pflege Wertschätzung für den eigenen Körper, dessen Einmaligkeit und Schönheit zu vermitteln (vgl. auch die Ausführungen zur traumasensiblen Pflege, ▶ Kap. 9.1). Durch die positive Bewertung von außen (vgl. die Aufgabe »den Körper bewohnen lernen«, ▶ Kap. 5.2.1) haben die Kinder und Jugendlichen langfristig die Chance, sich und vor allem ihren Körper als schön, liebens- und damit auch schützenswert zu erleben und zu bewerten.

> »Schamkompetent zu pflegen und zu handeln bedeutet unvermeidlich, ethisch zu pflegen und zu handeln und damit die Würde des Menschen zu respektieren und zu schützen« (ebd. 30).

Neben der Forderung nach schamkompetenten pflegenden Menschen sollte strukturell für die schulische Pflege Folgendes gegeben sein:

- möglichst individuell vornehmbare Wahl der Pflegekraft,
- möglichst gleichgeschlechtliche Pflege,
- möglichst längerfristig konstantes Personal in der Pflege,
- möglichst störungsfreie Pflegesituation (z. B. geschlossene Tür, Pflegehandlung ohne Unterbrechung).

Bei all diesen Aspekten ist zu bedenken, dass es immer Kinder und Jugendliche gibt, für die diese ›Maßstäbe‹ nicht förderlich oder subjektiv hilfreich sind – z. B. bei manchen Kindern mit traumatischen Erfahrungen (▶ Kap. 9.1). Ebenso gibt es bspw. Jugendliche, die aufgrund ihres subjektiv nicht als schön empfundenen Körpers eine gleichgeschlechtliche Pflege (z. B. durch junge Leute im FSJ mit ›unbeschädigten‹ Körpern) als beschämend erleben. Dann sind für diese Jugendliche andere Kriterien als Gleichgeschlechtlichkeit für die Bevorzugung einer Pflegekraft leitend.

In etlichen Förderschulen ist es mittlerweile gelebte Praxis, dass vorrangig Integrationshelfer, Erwachsene im Bundesfreiwilligendienst und junge Frauen oder Männer im Freiwilligen Sozialen Jahr in der Pflege eingesetzt werden. Diese jungen Leute werden in der Regel nur angelernt und selten z. B. auf sexualisiertes Verhalten der Schüler in Pflegesituationen vorbereitet oder in ihrer Schamkompetenz ausgebildet. Damit sind deren Reaktionen für das Kind oder den Jugendlichen nicht immer förderlich. Die sexualerzieherische Verantwortung, die durch die Körpernähe und den Eingriff in die Intimsphäre impliziert ist, sollte auf jeden Fall zu Beginn der Arbeit Thema einer Fortbildung mit entsprechenden Selbstreflexionsanteilen sein (▸ Kap. 8.4.2). Dies kommt sowohl dem jungen Personal als auch den Schülerinnen mit Behinderung zugute. Ebenso spielen die Schulung des Personals und dessen verantwortungsvoller Einsatz in der Pflege bei der Minimierung von sexueller Gewalt und sexuellen Übergriffen eine bedeutende Rolle.

## 9.3 Sexualerziehung bei Menschen mit Komplexen Behinderungen

Grundlage der nachfolgenden Ausführungen ist die Darstellung der Personengruppe der Menschen mit Komplexer Behinderung, wie sie Fornefeld (2008) vorgenommen hat.

Fornefeld (2008) betont in ihrer Diskussion um die angemessene Bezeichnung dieser äußerst heterogenen Personengruppe, dass sich bei ihnen vor allem der »Grad der Abhängigkeit von Bedeutungs- und Deutungszuschreibungen« (ebd.76) im Vergleich zur Gruppe von Menschen mit weniger Komplexen Behinderungen verstärkt.

Bezugnehmend auf das schon mehrfach herangezogene bio-psycho-soziale Modell der ICF handelt es sich um Menschen, die erhebliche Einschränkungen in ihren Aktivitäten und in ihren Teilhabemöglichkeiten täglich erleben. Die Negierung ihres Rechts auf sexuelle Selbstbestimmung und demgemäß der individuellen Unterstützung sexueller Entwicklung ist ein Teil dieser Einschränkungen.

Die sexuelle Entwicklung hin zu umfassender sexueller Selbstbestimmung ist ein Lebensbereich, in dem Zuschreibungen und Deutungen von anderen eine besondere Relevanz haben und die Entwicklung maßgeblich beeinflussen (▸ Kap. 4 und ▸ Kap. 5). So ist z. B. das Selbsterleben als Junge/Mann oder Mädchen/Frau davon abhängig, ob und wie andere, vor allem individuell bedeutsame Menschen, die eigene Person als männlich oder weiblich bewerten und dies im Kontakt erlebbar wird. Die (sexuellen) Deutungen in Bezug auf Menschen mit Komplexer Behinderung zeigen sich z. B. darin, dass ihnen selten Sexualität zugesprochen wird und sie eher als sexuell neutral (als »ewige Kinder«) bewertet werden (vgl. Herrath 2013). Auf dieser Bewertungsgrundlage sind als (scheinbar) logische Konsequenz Realisierungsnotwendigkeiten und -möglichkeiten sexueller Entwicklung und Selbstbestimmung für Menschen mit Komplexer Behinderung kaum bei den begleitenden Menschen, Lehrkräften, Pflegekräften, Therapeuten oder Angehörigen, im Blick.

Ein gesellschaftlich geprägtes, enges Verständnis von Sexualität wirkt weiterhin erschwerend, wenn über sexuelle Entwicklung und Sexualerziehung von Menschen mit Komplexer Behinderung nachgedacht wird und Erfahrungsmöglichkeiten eröffnet werden sollen. Perspektivisch scheint dann genitales sexuelles Erleben in einem noch deutlicheren Widerspruch zu dem oft hohen Unterstützungsbedarf dieser Personengruppe zu stehen. Was nicht denkbar scheint, kann nicht in den Blick genommen werden oder wie Fornefeld (2008, 74) es formuliert: »Die Erfahrungshorizonte der Fachkräfte beeinflussen das, was sie am Menschen mit Behinderung wahrnehmen und wie sie ihren Umgang mit ihm gestalten.« Eigene sexuelle Erfahrungshorizonte, die individuelle sexuelle Biografie sowie die eigenen Bilder (Deutungen) von Menschen mit Komplexer Behinderung eröffnen oder verhindern Erfahrungs- und Lebensmöglichkeiten. Damit sind sexuelle Entwicklung, Sexualerziehung, sexuelle Selbstbestimmung und deren Realisierungs(un)möglichkeiten vor allem ein Thema der begleitenden Menschen.

Sexuelle Erfahrungs- und Lernprozesse können sehr vielfältig sein – je mehr begleitende Menschen diese Vielfältigkeit im Blick haben, umso besser können die Menschen in ihren Erfahrungen unterstützt und begleitet werden. Um die Bandbreite des Gemeinten zu verdeutlichen, folgen einige Beispiele zum Verständnis sexueller Erfahrungen, die bewusst als Fähigkeiten sexueller Selbstbestimmung und damit möglicher Entwicklungsziele formuliert sind.

Sexuell selbstbestimmte Erfahrungen können exemplarisch in der Konkretisierung bedeuten:

- Selbststimulation in vielfältigster Form als eine Form von Sexualität an individuell und sozial geeigneten Orten auszuleben,
- Fähigkeiten zur individuellen Körpererkundung nach Wunsch zu realisieren,
- körperliche Zärtlichkeiten von ausgewählten Personen zu genießen oder abzuwehren, wenn diese nicht gewollt sind,
- die eigene Intimsphäre aktiv wahren zu können,
- beschämende (in Bezug auf Körperscham, vgl. dazu Bohn 2015) Situationen aktiv vermeiden zu können, indem man z. B. ungewollte Situationen der Nacktheit verhindern kann,
- sich nach eigenen Vorlieben, z. B. betont weiblich oder männlich, kleiden, frisieren und schminken zu können,
- Einfluss auf die Art, Häufigkeit und Intensität zu haben, in der man am Körper berührt und gepflegt wird,
- sich als Frau oder Mann, intersexueller oder trans*Mensch mit individueller Sexualität anzuerkennen,
- als homo- oder bisexuelle oder trans*Menschen die sexuelle Identität ohne Stigmatisierungen und Diskriminierungen leben zu dürfen,
- usw.

Es ließen sich noch unzählige weitere Beispiele finden. Sexualität ist ein lebenslanger Lern- und Entwicklungsprozess, so dass sich die Art der Realisierung sexueller Selbstbestimmung sowie die subjektive Zufriedenheit je nach Alter und Lebenssituation immer wieder verändern (vgl. Ortland 2016).

Die hohe Individualität sexueller Selbstbestimmung wird an den Beispielen ebenso deutlich wie die Verallgemeinerbarkeit der dafür notwendigen strukturellen und sozialen Kontextbedingungen.

Menschen mit Komplexer Behinderung erleben vielfältige und intensive Macht- und Abhängigkeitsverhältnisse, vor allem, wenn sie institutionell geprägte Lebensbedingungen haben. Durch diese Abhängigkeit brauchen sie häufig Menschen,

- die sexuelle Entwicklung und die damit verbundene Notwendigkeit sexueller Erfahrungen (im hier vertretenen weiten Verständnis von Sexualität) anerkennen und (im Rahmen des eigenen professionellen Auftrags) unterstützen,
- die ihre Sexualität anerkennen und sie in ihrer Geschlechtlichkeit als Junge/Mann, Mädchen/Frau, intersexuelle oder trans* Menschen sehen und die Entwicklung unterstützen,
- die ihr Bedürfnis nach Nähe, Zärtlichkeit und liebevollem Körperkontakt erkennen und Wege finden wollen, hier institutionell angemessene Angebote zu machen,
- die unterstützen bei der Entwicklung von Schamgefühl und Intimität durch z. B. entsprechende Gestaltung von Pflegesituationen,
- die die Bedeutsamkeit von Körpererfahrungen als Teil der sexuellen Entwicklung und Selbstbestimmung sehen und dazu Möglichkeiten schaffen,
- die behutsam auf Kommunikationssignale achten, offen und kreativ in deren Deutung sind und die Angemessenheit der Körperkontakte individuell einschätzen und umsetzen
- die reflektieren, ob sie die angemessene Bezugsperson sind und eine Ablehnung ihrer Person nicht als persönliche Kränkung bewerten,
- usw.

Sexuelles Lernen für Schülerinnen und Schüler mit Komplexer Behinderung braucht die professionsübergreifende gemeinsame Diskussion, wie den Bedarfen der jungen Menschen in der Institution Schule angemessen entsprochen werden kann. Sexualerziehung sollte, in der Abhängigkeit von dem Können und Wissen der zuständigen Lehr- und Fachkräfte, nicht zur zufälligen ›Glückssache‹ für die betreffenden Schülerinnen und Schüler werden.

Die individuelle und gemeinsame Reflexion der Einstellung gegenüber Menschen mit Komplexer Behinderung und vor allem der eigenen Deutungsmuster in Bezug auf deren (sexuelle) Lern- und Entwicklungsmöglichkeiten ist eine unverzichtbare Grundlage der Sexualerziehung. Zielführend ist in diesem Prozess die Anerkennung der Ungewissheit über ›richtige Deutungen‹ oder ›den richtigen Weg schulischer Begleitung‹ verbunden mit einem offenen Austausch über die verschiedenen Deutungsmuster der einzelnen Akteure/innen. So kann gemeinsam noch mehr dialogische Offenheit gegenüber den Jungen und Mädchen mit Komplexer Behinderung erreicht werden. Die Güte der schulischen Lern- und Entwicklungsangebote liegt letztlich in der Bereitschaft der Mitarbeitenden, sich immer wieder in Frage stellen zu lassen, offen für Entwicklungen und den Dialog zu bleiben und mit positiven Unterstellungen dem anderen gegenüber zu arbeiten.

Sexualerziehung bei Schülerinnen und Schülern mit Komplexer Behinderung sollte, noch mehr als bei allen anderen Kindern und Jugendlichen, als durchgehendes Prinzip der schulischen Begleitung verstanden werden. Die Unterstützung der Entwicklung von Scham und Intimität in Pflegesituationen (▶ Kap. 9.2) ist dabei ein zentraler Inhalt. Die Erweiterung von Kommunikations- und Verstehensmöglichkeiten bei allen Beteiligten ist ein ebenso zentraler Inhalt aller Angebote.

Konkrete Angebote im Bereich der Körpererfahrung können ermöglichen, den eigenen Körper lustvoll zu erleben. Das heißt, dass es sich um Angebote ohne jeglichen Leistungsdruck, mit viel Zeit und positiver Zuwendung handeln sollte. Es ist z. B. möglich, dies über die von Fröhlich (2001) vorgeschlagenen Angebote zur somatischen Förderung zu realisieren: z. B. eine Körpermassage nach Leboyer. Ebenso eignen sich Entspannungsangebote, wie sie mit dem Ansatz des Snoezelens verwirklicht werden (vgl. Mertens 2003). Die Kinder und Jugendlichen können ermuntert werden, ihren eigenen Körper zu berühren und zu erkunden. Schülerinnen mit schweren körperlichen Beeinträchtigungen helfen entweder eine gute Lagerung, die relativ viel Eigenbewegung ermöglicht und/oder das Führen der Hände durch die Lehrkraft. Die Kooperation mit den Physiotherapeuten unterstützt bei der Suche nach passenden Ausgangssituationen.

Im Bereich der Sozialkontakte können gegenseitige Zuneigungen von Schülerinnen mit Komplexer Behinderung genutzt werden, um die Kontakte durch z. B. gemeinsame Lagerung zu intensivieren, wenn dies beide Beteiligten wollen.

Oberste Priorität bei allen sexualerzieherischen Maßnahmen für diese Gruppe von Schülerinnen und Schülern sollte schließlich die Freiwilligkeit aller Beteiligten und die größtmögliche Transparenz im Team haben. Schulische Konzepte bieten, wie dargestellt, eine unverzichtbare Grundlage für eine gelingende und umfassende Sexualerziehung.

## 9.4 Sexualerziehung als Auseinandersetzung mit Behinderungserfahrungen

Die Notwendigkeit der Thematisierung der eigenen Lebensausgangsbedingungen wurde bereits an anderer Stelle ausführlich begründet und in ihren Möglichkeiten entfaltet (vgl. Ortland 2006, 2010). Deshalb sei an dieser Stelle nur knapp auf diese flankierende Maßnahme im Rahmen der Sexualerziehung verwiesen und auf eine bedeutende Untersuchung als wichtiger Begründungszusammenhang für die Sexualerziehung verwiesen.

Weinwurm-Krause (1990) konnte in ihrer Befragung von 158 Jugendlichen und jungen Erwachsenen mit körperlicher Schädigung zu deren Sexualität und sexuellem Erleben einen deutlichen Zusammenhang mit dem Grad der Auseinandersetzung mit der eigenen Behinderung feststellen. »Die Auseinandersetzung mit der Behinderung ist wohl die bedeutsamste Variable für die Lebensgestaltung« (ebd. 211). Hier zeigt sich deutlich die Notwendigkeit, die ›Eigene Behinderung‹ als ein Themenangebot sowohl in der Sexualerziehung als auch in anderen schulischen Bereichen aufzugreifen. Die breit angelegte Untersuchung zeigte einen Einfluss folgender Bedingungen auf diesen Prozess:

- »eine positive Sexualerziehung,
- eine wenig normativ bestimmte Einstellung zu Sexualität,
- ein hohes Bildungsniveau,
- Besuch einer Nichtbehindertenschule« (ebd. 211).

Eine freie, positive Sexualerziehung durch die Eltern zeigte sich vor allem in der Anerkennung der Sexualität der Jugendlichen sowie der Akzeptanz ihrer sexuellen Erfahrungen. Diese Unterstützung war verbunden mit einer emotional positiven Bewertung von Sexualität an sich. Eine so gestaltete Erziehungshaltung der Eltern scheint den Kindern und Jugendlichen eine hohe Wertschätzung zu vermitteln, wohingegen eine starke Leistungsorientierung in der Erziehung die Verwirklichung befriedigender Sexualität zu hemmen scheint.

Als ein weiteres wichtiges Ergebnis der Studie konstatiert Weinwurm-Krause (1990), dass vor allem die von außen an die Menschen mit Körperbehinderungen herangetragenen Wertmaßstäbe und Normvorstellungen entscheidenden Einfluss auf die Lebensumstände und die sexuellen Entwicklungs- und Lebensmöglichkeiten haben. Je »intensiver allgemeine gesellschaftliche Bewertungen internalisiert werden, desto mehr reduzieren sich die Möglichkeiten, eine befriedigende Partnerschaft zu gestalten; individuelle Bedeutungsmuster können sich kaum entwickeln« (ebd. 203).

Die Art der körperlichen Schädigung, deren Ausmaß und der Bedarf an Hilfestellung bei alltäglichen Verrichtungen oder der Pflege haben nur einen marginalen Einfluss. Von größerer Bedeutung sind die internalisierten Bewertungen und damit die subjektiven Bedeutungszuschreibungen. Allerdings lassen sich Zusammenhänge zwischen Mobilitätseinschränkungen und den Möglichkeiten zum Herstellen von sozialen Kontakten und damit der Möglichkeit zu sexuellen Erfahrungen herstellen.

Diese schon älteren Befragungsergebnisse von Weinwurm-Krause decken sich mit den aktuelleren Erkenntnissen, die Langner (2009) aus den Fallrekonstruktionen von Jugendlichen mit geistiger Behinderung zieht (▶ Kap. 1.3). ›Behindertwerden‹ wird von ihr als ein Prozess beschrieben werden, der durch die Bewertungen von außen determiniert ist und durch Vergleiche gestaltet wird. Die Zuschreibungsprozesse, die »inszenierten Unterschiede« (ebd. 244), werden von den Jugendlichen schon ihr Leben lang erfahren und deshalb als selbstverständlich angenommen. Die Behinderung wird als naturhaft erlebt.

> »Das Erfahrene – hier das Behindertwerden – wird zu einer dauerhaften Wirklichkeit einer Disposition des Einzelnen. Die so verinnerlichte und institutionell reproduzierte Struktur, die geprägt ist durch Isolation und Ausschluss, determiniert die Identitätsarbeit jedoch nicht als behinderte Identität (Disability Identity). (…) Ein genügend großer sozialer Kredit bzw. die Erfahrung von sozialer Anerkennung schreiben sich ebenfalls in den Körper ein und ermöglichen das Einlassen auf Brüchigkeiten und vor allem ein Annehmen des Selbst trotz des Behindertwerdens« (ebd. 245).

Sich mit den eigenen Erfahrungen des Behindertwerdens auseinanderzusetzen, kann eine Chance sein, die Zuschreibungsprozesse und deren mögliche Wirkmächtigkeit zu erkennen. Es kann im gegenseitigen Austausch und in der gemeinsamen Suche nach neuen/anderen Wegen ein bereichernder Prozess sein. Zentral ist die Freiwilligkeit dieser Auseinandersetzungsprozesse – analog zu dem Austausch in Selbsthilfegruppen. Teilhabebeeinträchtigungen und Barrieren des alltäglichen Lebens können identifiziert werden. Die UN-Behindertenrechtskonvention kann dazu gut genutzt werden. Die Jugendlichen können auf diesem Weg gleichzeitig Kenntnis von ihren Rechten bekommen.

Die als behindernd erlebten Situationen können von den Schüler/innen allerdings auch als beschämend erlebt werden. In Kapitel 9.2 (▶ Kap. 9.2) wurden die verschiedenen Formen der Scham im Zusammenhang mit Pflege erläutert. In Bezug auf Behinderungserfahrungen scheinen vor allem das Erleben von Identitäts- oder auch Statusscham relevant: »Bei der Identitätsscham geht es um unsere Persönlichkeit, um unser Selbstbild und um unsere Wertvortstellungen. In gewisser Weise betrifft dies einen substanziellen Teil in uns« (Bohn 2015, 22). Das nachfolgende autobiografische Zitat von Zuhal Soyhan (▶ Kap. 1.4) gibt einen Eindruck, dass das Infragestellen von ihr als Frau wegen ihrer Behinderung als sehr verletzend erlebt wurde:

> »Ein Taxifahrer in München setzte noch eins drauf. An jeder Ampel glotzte er mich derart unerträglich an, dass ich schließlich wissen wollte, ob irgendetwas nicht in Ordnung sei. Ich hätte ein so hübsches Gesicht, genau nach seinem Geschmack, aber der Rest – vom Kopf abwärts ›na, des ist nix…‹, meinte er unverfroren. Und als würde das nicht genügen, schüttelte er auch noch seinen dämlichen Kopf dazu, um das Gesagte zu unterstreichen. Diese Bemerkung war so ziemlich das Letzte, was ich noch vertrug. Es versetzte mir einen unbeschreiblichen Stich mitten in mein ohnehin trauriges Herz« (Soyhan 2012, 102).

In diesem Beispiel kann Frau Soyhan ebenso Statusscham erlebt haben. Statusscham »stellt sich ein, wenn wir uns selbst nicht mehr als wichtig, sondern überflüssig und unerwünscht wahrnehmen« (Bohn 2015, 23). Ob vergleichbare Situtaionen der – wie hier – sehr offensichtlichen Ablehnung und Abwertung oder ähnliche Situationen als beschämend erlebt werden, kann jeder Mensch nur für sich selber beurteilen. Zu bedenken ist dabei, dass nach Bohn (2015, 24) jede Form der Beschämung als Demütigung erlebt wird. Darüber zu sprechen, die eigenen Beschämungen und Demütigungen in einem geschützten Rahmen öffentlich zu machen, erfordert von den Jugendlichen viel Mut. Gleichzeitig liegt hier die Chance, sich gegenseitig zu stärken und möglicherweise auch die negativen Gefühle weniger wirkmächtig werden zu lassen.

Die Thematisierung der eigenen Lebenssituation und vor allem der Erfahrungen, in denen sich die Kinder oder Jugendlichen als behindert erlebt haben (z. B. durch gesellschaftliche Wertmaßstäbe, denen sie nicht oder nur z. T. entsprechen), erfordert von den Lehrkräften Kompetenzen, die über die üblichen didaktisch-methodischen Kompetenzen hinausgehen. Ihre Rolle als Lehrkraft verändert sich zu einem Begleitenden der Schülerinnen und Schüler, der nun diese Form der ›Unterrichtsgestaltung‹ (es ist fraglich, ob dieser Begriff hier noch passt) in gemeinsamer Verantwortung mit den Schülern dialogisch gestaltet. Die

Orientierung an den Kompetenzen und Ressourcen der Schülerinnen und Schüler mit dem Ziel, diese Fähigkeiten zu erweitern, bestimmt die pädagogische Tätigkeit. Neben der Sexualerziehung bieten sich noch folgende Fächer für entsprechende Unterrichtsangebote an (vgl. ausführlich Ortland 2006, 2010):

- Deutschunterricht,
- Religionsunterricht,
- Ästhetische Erziehung,
- Medienerziehung,
- Unterricht in der Abschlussstufe.

Den Schülerinnen und Schülern kann die Möglichkeit gegeben werden, ihre eigene Lebenssituation zu reflektieren und durch die Stärkung der eigenen Handlungsoptionen und Ressourcen mehr Selbstbewusstsein aufzubauen. Dies ist eine notwendige unterstützende Maßnahme für die Entwicklung einer subjektiv befriedigenden Sexualität und basiert auf absoluter Freiwilligkeit.

# 10 Schlusswort

Sexualerziehung bei Kindern und Jugendlichen mit Behinderung ist eine bedeutsame und zu bewältigende Aufgabe, die in Familie, Einrichtung, Wohngruppe etc. und Schule ein sexualfreundliches Klima erfordert. In einer Umgebung,

- in der es ›normal‹ und alltäglich ist, über Sexualität zu reden, und
- die Kinder und Jugendlichen das Gefühl vermittelt bekommen, dass sie in ihrer sexuellen Entwicklung wahrgenommen und akzeptiert werden,
- haben sie die besten Voraussetzungen für die Entwicklung einer (langfristig) subjektiv befriedigenden Sexualität.

Das bedeutet nicht, dass sie sich als durchgehend glücklich in ihrer Sexualität und mit ihren Erfahrungen erleben – schließlich gehören auch schwierige Erfahrungen von z. B. Liebeskummer zu einer gewinnbringenden Entwicklung.

Durch gegenseitigen Austausch von Eltern und schulischen Mitarbeitenden sowie im Dialog mit Berater/innen externer Beratungsstellen können günstige Bedingungen für alle Beteiligten geschaffen werden, so dass auch die Begleitung der Kinder und Jugendlichen durch schwierige Phasen gelingen kann.

Ziel der jeweiligen Entwicklung ist eine individuelle sexuelle Identität, die als subjektiv befriedigend, (möglichst zeitweise) erfüllend und vor allem selbstbestimmt erlebt wird.

Dazu wurden in diesem Buch vielfältige theoretische Überlegungen und Forschungsergebnisse zusammengetragen. Ebenso wurde an vielen Stellen versucht, die möglichen subjektiven Perspektiven von Menschen erweiternd/korrigierend/fokussierend zur Wissenschaftsperspektive in den Blick zu nehmen.

Deshalb soll das Buch mit einem weiteren Zitat von Zuhal Soyhan, der Moderatorin mit Glasknochen (▸ Kap. 1.4 sowie ▸ Kap. 9.4) enden. Sie beschreibt, wie sie über das Internet einen Mann gefunden hat, der sich in sie und sie sich in ihn verliebt hat. Sie schließt ihre Autobiografie mit folgenden Ausführungen, die ich nun auch als Schlusswort nutze:

> »Er war genauso wie ich ihn mir vorgestellt hatte. Wahnsinnig intelligent, witzig, einfühlsam, gepflegt und nicht allzu groß. Und er behauptete allen Ernstes, mich so zu lieben und zu respektieren, wie ich war. An meine Größe würde er sich schon gewöhnen, denn klein sei ich wirklich. Ich sei nun mal ein Gesamtkunstwerk, da käme es auf Details nicht an, meint Axel. Was hatte ich mir denn da für einen an Land gezogen? Was stimmte mit ihm nicht? Er hat doch alles, was Frau sich nur wünschen kann? Das Problem musste also in seiner Vergangenheit liegen. Ich würde mit meiner journalistischen, riesigen Spürnase schon hinter sein finsteres Geheimnis kommen. Aber ich fand nichts, sosehr ich mich auch mühte, da war nichts, was gegen ihn sprach. Aus Angst vor Ent-

täuschung benahm ich mich anfangs richtig blöd. Es wundert mich, dass er da nicht die Flucht ergriff, sondern meine Ignoranz ertrug.

Eine Beziehung zu führen, muss schließlich auch gelernt sein. Es dauerte einige Zeit, bis ich mich auf ihn einlassen und ihm vertrauen konnte. (…)

Ab und zu werde ich gefragt, woher ich all die Energie nehme und wie ich das alles geschafft habe und noch schaffe. Dann antworte ich: mit viel Unterstützung von Menschen, die keine Probleme mit meiner Behinderung hatten und mir trotzdem etwas zutrauten. Und durch meinen Glauben an mich selbst und meine Hoffnung auf ein gutes Leben, die ich nie aufgegeben habe. Um es mit Beethoven zu sagen: ›Die Hoffnung nährt mich, sie nährt ja die halbe Welt und ich habe sie mein Lebtag zur Nachbarin gehabt, was wäre sonst aus mir geworden.‹ Der alte Herr muss diese Worte für mich geschrieben haben – ganz gewiss, denn Hoffnung war immer mein Motor« (Soyhan 2012, 218f).

# Literaturverzeichnis


Achilles, I. (2002): Was macht Ihr Sohn denn da? Geistige Behinderung und Sexualität. München: Ernst Reinhardt Verlag.

Achilles, I. (2003): Vorwort. In: Delisle, B.; Haselbacher, G.; Weissenrieder, N. (Hrsg.): Schluss mit Lust und Liebe? Sexualität bei chronischen Krankheiten und Körperbehinderungen. München/Basel: Ernst Reinhardt Verlag, 9–11.

Adelfinger, T. (1993): Identitätsfindung von körperbehinderten Mädchen und Frauen. In: Heiliger, A.; Kuhne, T. (Hrsg.): Feministische Mädchenpolitik. München: Frauenoffensive, 92–103.

Aebi, U. (1974): Das normalbegabte zerebral bewegungsgestörte Kind. Bern: Huber.

Aguayo-Krauthausen, R. (2014[2] ): Dachdecker wollte ich eh nicht werden. Das Leben aus der Rollstuhlperspektive. Reinbek bei Hamburg: Rowohlt.

Ahnert, L. (2014): Theorien in der Entwicklungspsychologie. Berlin, Heidelberg: Springer-Verlag.

Aigner, J.C. (2013): Vorsicht Sexualität. Sexualität in der Psychotherapie, Beratung und Pädagogik – eine integrative Perspektive. Stuttgart: Kohlhammer.

Amor, A. (2015): Sexuelle Gewalt gegen Jungen und Männer mit einer so genannten geistigen Behinderung. In: Mattke, U. (2015) (Hrsg.): Sexuell traumatisierte Menschen mit geistiger Behinderung. Forschung – Prävention – Hilfen. Stuttgart: Kohlhammer, 40–54.

Arnade, S. (1992): Weder Küsse noch Karriere. Erfahrungen behinderter Frauen. Frankfurt a. M.: Fischer.

Arque/AsbH (Arbeitsgemeinschaft für Querschnittsgelähmte/ Arbeitsgemeinschaft Spina bifida/ Hydrozephalus) (2001): Spina bifida und Hydrozephalus. Übersichten, Anleitungen. Mainz.

Aude, A.; Matthiesen, S. (2013): Wie fühlt mein Körper? Selbstbefriedigung. In: Bundeszentrale für gesundheitliche Aufklärung (BZgA) (Hrsg.): Jugendsexualität im Internetzeitalter. Eine qualitative Studie zu sozialen und sexuellen Beziehungen von Jugendlichen. Köln: Eigenverlag, 233–243.

Bächinger, B. (1978): Sexualverhalten und Sexualberatung von Körperbehinderten. Reinach: PULS-Wissen.

Baierl, M. (2014): Mit Sicherheit ein gutes Leben: Die fünf sicheren Orte. In: Baierl, M.; Frey, K. (Hrsg.): Praxishandbuch Traumapädagogik. Lebensfreude, Sicherheit und Geborgenheit für Kinder und Jugendliche. Göttingen: Vandenhoeck & Ruprecht, 56–71.

Baierl, M. (2014a): Dir werde ich helfen: Konkrete Techniken und Methoden der Traumapädagogigk. In: Baierl, M.; Frey, K. (Hrsg.): Praxishandbuch Traumapädagogik. Lebensfreude, Sicherheit und Geborgenheit für Kinder und Jugendliche. Göttingen: Vandenhoeck & Ruprecht, 80–107.

Bange, D.; Körner, W. (2004): Leitlinien im Umgang mit dem Verdacht auf sexuellen Kindesmissbrauch. In: Körner, W.; Lenz, A. (Hrsg.): Sexueller Missbrauch. Band 1. Göttingen: Hogrefe, 247–276.

Bange, D. (2004): Methodische Probleme der Folgenforschung bei sexuellem Missbrauch. In: Körner, W.; Lenz, A. (Hrsg.): Sexueller Missbrauch. Band 1. Göttingen: Hogrefe, 73–103.

Barabas, F.K. (1998): Sexualität und Recht. Ein Leitfaden für Sozialarbeiter, Pädagogen, Juristen, Jugendliche und Eltern. Frankfurt a. M.: Fachhochschulverlag.

Baumgart-Fütterer (1994): Ganzer Mensch trotz Defizit. Umgang mit dem Schamgefühl im Krankenhaus. In: Die Schwester/Der Pfleger 33, H. 2, 85–93.

Behörde für Schule, Jugend und Berufsbildung Hamburg (Hrsg.) (2000): Sexualpädagogik in der Schule gestalten. Handreichung zur Qualifizierung von Lehrkräften der Sekundarstufen. Hamburg: Nieswand Druck

Beier, K. M. (2010): Sexuelle Präferenzstörungen und Bindungsprobleme. In: Sexuologie. Zeitschrift für Sexualmedizin, Sexualtherapie und Sexualwissenschaft. 17, Heft 1–2, 24–31.

Beier, K.; Bosinski, H.; Loewit, K. (2005² ): Sexualmedizin. Grundlagen und Praxis. München/Jena: Urban & Fischer.

Beier, K.; Loewit, K. (2011): Praxisleitfaden Sexualmedizin. Von der Theorie zur Therapie. Berlin/Heidelberg: Springer-Verlag.

Bender, S. (2012): Sexualität und Partnerschaft bei Menschen mit geistiger Behinderung. Perspektiven der Psychoanalytischen Pädagogik. Gießen: Psychosozial-Verlag.

Benkel, T.; Akalin, F. (Hrsg.) (2010): Soziale Dimensionen der Sexualität. Gießen. Psychosozial-Verlag.

Bereswill, M.; Ehlert, G. (2017): Diskriminierung aufgrund des Geschlechts und der sexuellen Orientierung. In: Scherr, A.; El-Mafaalani, A.; Yüksel, G. (Hrsg) (2017): Handbuch Diskriminierung. Wiesbaden: Springer 499–509.

Bergeest, H. (1997): Sexualität. In: Hansen, G.; Stein, R. (Hrsg.): Sonderpädagogik konkret. Ein Handbuch in Schlüsselbegriffen. Bad Heilbrunn: Klinkhardt, 160–167.

Bergeest, H. (2000): Körperbehindertenpädagogik. Bad Heilbrunn/Obb.: Klinkhardt.

Bergeest, H. (2002b): Sexualität. In: Bundschuh, K. (Hrsg.): Wörterbuch Heilpädagogik. Ein Nachschlagewerk für Studium und pädagogische Praxis. Bad Heilbrunn: Klinkhardt, 255–257.

Bergeest, H.; Boenisch, J. (2019⁶ ): Körperbehindertenpädagogik. Grundlagen – Förderung – Inklusion. Bad Heilbrunn: Klinkhardt.

Bienstein, C.; Fröhlich, A. (2003): Basale Stimulation in der Pflege. Düsseldorf: Kallmeyer'sche Verlagsbuchhandlung.

Blinkle, R. (1999): »Wir könn(t)en auch anders.« Zur sexuellen Entwicklung geistig behinderter Jungen und Männer. In: Deutsche Behinderten-Zeitschrift 36, H. 6, 34–36.

Blume-Werry, A. (1999): Liebe, Sexualität und Partnerschaft. Eine Umfrage der ASbH unter ihren volljährigen Mitgliedern. In: ASbH-Brief 4, 12–17.

Bohn, C. (2015): Macht und Scham in der Pflege. Beschämende Situationen erkennen und sensibel damit umgehen. München: Reinhardt.

Bösl, E.; Klein, A.; Waldschmidt, A. (Hrsg.) (2010): Disability History. Bielefeld: transcript Verlag.

Boyle, I.R.; Di Sant'Agnese, P.A.; Sack, S.; Milligan, F.; Kulczycki, L. (1976): Emotional aspects of adolescents and young adults with cystic fibrosis. In: The Journal oft Pediatrics 88, H. 2, 318–326.

Bräutigam, W.; Clement, U. (1989): Sexualmedizin im Grundriß. Eine Einführung in Klinik, Theorie und Therapie der sexuellen Konflikte und Störungen. Stuttgart: Thieme-Verlag.

Braun, U. (2003): Was ist Unterstützte Kommunikation? In: ISAAC (Hrsg): Handbuch der Unterstützten Kommunikation. Karlsruhe: Van Loeper Literaturverlag.

Brenk-Franz, K. (2010): Sexuelle Verhaltensweisen in Abhängigkeit vom Bindungsstil. In: Sexuologie. Zeitschrift für Sexualmedizin, Sexualtherapie und Sexualwissenschaft. 17, Heft 1–2, 14–23.

Bretländer, B.; Schildmann, U.; Tüshaus, I. (2002): Geschlecht, Behinderung, Identität – Forschungsansatz und erste Ergebnisse. In: Zeitschrift für Frauenforschung und Geschlechterstudien 20, H. 4, 5–16.

Bretländer, B.; Schildmann, U. (2004): Geschlecht und Behinderung: Prozesse der Herstellung von Identität unter widersprüchlichen Lebensbedingungen. In: Vierteljahreszeitschrift für Heilpädagogik und ihre Nachbargebiete 73, H. 3, 271–281.

Bretländer, B. (2007): Kraftakte: Lebensalltag und Identitätsarbeit körperbehinderter Mädchen und junge Frauen. Bad Heilbrunn: Klinkhardt.

Briken, P.; Berner, M. (2013) (Hrsg.): Praxisbuch Sexuelle Störungen. Sexuelle Gesundheit, Sexualmedizin, Psychotherapie sexueller Störungen. Stuttgart: Thieme.

Brill, W. (1998): Sexuelle Gewalt gegen behinderte Menschen – ein Überblick über den aktuellen Stand der Diskussion. In: Behindertenpädagogik 37, H. 2, 155–172.

Brisch, K. H. (2018[2] ): Trauma ist nicht gleich Trauma. Die spezifischen Auswirkungen von Bindungstraumatisierungen auf Opfer, Täter und Behandler. In: Brisch, K. H. (Hrsg.): Bindungstraumatisierungen. Wenn Bindungspersonen zu Tätern werden. Stuttgart: Klett-Cotta, 12–22.

Bronfenbrenner, U. (1981): Die Ökologie der menschlichen Entwicklung. Stuttgart: Klett-Cotta.

Bronfranchi, R. (2001): Sexuelle Gewalt gegen geistig behinderte Menschen. In: Neue Caritas 102, H. 19, 27–32.

Brückner, M. (2013[2] ): Amalgamierungen des Begehrens: Körperliche Lust, erotisches Wünschen, psychosoziale Einpassungen. In: Schmidt, R.-B.; Sielert, U. (Hrsg.): Handbuch Sexualpädagogik und sexuelle Bildung. Weinheim: Beltz, 220–233.

Bundesarbeitsgemeinschaft Traumapädagogik (Hrsg.): (2011): »Standards für traumapädagogische Konzepte in der stationären Kinder- und Jugendhilfe.« Gnarrenburg: <https://fachverband-traumapaedagogik.org/standards.html> (22.06.2019).

Bundesverein zur Prävention von sexuellem Missbrauch an Mädchen und Jungen e. V. (Hrsg.) (2007): Mit einem Klick zum nächsten Kick. Aggression und sexuelle Gewalt im Cyberspace. Köln: Verlag mebes und noack.

Bundesvereinigung Lebenshilfe e. V. (Hrsg.) (2014): Sexualpädagogische Materialien für die Arbeit mit geistigebehinderten Menschen. Weinheim/Basel: Beltz, 20.

Bundeszentrale für gesundheitliche Aufklärung (BZgA) (Hrsg.) (2002): Jugendsexualität. Wiederholungsbefragung von 14–17-jährigen und ihren Eltern. Ergebnisse der Repräsentativbefragung aus 2001. Köln: BzgA.

Bundeszentrale für gesundheitliche Aufklärung (BZgA) (Hrsg.) (2003): Rahmencurriculum Sexualpädagogische Kompetenz. Qualifizierungsmaßnahmen im Bildungs-, Sozial- und Gesundheitswesen. Köln: BzgA.

Bundeszentrale für gesundheitliche Aufklärung (BZgA) (Hrsg.) (2004): Richtlinien und Lehrpläne zur Sexualerziehung. Eine Analyse der Inhalte, Normen, Werte und Methoden zur Sexualaufklärung in den sechzehn Ländern der Bundesrepublik Deutschland. Köln: BzgA.

Bundeszentrale für gesundheitliche Aufklärung (BZgA) (Hrsg.) (2011): WHO-Regionalbüro für Eutopa und BZgA. Standards für die Sexualaufklärung in Europa. Rahmenkonzept für poiltische Entscheidungsträger, Bildungseinrichtungen, gesundheitsbehörden, Expertinnen und Experten. Köln: Eigenverlag.

Bundeszentrale für gesundheitliche Aufklärung (BZgA) (Hrsg.) (2013): Jugendsexualität und Behinderung. Ergebnisse einer Befragung an Förderschulen in Sachsen. Köln: Eigenverlag.

Bundeszentrale für gesundheitliche Aufklärung (BZgA) (Hrsg.) (2013a): Jugendsexualität im Internetzeitalter. Eine qualitative Studie zu sozialen und sexuellen Beziehungen von Jugendlichen. Köln: Eigenverlag.

Bundeszentrale für gesundheitliche Aufklärung (BZgA) (Hrsg.) (2016): Jugendsexualität. Wiederholungsbefragung von 14 – 17-jährigen und ihren Eltern. Ergebnisse der Repräsentativbefragung aus 2015. Köln: BZgA

Bundeszentrale für politische Bildung (bpb) (2013): »Das Menschenrecht auf Bildung.« <https://www.bpb.de/gesellschaft/bildung/zukunft-bildung/156819/menschenrecht?p=all> (13.09.2019).

Bungart, P. (2005): Sexuelle Gewalt gegen behinderte Menschen. Der Schutz Behinderter durch das Sexualstrafrecht. Frankfurt a. M.: Mabuse-Verlag.

Burchardt, E. (1999): Sexualpädagogik und Persönlichkeitslernen. In: Bundeszentrale für gesundheitliche Aufklärung (BZgA) (Hrsg.): Sexualpädagogik zwischen Persönlichkeitslernen und Arbeitsfeldorientierung. Köln: BZgA, 73–107.

Burchardt, E. (2000): Persönlichkeitslernen. In: Sielert, U.; Valtl, K. (Hrsg.): Sexualpädagogik lehren. Didaktische Grundlagen und Materialien für die Aus- und Fortbildung. Weinheim/Basel: Beltz, 189–232.
Butenandt, O. (1982): Pathologische Abweichungen in der Sexualentwicklung. Ausbleibende Pubertät. In: Hellbrügge, T. (Hrsg.): Die Entwicklung der kindlichen Sexualität. München: Urban & Schwarzenberg, 68–77.
Butler, J. (1991): Das Unbehagen der Geschlechter. Frankfurt/Main: Suhrkamp.
Büttner, M. (2018): Trauma und Sexualität. Grundlagen und Therapie traumaassoziierter sexueller Störungen. Stuttgart: Schattauer.
Büttner, M. (2018a): Einführung in die Thematik. In: Büttner, M. (Hrsg.): Trauma und Sexualität. Grundlagen und Therapie traumaassoziierter sexueller Störungen. Stuttgart: Schattauer, 3–59.
Büttner, M. (2018b): Sexuelles Risikoverhalten. In: Büttner, M. (Hrsg.): Trauma und Sexualität. Grundlagen und Therapie traumaassoziierter sexueller Störungen. Stuttgart: Schattauer, 89–94.
Clausen, J.; Herrath, F. (2013): Sexualität leben ohne Behinderung. Das Menschenrecht auf sexuelle Selbstbestimmung. Stuttgart: Kohlhammer.
Cloerkes, G. (2001[2] ): Soziologie der Behinderten. Eine Einführung. Heidelberg: Winter.
Cloerkes, G. (2007[3] ): Soziologie der Behinderten. Eine Einführung. Heidelberg: Universitätsverlag Winter.
Conzen, P. (1996): Erik H. Eriksson. Leben und Werk. Stuttgart: Kohlhammer.
Damisch, K.; Haller, P. (2018): Sexuelle und geschlechtliche Vielfalt in der Schulsozialarbeit. Warum Regenbogenkompetenzen zu einer Kernkompetenz der Schulsozialarbeit werden müssen? In: SIO, Zeitschrift für soziale Arbeit, Bildung und Politik, H. 01/18 Schwerpunkt, 23–29.
Dannenbeck, C.; Stich, J. (2002): Sexuelle Erfahrungen im Jugendalter. Aushandlungsprozesse im Geschlechterverhältnis. Eine qualitative Studie im Auftrag der BZgA. Köln: Eigenverlag.
Darmann, I. (2000): Kommunikative Kompetenz in der Pflege: Ein pflegedidaktisches Konzept auf der Basis einer qualitativen Analyse pflegerischer Kommunikation. Stuttgart: Kohlhammer.
Datler, W.; Winiger, M. (2014): Psychoanalytische Zugänge zur frühen Kindheit. In: Ahnert, L. (Hrsg.): Theorien in der Entwicklungspsychologie. Berlin, Heidelberg: Springer-Verlag, 354–379.
Daut, V. (2005): Leben mit Duchenne Muskeldystrophie. Eine qualitative Studie mit jungen Männern. Bad Heilbrunn: Klinkhardt.
Daut, V. (2016): Einwurf: Veränderte Perspektiven durch die verändernden Krankheitsverläufe bei Muskeldystrophie Duchenne – Konsequenzen für die Körperbehindertenpädagogik. In: Jennessen, S.; Lelgemann, R. (Hrsg.): Körper. Behinderung. Pädagogik. Stuttgart: Kohlhammer, 169–179.
Davison, G.C.; Neale, J.M. (1998[5] ): Klinische Psychologie. Weinheim: Beltz.
Dechesne, B. (1981): Die psychosexuelle Entwicklung bei körperbehinderten Jugendlichen. In: Dechesne, B.; Pons, C.; Schellen, T. (1981): …aber nicht aus Stein. Medizinische und psychologische Aspekte von körperlicher Behinderung. Weinheim: Beltz, 147–171.
Deegener, G. (1999): Sexuell aggressive Kinder und Jugendliche – Häufigkeiten und Ursachen, Diagnostik und Therapie. In: Höfling, S.; Drewes, D.; Epple-Waigel, I. (Hrsg.): Auftrag Prävention. Offensive gegen sexuellen Missbrauch. Grünwald: Atwerb-Verlag.
Degé, F.; Kubicek, C.; Schwarzer, G. (2014): Entwicklungspsychologische Aspekte der Sexualität. In: Stirn, A.; Stark, R.; Tabbert, K.; Wehrum-Osinsky, S.; Oddo, S. (Hrsg.): Sexualität, Körper und Neurobiologie. Grundlagen und Störungsbilder im interdisziplinären Fokus. Stuttgart: Kohlhammer, 35–45.
Delisle, B.; Haselbacher, G.; Weissenrieder, N. (Hrsg.) (2003): Schluss mit Lust und Liebe? Sexualität bei chronischen Krankheiten und Körperbehinderungen. München: Reinhardt.
Delisle, B. (2003): Sexualität und Epilepsie – ein Mythos. In: Delisle, B.; Haselbacher, G.; Weissenrieder, N. (Hrsg.): Schluss mit Lust und Liebe? Sexualität bei chronischen Krankheiten und Körperbehinderungen. München: Reinhardt, 218–229.

Deutsches Institut für medizinische Dokumentation und Information-DIMDI (Hrsg.) (2005): Internationale Klassifikation der Funktionsfähigkeit, Behinderung und Gesundheit. Weltgesundheitsorganisation (WHO). <https://www.dimdi.de/static/de/klassifikationen/icf/icfhtml2005/x002C2; (01.09.2019)

Diehl, U.; Reuber, M. (1995): Die Sexualität behinderter Kinder und Jugendlicher aus Sicht ihrer Eltern. In: Weinwurm-Krause, E.-M. (Hrsg.): Sexualerziehung in der Sonderschule. Marburg: Kovac, 34–85.

Diehl, U. (2001): Einstellungen der Eltern zur Sexualität ihres körper- oder mehrfachbehinderten Kindes. In: BZgA (Hrsg.): Sexualität und Behinderung. BZgA FORUM Sexualaufklärung und Familienplanung, H. 2/3, 16–19.

Döring, N. (2012): Erotischer Fotoaustausch unter Jugendlichen: Verbreitung, Funktionen und Folgen des Sexting. In: Zeitschrift für Sexualforschung Jg. 25, Heft 1, 4–25.

Došen, A. (2010): Psychische Störungen, Verhaltensprobleme und intellektuelle Behinderung. Ein integrativer Ansatz für Kinder und Erwachsene. Göttingen: Hogrefe.

Draths, R. (2012): Vergessene Pubertät. Sexualität und Verhütung bei Jugendlichen mit einer chronischen Krankheit oder Behinderung. Bern: Hans Huber Verlag.

Driemeyer, W. (2013): Masturbation und sexuelle Gesundheit – Ein Forschungsüberblick. In: Zeitschrift für Sexualforschung 26, H. 4, 372–383.

Dulz, B.; Rönfeldt, J. (2011): Persönlichkeitsstörungen und Trauma. In: Seidler, G. H.; Freyberger, H. J.; Maercker, A. (Hrsg.): Handbuch der Psychotraumatologie. Stuttgart: Klett-Cotta, 292–314.

Dunde, S. R. (1992): Handbuch Sexualität. Weinheim: Deutscher Studien Verlag.

Eggli, U. (2002): Meinen Körper vom Zustand des Neutrums befreien. In: Wießner, P. (Hrsg.): Leben mit Behinderung- Leben mit HIV und AIDS: Eine Annäherung. Berlin: Dt. AIDS-Hilfe.

EigenSinn – Prävention von sexualisierter Gewalt an Mädchen und Jungen e. V. (Hrsg.) (2005): Lilly und Leo. Mein Körper gehört mir. Begleitende Arbeitsmaterialien. Prävention von sexualisierter Gewalt an Mädchen und Jungen mit besonderem Förderbedarf. Bielefeld: EigenSinn.

Emmelmann, I.; Greving, H. (2018): Erwachsene Menschen mit geistiger Behinderung und ihre Eltern. Vom Ablösekonzept zum Freiraumkonzept. Stuttgart: Kohlhammer.

Endres, M.; Moisel, S. (2002[2] ): Entwicklung und Trauma. In: Endres, M.; Biermann, G. (Hrsg.): Traumatisierung in Kindheit und Jugend. München: Ernst Reinhardt, 11–27.

Epstein, J.L. (1989): The selection of friends: Changes across the grades and in different school environments. In: Berndt, T. J.; Ladd, G. W. (Ed.): Peer relationships in child development. New York: Wiley, 158–187.

Esser, F. O.; Roos-Mayer, J. (1979): Untersuchungen zum Persönlichkeitsbild und zu sozialen Einstellungen Körperbehinderter und Nichtbehinderter im Jugendalter am Ende der allgemeinen Schulpflicht und während der Berufs- oder weiterführenden Schulausbildung. Opladen: Westdeutscher Verlag.

Eyssel, F. (2014): Interpersonelle Attraktion aus sozialpsychologischer Perspektive. In: Stirn, A; Stark, R.; Tabbert, K.; Wehrum-Osinsky, S.; Oddo, S. (Hrsg.): Sexualität, Körper und Neurobiologie. Grundlagen und Störungsbilder im interdisziplinären Fokus. Stuttgart: Kohlhammer, 79–86.

Falk, J. (2001): Sexualität in beruflichen Situationen. Ein Lernfeld. In: Pflegemagazin 2, H. 5, 22–24.

Fegert, J.M.; Wolff, M. (2002): Sexueller Missbrauch durch Professionelle in Institutionen. Prävention und Intervention. Ein Werkbuch. Münster: Votum-Verlag.

Fegert, J. M.; Jeschke, K.; Thomas, H.; Lehmkuhl, U. (2006): Sexuelle Selbstbestimmung und sexuelle Gewalt. Ein Modellprojekt in Wohneinrichtungen für junge Menschen mit geistiger Behinderung. Weinheim, München: Juventa.

Fend, H. (2005[3] ): Entwicklungspsychologie des Jugendalters. Wiesbaden: Verlag für Sozialwissenschaften.

Feustel, G. (2003): Die Geschichte der Homosexualität. Düsseldorf: Patmos Verlag.

Fischer, M. (2003): Pflege als Aufgabe von Sonderpädagogen. In: Kane, J. F.; Klauß, T. (Hrsg.): Die Bedeutung des Körpers für Menschen mit geistiger Behinderung. Zwischen Pflege und Selbstverletzung. Heidelberg: Universitätsverlag Winter, 65–92.

Fornefeld, B. (2008) (Hrsg.): Menschen mit Komplexer Behinderung. Selbstverständnis und Aufgabe der Behindertenpädagogik. München: Reinhardt.

Frei, L.; Regli, D.; Widmer, A.; Znoj, H. (2013): Angst vor Ablehnung als Risikofaktor für Suizidalität bei homo- und bisexuellen Personen. In: Sexuologie. Zeitschrift für Sexualmedizin, Sexualtherapie und Sexualwissenschaft. Schwerpunkt Sexualpädagogik. Band 20, Heft 3–4, 163–174.

Freund, U.; Riedel-Breidenstein, D. (2004): Sexuelle Übergriffe unter Kindern. Handbuch zur Prävention und Intervention. Köln: Verlag mebes und noack.

Friebe, M.; Fröhner, B.; Elstermann von Elster, F.-W. (1998): Sexualität und Krankheit: Manchmal werden Tabus gebrochen. In: Pflegezeitschrift 51, H. 4, 284–287.

Friedrich, H. (1998): Psycho- und soziodynamische Aspekte von Spina bifida und Hydrocephalus. In: Michael, Th.; von Moers, A.; Strehl, A. E. (Hrsg.): Spina bifida. Interdisziplinäre Diagnostik, Therapie und Beratung. Berlin: de Gryuter, 325–340.

Fries, A. (2005): Einstellungen und Verhalten gegenüber körperbehinderten Menschen – aus der Sicht und im Erleben der Betroffenen. Oberhausen: Athena.

Fröhlich, A. (2001): Basale Stimulation. Düsseldorf: Verlag selbstbestimmt leben.

Fröhlich, Gildhoff, K.; Rönnau-Böse, M. (2015[4] ): Resilienz. München: Ernst Reinhardt Verlag.

Fuchs, F. (1978): Sexualverhalten und Partnerbeziehungen junger Körperbehinderter. Reinach: PULS-Wissen.

Fürll-Riede, C.; Hausmann, R.; Schneider, W. (2001): Sexualität trotz(t) Handicap. Stuttgart: Thieme-Verlag.

Gahleitner, S.; Kamptner, C.; Ziegenhain, U. (2016): Bindungstheorie in ihrer Bedeutung für die Traumapädagogik. In: Weiß, W.; Kessler, T.; Gahleitner, S. B.: Handbuch Traumapädagogik. Weinheim, Basel: Beltz, 115–123.

Gaudard, G. (2013): »Asperger und das Leben mit der Liebe.« <http://riddler-gedankenwelt.blogspot.com/2013/07/asperger-und-das-leben-mit-liebe.html> (13.07.2019)

Geifrig, R. (2003): Frauen mit Behinderung gelten als geschlechtslos – Sexualität und Behinderung aus weiblicher Sicht. In: Delisle, B.; Haselbacher, G.; Weissenrieder, N. (Hrsg.): Schluss mit Lust und Liebe? Sexualität bei chronischen Krankheiten und Körperbehinderungen. München: Reinhardt, 12–20.

Gerdtz, M. (2003): Auch wir dürfen NEIN sagen. Sexueller Missbrauch von Kindern mit einer geistigen Behinderung. Eine Handreichung zur Prävention. Heidelberg: Schindele.

Gleason, M. M. (2018[2] ): Undifferenziertes Sozialverhalten: Ein Überblick. In: Brisch, K. H. (Hrsg.): Bindungstraumatisierungen. Wenn Bindungspersonen zu Tätern werden. Stuttgart: Klett-Cotta, 113–126.

Glöckner, H. (1998): Sexualität und Behinderung. In: Dies. (Hrsg.): Ein starkes Gefühl. Suchtprävention durch Sexualerziehung in der Grundschule. Würzburg: Edition bentheim, 135–162.

Glück, G. (1990): Schulische Sexualerziehung aus der Sicht von Eltern und Lehrern/Lehrerinnen. In: Kluge, N. (Hrsg.): Jugendsexualität im Spannungsfeld individueller, interaktionaler und gesellschaftlicher Bedingungen. Einstellungen, Verhaltensweisen, Probleme, Maßnahmen. Frankfurt a. M.: dipa-Verlag, 94–104.

Gnielka, M.: Zwischen Einschulung und Pubertät: Über Sexualität reden… Köln: Eigenverlag der BzgA.

Goebel, R. (2014): Einführung in die Neurobiologie. In: Stirn, A. et al. (Hrsg): Sexualität, Körper und Neurobiologie. Stuttgart: Kohlhammer, 18–32.

Goffman, E. (1977): Rahmen-Analyse. Frankfurt a. M.: Suhrkamp

Grampp, G. (2018[2] ): Die ICF verstehen und nutzen. Köln: BALANCE buch+medien.

Gröning, K. (2000): Über Gewalt in der Pflege. In: Neue Praxis 30, H. 6, 587–597.

Gröschke, D. (2008): Heilpädagogisches Handeln. Eine Pragmatik der Heilpädagogik. Bad Heilbrunn: Klinkhardt.

Grossmann, K. E. (2010): Sichere und unsichere Bindungserfahrungen im Säuglingsalter und ihre Folgen für die Entwicklung der Persönlichkeit. In: Sexuologie. Zeitschrift für Sexualmedizin, Sexualtherapie und Sexualwissenschaft. Band 17, Heft 1–2, 5–13.

Gründer, M.; Stemmer-Lück, M. (2013): Sexueller Missbrauch in Familie und Institutionen. Psychodynamik, Intervention und Prävention. Stuttgart: Kohlhammer.

Gürol, A.; Polat, S.; Oran, T. (2014): Views of Mothers Having Children with Intellectual Disability Regarding Sexual Education: A Qualitative Study. In: Sex Disabil (Springer) 32: 123–133. Published online: 16.Januar 2014

Haeberle, E. H. (2005): dtv-Altlas Sexualität. München: Deutscher Taschenbuch Verlag.

Häfner, R.; Fauser, B. (2003): Die Gefahr ist groß, Außenseiter zu werden. Die sexuelle Entwicklung von Kindern und Jugendlichen mit rheumatischen Erkrankungen. In: Delisle, B.; Haselbacher, G.; Weissenrieder, N. (Hrsg.) (2003): Schluss mit Lust und Liebe? Sexualität bei chronischen Krankheiten und Körperbehinderungen. München: Reinhardt, 100–106.

Hansen, G. (1990): Die Persönlichkeit des behinderten Kindes im Vergleich zur Persönlichkeit des nichtbehinderten Kindes: Eine empirische Untersuchung bei 9-14-jährigen Sonder- und Regelschülern. Frankfurt a. M.: Lang.

Hantke, L.; Görges, H.-J. (2012): Handbuch Traumakompetenz. Basiswissen für Therapie, Beratung und Pädagogik. Paderborn: Junfermann Verlag.

Hartmann, J. (2017): Dimensionen sexueller Diversität – queere und intersektionale Perspektiven. In: Klein, A.; Tuider, E. (Hrsg.): Sexualität und Soziale Arbeit. Baltmannsweiler: Schneider-Verlag, 57–82.

Heck, S. (2017): »Wie kann ich mein Kind aufklären, ohne dass es zu neugierig wird?« Perspektiven auf die Sexualität von Kindern und Jugendlichen mit geistiger Behinderung. In: Eggert-Schmid Noerr, A.; Heilmann, J.; Weißert, I. (Hrsg.): Unheimlich und verlockend. Zum pädagogischen Umgang mit Sexualität von Kindern und Jugendlichen. Gießen: Psychosozial-Verlag.

Heidapur, A. (1990): »Bei uns spricht man nicht über Sexualität«! Erklärung zu einem Sexualkonflikt bei muslimischen Kindern in deutschen Schulen. In: Sachunterricht und Mathematik in der Primarstufe 18, H. 3, 130–136.

Heiliger, A.; Engelfried, C. (1995): Sexuelle Gewalt. Männliche Sozialisation und potentielle Täterschaft. Frankfurt a. M.: Campus-Verlag.

Henningsen, A. (2016): Sexuelle Bildung und Gewaltprävention. Eine systematische Reflexion zur Prävention sexualisierter Gewalt in pädagogischen Kontexten. In: Henningen, A.; Tuider, E.; Timmermanns, S. (Hrsg.): Sexualpädagogik kontrovers. Weinheim und Basel: Beltz Juventa, 120–141.

Herrath, F. (2013): Menschenrecht trifft Lebenswirklichkeit: Was behindert Sexualität? In: Clausen, J.; Herrath, F. (Hrsg.): Sexualität leben ohne Behinderung. Das Menschenrecht auf sexuelle Selbstbestimmung. Stuttgart: Kohlhammer, 19–34.

Heßling, A.; Bode, H. (2015): Jugendsexualität 2015. Die Perspektive der 14- bis 25-Jährigen. Ergebnisse einer aktuellen repräsentativen Wiederholungsbefragung. Bundeszentrale für gesundheitliche Aufklärung, Köln: Eigenverlag.

Höfling, S.; Drewes, D.; Epple-Waigel, I. (Hrsg.): Auftrag Prävention. Offensive gegen sexuellen Missbrauch. Grünwald: Atwerb-Verlag.

Hofsäss, T. (2001): Homosexualität und Erziehung. Pädagogische Betrachtung eines Spannungsfeldes in Familie, Schule und Gesellschaft. Berlin: Verlag für Wissenschaft und Bildung

Hollenweger, J.; Kraus de Camargo, O. A. (2013² ): ICF-CY – Internationale Klassifikation der Funktionsfähigkeit, Behinderung und Gesundheit bei Kindern und Jugendlichen. Bern: Huber.

Hopf, A. (2002): Sexualerziehung. Unterrichtsprinzip in allen Fächern. Neuwied: Luchterhand.

Immenschuh, U.; Marks, S. (2017²): Scham und Würde in der Pflege. Ein Ratgeber. Frankfurt a. M.: Mabuse.

Jennessen, S.; Lelgemann, R. (2016) (Hrsg.): Körper – Behinderung – Pädagogik. Stuttgart: Kohlhammer.

Jennessen, S. (2016a): Diversity- und Disability-Studies als Bezugspunkte der Körperbehindertenpädagogik. In: Lelgemann, R.; Jennessen, S. (Hrsg): Körper – Behinderung – Pädagogik. Stuttgart: Kohlhammer, 42–48.

Jennessen, S. (2016b): Der Körper in der Körperbehindertenpädagogik. In: Lelgemann, R.; Jennessen, S. (Hrsg): Körper – Behinderung – Pädagogik. Stuttgart: Kohlhammer, 49–59.

Jennessen, S. (2016c): Lebensphase Kindheit. In: Jennessen, S.; Lelgemann, R. (Hrsg.): Körper. Behinderung. Pädagogik. Stuttgart: Kohlhammer, 193-206

Jennessen, S.; Marsh, K.; Schowalter, R.; Trübe, J. (2019): »Wenn wir Sex haben würden, dann wäre aber was los!« Sexuelle Selbstbestimmung als Element der Selbstbestimmung. In: Schweizerische Zeitschrift für Heilpädagogik 25, H. 4, 6–13.

Jungbauer, J. (2017): Entwicklungspsychologie des Kindes- und Jugendalters. Ein Lehrbuch für Studium und Praxis sozialer Berufe. Weinheim/Basel: Beltz/Juventa.

Jungmann, T.; Reichenbach, C. (2013[3] ): Bindungstheorie und pädagogisches Handeln. Ein Praxisleitfaden. Dortmund: Borgmann.

Kade, S. (2003): Jungen- und männerzentrierte Prävention sexueller Gewalt – ein Überblick. In: Zeitschrift für Sexualforschung 16, H. 1, 32–50.

Kallenbach, K. (2006): Infantile Cerebralparese (ICP) – frühkindliche cerebrale Bewegungsstörungen. In: Ders. (Hrsg.): Körperbehinderungen. Schädigungsaspekte, psychosoziale Auswirkungen und pädagogisch-rehabilitative Maßnahmen. Bad Heilbrunn: Klinkhardt, 59–90.

Kampmeier, A. (2006): Querschnittlähmung – Ursachen, Folgen, Rehabilitation. In: Kallenbach, K. (Hrsg.): Körperbehinderungen. Schädigungsaspekte, psychosoziale Auswirkungen und pädagogisch-rehabilitative Maßnahmen. Bad Heilbrunn: Klinkhardt, 197–218.

Kastl, J. M. (2017[2] ): Einführung in die Soziologie der Behinderung. Wiesbaden: Springer.

Katzer, C.; Fetchenhauer, D. (2007): Cyberbullying: Aggression und sexuelle Viktimisierung in Chatrooms. In: Gollwitzer, M.; Pfetsch, J.; Schneider, V.; Schulz, A.; Steffke, T.; Ulrich, C. (Hrsg.): Gewaltprävention bei Kindern und Jugendlichen. Band 1: Grundlagen zu Aggression und Gewalt in Kindheit und Jugend. Göttingen: Hogrefe-Verlag.

Katzer, C. (2007): Tatort Chatroom. Aggression, Psychoterror und sexuelle Belästigung im Internet. In: Bundesverein zur Prävention von sexuellem Missbrauch an Mädchen und Jungen e. V. (Hrsg.): Mit einem Klick zum nächsten Kick. Aggression und sexuelle Gewalt im Cyberspace. Köln: Verlag mebes und noack, 11–27.

Kessler, T. (2016): Behindert uns nicht! Ansätze, Ideen und Entwicklungsaufgaben für eine Traumapädagogik in der Behindertenhilfe. In: Weiß, W.; Kessler, T.; Gahleitner, S. B.: Handbuch Traumapädagogik. Weinheim, Basel: Beltz, 232–243.

Kessler, T. (2016a): Äußere Eindrücke und innere Erwartungen. Theoretische Aspekte zu den Dynamiken von Übertragung und Gegenreaktion in der traumapädagogischen Arbeit. In: Weiß, W.; Kessler, T.; Gahleitner, S. B. (Hrsg.): Handbuch Traumapädagogik. Weinheim, Basel: Beltz, 123–130.

Kimming-Pfeiffer, A. (1996): Sexualität in der Pflege. Der Umgang mit einem Tabuthema. In: Dr. med. Mabuse. Zeitschrift im Gesundheitswesen 21, H. 3, 52–55.

Kinsey, A. (1954): Das sexuelle Verhalten der Frau. Berlin: Fischer (US-Originalausgabe 1953).

Kinsey, A. (1955): Das sexuelle Verhalten des Mannes. Berlin: Fischer (US-Originalausgabe 1948).

Klasser, H. (1986): Aspekte der sexuellen Erziehung von körperbehinderten Kindern und Jugendlichen in einer Ganztagsschule. In: Zeitschrift für Heilpädagogik 37, H. 11, 765–769.

Klass-Siegel, J.; Hein, A.; Ziesen, J.; Eßelborn, H. (1992): Sexualität im Krankenhaus. In: Deutsche Krankenpflege-Zeitschrift 45, Band 3, 172–180.

Klaus, J. (2019): »Drittes Geschlecht. Was sich durch ›divers‹ ändert.« <https://www.zeit.de/gesellschaft/2019-01/drittes-geschlecht-identitaet-zuordnung-auswirkungen-gesetz-faq> (14.07.19).

Klauß, T. (1999): Wechselbad der Gefühle. Pubertät und Jugendalter – eine besondere Lebensphase auch für Menschen mit Behinderung und ihre Familie. In: AsbH-Brief 4, 17–19.

Klee, E. (1981): Unsere Zukunft. Die Ent-Therapeutisierung der Behindertenarbeit. In: Westermanns Pädagogische Beiträge 33, H. 12, 500–504.

Kleinevers, S. (2004): Sexualität und Pflege. Bewusstmachung einer verdeckten Realität. Hannover: Schlütersche Verlagsgesellschaft.

Klocke, U. (2014). »Inklusion sexueller und geschlechtlicher Vielfalt: Eine Studie zu Einflussmöglichkeiten pädagogischer Fachkräfte.« In: Zeitschrift Für Inklusion Ausgabe 3 https://www.inklusion-online.net/index.php/inklusion-online/article/view/232 (22.07.2019).

Kluge, K.-J. (1984): Sexualerziehung in der Sonderschule – Einmal fühlen ist besser als dreimal aufklären? Meine Überlegungen zur Vermeidung von »behinderter Liebe«. In: Ders. (Hrsg.): Handbuch der Sexualpädagogik. Band 2, Düsseldorf: Schwann, 99–121.

Kluge, K.-J.; Sander, E. (1987): Körperbehindert – und deswegen soll ich »anders« sein als du? Eine vergleichende empirische Untersuchung zum Sexualerleben und -verhalten von körperbehinderten und nichtbehinderten Jugendlichen. München: Minerva Publikationen.

Kluge, N. (Hrsg.) (1976): Sexualerziehung als Unterrichtsprinzip. Empfehlungen, Richtlinien, Stellungnahmen. Darmstadt: Wissenschaftliche Buchgesellschaft.

Kluge, N. (1998): Aufklären statt Verschweigen – Informieren statt Verschleiern. Frankfurt a. M.: Peter Lang.

Kluge, N. (1998): Sexualverhalten Jugendlicher heute: Ergebnisse einer repräsentativen Jugend- und Elternstudie über Verhalten und Einstellungen zur Sexualität. Weinheim: Juventa.

Klusmann, D.; Kurrat, S. (1993): Unterschiede zwischen Jungen und Mädchen. In: Schmidt, G. (Hrsg.): Jugendsexualität. Sozialer Wandel, Gruppenunterschiede, Konfliktfelder. Stuttgart: Ferdinand Enke, 102–118.

Knorr, S.; Blume, U. (2010): Sexualität – Auch ich habe ein Recht darauf. In: Maier-Michalitsch, N.; Grunick, G. (Hrsg.): Leben pur – Liebe, Nähe, Sexualität bei Menschen mit schweren und mehrfachen Behinderungen. Düsseldorf: verlag selbstbestimmtes leben, 172–178.

Köhne, B.; Weigner, G. et al. (1998): Pflegen und gepflegt werden – wie geht es mir dabei. Ergebnisse eines Gesprächskreises von Bewohnern aus Rappertshofen, einem Heim für körper- und mehrfachbehinderte Menschen in Reutlingen. In: Orientierung. Fachzeitschrift der Behindertenhilfe 22, H. 2, 9–10.

König, J. (2012): Transformation eines Motivs. Von der Diskursgeschichte eines Phänomens zur Dialektik von innerer und äußerer Natur infantiler Sexualität. In: Quidneau, I.; Brumlik, M. (Hrsg.): Kindliche Sexualität. Weinheim/Basel: Beltz/Juventa, 84–113.

Körner, W.; Lenz, A. (2004): Sexueller Missbrauch. Band 1. Göttingen: Hogrefe.

Kossat, J. (2018): Sexualität. Das Wichtigste für Ärzte aller Fachrichtungen. München: Elsevier.

Krämer, A. (2007): Cybergirl und der virtuelle Wolf. Basics für die Prävention von sexuellen Übergriffe im Chat – Beispiel: Elternseminare. In: Bundesverein zur Prävention von sexuellem Missbrauch an Mädchen und Jungen e. V. (Hrsg.): Mit einem Klick zum nächsten Kick. Aggression und sexuelle Gewalt im Cyberspace. Köln: Verlag mebes und noack, 56–61.

Kremsner, G. (2017): Vom Einschluss der Ausgeschlossenen zum Ausschluss der Eingeschlossenen. Biografische Erfahrungen von so genannten Menschen mit Lernschwierigkeiten. Bad Heilbrunn: Klinkhardt.

Krettenauer, T. (2014): Der Entwicklungsbegriff in der Psychologie. In: Ahnert, L. (Hrsg.): Theorien in der Entwicklungspsychologie. Berlin/Heidelberg: Springer, 2–25.

Kruck, M. (2006): Das Schweigen durchbrechen. Band II: Einsatzmöglichkeiten von Kinder- und Jugendliteratur zur Thematik des sexuellen Missbrauchs im Rahmen der schulischen Präventionsarbeit. Berlin: LIT Verlag.

Krüger, A. (2014): Kinder, Jugendliche und ihre Eltern nach seelischer Extrembelastung. Erkennen, gemeinsam verstehen und beraten. In: Krist, M. et al. (Hrsg.): Herausforderung Trauma. Diagnosen, Interventionen und Kooperationen der Erziehungsberatung. Weinheim und Basel: Beltz Juventa, 40–56.

Krüger, A. ($2015^5$ ): Erste Hilfe für traumatisierte Kinder. Ostfildern: Patmos Verlag der Schwabenverlag AG.

Krüger, P.; Caviezel Schmitz, S.; Niehaus, S. (2014): Mythen geistiger Behinderung und sexueller Gewalt in Strafverfahren. Ergebnisse einer qualitativen Analyse von Strafprozessakten aus zwei Deutschschweizer Kantonen. In: VHN 83, H. 2, 124–136.
Küchenhoff, J. (1998): Öffentlichkeit und Körpererfahrung. In: Danneker, M.; Schmidt, G.; Sigusch, V.: Sexualität und Spätmoderne. Über den kulturellen Wandel der Sexualität. Stuttgart: Ferdinand Enke, 39–54.
Kuckhermann, R. (1991): Intelligenz, Handlungs- und Lebensorientierung. Eine Untersuchung zur Entwicklung behinderter und nichtbehinderter Jugendlicher. Opladen: Westdeutscher Verlag.
Kuhle, L. (2012): Alles Porno? – Jugendsexualität und Pornographie. In: Sexuologie. Zeitschrift für Sexualmedizin, Sexualtherapie und Sexualwissenschaft. Band 19, H. 1–2, 18–28.
Kühn, M.; Bialek, J. (2014): Traumatisierte Kinder und Jugendliche mit geistigen Behinderungen: Zum Auftrag der Pädagogik. In: Gahleitner, S. B. et. al. (Hrsg.): Traumapädagogik in psychosozialen Handlungsfeldern. Ein Handbuch für Jugendhilfe, Klinik und Schule. Göttingen: Vandenhoeck & Ruprecht, 225–238.
Kühn, M.; Bialek, J. (2016): Behindertenpädagogik. Die Lehre vom ‚Anderssein‹, eine zentrale wissenschaftliche Wurzel der Traumapädagogik. In: Weiß, W.; Kessler, T.; Gahleitner, S. B. (Hrsg.): Handbuch Traumapädagogik. Weinheim, Basel: Beltz Verlag, 67–78.
Küpper, B. (2012): Homphobie in Nordrhein-Westfalen – Ergebnisse einer Sonderauswertung aus dem Projekt Gruppenbezogene Menschenfeindlichkeit. In: Lenz, I.; Sabisch, K.; Wrzinskii (Hrsg.): »Anders und gleich in NRW« – Gleichstellung und Akzeptanz sexueller und geschlechtlicher Vielfalt. Studien Netzwerk Frauen- und Geschlechterforschung NRW Nr. 15. Essen: WAZ-Druck, 84–86.
Kuhne, T.; Mayer, A. (1993): Die Übertragbarkeit der Konzepte feministischer Mädchenarbeit auf behinderte Mädchen und junge Frauen. In: Heiliger, A.; Kuhne, T. (Hrsg): Feministische Mädchenpolitik. München: Frauenoffensive, 102–114.
Lackner, R. (2004): Wie Pippa wieder lachen lernte. Fachliche Hilfe für traumatisierte Kinder. Wien: Springer-Verlag.
Lache, L. (2016). Sexualität und Autismus. Die Bedeutung von Kommunikation und Sprache für die sexuelle Entwicklung. Gießen: Psychosozial-Verlag.
Lang, M.; Hintermair, M.; Sarimski, K. (2012): Belastung von Eltern behinderter Kleinkinder. Eine vergleichende Studie an Frühförderstellen für geistig behinderte, hörgeschädigte und blinde bzw. sehbehinderte Kinder. In: VHN 81 H. 2, 112–123.
Langlois, J. H.; Downs, A. C. (1980): Mothers, fathers, and peers as sozialization agents of sex-typed play behaviors in young children. In: Child Development 51, 123–1247.
Langner, A. (2009): Behindertwerden in der Identitätsarbeit. Jugendliche mit geistiger Behinderung- Fallrekonstruktionen. Wiebaden: VS Verlag.
Langner, A. (2012): Inklusion – eine »enorme« Kraftanstrengung für Eltern. Neu-Ulm: Spak-Verlag.
Lapper, A. (2005): Autobiografie einer Optimistin. München: Blanvalet Verlag.
Lautmann, R. (2002): Soziologie der Sexualität. Erotischer Körper, intimes Handeln und Sexualkultur. Weinheim: Juventa.
Lelgemann, R.; Singer, P.; Walter-Klose, C. (Hrsg.) (2015): Inklusion im Förderschwerpunkt körperliche und motorische Entwicklung. Stuttgart: Kohlhammer.
Lemler, K. (2010): Über die Liebe in meinem Kopf. In: Ott, A.; Fischer, J.; Schwarz, F. (Hrsg.): Mehr vom Leben. Bonn: balance-Verlag, 148–151.
Lengning, A.; Lüpschen, N. (2012): Bindung. München: Ernst Reinhardt Verlag.
Lenz, I. (2012): Zum Regenbogen des LSBTTI. Chancen und Probleme sexualpolitischer Kategorien. In: Lenz, I.; Sabisch, K.; Wrzinskii, M. (Hrsg.): »Anders und gleich in NRW« – Gleichstellung und Akzeptanz sexueller und geschlechtlicher Vielfalt. Studien Netzwerk Frauen- und Geschlechterforschung NRW Nr. 15. Essen: WAZ-Druck, 67–76.
Lenz, K.; Adler, M. (2011): Gechlechterbeziehungen. Einführung in die sozialwissenschaftliche Geschlechterforschung. Weinheim/München: Juventa.
Leue-Käding, S. (2004): Sexualität und Partnerschaft bei Jugendlichen mit einer geistigen Behinderung. Probleme und Möglichkeiten einer Enttabuisierung. Heidelberg: Universitätsverlag Winter.

Leyendecker, C. (1986): Geschädigter Körper = beschädigtes Selbst? Von der Schwierigkeit der Selbstfindung in personaler und sozialer Identität. In: Forschungsgemeinschaft »Das körperbehinderte Kind« e.V. (Hrsg): Entwicklung und Förderung Körperbehinderter. Wissenschaftliche Forschung und pädagogische Praxis. Heidelberg: Schindele, 307–319.

Leyendecker, C. (1994[2] ): Psychologie der Körperbehinderten. In: Fengler, J.; Jansen, G. (Hrsg.): Handbuch der heilpädagogischen Psychologie. Stuttgart: Kohlhammer, 153–188.

Leyendecker, C. (2000): Qualität früher Förderung: Grundlagen und Ziele. In: Wansing, G.; Korsten S. (Hrsg.): Qualitätssicherung in der Frühförderung. Planungs- und Gestaltungshilfen zum Prozess der Qualitätsentwicklung. Dortmund: Borgmann, 9–19.

Leyendecker, C. (2004): Zur Frage der Verhaltensauffälligkeiten bei Kindern und Jugendlichen mit Körperbehinderung. Eine kritische Bilanz von Erklärungsansätzen und empirischen Ergebnissen. In: VHN 73, H. 3, 291–303.

Leyendecker, C. (2005): Motorische Behinderungen. Grundlagen, Zusammenhänge und Förderungsmöglichkeiten. Stuttgart: Kohlhammer.

Leyendecker, C. (2006): Geschädigter Körper ≠ behindertes Selbst oder »In erster Linie bin ich Mensch«. Eine Einführung zum Verständnis und ein systematischer Überblick zu Körperschädigungen und Behinderungen. In: Kallenbach, K. (Hrsg.): Körperbehinderungen. Schädigungsaspekte, psychosoziale Auswirkungen und pädagogisch-rehabilitative Maßnahmen. Bad Heilbrunn: Klinkhardt, 13–59.

Leyendecker, C. (2006a): »Normalerweise bin ich nicht behindert?!« Entwicklung des Selbstkonzepts und Coping-Prozesse im Leben mit einer körperlichen Schädigung. In: Ortland, B. (Hrsg): Die eigene Behinderung im Fokus. Bad Heilbrunn: Klinkhardt, 12–30.

Lichtenberg, J. D. (1989): Psychanalysis and Motivation. Hillsdale, N.Y.: The Analytic Press.

Limita, Fachstelle zur Prävention sexueller Ausbeutung (Hrsg.) (2011): Achtsam im Umgang – konsequent im Handeln: Institutionelle Prävention sexueller Ausbeutung. Zürich: Fachstelle Limita.

Lindmeier, C. (2002): Rehabilitation und Bildung – Möglichkeiten und Grenzen der neuen WHO-Klassifikation der Funktionsfähigkeit, Behinderung und Gesundheit (ICF) (Teil I). In: Die neue Sonderschule 47, H. 6, 411–425.

Löbner, I. (1998): Entwicklungspsychologie. In: Färber, H.-P.; Lipps, W.; Seyfarth, T. (Hrsg.): Sexualität und Behinderung. Umgang mit einem Tabu. Tübingen: Attempo, 32–41.

Lohaus, A.; Vierhaus, M. (2015[3] ): Entwicklungspsychologie des Kindes- und Jugendalters für Bachelor. Berlin/Heidelberg: Springer.

Markowetz, R. (2001[2] ): Soziale Integration von Menschen mit Behinderungen. In: Cloerkes, G.: Soziologie der Behinderten. Eine Einführung. Unter Mitwirkung von Kai Felkendorff und Reinhard Markowetz Heidelberg: Winter, 171–232.

Martin, B.; Niemann, B. (2000): Die anderen Gesichter der Sexualität. In: Sielert, U.; Valtl, K.: Sexualpädagogik lehren. Didaktische Grundlagen und Materialien für die Aus- und Fortbildung. Weinheim: Beltz, 451-478

Martyniuk, U. (2013): Zurzeit allein: Singleleben und Singlesex. In: Bundeszentrale für gesundheitliche Aufklärung (BZgA) (Hrsg.) (2013): Jugendsexualität im Internetzeitalter. Eine qualitative Studie zu sozialen und sexuellen Beziehungen von Jugendlichen. Köln: Eigenverlag, 73–91.

Masters, W.H.; Johnson, V. E. (1967): Human Sexual Inadequacy. Little, Brown, Boston.

Matthiesen, S.; Mainka, J.; Martyniuk, U. (2013): Jugendsexualität heute. In: Bundeszentrale für gesundheitliche Aufklärung (BZgA) (Hrsg.): Jugendsexualität im Internetzeitalter. Eine qualitative Studie zu sozialen und sexuellen Beziehungen von Jugendlichen. Köln: Eigenverlag, 22-93

Matthiesen, S.; Schmidt, G. (2013): Was machen Jugendliche mit Pornografie? In: Bundeszentrale für gesundheitliche Aufklärung (BZgA) (Hrsg.): Jugendsexualität im Internetzeitalter. Eine qualitative Studie zu sozialen und sexuellen Beziehungen von Jugendlichen. Köln: Eigenverlag, 144–146.

Matthiesen, S. (2013): Was machen Mädchen mit Pornografie? In: Bundeszentrale für gesundheitliche Aufklärung (BZgA) (Hrsg.): Jugendsexualität im Internetzeitalter. Eine qualitative Studie zu sozialen und sexuellen Beziehungen von Jugendlichen. Köln: Eigenverlag, 146–170.

Mattke, U. (2004): Das Selbstverständliche ist nicht selbstverständlich. Frage- und Problemstellungen zur Sexualität geistig behinderter Menschen. In: Wüllenweber, E. (Hrsg.): Soziale Probleme von Menschen mit geistiger Behinderung. Fremdbestimmung, Benachteiligung, Ausgrenzung und soziale Abwertung. Stuttgart: Kohlhammer, 46–64.

Mattke, U. (Hrsg.) (2015): Sexuell traumatisierte Menschen mit geistiger Behinderung. Forschung – Prävention – Hilfen. Stuttgart: Kohlhammer.

McCabe, M. P.; Cummins, R. A.; Deeks, A. A. (2000): Sexuality and Quality of Life Among People with Physical Disability. In: Sexuality and Disability 18, H. 2, 115–123.

Medienpädagogischer Forchungsverbund Südwest (mpfs) (2017): »JIM-Studie 2017. Jugend, Information, (Multi-)Media.« <https://www.mpfs.de/fileadmin/files/Studien/JIM/2017/JIM_2017.pdf> (13.09.2019)

Mertens, W. (1996[2] ): Entwicklung der Psychosexualität und Geschlechtsidentität. Band 2: Kindheit und Adoleszenz. Stuttgart: Kohlhammer.

Mertens, W. (1997[3] ): Entwicklung der Psychosexualität und der Geschlechtsidentität. Band 1: Geburt bis 4. Lebensjahr. Stuttgart: Kohlhammer.

Mertens, K. (2003): Snoezelen – Eine Einführung in die Praxis. Dortmund: modernes lernen.

Meyer-Deters, W. (2003): Minderjährige sexuelle Missbraucher – eine Herausforderung für die Jugendhilfe. In: Braun, G.; Hasebrink, M.; Huxoll, M.: Pädasexualität ist Gewalt – (Wie) kann die Jugendhilfe schützen? Weinheim: Beltz.

Meves, C. (2001): Kindgerechte Sexualerziehung. Erziehung zur Liebe. Holzgerlingen: Hänssler.

Minde, K. K. (1978): Coping styles of 34 adolescents with cerebral palsy. In: American Journal of Psychiatry 135, 1344–1349.

Milhofer, P. (1998): Geschlechtsrollenübernahme und sexuelle Sozialisation im Übergang zur Pubertät. Theoretische Verständigung und empirische Ergebnisse. In: Danneker, M.; Schmidt, G.; Sigusch, V. (Hrsg.): Sexualität und Spätmoderne. Über den kulturellen Wandel der Sexualität. Stuttgart: Ferdinand Enke, 89–102.

Ministerium für Schule, Wissenschaft und Forschung des Landes Nordrhein-Westfalen (Hrsg.) (2011): »Richtlinien für die Sexualerziehung in Nordrhein-Westfalen.« Frechen: Ritterbach Verlag. <https://www.schulministerium.nrw.de/docs/Schulsystem/RuL/Richtlinien-fuer-die-Sexualerziehung-in-NRW.pdf> (22.06.2019).

Möllering, M. (1986): Krankheitsbewältigung in Familien mit Mukoviszidose-Kindern. In: Klinische Pädiatrie 198, H. 5, 369–373.

Moggi, F. (2004): Folgen sexueller Gewalt. In: Körner, W.; Lenz, A. (Hrsg.): Sexueller Missbrauch. Göttingen: Hogrefe, 317–325.

Moin, V.; Duvdevany, H.; Mazor, D. (2009): Sexual Identity, Body Image and Life Satisfaction Among Woman With and Without Physical Disability. In: Sex Disabil Jahrgang 27, 83–95.

Mrazek, J. (1987): Struktur und Entwicklung des Körperkonzepts im Jugendalter. In: Zeitschrift für Entwicklungspsychologie und Pädagogische Psychologie. Band XIX, H. 1, 1–13.

Mürner, C. (2018): Autobiografie und Behinderung. Markante Lebensberichte seit 1950. Weinheim/Basel: Beltz/Juventa.

Nachtmann, W. (2006): Kinder und Jugendliche mit Athrogryposis multiplex congenita (AMC). In: Kallenbach, K. (Hrsg.): Körperbehinderungen. Schädigungsaspekte, psychosoziale Auswirkungen und pädagogisch-rehabilitative Maßnahmen. Bad Heilbrunn: Klinkhardt, 299–328.

Neises, M. (2009): Zwischen den Stühlen – Qualitative Untersuchung zur Versorgung körperlich behinderter Frauen in der Gynäkologie. In: Neises, M.; Weidner, K. (Hrsg.): Qualitative Forschungsansätze und Ergebnisse in der psychosomatischen Frauenheilkunde. Lengerich: Pabst Science Publishers, 90–109.

Neubauer, G. (2002): Kindheit, Jugend und Sexualität. In: Krüger, H.-H.; Grunert, C. (Hrsg.): Handbuch Kindheits- und Jugendforschung. Opladen: Leske Budrich, 865–878.

Neumann, K. (2006): Störungen der Knochenentwicklung (Ossifikationstörungen/Knochentumoren). In: Kallenach, K. (Hrsg.): Körperbehinderungen. Schädigungsaspekte, psychosoziale Auswirkungen und pädagogisch-rehabilitative Maßnahmen. Bad Heilbrunn: Klinkhardt, 329–358.

Niekrenz, Y.; Witte, M. D. (2011): Zur Bedeutung des Körpers in der Lebensphase Jugend. In: Dies. (Hrsg.): Jugend und Körper. Leibliche Erfahrungswelten. Weinheim/München: Juventa, 7–20.

Nitzschke, B. (1990): Zum Diskurs über die »Sexualität« in zeitgenössischen psychoanalytischen Entwürfen. In: Zepf, S. (Hrsg.): »Wer sich nicht bewegt, der spürt auch seine Fesseln nicht…« Anmerkungen zur gegenwärtigen Lage der Psychoanalyse. Frankfurt a. M.: Nexus, 155–190.

Nydahl, P.; Bartoszek, G. (Hrsg.) (2000$^{3}$): Basale Stimulation. Neue Wege in der Intensivpflege. München, Jena: Urban & Fischer Verlag.

Oerter, R.; Dreher, E. (1998$^{4}$ ): Jugendalter. In: Oerter, R.; Montada, L. (Hrsg.): Entwicklungspsychologie. Weinheim: Psychologie Verlags Union, 310–395.

Oerter, R. (1998): Kindheit. In: Oerter, R.; Montada, L. (Hrsg.): Entwicklungspsychologie. Weinheim: Psychologie Verlags Union, 249–309.

Ortland, B. (1990): Zur erlebnismäßigen Auseinandersetzung mit einer chronischen Krankheit – eine empirische Untersuchung der Bewältigungsprozesse erwachsener Patienten mit Cystischer Fibrose. Unveröffentlichte Staatsarbeit. Dortmund.

Ortland (2004): »Mach('s) mit!« Geschlechtsverkehr und Verhütungsmethoden als Themen der Sexualerziehung. In: Lernen konkret 23, H. 2, 18–20.

Ortland, B. (2005a): Implikationen einer systemisch-konstruktivistischen Sichtweise für die Arbeit mit Menschen, die wir körperbehindert nennen. In: Zeitschrift für Heilpädagogik 56, H. 1, 14–20.

Ortland, B. (2005b): Sexualerziehung an der Schule für Körperbehinderte aus Sicht der Lehrerinnen und Lehrer. Wissenschaftliche Grundlagen, empirische Ergebnisse, pädagogische Konsequenzen. Bad Heilbrunn: Klinkhardt.

Ortland, B. (Hrsg.) (2006): Die eigene Behinderung m Fokus – theoretische Fundierungen und Wege der inhaltlichen Auseinandersetzung. Bad Heilbrunn: Klinkhardt.

Ortland, B. (2006a): »Mach mich nicht behindert« – behindernde Erfahrungen als Ausgangspunkt für pädagogisches Handeln. In: Zeitschrift für Heilpädagogik Jg. 57, H.11, 419–426.

Ortland, B. (2007): Pflegeabhängigkeit und Sexualität. In: Faßbender, K.-J.; Schlüter, M. (Hrsg.): Körperbehinderte Menschen in ihrer pflegerischen Abhängigkeit – theoretische Fundierungen und praktische Erfahrungen. Bad Heilbrunn: Klinkhardt, 177–196.

Ortland, B. (2007a): Wie werden aus Menschen mit Behinderung Menschen ohne Behinderung?! – eine Frage der Verantwortung. In: VHN 76, H. 2, 94–101.

Ortland, B.; Czerwinski, T. (2009): »Abschlussbericht: Forschungsprojekt »Kompetente, integrierende Sexualpädagogik für Menschen mit körperlicher Schädigung an der Förderschule« (KiSS).« <https://www.katho-nrw.de/fileadmin/_migrated/content_uploads/KiSS_Abschlussbericht.pdf> (30.06.2019).

Ortland, B.; Czerwinski, T. (2009a): Realisierung einer behinderungsspezifischen Sexualpädagogik: Erkenntnisse aus dem Forschungsprojekt KiSS. In Zeitschrift für Heilpädagogik 60, H. 11, 442–450.

Ortland, B. (2010): »Behindert oder verhindert in der Lebensgestaltung?« – Sich mit Schülern über Behinderungserfahrungen austauschen. In: Sonderpädagogische Förderung heute 55, H.2, 166–184.

Ortland, B. (2009): Behinderung als Thema der Sexualerziehung. Unterrichtsbausteine und -materialien. Buxtehude: Persen-Verlag.

Ortland, B. (2012): Die Schulen für die Schülerinnen stark machen! Prävention sexueller Gewalt (nicht nur) an Förderschulen. In: Zeitschrift für Heilpädagogik 63, H. 3, 114–119.

Ortland, B. (2013): Realisierung sexueller Selbstbestimmung für Erwachsene mit geistiger Behinderung. In: Greving, H.; Schäper, S. (Hrsg.): Heilpädagogische Konzepte und Methoden. Orientierungswissen für die Praxis. Stuttgart: Kohlhammer, 141–165.

Ortland, B. (2016): Sexuelle Selbstbestimmung von Menschen mit Behinderung. Stuttgart: Kohlhammer.

Ortland, B. (2016a): Sexualität – eine lebenslange Lernaufgabe. In: Jennessen, S.; Lelgemann, R. (Hrsg.): Körper – Behinderung – Sexualität. Stuttgart: Kohlhammer, 226–233.

Ortland, B., Jennessen, S., Römisch, K. et al. (2016): Das Modellprojekt ReWiKs. Aktuelle Forschungsergebnisse zu Teilhabechancen Erwachsener mit Behinderung im Bereich der sexuellen Selbstbestimmung. In: Bundesgesundheitsblatt Band 59, H. 9, 1085–1092.

Ortland, B. (2017): Partizipative Organisationsentwicklung im Bereich der sexuellen Selbstbestimmung. Die Materialien aus dem Forschungsprojekt ReWiKs. In: BZgA FORUM Sexualaufklärung und Familienplanung, H. 1, 22–25.

Ortmann, M. (2006): Duchenne Muskeldystrophie (DMD). In: Kallenbach, K. (Hrsg.): Körperbehinderungen. Schädigungsaspekte, psychosoziale Auswirkungen und pädagogischrehabilitative Maßnahmen. Bad Heilbrunn: Klinkhardt, 251–276.

Pampel, R. (2019): Zum fachlichen Umgang mit kindlicher Sexualität. In: KiTa aktuell spezial 20, H. 1, 38–40.

Paschinger, K.; Büttner, M. (2018): Einführung in die Thematik. In: Büttner, M. (Hrsg.): Trauma und Sexualität. Grundlagen und Therapie traumaassoziierter sexueller Störungen. Stuttgart: Schattauer, 68–88.

Philipps, I.-M. (2000): Körper, Liebe, Doktorspiele. Ein Ratgeber für Eltern zur kindlichen Sexualentwicklung vom 1. bis zum 3. Lebensjahr. Köln: Bundeszentrale für Gesundheitliche Aufklärung.

Philipps, I.-M. (2000a): Körper, Liebe, Doktorspiele. Ein Ratgeber für Eltern zur kindlichen Sexualentwicklung vom 4. bis zum 6. Lebensjahr. Köln: Bundeszentrale für Gesundheitliche Aufklärung.

Pixa-Kettner, U. (Hrsg.): Tabu oder Normalität? Eltern mit geistiger Behinderung und ihre Kinder. Heidelberg: Edition Schindele.

Plangger, I.; Scharbert, R. (1996): Sexualität und Integration. In: gemeinsam leben 4, 3–5.

Plies, K.; Nickel, B.; Schmidt, P. (1999). Zwischen Lust und Frust. Jugendsexualität in den 90er Jahren. Opladen: Leske+Budrich.

Pohlkamp, I. (2015): Queer-dekonstruktive Perspektiven auf Sexualität und Geschlecht. In: Schmidt, F.; Schondelmayer, A.-C.; Schröder, U. B. (Hrsg.): Selbstbestimmung und Anerkennung sexueller und geschlechtlicher Vielfalt. Lebenswirklichkeiten, Forschungsergebnisse und Bildungsbausteine. Wiesbaden: Springer, 75–90.

Preißmann, C. (2013): Überraschend anders – Mädchen & Frauen mit Asperger. Stuttgart: Trias Verlag.

Preuss, W. F. (2019): Geschlechtsdysphorie, Transidentität und Transsexualität im Kindes- und Jugendalter. München: Reinhardt.

Quandt, T.; Vogelsang, J. (2018): Jugend, Internet und Pornografie. Eine repräsentative Befragungsstudie zu individuellen und sozialen Kontexten der Nutzung sexuell expliziter Inhalte im Jugendalter. In: Rössler, P.; Rossmann, C. (Hrsg.): Kumulierte Evidenzen. Wiesbaden: Springer Fachmedien, 91–118.

Quindeau, I.; Brumlik, M. (2012): Kindliche Sexualität. Weinheim/Basel: Beltz/Juventa.

Raith-Paula, E. (2008): Was ist los in meinem Körper? Alles über Zyklus, Tage, Fruchtbarkeit. München: Pattloch.

Rattner, J. (1990): Klassiker der Tiefenpsychologie. München: Psychologie-Verlags-Union.

Reddemann, L.; Dehner-Rau, C. (2013[4] ): Trauma heilen. Ein Übungsbuch für Körper und Seele. Stuttgart: Trias Verlag.

Reuther-Dommer, C.; Stachowiak, R. (1999): Zur Sexualität bei schwerer geistiger Behinderung. In: psychosozial 22, Heft III (Nr. 77), 91–95.

Reichstein, M. F. (2016): Teilhabe an der digitalen Gesellschaft? Über (vorverlagerte) Barrieren bei/in der Nutzung digitaler Medien durch Menschen mit einer sogenannten geistigen Behinderung. In: Teilhabe 55, H. 2, 80–85

Remus, J. (2015): Inter*realitäten. Variabilität und Uneindeutigkeit des Geschlechts als Herausforderung für Recht und Gesellschaft. In: Schmidt, F.; Schondelmayer, A.-C.; Schröder, U. B. (Hrsg.): Selbstbestimmung und Anerkennung sexueller und geschlechtlicher Vielfalt. Lebenswirklichkeiten, Forschungsergebnisse und Bildungsbausteine. Wiesbaden: Springer, 63–74.

Rethemeier, A.; Alexander, C. (2002): Schmust Miriam anders als Marie? Interkulturelle Sexualpädagogik im Kindertagesheim. In: Theorie und Praxis der Sozialpädagogik 53, H. 7, 18–22.

Retznik, L.; Wienholz, S.; Seidel, A.; Conrad, I.; Riedel-Heller, S. (2017): Erste sexuelle Erfahrungen von jungen Erwachsenen mit Beeinträchtigungen. In: Public Health Forum 25, H. 4, 304–307.

Richter, R. (1998): Behinderung und Sexualität: medizinische und psychosoziale Aspekte. In: Michael, Th.; von Moers, A.; Strehl, A. E. (Hrsg.): Spina bifida. Interdisziplinäre Diagnostik, Therapie und Beratung. Berlin: de Gryuter, 413–420.

Richter-Unruh, A. (2018/19): Disorders of sex development (DSD), Intersexualität – oder Varianten der Geschlechtsentwicklung. In: Kinder Spezial Nr. 62, Winter 2018/19, 13–15.

Rickert-Bolg, W. (2017): Autismus verstehen. Autistische Symptome als Bewältigungsstrategie für eine abweichende kognitive Informationsverarbeitung. In: Rittmann, B.; Rickert-Bolg, W. (Hrsg.) (2017): Autismus-Therapie in der Praxis. Methoden, Vorgehensweisen, Falldarstellungen. Stuttgart: Kohlhammer, 15–27.

Rittberger, E. (2000): Zur psychosozialen Sexualentwicklung geistig behinderter Jugendlicher. Eine vergleichende Studie zwischen in Sonderschulen für Schwerstbehinderte und in Integrationsklassen unterrichteten Burschen und Mädchen. Linz: edition pro mente.

Rittmann, B.; Rickert-Bolg, W. (Hrsg.) (2017): Autismus-Therapie in der Praxis. Methoden, Vorgehensweisen, Falldarstellungen. Stuttgart: Kohlhammer.

Rohrmann, T.; Wanzeck-Sielert, C. (2014): Mädchen und Jungen in der KiTa. Körper, Gender, Sexualität. Stuttgart: Kohlhammer.

Rothermund, E.; Engel, J.-M.; Beier, K. M. (2003): Wenn der Schmerz das Verlangen überlagert. Sexualität bei Menschen mit Rheuma. In: Delisle, B.; Haselbacher, G.; Weissenrieder, N. (Hrsg.) (2003): Schluss mit Lust und Liebe? Sexualität bei chronischen Krankheiten und Körperbehinderungen. München: Reinhardt, 107–119.

Rothmayr, A. (2008[2] ): Pädagogik und Unterstützte Kommunikation. Eine Herausforderung für die Aus- und Weiterbildung. Karlsruhe: von Loeper.

Rudolph, S. (2001): Doppelt anders? Zur Lebenssituation junger Lesben, Schwuler und Bisexueller mit Behinderung. Berlin: Jugendnetzwerk LAMBDA.

Rühling, H.; Kassebrock, F. (2002): Behinderung und sexuelle Gewalt. In: Bange, D.; Körner, W. (Hrsg.): Handwörterbuch sexueller Missbrauch. Göttingen: Hogrefe, 31–36.

Saal, F. (1994): Leben kann man nur sich selber. Düsseldorf: Verlag selbstbestimmt leben.

Sachsse, U.; Sack, M. (2011). Die komplexe Posttraumatische Belastungsstörung. In: Seidler, G. H.; Freyberger, H. J.; Maercker, A. (Hrsg.): Handbuch der Psychotraumatologie. Stuttgart: Klett-Cotta, 178–188.

Sappok, T.; Zepperitz, S. (2019[2] ): Das Alter der Gefühle. Über die Bedeutung der emotionalen Entwicklung bei geistiger Behinderung. Bern: Hogrefe.

Schabert, S. (2008): Versuche selbstbestimmter Lebensführung körperbehinderter Erwachsener. Konsequenzen für eine realitätsnahe Körperbehindertenpädagogik. Hamburg: Kovac.

Scherr, A.; El-Mafaalani, A.; Yüksel, G. (Hrsg.) (2017): Handbuch Diskriminierung. Wiesbaden: Springer.

Scherr, A.; El-Mafaalani, A.; Yüksel, G. (2017): Einleitung: Interdisziplinäre Diskriminierungsforschung. In: Dies. (Hrsg.): Handbuch Diskriminierung. Wiesbaden: Springer, V–X.

Scherrer-Richartz, E. (1993): Untersuchung zum Thema Sexualität bei Männern nach einem urologischen Eingriff. In: Käppli, S. (Hrsg.): Pflegekonzepte: gesundheits-, entwicklungs- und krankheitsbezogene Erfahrungen. Bern: Huber 161–177.

Schindewolf, H.; Röhrig, M. (1995): Das Problem der sexuellen Gewalt an Kindern, Jugendlichen und Erwachsenen mit Behinderung – eine Herausforderung für die Sonderpädagogik? In: Weinwurm-Krause, E.-M. (Hrsg.): Sexualerziehung in der Sonderschule. Hamburg: Kovac, 86–148.

Schlack, H. G. (2007): Brennpunkt Frühförderung: Notwendige Korrekturen überkommener Konzepte. In: Haupt, U.; Wieczorek, M. (Hrsg.): Brennpunkte der Körperbehindertenpädagogik. Stuttgart: Kohlhammer.

Schlüter, M.; Faßbender, K. (2006): Perspektiven betroffener Wissenschaftler. In: Ortland, B. (Hrsg.): Die eigene Behinderung im Fokus – theoretische Fundierungen und Wege der inhaltlichen Auseinandersetzung. Bad Heilbrunn: Klinkhardt, 68–81.

Schlüter, M. (2016): Einwurf: Ethische Fragen am Lebensanfang. In: Jennessen, S.; Lelgemann, R. (Hrsg.): Körper – Behinderung – Pädagogik. Stuttgart: Kohlhammer, 112–119.

Schmetz, D. (1998): Sexualerziehung bei Menschen mit geistiger Behinderung. Hagen: Fernuniversität.

Schmetz, D. (2001): Sexualerziehung. In: Antor, G.; Bleidick, U. (Hrsg.): Handlexikon der Behindertenpädagogik. Stuttgart: Kohlhammer, 386–389.

Schmid, H.; Noack, C. (1996): Sexuelle Gewalt gegen Menschen mit geistiger Behinderung. Eine verleugnete Realität. Ergebnisse und Fakten einer bundesweiten Befragung. Stuttgart: WfB Reutlingen.

Schmidt, G.; Matthiesen, S. (2013): Einführung. In: Bundeszentrale für gesundheitliche Aufklärung (BZgA) (Hrsg.): Jugendsexualität im Internetzeitalter. Eine qualitative Studie zu sozialen und sexuellen Beziehungen von Jugendlichen. Köln: Eigenverlag, 8–21.

Schmidt, G. (Hrsg.) (1993): Jugendsexualität. Sozialer Wandel, Gruppenunterschiede, Konfliktfelder. Stuttgart: Ferdinand Enke Verlag.

Schmidt, G. (2013): Was machen Jungen mit Pornografie? In: Bundeszentrale für gesundheitliche Aufklärung (BZgA) (Hrsg.): Jugendsexualität im Internetzeitalter. Eine qualitative Studie zu sozialen und sexuellen Beziehungen von Jugendlichen. Köln: Eigenverlag, 170–197.

Schmitt, G. M. (1991): Cystische Fibrose. Leben mit einer chronischen Krankheit. Göttingen: Hogrefe.

Schneider, K.; Köneke, V. (2017): Warum manchmal ein Brett vorm Kopf klebt und wieso man im Sitzen miteinander gehen kann. Ratgeber für Jugendliche mit Autismus. München/Basel: Ernst-Reinhardt-Verlag.

Schönwiese, V. (1981): Behinderte Sexualität. Über Erfahrungen von körperlich Behinderten. In: Journal für Sozialforschung 21, H. 4, 460–467.

Schröttle, M.; Hornberg, C.; Glammeier, S.; Sellach, B.; Kavemann, B.; Puhe, H.; Zinsmeister, J. (2012): »Lebenssituation und Belastungen von Frauen mit Beeinträchtigungen und Behinderungen in Deutschland. Eine repräsentative Studie.« Ein Forschungsprojekt des Interdisziplinären Zentrums für Frauen- und Geschlechterforschung (IFF) der Universität Bielefeld im Auftrag des Bundesministeriums für Familie, Senioren, Frauen und Jugend. Berlin.

Schröttle, M. (2015): Lebenssituation und Gewalterfahrungen von Frauen mit sogenannter geistiger Behinderung in Deutschland. In: Mattke, U. (Hrsg.): Sexuell traumatisierte Menschen mit geistiger Behinderung. Forschung – Prävention – Hilfen. Stuttgart: Kohlhammer, 29–39.

Schützendorf, E. (1996): Ekel und Erregung. Konfrontation mit Sexualität in der Altenpflege. In: Altenpflege 21, H. 5, 348–355.

Schuhrke, B. (1994): Die Entwicklung kindlicher Sexualität – beobachtet. In: Rutschky, K., Reinhart, W. (Hrsg.): Handbuch sexueller Missbrauch. Reinbek: Rowohlt, 97–115.

Schuhrke, B. (1997): Genitalentdecken im zweiten Lebensjahr. In: Zeitschrift Sexualforschung 10, 106–126.

Schuhrke, B. (1999): Kindliche Körperscham und familiale Schamregeln. Eine qualitative Studie im Auftrag der BzgA. Köln: Bundeszentrale für Gesundheitliche Aufklärung.

Schuhrke, B. (2005): Sexuelles Verhalten von Kindern – zwischen Normalität und Abweichung. In: Burian-Langegger, B. (Hrsg.): Doktorspiele. Die Sexualität des Kindes. Wien: Picus, 34–62.

Schuhrke, B. (2005a): Schamgefühl und körperliche Privatsphäre bei Kindern – Ergebnisse einer Puppenspiel-Studie. In: Bender-Junker, B.; Mansfeld, C. (Hrsg.): Bildung und Bildungsanlässe. Pädagogische und gesellschaftliche Kontexte. Darmstadt: Bogen Verlag, 15–40.

Schulte, H. (1998): Konzept der Arbeit mit Behinderten und chronisch Kranken in der Schwulenberatung Berlin und *kursiv* e.V. In: die randschau – Zeitschrift für Behindertenpolitik 2, 34–38.

Schuntermann, M. (1999): Behinderung und Rehabilitation: Die Konzepte der WHO und des Deutschen Sozialrechts. In: Die neue Sonderschule 44, H. 5, 342–363.

Schweizer, K.; Richter-Appelt, H. (2010): »Dimensionen von Geschlecht.« In: Archiv frühe Kindheit, Ausgabe 3. <http://liga-kind.de/fk-310-schweizer/> (13.09.2019)

Schwerdt, C. (1981): Sexualität und Behinderung. Lieben, ohne »schön« zu sein. In: Psychologie heute, November, 66–76.

Seabloom, W. L. (2012): Die sexuelle Gesundheit des Kindes – Das Fundament der sexuellen Gesundheit des Erwachsenen. In: Sexuologie Zeitschrift für Sexualmedizin, Sexualtherapie und Sexualwissenschaft. Band 19, H. 1–2, 3–8
Seebaum, K. (1979): Rehabilitation und Kosmetik. Heilpädagogische Reflexion und empirische Untersuchung zum Selbstbild Körperbehinderter. Berlin: Marhold
Seefeld, A. (1997): Sexualität bei Menschen mit geistiger Behinderung. In: Die neue Sonderschule 42, H. 6, 433–439.
Shell Deutschland Holding (Hrsg.): Jugend 2015. Eine pragmatische Generation im Aufbruch. Frankfurt a. M.: Fischer Taschenbuch
Sielert, U. (1993): Sexualpädagogik. Konzeption und didaktische Anregungen. Weinheim: Beltz.
Sielert, U. (1999): Lebendiges Lernen und lebendige Sexualität. In: Sexualpädagogik. Beiträge aus den Vortragsreihen des Modellprojekts Berufsbegleitende Sexualpädagogische Fortbildung, H. 3, Hamburg.
Sielert, U. (2005): Einführung in die Sexualpädagogik. Weinheim: Beltz.
Sielert, U. (2007): Sexualerziehung und Sexualpädagogik in Deutschland. In: Bundesgesundheitsblatt – Gesundheitsforschung – Gesundheitsschutz 1, 68–77.
Sielert, U. (2010): »Kindersexualität, die Hintergründe von Gefährdungsdiskuren und sexuelle Bildung.« In: Archiv frühe Kindheit, Ausgabe 3. <liga-kind.de/fk-310-sielert/> (13.09.2019).
Sielert U. (2015[2] ): Einführung in die Sexualpädagogik. Weinheim: Beltz.
Signerski-Krieger, J.; Anderson-Schmidt, H.; Büttner, M. (2018): Sexuelle Störungen bei psychischen Erkrankungen. In: Büttner, M. (Hrsg.): Sexualität und Trauma. Grundlagen und Therapie traumaassoziierter sexueller Störungen. Stuttgart: Schattauer, 135–160.
Sigusch, V. (Hrsg.) (2007): Geschichte der Sexualwissenschaft. Frankfurt /New York: Campus-Verlag.
Singer, P.; Kienle, D. (2016): Einwurf: »Weil nicht (mehr) sein kann, was sein darf« – Erfahrung von Behinderung trotz inklusiver Zeiten?! In: Jennessen, S.; Lelgemann, R. (Hrsg.): Körper – Behinderung – Pädagogik. Stuttgart: Kohlhammer, 76–94.
Singer, P. (2015): Theoretischer Anspruch und praktische Wirklichkeit des inklusiven Ansatzes im pädagogischen Diskurs. Zu Konsequenzen der normativen Einseitigkeit und des Umgangs mit Fremdheit. In: Lelgemann, R.; Singer, P.; Walter-Klose, C. (Hrsg.): Inklusion im Förderschwerpunkt körperliche und motorische Entwicklung. Stuttgart: Kohlhammer, 39–84.
Spangler, G.; Zimmermann, P. (1999): Bindung und Anpassung im Lebenslauf: Erklärungsansätze und empirische Grundlagen für Entwicklungsprognosen. In: Oerter, R.; von Hagen, C.; Röper, G.; Noam, G. (Hrsg.): Klinische Entwicklungspsychologie. Ein Lehrbuch. Weinheim: Psychologie Verlags Union.
Soyhan, Z. (2012): Ungebrochen – Mein abenteuerliches Leben mit Glasknochenkrankheit. Ostfildern: Patmos-Verlag.
Stadler, H. (2006): Das Schädel-Hirn-Trauma unter medizinischem und pädagogischem Aspekt. In: Kallenbach, K. (Hrsg.): Körperbehinderungen. Schädigungsaspekte, psychosoziale Auswirkungen und pädagogisch-rehabilitative Maßnahmen. Bad Heilbrunn: Klinkhardt, 91–108.
Stange, H. (1989): Identität, Sexualität und Kontrazeption als Lebensprobleme Jugendlicher mit Lernbehinderung vor dem Hintergrund gesellschaftlicher und kultureller Wandlungsprozesse. Dortmund: Dissertation an der Universität Dortmund.
Stange, H. (2001): Jugendsexualität und schulische Sexualerziehung. In: Lernchancen 2, 6–14.
Steinhaus, M. (2017): Ganz normal und doch anders. Liebe, Partnerschaft und Sexualität bei erwachsenen Menschen mit Asperger-Syndrom – Ein kurzer Einblick in eine besondere Welt. In: Rittmann, B.; Rickert-Bolg, W. (Hrsg.): Autismus-Therapie in der Praxis. Methoden, Vorgehensweisen, Falldarstellungen. Stuttgart: Kohlhammer, 274–284.
Stelzer, H.-J. (2011): Mut zum Ich – der sprechende Kopf. Biografische Schlaglichter eines rettungslosen Optimisten. Berlin: Pro BUSINESS GmbH.
Stirn, A.; Stark, R.; Tabbert, K.; Wehrun-Osinsky, S.; Oddo, S. (Hrsg.) (2014): Sexualität, Körper und Neurobiologie. Grundlagen und Störungsbilder im interdisziplinären Fokus. Stuttgart: Kohlhammer.

Stöhr, W.; Podszus, M.; Schulze, G. C. (2019): Umgang mit Sexualität im Internet lernen – (k)ein Tabuthema für die Sonderpädagogik. In: Zeitschrift für Heilpädagogik 70, H. 2, 94–103.

Stöppler, R. (2004): »Let's talk about sex...« Zur Theorie und Praxis der Sexualerziehung bei Menschen mit geistiger Behinderung. In: Lernen konkret 23, H. 2, 2–5.

Stöppler, R.; Albeke, K. (2006): Geistig behindert – ein Thema für geistig Behinderte? Perspektiven und Probleme der unterrichtlichen Auseinandersetzung. In: Ortland, B. (Hrsg.): Die eigene Behinderung im Fokus. Theoretische Fundierungen und Wege der inhaltlichen Auseinandersetzung. Bad Heilbrunn: Klinkhardt, 54–67.

Stöppler, R.; Wachsmuth, S. (2010): Förderschwerpunkt geistige Entwicklung. Eine Einführung in didaktische Handlungsfelder. Paderborn: Schöningh.

Strauß, B. (2014): Bindungstheorie. In: Stirn, A.; Stark, R.; Tabbert, K.; Wehrum-Osinsky, S.; Oddo, S. (Hrsg.): Sexualität, Körper und Neurobiologie. Grundlagen und Störungsbilder im interdisziplinären Fokus. Stuttgart: Kohlhammer, 46–56.

Streeck-Fischer, A. (2011): Traumafolgestörungen bei Kindern und Jugendlichen. In: Seidler, G. H.; Freyberger, H. J.; Maercker, A. (Hrsg.): Handbuch der Psychotraumatologie. Stuttgart: Klett-Cotta, 450–468.

Tervooren, A. (2012): Sexualität am Ende der Kindheit. In: Quindeau, I.; Brumlik, M. (Hrsg.): Kindliche Sexualität. Weinheim/Basel: Beltz/Juventa, 177–194.

Theunissen, G. (2016): Autismus verstehen. Außen- und Innensichten. Stuttgart: Kohlhammer.

Timmermanns, S. (2003): Keine Angst, die beißen nicht. Evaluation schwul-lesbischer Aufklärungsprojekte in Schulen. Aachen: Jugendnetzwerk Lambda e. V.

Tschan, W. (2012): Sexualisierte Gewalt. Praxishandbuch zur Prävention von sexuellen Grenzverletzungen bei Menschen mit Behinderungen. Bern: Hans Huber Verlag.

Trescher, H.; Börner, M. (2014): »Sexualität und Selbstbestimmung bei geistiger Behinderung? Ein Diskurs-Problem!« In: Inklusion online Nr. 3. <https://www.inklusion-online.net/index.php/inklusion-online/article/view/229> (13.09.2019).

Uhrlau, K. (2006): »Es war eine harte Schule.« Menschen mit Körperschädigungen ziehen Bilanz aus ihrer Schulzeit in der Allgemeinen Schule. Oldenburg: Eigenverlag der Carl von Ossietzky Universität.

Valtl, K. (2003): Sexuelle Biographie. In: Bundeszentrale für gesundheitliche Aufklärung (BzgA) (Hrsg.): Rahmencurriculum Sexualpädagogische Kompetenz. Qualifizierungsmaßnehmen im Bildungs-, Sozial und Gesundheitswesen. Köln: Eigenverlag.

van der Kolk, B.Abb. 2

(2018[5] ): Verkörperter Schrecken. Traumaspuren in Gehirn, Geist und Körper und wie man sie heilen kann. Lichtenau/Westfalen: G. P. Probst Verlag.

Vansteenwegen, A.; Jans, I., Revell, A. T. (2003): Sexual Experience of Women with a Physical Disability: A Comparative Study. In: Sexuality and Disability, Vol 21, No.4, Winter 2003.

Volbert, R.; Knüppel, A. (1993): Das sexuelle Wissen von Kindern. Vortrag auf der 8. Tagung Entwicklungspsychologie in Osnabrück. Sept. 1993.

Volbert, R. (1999): Sexualwissen von Kindern. Eine qualitative Studie im Auftrag der freien Universität Berlin. Köln: Bundeszentrale für gesundheitliche Aufklärung, 139–174.

vom Hofe, J. (2001): Bin ich schön? Über Körper, Körpererfahrung und Sexualität. In: Behinderte in Familie, Schule und Gesellschaft 24, H. 1, 19–23.

von Kardoff, E. (2017): Diskriminierung von seelisch beeinträchtigten. In: Scherr, A.; El-Mafaalani, A.; Yüksel, G. (Hrsg): Handbuch Diskriminierung. Wiesbaden: Springer, 565–592.

von Martial, I. (2013[2] ): Sexualität in den Medien – Einfluss auf Kinder und Jugendliche. Sexuelle Mediensozialisation und Erziehung. Baltmannsweiler: Schneider-Verlag Hohengehren.

Von Oy, C. M.; Sagi, A. (2011[14]): Lehrbuch der heilpädagogischen Übungsbehandlung. Hilfe für das Kind mit Entwicklungsstörung oder Behinderung. 14. Auflage, vollständig überarbeitet und erweitert von Elke Biene-Deißler und Barbara Schroer. Heidelberg: Schindele.

von Weiler, J.; Enders, U. (2001): Das »perfekte« Verbrechen. Sexuelle Ausbeutung von Mädchen und Jungen mit Behinderungen. In: Enders, U. (Hrsg.): Zart war ich, bitter war's. Handbuch gegen sexuellen Missbrauch. Köln: Kiepenheuer & Witsch, 125–128.

Wacker, E. (1999): Liebe im Heim? Möglichkeiten und Grenzen der Partnerbeziehungen in einer organisierten Umwelt. In: Geistige Behinderung, 3, 238–250.

Walder, P. (1998): Körperkult und Sexualität in den neuen Jugendkulturen. Sex mit Tic Tac Toe und Tamagotchis. In: Danneker, M.; Schmidt, G.; Sigusch, V. (Hrsg.): Sexualität und Spätmoderne. Über den kulturellen Wandel der Sexualität. Stuttgart: Ferdinand Enke, 103–117.

Waldschmidt, A.; Schneider, W. (Hrsg.) (2007): Disability Studies. Kultursoziologie und Soziologie der Behinderung. Bielefeld: transcript Verlag.

Walter, J. (1996): Pubertätsprobleme bei Jugendlichen mit geistiger Behinderung. In: Ders. (Hrsg.): Sexualität und geistige Behinderung. Heidelberg: Schindele, 160–173.

Walter, J. (2002[5] ): Übergriffe auf die sexuelle Selbstbestimmung von Menschen mit geistiger Behinderung. In: Ders. (Hrsg.): Sexualität und geistige Behinderung. Heidelberg: Winter, 414–420.

Walter, J. (2004): Sexualbegleitung und Sexualassistenz bei Menschen mit Behinderung. Heidelberg: Winter.

Walter, L. J.; Nosek, M. A.; Langdon, K. (2001): Understanding of sexuality and reproductive health among women with and without physical disabilities. In: Sexuality and Disability 19, H. 3, 167–176.

Walthes, R. (2003): Einführung in die Blinden- und Sehbehindertenpädagogik. München: Reinhardt.

Wanzeck-Sielert, C. (2013[2] ): Sexualität im Kindesalter. In: Schmidt, R.-B.; Sielert, U. (Hrsg.): Handbuch Sexualpädagogik und sexuelle Bildung. Weinheim/Basel: Beltz/Juventa, 355–363.

Wawrock, S.; Klein, S.; Fegert, J. M. (2002): Forschungsergebnisse zur Problematik der sexualisierten Gewalt in Wohneinrichtungen der Behindertenhilfe und Anlage eines Modellprojektes. In: Fegert, J. M.; Wolff, M. (2002): Sexueller Missbrauch durch Professionelle in Institutionen. Prävention und Intervention. Ein Werkbuch. Münster: Votum-Verlag, 73–82.

Wehr-Herbst, E. (1997): Die heutige Schülerschaft in den Schulen für Körperbehinderte. Eine bundesweite Erhebung unter besonderer Berücksichtigung der schwermehrfachbehinderten Kinder und Jugendlichen. In: Zeitschrift für Heilpädagogik 48, H. 8, 316–322.

Wehrum-Osinsky, S.; Kagerer, S. (2014): Theorien sexueller Motivation. Von früheren Konzepten zu neurobiologischen Modellen. In: Stirn, A.; Stark, R.; Tabbert, K.; Wehrum-Osinsky, S.; Oddo, S. (Hrsg.): Sexualität, Körper und Neurobiologie. Grundlagen und Störungsbilder im interdisziplinären Fokus. Stuttgart: Kohlhammer, 71–78.

Weid-Goldschmidt, B. (2015): Zielgruppen Unterstützter Kommunikation. Karlsruhe: Von Loeper.

Weinwurm-Krause, E.-M. (1990): Soziale Integration und sexuelle Entwicklung Körperbehinderter. Heidelberg: Schindele.

Weinwurm-Krause, E.-M. (1994): Sexuelle Gewalt und Behinderung. Hamburg: Kovac.

Weinwurm-Krause, E.-M. (Hrsg.) (1995): Sexualerziehung in der Sonderschule. Hamburg: Kovac.

Weinwurm-Krause, E.-M. (1997): Identitätsentwicklung unter erschwerten Bedingungen und ihre Auswirkungen auf sexuellen Missbrauch. In: Behinderte in Familie, Schule und Gesellschaft 20, H. 3, 45–51.

Weiß, W. et. al. (2014): »Als wär ich ein Geist, der auf mich runter schaut.« Dissoziation und Traumapädagogik. Weinheim, Basel: Beltz Juventa.

Weiß, W.; Kessler, T.; Gahleitner, S. B. (2016): Handbuch Traumapädagogik. Weinheim, Basel: Beltz Juventa.

Weiß, W. (2016): Traumapädagogik: Entstehung, Inspitationen, Konzepte. In: Weiß, W.; Kessler, T.; Gahleitner, S. B. (Hrsg.): Handbuch Traumapädagogik. Weinheim, Basel: Beltz Juventa, 20–32.

Wellach, K. (1999): Zur Sexualerziehung körperbehinderter Menschen. In: Bergeest, H.; Hansen, G. (Hrsg.): Theorien der Körperbehindertenpädagogik. Bad Heilbrunn: Klinkhardt, 269–280.
Wermann, A.; Mainka, J.; Matthiesen, S.; Aude, A. (2013): Facetten jugendlichen Sexualverhaltens. In: Bundeszentrale für gesundheitliche Aufklärung (BZgA) (Hrsg.): Jugendsexualität im Internetzeitalter. Eine qualitative Studie zu sozialen und sexuellen Beziehungen von Jugendlichen. Köln: Eigenverlag, 200–245.
Wermann, A.; Matthiesen, S. (2013): Spieglein, Spieglein...- Körpererleben und Körpermodifikation. In: Bundeszentrale für gesundheitliche Aufklärung (BZgA) (Hrsg.): Jugendsexualität im Internetzeitalter. Eine qualitative Studie zu sozialen und sexuellen Beziehungen von Jugendlichen. Köln: Eigenverlag, 210–222.
Werner, U. (2015): »Niemand glaubt mir.« Aspekte der Glaubhaftigkeit der Aussagen von Menschen mit geistiger Behinderung. In: Mattke, U. (Hrsg.): Sexuell traumatisierte Menschen mit geistiger Behinderung. Forschung – Prävention – Hilfen. Stuttgart: Kohlhammer, 55–70.
Wettstein, H. (2017): Sexualaufklärung und Herausforderung Pornografie. Zur digitalen Wirklichkeit des Porno-Konsums bei Jugendlichen. Wiesbaden: Springer Fachmedien.
Widmer, A. (2014): Zusammenhänge zwischen sozialer Unterstützung und Suizidalität bei homo- und bisexuellen Personen. In: Zeitschrift für Sexualforschung 27, H. 3, 220–236.
Wienholz, S.; Seidel, A.; Schiller, C.; Michel, M.; Häußler-Sczepan, M.; Riedel-Heller, S. (2013): Sexuelle Bildung und Koitusaktivität bei Jugendlichen mit und ohne Behinderung. In: Zeitschrift für Sexualforschung 26, H. 3, 232–244.
Wildwasser (Hrsg.) (2002): Ein Handbuch für Prävention und Beratung gegen sexuelle Gewalt an Mädchen und Frauen mit Körperbehinderung. Freiburg: Druckwerkstatt im Grün.
Wilhelm, M. (1996): Behindertenintegration und Sexualerziehung. Eine Studie zur schulischen Sexualpädagogik. Wien: Wiener Universitätsverlag.
Wittmer, D. S.; Clauson, D. W. (2018): Von Kratzbürsten und Schmusebären. Die sozial-emotionale Entwicklung von Kleinst- und Kleinkindern verstehen und fördern. Dortmund: verlag modernes lernen.
Wunder, M. (2012): Intersexualität: Leben zwischen den Geschlechtern. In: APuZ – Aus Politik und Zeitgeschichte 62, H. 20-21, 34–40.
Ytterhus, B. (2011): »Das Kinderkollektiv« – eine Analyse der sozialen Position und Teilnahme von behinderten Kindern in der Gleichaltrigengruppe. In: Kreuzer, M.; Ytterhus, B. (Hrsg.) (2011[2] ): »Dabeisein ist nicht alles.« Inklusion und Zusammenleben im Kindergarten. München: Reinhardt, 112–131.
Zaynel, N. (2017): Internetnutzung von Jugendlichen und jungen Erwachsenen mit Down-Syndrom. Wiesbaden: Springer Fachmedien.
Zemp, A. (2002): Sexualisierte Gewalt gegen Menschen mit Behinderung in Institutionen. In: Praxis der Kinderpsychologie und Kinderpsychiatrie 51, H. 8, 610–625.
Zettl, S. (2000): Krankheit, Sexualität und Pflege – Hilfestellungen für den Umgang mit einem Tabu. Stuttgart: Kohlhammer.
Zettl, S. (2003): Zwischen Einfühlung und Distanz. Sexualit und Pflege. In: Delisle, B.; Haselbacher, G.; Weissenrieder, N. (Hrsg.): Schluss mit Lust und Liebe? Sexualität bei chronischen Krankheiten und Körperbehinderungen. München: Reinhardt, 81–87.
Zinsmeister, J. (2002): Werden behinderte Mädchen und Frauen durch das Sexualstrafrecht diskriminiert? In: zusammen 22, H. 5, 14–15.
Zinsmeister, J. (2003): Einführung. In: Dies. (Hrsg.): Sexuelle Gewalt gegen behinderte Menschen und das Recht. Gewaltprävention und Opferschutz zwischen Behindertenhilfe und Strafjustiz. Opladen: Leske Budrich, 11–22.
Zinsmeister, J. (2017): Diskriminierung von körperlich und geistig Beeinträchtigten. In: Scherr, A.; El-Mafaalani, A.; Yüksel, G. (Hrsg): Handbuch Diskriminierung. Wiesbaden: Springer 593–612.
Zinsmeister, J.; Vogel, A.-K. (2018): Mehrdimensionale Diskriminierungen. Intersektionale Perspektiven auf Behinderung, Geschlecht und Sexualität. In: VHN 87, H. 1, 10–26.